权威·前沿·原创

皮书系列为
"十二五""十三五"国家重点图书出版规划项目

BLUE BOOK

智库成果出版与传播平台

智能网联汽车蓝皮书
BLUE BOOK OF INTELLIGENT CONNECTED VEHICLE

中国智能网联汽车产业发展报告（2021）

ANNUAL REPORT ON THE DEVELOPMENT OF CHINA INTELLIGENT CONNECTED
VEHICLE INDUSTRY (2021)

中国汽车工程学会
国家智能网联汽车创新中心 / 主编

社会科学文献出版社
SOCIAL SCIENCES ACADEMIC PRESS (CHINA)

图书在版编目（CIP）数据

中国智能网联汽车产业发展报告. 2021/中国汽车
工程学会，国家智能网联汽车创新中心主编. --北京：
社会科学文献出版社，2022.1
（智能网联汽车蓝皮书）
ISBN 978 - 7 - 5201 - 9625 - 3

Ⅰ.①中… Ⅱ.①中… ②国… Ⅲ.①汽车 - 智能通
信网 - 产业发展 - 研究报告 - 中国 - 2021 Ⅳ.
①U463.67

中国版本图书馆 CIP 数据核字（2022）第 007823 号

智能网联汽车蓝皮书
中国智能网联汽车产业发展报告（2021）

主　　编 / 中国汽车工程学会　国家智能网联汽车创新中心

出 版 人 / 王利民
组稿编辑 / 邓泳红
责任编辑 / 宋　静
责任印制 / 王京美

出　　版 / 社会科学文献出版社·皮书出版分社 （010）59367127
　　　　　　地址：北京市北三环中路甲 29 号院华龙大厦　邮编：100029
　　　　　　网址：www.ssap.com.cn
发　　行 / 社会科学文献出版社 （010）59367028
印　　装 / 天津千鹤文化传播有限公司

规　　格 / 开　本：787mm × 1092mm　1/16
　　　　　　印　张：25.25　字　数：380 千字
版　　次 / 2022 年 1 月第 1 版　2022 年 1 月第 1 次印刷
书　　号 / ISBN 978 - 7 - 5201 - 9625 - 3
定　　价 / 198.00 元

读者服务电话：4008918866

宋子未　　孙　丹　　孙宫昊　　孙　宁　　孙　伟
谭业辉　　唐　可　　汪登辉　　王国栋　　王　红
王　力　　王易之　　王　雍　　毋　超　　吴建宏
夏　媛　　谢卉瑜　　许瑞琛　　薛　雷　　杨　波
杨泽宏　　叶芳林　　于胜波　　余　杰　　张　驰
张　晖　　张　蕾　　张青山　　张亦弛　　张玉新
张泽忠　　张作宝　　赵鹏超　　赵　洋　　周建雷
周文辉　　周晓萌　　周　铮　　朱勇旭　　邹德斌
邹慧珍

主要编撰者简介

李克强　中国工程院院士，清华大学汽车安全与节能国家重点实验室主任，2007~2016 年担任清华大学汽车工程系主任，现任中国汽车工程学会会士、常务理事等重要职务，国际期刊 IJVAS 等编委。牵头开展国家智能网联汽车领域顶层规划，担任中国智能网联汽车产业创新联盟专家委员会主任、国家智能网联汽车制造业创新中心首席科学家、工信部车联网产业发展专项专家组组长、北京市智能网联驾驶技术创新工程专家组组长。长期专注于智能网联汽车、汽车电子控制等领域，在国际上首次提出"智能环境友好型车辆"新概念，5 次在国际会议作大会报告或特邀报告，获得国家技术发明奖二等奖 2 项、国家科技进步奖二等奖 1 项、教育部技术发明奖一等奖 1 项、中国汽车工业科技进步一等奖 2 项、中国汽车工业优秀科技人才奖。发表 SCI/EI 检索论文 220 余篇，获授权国内外发明专利 70 余项。与汽车产业相关机构（企业）长期保持深度合作关系，为奔驰、宝马、日产、本田等国际知名车企及一汽、东风、长安等国内车企完成了大量智能网联汽车技术攻关项目。

摘 要

当前,以智能化、网联化为重要特征的全球新一轮科技革命和产业变革正蓬勃兴起,人工智能与新一代信息技术的快速发展将推动人类生产生活方式发生深刻变化。智能网联汽车与交通系统、能源体系、城市运转与社会生活紧密结合,是一项集智慧城市、智慧交通和智能服务于一体的国家级系统工程,承载了中国经济战略转型、重点突破和构建未来创新性社会的重要使命。智能网联汽车产业各界协同共进,通过技术创新攻关、完善标准法规、推动测试验证、打造创新平台、开展示范推广等方式推动智能网联汽车产业创新发展。在此背景下,"智能网联汽车蓝皮书"旨在展现智能网联汽车产业和技术发展现状,介绍中国方案智能网联汽车关键进展,宣传普及车辆智能化网联化融合发展理念,为政府部门、研究机构和生产企业等决策提供参考。

本书包括总报告、技术篇、产业篇、智能化网联化融合篇和附录五部分。总报告从宏观层面综述了 2020 年以来我国智能网联汽车产业发展状况和面临的挑战,提出了我国智能网联汽车产业发展建议;技术篇介绍了2020 年以来智能网联汽车技术进展及趋势;产业篇在历年研究的基础上,引入"双碳"等研究热点,通过更新评价体系,多维度展现了我国智能网联汽车产业在国际竞争中所处地位;智能化网联化融合篇阐述了车联网关键技术进展与趋势、智能化网联化融合应用实践、产业化推进路径及发展建议、智能化网联化融合发展理念及关键技术进展、智能网联汽车与智能交通和智慧城市的融合发展、智能网联汽车信息物理系统,以及加快推动我国

C-V2X车载终端发展政策建议等内容。附录梳理了国内外政府部门为支持智能网联汽车产业发展颁布的政策法规、我国智能网联乘用车销量情况等。为实现智能网联汽车产业的创新发展，我国需要充分借鉴国际主要汽车产业发展，发达国家在网联式自动驾驶技术方面积累的先进经验，积极探索适应我国汽车产业变革的发展路线；以汽车为核心，在符合中国标准体系框架的前提下，以智能网联汽车信息物理系统为指引，融合智能化与网联化发展特征，推动汽车产业转型升级及产业生态重构，推进智能网联汽车、智能交通与智慧城市共同发展，最终实现"人-车-路-云"一体化协同的创新发展道路。

关键词： 智能网联汽车　智能化　网联化　融合发展　产业竞争力

Abstract

The worldwide science and technical revolution with the important feature of intelligence and connection is flourishing at present. The rapid development of AI and new generation information technology will bring the profound change in production methods and lifestyles. Intelligent connected vehicle, which is closely related to the traffic system, energy system, city function, and social life, is a national level systematic project integrated with smart city, smart traffic, and smart service. ICV undertakes the mission of the strategy transition and constructing social innovation. All sectors of the ICV industry work together to promote the development of ICV by innovative technology, perfecting regulations and standards, promoting testing and validation, building innovation platforms, carry out demonstration and popularization. Under this background, Blue Book of ICV aims to display the status quo of ICV industry and technology, introduce the important development of the Chinese approach of ICV, popularize the development concept of the integration of vehicle intelligence and network connection, provide references for the scientific decision-making of government sectors, research institutes, and industry company. In this context, the annual report of ICV includes the general report, technological report, industrial report, intelligent and connected integrat reports, and appendix.

Specially, the general report summarizes the status quo and challenge of the China ICV industry from 2020 and proposes the development strategy for the development of China's ICV industry. The technological report introduces the technical progress and trend of ICV from 2020. Based on the research of in the past, industrial report adds more hot researches such as the issue of carbon peak and neutrality. By updating the evaluation system, show the position of China's ICV

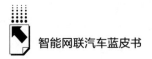
industry in the international competition. Intelligent and connected integration reports elaborates the improvement of key technology and trend of Internet of Vehicle (IOV), application praxis of the integration of vehicle intelligence and network connection, propulsion path and development suggestion of the industrialization, the development concept, and the key technology improvement of the integration of vehicle intelligence and network connection, the integrative development of the ICV, intelligent traffic system (ITS), and smart city, the ICV Cyber-Physical Systems (CPS), and promote China's C-V2X vehicle terminal development policy recommendations. Appendix sorts the policies and regulations for supporting the ICV industry development published by domestic and foreign government sectors, and sorts the sales status of ICV passenger vehicles of China.

In order to realize the innovative development of ICV, we have to with the trend of the intelligent and network connection integrative development. China need fully draw on the advanced experience of primary international automobile developed countries in the connected autonomous driving technology, actively explore the Vehicle development route that adapts to China's industrial transformation. In the premise of the Chinese standard system framework, guided by ICV CPS, integrate intelligent and networked development characteristics of ICV, promote the transformation and upgrading of the Vehicle industry and reconstruct the industrial ecology, promote the joint development of ICV, ITS, and smart city. Finally, realize the synergetic development of "human-vehicle-road-cloud."

Keywords: ICV; Intelligence; Networking; Integrated Development; Industry Competitiveness Index

目 录 ⬀▷▨▨▨

Ⅰ 总报告

Ⅱ 技术篇

Ⅲ 产业篇

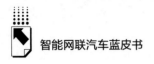
Ⅳ 智能化网联化融合篇

Ⅴ 附录

皮书数据库阅读**使用指南**

CONTENTS ⟪⟫

I General Report

II Technological Report

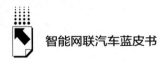
III   Industrial Report

IV   Intelligent and Connected Integration Reports

V   Appendices

总 报 告
General Report

B.1
中国智能网联汽车产业进展与发展对策

李克强*

摘　要：　2020年以来，智能网联汽车产业进入发展快车道，政策法
规环境持续完善，技术加速迭代，产业应用快速普及。面
对智能网联汽车发展全球机遇，各国纷纷加快战略部署，
通过发布政策顶层规划、制定/修订相关法规、鼓励技术研
发、支持道路测试示范及运营项目等，推动产业落地。中
国高度重视智能网联汽车产业发展，在各界共同努力下与
汽车强国基本保持"并跑"阶段，在政策法规完善、技术
研发突破、规模示范应用、产业推广发展等方面取得明显
突破。当前，中国已经搭建完善的政策体系，全面推动智
能网联汽车产业发展，以及与智能交通、智慧能源、智慧

* 李克强，中国工程院院士，教育部长江学者特聘教授，清华大学车辆与运载学院教授、博士
生导师，汽车安全与节能国家重点实验室主任，国家智能网联汽车创新中心首席科学家，中
国智能网联汽车产业创新联盟专家委员会主任，主要研究方向为车辆电子控制与智能汽车。

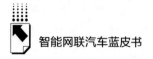

城市等的融合发展与生态构建。但需要注意的是，中国仍然面临跨产业协同不足、关键技术受制于人、城市级示范探索不足、全生命周期安全保障仍待完善等问题。下一步，应贯彻国家顶层设计，以中国方案智能网联汽车路径为指引，加强共性关键技术攻关和产业生态构建，推动跨产业融合应用与安全保障，抢占全球智能网联汽车技术产业发展制高点。

关键词： 智能网联汽车　汽车产业　汽车安全

　　近年来，智能网联汽车加速发展，取得诸多标志性进展。政策法规方面，德国、日本、英国等多个国家开展法律法规制定/修订，推动 L3、L4 级智能网联汽车在 2021 年、2022 年的商业化应用，我国也加速完善智能网联汽车管理，推动地方政策法规创新，完善发展环境；技术发展方面，激光雷达产品加速成熟，进入前装应用阶段，计算平台算力成为智能网联汽车竞争焦点，车规级高算力计算平台支撑智能驾驶应用；市场应用方面，2021 年上半年，L2 级智能网联乘用车渗透率达到 19.5%，多家车企发布搭载 5G－V2X 技术的量产车型，正在形成明确的 C－V2X 技术路径和产业体系，推动"单车智能＋网联赋能"中国方案落地应用；示范发展方面，园区、港口、矿山、停车场、环卫清扫等特定场景 L4 级智能驾驶实现小规模应用，依托示范项目，多地推进商业化探索，推动打造智能网联汽车商业闭环。面向未来，智能网联汽车已经成为汽车产业转型升级的确定性方向，需要抢抓全球技术与产业发展机遇，推动跨产业融合发展，推动我国智能网联汽车创新发展，实现安全、高效、绿色、文明的智能汽车强国愿景。

一 国际智能网联汽车产业最新进展

（一）政策法规制定加速，营造良好产业发展环境

良好的政策法规环境是智能网联汽车发展的重要基础和保障。法规层面，智能网联汽车涉及"机器驾驶人"问题，给车辆管理、交通管理带来诸多挑战，此外，智能化网联化推动汽车由机电一体化产品转变为新一代智能移动空间和应用终端的同时，也要求地理测绘、网络安全、信息安全、基础设施等领域加速法律法规制定/修订，同产业发展形成良性互动。政策层面，智能网联汽车是汽车产业的新产品、新业态，需要从政策层面给予指引，探索创新发展路径，推动跨部门监管与跨产业融合，支撑电动化、智能化、网联化、共享化的相互赋能。

1. 美国

美国政府通过不断加强战略规划、加快测试与应用等措施，引导和促进智能网联汽车产业发展。

2021 年 1 月，美国交通部（USDOT）在自动驾驶汽车 1.0 ~ 4.0（AV1.0 ~ 4.0）的基础上，发布《自动驾驶汽车综合计划》（Automated Vehicles Comprehensive Plan，AVCP），AVCP 在 AV4.0 的政策基础上，确定建立促进行业协作和信息透明的机制、优化交通监管环境、筹建适合自动驾驶的交通系统三大目标；明确低速无人小货车、低级别自动驾驶乘用车、高级别自动驾驶乘用车、高速公路长途自动驾驶货车、低速接驳班车五大优先发展领域；介绍美国联邦政府建立的交通领域公共云服务平台 – 卡马系统 CARMA、支持车路协同的研发 – 测试平台、交通安全数据信息的共享共用系统三类公共应用平台。

2020 年 4 月，美国发布《ITS 2020 ~ 2025 规划》，在上一版《ITS 2015 – 2019 规划》的基础上，从关注自动驾驶、联网汽车的研究过渡到加速 ITS 部署与应用，关注系统化、完整的出行服务部署，明确加强对 ITS 部署支撑

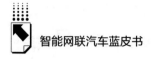

技术研究，提出六大规划领域，包括新兴和使能技术、网络安全、数据访问和交换、自动驾驶、完整出行（Complete Trip – ITS4US）、加速 ITS 部署。在 ITS 战略的支持下，美国在纽约、坦帕、怀俄明三个城市投资超过 4500 万美元用于支持网联汽车的部署，目前，纽约和怀俄明正在持续推进测试项目开展，坦帕的测试已经完成第三阶段工作，其中纽约计划在 310 个路口部署相关基础设施，并以出租车、巴士、卡车等为重点，部署网联汽车 8000 辆，在繁忙的城市交通场景的典型路口验证网联化技术和功能应用。

随着辅助驾驶的大规模商用以及自动驾驶测试项目的广泛开展，美国更加注重对相关智能驾驶系统的安全管理。2021 年 6 月，美国国家公路交通安全管理局（NHTSA）发布 "Standing General Order 2021 – 01 | Incident Reporting for Automated Driving Systems and Level 2 Advanced Driver Assistance Systems" 法令，要求配备 L2 级辅助驾驶系统、L3 ~ L5 级自动驾驶系统的整车厂、软件提供商和运营商报告自动驾驶系统的事故情况。要求车企、软件提供商和运营商提交自动驾驶系统在事发前和事发时的事故报告。除运行数据外，还需要提供人员受伤情况、车辆受损情况等信息。

法规方面，美国已有 30 余个州颁布自动驾驶相关法律和行政命令，其中加州作为世界无人驾驶道路测试的聚集地，于 2019 年 12 月批准了道路测试法规修订，经美国加州车辆管理局（DMV）批准，允许部署 10001 磅以下自动驾驶卡车、物流车。近年来，加州公共事业委员会（CPUC）持续推动 Robotaxi 的商业化进展。2018 年 5 月，CPUC 设立有人/无人自动驾驶试点项目，允许企业在获得加州车辆管理局测试许可和 CPUC 的 TCP 承运人授权后开展 Robotaxi 服务。2020 年 11 月，CPUC 提出两项新的自动驾驶部署项目草案，推动相关企业提供共享自动驾驶服务和探索商业化收费。

此外，针对无人配送车这一新产品形态，美国联邦和各州也积极探索，推动无人配送车的安全、合规应用。2020 年 2 月，USDOT 和 NHTSA 为 Nuro 批准豁免，意味着车辆可以在公共道路上合法地提供无人货物配送服务，这是美国豁免的第一个自动驾驶商业应用案例。美国各州积极推动无人配送车的测试示范，2021 年 6 月，美国路易斯安那州颁发 SB147 法案，允许无人驾驶配送车在该州的道路上开展配送服务。2021 年 6 月，美国佛罗里达州州长签署 HB 1289 法案，为自动驾驶汽车设立了一个新的框架，授权联邦政府规定的低速无人配送车辆上路运行。在管理思路上，部分州将无人配送车定义为个人配送设备（Personal Delivery Device，PDD），需遵守各州最新颁布的 PDD 法规，其他州则按照低速电动车或测试试点方式进行监管。

综上可以看出，美国在坚持安全第一的同时，大力培育良好的创新和产业环境，推动智能网联汽车的发展。

2. 欧洲

欧洲通过技术路线图、重大科技项目等方式聚集行业创新力量，并关注智能网联汽车网络安全及数据安全，支撑产业安全发展。

欧洲战略运输研究和创新议程（Strategic Transport Research and Innovation Agenda，STRIA）、欧洲道路交通研究咨询委员会（European Road Transport Research Advisory Council，ERTRAC）、欧洲汽车制造商协会（The European Automobile Manufacturers' Association，ACEA）、欧洲道路主管会议（Conference of European Directors of Roads，CEDR）、欧洲合作物流创新联盟（Alliance for Logistics Innovation through Collaboration in Europe，ALICE）、欧洲协调创新项目 ARCADE（Aligning Research & Innovation for Connected and Automated Driving in Europe）、英国跨行业组织 Zenzic 等机构、组织和创新项目均发布智能网联汽车相关技术路线图，推动跨行业共识形成。

欧洲搭建智能汽车安全框架，持续加强网络信息安全相关立法工作。车辆网络安全方面，2017 年 1 月，欧盟网络和信息安全机构（ENISA）发布《智能汽车网络安全与适应力》，提出应对网络威胁、保障智能汽车安全的最佳实践和建议。2019 年，ENISA 发布《智能汽车安全的良好实践》，首次提出了汽车网络安全及隐私保护等问题的解决思路和框架，2021 年 5 月，ENISA 发布《智能网联汽车信息安全建议》，系统分析了行业面临的网络安全挑战，提供了缓解这些挑战的建议。数据安全立法方面，围绕欧盟数据战略，2020 年发布《数据治理法（草案）》，旨在通过增加对数据媒介的信任

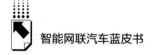
和强化整个欧盟的数据共享机制,以促进数据的可用性。2020 年 12 月,欧盟发布《数字服务法(草案)》和《数字市场法(草案)》,旨在为所有数字服务制定一套全面的新规则,推动数字空间改革。个人数据保护方面,2018 年 5 月,欧盟《通用数据保护条例》(GDPR)生效,强化数据保护要求,该条例也被认为是"史上最严格"的个人信息保护法律。2020 年 2 月,欧盟数据保护委员会 EDPB 发布 2020 年 1 号指南《关于在网联车辆和出行相关应用程序中处理个人数据的指南》,进一步强化数据保护要求。

欧洲各国加速完善法律法规环境,以 2021 年、2022 年为关键节点,支撑 L3、L4 级智能网联汽车的商业化应用。

2020 年 12 月,法国交通部发布《法国自动驾驶发展战略(2020 ~ 2022)》,推动法国自动驾驶车辆、系统和配套服务的发展。在 2022 ~ 2025 年,根据不同的应用场景使法国成为欧洲首选的自动驾驶服务部署地区。此外,该战略涉及客运及货运两大类出行服务场景,涵盖了私家车、共享出行、公共交通等出行方式。

2021 年 7 月,法国颁布自动驾驶法令 2021 - 873,为自动驾驶汽车部署建立完整监管框架,以便无人驾驶车辆通过立法来规范其上路运行。该法令主要对 2021 年 4 月颁布的 2021 - 443 号法令中在自动驾驶汽车的处罚规定、处罚程序、刑事责任制度以及使用条款等方面进行了规定。该法令分为自动驾驶、自动驾驶运输系统和其他杂项三大部分,涉及公路法、运输法等相关法律的更改。另外,满足条件的自动驾驶车辆有望在 2021 年底获准在公共道路上使用,首个应用的自动驾驶功能是 ALKS。

英国系统推进 ALKS 的立法和部署应用。2020 年 8 月到 2021 年 4 月,英国交通部就联合国欧洲经济委员会(UNECE)在 2020 年 6 月发布的《自动车道保持系统》(ALKS)条例展开技术咨询工作,主要就 ALKS 安全使用、接管授权和责任划分、系统运行时驾驶员是否进行其他活动、ALKS 应用速度扩展四方面问题向社会公众和 82 家组织,包括制造商、保险公司、交通管理部门、科研组织等发起问卷调查,发布《ALKS 安全应用 调查总结和下一步计划》及相关附件等成果,同时英国启动《公路法》修订咨询工作，将对驾驶员责任进行进一步澄清，并对个人条例进行修改，并计划在 2021 年底之前通过会议修订，以支持第一批自动驾驶汽车于 2021 年底在英国投入使用。

2021 年 5 月，德国联邦参议院的全体会议通过《"道路交通法"和"强制保险法"修正案 – 自动驾驶法》立法，允许 L4 级完全无人驾驶汽车于 2022 年出现在德国的公共道路上。该法规聚焦接驳运输服务、固定路线行驶的巴士、仓到仓自动驾驶物流、非高峰时段定制化出行、第一/最后一英里载人/载物服务、手动驾驶/自动驾驶双模式车辆（例如，具备 AVP 功能汽车）等应用场景。《自动驾驶法》推动解决具备自动驾驶功能汽车的结构、质量和技术要求，颁发驾驶执照的审查和程序，运营人员的义务，运行过程中有关数据处理的规定等问题，并关注对自动驾驶汽车的测试。

综合欧洲各国进展可以看到，经过多年的技术积淀与政策法规环境的完善，ALKS 等 L3 级智能驾驶功能以及特定场景 L4 级智能驾驶功能即将进入商业化阶段，2021/2022 年有望成为商业化应用元年。

3. 日本

日本依托 SIP 项目通过技术路线图等方式推动智能网联汽车产业发展，以及智能网联汽车与智能交通、智能社会的融合。

日本政府部署 SIP – adus（automated driving for universal service，提供通用服务的自动驾驶），以构建世界上最安全的交通体系并服务社会为目的，采取官民合作的方式来推进基础技术研究，目前已经进入 SIP – adus 2.0 阶段。其中，SIP – adus 的一项重要研究内容和成果是《官民 ITS 构想·路线图》，自发布起持续逐年更新。2020 年 7 月，日本发布《官民 ITS 构想·路线图 2020》，将私家车、物流服务、出行服务作为主要研究推广的领域。私家车方面，2021 ~ 2022 年，完成驾驶辅助系统优化（L1、L2）；2023 ~ 2025 年，实现高速公路自动驾驶（L4）；2026 年之后，在该领域达到减少交通事故、缓解交通拥堵、增强产业竞争力的目标。物流服务方面，2021 ~ 2022 年，实现高速公路卡车队列跟驰和部分地区无人自动驾驶送货服务；2023 ~ 2025 年，实现高速公路卡车自动驾驶（L4）；2026 年之后，在物流创新领

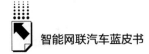

域达到适应人口减少趋势的目的。出行服务方面，2021～2022 年，达到仅需要远程监管的无人自动驾驶出行服务；2023～2025 年，实现无人自动驾驶出行服务（L4）特定区域的扩张和 ODD 服务内容和范围的扩大；2026 年以后，在该领域达到无障碍出行的目的。2021 年 6 月，《官民 ITS 构想·路线图 2021》发布，在总结近年来发展进程的基础上，明确未来 ITS 构想，并具体从农村地区、私家车出行城市、公共交通出行、数字社会等角度进行阐述。

日本自动驾驶汽车领域的相关政府部门、企业、科研院所合作，推进自动驾驶技术商业化。2015 年，由日本经产省制造产业局局长与国交省汽车局局长主持，在汽车制造商、供应商及各界有识人士的参与下，设立了"自动驾驶商业化研讨会"，持续更新发布《实现自动驾驶的工作方针》（1.0～4.0）。2021 年 4 月，自动驾驶商业化研讨会发布《实现和普及自动驾驶的行动方针》（5.0），相比 1.0～4.0 更加注重自动驾驶的普及，5.0 提出在"ODD 分类""远程监控人的状态管理""L4 级服务所涉及的各方角色划分""传感器及数据格式等标准化""基础设施协同机制"五个领域加深并扩大合作。预计到 2022 年，在限定区域实现只靠远程监控的 L4 级自动驾驶，实现商业模式和系统设计；到 2025 年，实现超过 40 项 L4 级自动驾驶服务，建立可部署在各种服务中的业务模型、基础架构和系统；2025 年后，在高速公路上实现 L4 级自动驾驶卡车队列跟驰，为自动驾驶的技术应用和商业化提供发展环境，例如运营管理系统、基础设施和通信。

为推动智能网联汽车的商业应用，实现在高速公路上的自动驾驶、在人口稀少地区开启无人驾驶车辆运送服务等目标，日本持续加速法律法规制定/修订。2018 年，发布《自动驾驶汽车安全技术指南》，明确搭载 L3、L4 级自动驾驶系统汽车的安全要求；2019 年 3 月和 5 月分别审议《道路运输车辆法》修正案和《道路交通法》修正案，《道路运输车辆法》引入自动操作装置（低速车道保持系统），《道路交通法》支持 L3 级自动驾驶商业化；2020 年 11 月，为本田具备 L3 级自动驾驶功能的车型 Legend 进行型式认证，12 月，国土交通省在道路运输车辆安全标准中引入 ALKS、网络安全、软件升级三项国际标准，进一步支撑 L3 级智能网联汽车应用。在上述工作的共同支撑下，2021 年 3 月，搭载 L3 级自动驾驶功能的本田 Legend Hybrid EX 正式发布并上市发售，作为首批租赁专用车辆限量生产和销售 100 辆。

4. 韩国

2019 年 10 月，韩国发布《未来汽车产业发展战略》，对包括无人驾驶、电动汽车等在内的未来汽车产业发展方向作出规划，提出了立法程序、投资和基础设施等的具体时间表，规划到 2027 年实现自动驾驶汽车在高速公路等全韩国主要公路上的商用行驶。2020 年 1 月，韩国国土交通部发布《自动驾驶汽车安全标准》，针对自动驾驶汽车的部分功能提出有条件自动驾驶（L3 级）安全标准，在全球率先为 L3 自动驾驶制定安全标准并制定商用化标准。为支撑 2027 年目标实现，2021 年 1 月，韩国产业通商资源部、科学技术信息通信部、国土交通部、警察厅四个部门联合宣布启动"自动驾驶技术开发创新项目"，将在 2027 年前向自动驾驶技术开发和相关基础设施建设项目投资 1.1 万亿韩元（合 9.99 亿美元）。该项目聚焦汽车驾驶、交通基础设施和出行服务等领域，具体包括车辆智能化技术、新型 ICT 融合技术、新型道路交通融合技术、新型出行服务、标准生态系统建设等 5 个主要领域的 84 个子任务。

在鼓励示范应用与商业化探索方面，韩国国土交通部"自动驾驶汽车示范区委员会"于 2020 年 11 月首次指定自动驾驶示范区，为未来引入自动驾驶运输和物流服务奠定了基础。首批 6 个示范区包括首尔、忠清北道、世宗、光州、大邱和济州。国土交通部支持企业在上述地区开展自动驾驶服务验证项目，在获得政府批准的前提下，可以试点出行和货物运输收费服务。2021 年 7 月，首尔地方法规《首尔市自动驾驶汽车示范区运营和支持条例》正式实施。同月，首尔公开招募自动驾驶运营商，10 月起在首尔上岩地区推进自动驾驶汽车的商业化运营，并发放相关测试运营牌照。

（二）欧盟成立 CCAM 平台，支撑 Horizon Europe 项目推进

欧盟通过科技计划持续推进智能网联汽车、智能交通发展。为了促进欧

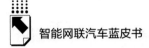

洲的研究和发展，欧盟委员会于 1984 年开始实施研发框架计划（FP），2014～2020 年启动 Horizon 2020 计划（第八个框架计划），其中，在自动化道路交通（Automated Road Transport，ART）等方向，围绕智能网联汽车大规模示范、安全性和社会接受度、道路基础设施、交通管理解决方案、网联协同、影响评估等具体领域广泛开展项目研究。

Horizon 2020 计划资助大量创新项目，有效推动网联自动驾驶发展。比如，ARCADE 接续 VRA 和 CARTRE 两个项目，是欧盟乃至全球广泛参与的网联式自动驾驶协调项目之一，ARCADE 通过协调各方利益，凝聚行业共识，形成完备的知识库与研究体系，推动 CAD 在欧洲的部署和应用，并支持 ERTRAC 的技术路线图编制。INFRAMIX 项目研究"自动驾驶 - 非自动驾驶"混行交通情况下的道路基础设施问题，提出基于数字化基础设施支撑的网联式协同自动驾驶（Infrastructure Support levels for Automated Driving，ISAD），并被纳入 ERTRAC 路线图，成为欧洲顶层自动驾驶发展规划。CoEXist 致力于使交通系统各方达到"自动驾驶就绪"（AV - Ready）的状态，通过对交通和基础设施的规划，推动自动驾驶汽车真正发挥提升交通安全、效率，降低道路需求等优势。

欧盟成立网联自动驾驶出行（Connected，Cooperative and Automated Mobility，CCAM）伙伴组织（CCAM Partnership），支撑 Horizon Europe 项目推进。2021 年，欧盟启动新的 Horizon Europe（欧洲地平线）框架计划，接替了 Horizon 2020 计划，预计总投资规模达到 955 亿欧元。欧洲计划部署更大范围的测试示范与试点项目，需要所有相关企业支撑以加速推进。因此，欧洲成立 CCAM Partnership，明确目标并提供有效协调。2020 年 5 月，CCAM Partnership 发布了提议草案，10 月 CCAM Partnership 正式成立，并将围绕大规模示范、车辆技术攻关、有效性评估、道路交通运输、赋能技术（AI、网络安全等）、社会需求分析、研究协调（包括欧洲公共道路测试框架、数据交互平台、知识库、评估框架等）等领域开展各类创新项目，支撑欧盟 CCAM 发展。

（三）辅助驾驶功能持续升级，L3 级自动驾驶即将商用

当前，各大主机厂都已经推出具备 L2 级辅助驾驶功能的车型，渗透率不断提升，功能显著扩展，在简单的横纵向控制（比如，自适应巡航、车道保持）等的基础上，推出具备交通拥堵自动驾驶（TJA）、高速公路辅助驾驶（HWA）、长时间脱手驾驶、自动变道等复杂功能车型，部分车型同时具备 OTA 升级功能。

凯迪拉克 CT6 已搭载 Super Cruise 功能，在有高精地图支持的高速公路上可实现长时间脱手驾驶；福特汽车发布 Blue Cruise 脱手驾驶辅助系统，计划 2021 年第三季度搭载在 F – 150 和野马 Mach – E 车型上，后续通过 OTA 升级提供自动变道功能；日产发布 ProPilot 2.0 功能，搭载高精地图，可以在北美、日本的高速公路上实现脱手驾驶，具备辅助变道功能；丰田发布 Advanced Drive 辅助驾驶系统，该系统搭载高精地图和激光雷达，具备智能、可靠、感知、交互和升级等功能，在高速公路等特定道路上，具备车道保持、自动跟车、车道汇入、车道变更及超车等功能，并具备 OTA 功能；宝马已量产交通拥堵辅助功能（Assisted driving Plus），具备脱手驾驶功能；戴姆勒量产 Intelligent Drive 辅助驾驶系统，可实现车距保持、变道辅助等功能。

经过多年技术发展，限定区域的 L3、L4 级自动驾驶即将进入商用阶段。随着 L2 级辅助驾驶功能不断完善，企业技术能力持续提高，消费者对于智能驾驶的接受度和认知也不断提升，加之政策法规环境的完善，为 L2 级智能驾驶应用向 L3 级过渡奠定基础。产品方面，本田搭载 L3 级自动驾驶系统 Honda SENSING Elite 的量产车型 Legend Hybrid EX 已经上市发售，该车型采用 1 个双目摄像头、4 个环视摄像头、5 个激光雷达、5 个毫米波雷达、12 个超声波雷达，同时搭载高精地图和 GNSS 定位系统，计算芯片算力达到 60TOPS，经过 130 万公里道路测试后正式上市。2020 年 9 月，奔驰发布第 11 代奔驰 S，搭载 L3 级自动驾驶系统 Drive Pilot（TJP 功能）和 Intelligent Park Pilot 系统（AVP 功能）。TJP 功能将在德国相关法规许可后上

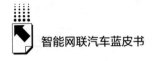
市应用，AVP 功能也已经在斯图加特当地机场开展测试。沃尔沃与激光雷达初创公司 Luminar 合作前装激光雷达，并推出首个高速公路自动驾驶系统 Highway Pilot。

（四）智能网联汽车加速跨界融合发展

1. 智能化网联化加速融合，车路协同赋能自动驾驶

随着智能网联汽车技术和产业发展，单车智能的局限性越发明显，以网联化赋能智能化、加强车路协同技术发展逐渐成为全球共识。

美国经过多年智能化、网联化的单独发展，近年来开始加速智能化网联化融合。2020 年 5 月，SAE J3216《道路车辆协同自动驾驶 相关术语分类方法和定义》标准发布，研究了网联化如何支持和赋能自动驾驶汽车的动态自动驾驶任务（DDT）性能和交通管理能力，并对这些能力进行分类和定义。2020 年 8 月，美国密歇根州计划在底特律和安娜堡之间修建首条专供网联汽车和自动驾驶汽车使用的 40 英里长的道路。研究物理基础设施、数字基础设施、协同基础设施以及运营基础设施的建设和运营。

欧盟加强车路协同技术研究，并推动跨境基础设施建设部署。围绕网联自动驾驶，在 Horizon 2020、Horizon Europe 框架计划的支持下，推动大量科技研发项目。针对 5G 对智能驾驶的赋能，部署 5GCroCo、5GCarmen、5GMobix、5GCAR、5GMED、5GROUTES、5GBLUEPRINT 等重大研发项目；针对基础设施与网联化，部署 INFRAMIX、CoEXist、ICT4CART、interACT 等项目。在基础设施建设方面，2021 年 7 月，欧盟通过 Regulation（EU）2021/1153 法规，推动连接欧洲基金计划（Connecting Europe Facility, CEF）2021~2027 年实施，该法规明确了 CEF 预算、资助形式和提供资助的规则，规划在 2021~2027 年投入 337.1 亿元用于交通、数字和能源基础设施投资，支撑跨界基础设施建设与车路协同应用。

日本以 SIP‐adus 项目为牵引，深化智能网联汽车、智能交通融合。近年来，日本 SIP‐adus 项目持续加强在网联协同自动驾驶、云平台、V2X 通信、智能交通等方面的布局，SIP‐adus 协同驾驶自动化 V2X 通信工作组在

2020 年关注 3 类 25 个网联协同驾驶测试用例，验证通信技术的可行性和相关技术规范。2021 年 7 月，SIP-adus 公布 2019 年 10 月至 2021 年 2 月第一阶段测试成果及第二阶段工作情况，第二阶段将重点关注 V2N（Vehicle to Network）的测试，在东京临水城市、首都高速公路等启动 V2N 测试和示范，实现通过 V2N 生成和分发交通信号信息、天气信息、交通规则、道路交通信息等相关信息。此外，2021 年 1 月，日本 ITS forum 也发布《使用蜂窝通信技术的智能交通系统·自动驾驶复杂性问题调查报告》，研究网联化的应用场景及其对自动驾驶的赋能。

2. 智能网联汽车打通物流、客流，关注智慧出行/物流服务发展

智能网联汽车发展将赋能汽车共享化等商业模式创新，并通过打通信息流、能源流、客流、物流，支撑 MaaS（出行即服务）、LaaS（物流即服务）等新模式发展，近年来，各个国家和汽车企业也将智能网联汽车研究与出行/物流服务相结合，打通供给侧与需求侧之间的壁垒，推动智能网联出行服务发展。

美国在《ITS 2020～2025 规划》中提出完整出行（Complete Trip - ITS4US）概念，计划投资 4000 万美元，从概念开发、设计和测试、运营和评估三个阶段开展研究，提供更高效、经济、便利的交通出行服务。欧盟在网联自动驾驶汽车（Connected Automated Driving，CAD）的基础上，提出网联自动驾驶出行（Connected，Cooperative and Automated Mobility，CCAM）概念，加速出行服务发展。英国在自动驾驶发展中，以交通服务为关注点，发布《英国网联自动驾驶出行服务路线图》（UK Connected and Automated Mobility Roadmap），引导 CAM 服务在乘用车、商用车、包容性交通运输等领域的应用。日本在《官民 ITS 构想·路线图 2020》中，从愿景层面，推动智能网联汽车与智慧出行服务、智慧城市、智能社会 5.0（Society 5.0）持续深度融合，《官民 ITS 构想·路线图 2021》则进一步深化融合理念，提出 2030 年发展目标："全球首次实现支持人民富裕生活的安全、便捷的数字交通社会。"企业方面，主要汽车 OEM 都积极关注出行服务/物流服务发展，大众汽车发布 2030 NewAuto 战略，以自动驾驶技术推动 MaaS、LaaS 发

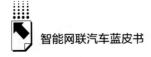
展，整合包括租赁、预订、共享、约车在内的全方位移动出行服务；通用汽车以 Cruise Automation 为主体，推动 Robotaxi、Robobus 等布局，发布 Cruise Origin 创新产品；丰田、日产、戴姆勒、宝马等主要企业也加速在出行服务方面布局。

3. 智能网联汽车与智慧城市深度融合，推动城市发展理念变革

智能网联汽车与智慧城市具备天然的互补性与融合优势。一方面，城市智能化基础设施的完善，可以有效支撑汽车网联化应用，赋能自动驾驶；另一方面，汽车未来将成为城市移动的感知移动终端和分布式计算中心，能够为城市提供海量的动态数据，支撑智慧城市各类应用。通过打通城市信息模型（CIM）基础平台与智能网联汽车云控基础平台，将实现数据的底层互联互通，推动数字孪生和城市复杂信息物理系统建设，从根本上改变城市发展理念。丰田在 2020 年 1 月的 CES 展上，公布了未来智慧城市的打造计划项目——"Woven City"项目，该项目已经于 2021 年 2 月奠基。Woven City 是一座可编程的城市，研究人员、工程师、科学家可以在真实环境中测试自动驾驶、MaaS、机器人、智能家居、AI 等技术，作为一个测试和推进出行服务、自动驾驶、网联化、氢动力基础设施和行业合作的创新空间，在通信网络上将城市道路、车、建筑物乃至家居等设施连接在一起，实现了城市内的万物互联。现代汽车提出"以人为本的智能城市愿景"，关注无人驾驶物流配送、Robotaxi、氢燃料电池、基于无人驾驶的丰富服务（比如，车内医疗、车内办公、车内娱乐等）等关键技术，推动实现融合未来交通的智能城市生活方式。

二　中国智能网联汽车产业最新进展

（一）顶层规划升级，政策法规环境不断完善

2021 年 4 月，《道路交通安全法（修订建议稿）》公开征求意见，其中第 155 条就具有自动驾驶功能的汽车进行道路测试和上道路通行、违法与事

故责任认定、功能检测等做出规定。此次修订建议稿是法律层面首次从上位法角度明确了智能网联汽车测试和上道路通行的合法性，对后续立法有望起到基础支撑作用。

目前，我国已经将智能网联汽车纳入国家顶层规划，形成完善的支撑体系。2020 年 2 月，11 部委联合发布的《智能汽车创新发展战略》明确智能汽车强国建设目标与中国标准智能汽车发展方向，提出技术创新、产业生态、基础设施、法规标准、产品监管、网络安全六大体系 20 项主要任务。2021 年 3 月，工信部成立智能网联汽车推进组（ICV – 2035），下设法规平台、技术标准、测试应用、操作系统、网络安全、产业生态 6 个工作小组，汇聚各方力量，推动解决重大问题，加快产业发展步伐。2021 年 4 月，国家制造强国建设领导小组车联网产业发展专委会（下称"专委会"）第四次全体会议在北京召开。会议总结了过去一年车联网工作进展情况，审议通过了专委会近期重点工作及部门任务分工。

为支撑产业发展，从技术研发、测试示范、网络安全保障等多个方面搭建完善的支持政策体系。技术研发方面，工业和信息化部、科技部支持大量技术研发与产业化项目，打通"基础前沿技术—共性关键技术—示范应用"的创新链条；测试示范与准入管理方面，2021 年 4 月，工业和信息化部印发《智能网联汽车生产企业及产品准入管理指南（试行）》（征求意见稿），8 月印发《关于加强智能网联汽车生产企业及产品准入管理的意见》，加强数据安全、网络安全、OTA 升级等管理，2021 年 7 月，工业和信息化部、公安部和交通运输部联合印发《智能网联汽车道路测试与示范应用管理规范（试行）》，支持示范应用与高速公路测试开展；OTA 升级方面，市场监管总局先后印发《关于进一步加强汽车远程升级（OTA）技术召回监管的通知》《关于汽车远程升级（OTA）技术召回备案的补充通知》，推动 OTA 升级管理；网络安全保障方面，《信息安全技术网联汽车采集数据的安全要求（草案）》《汽车数据安全管理若干规定（试行）》《关于加强车联网（智能网联汽车）网络安全工作的通知（征求意见稿）》《车联网（智能网联汽车）网络安全标准体系建设指南》等先后发布，车联网身份认证和安全信

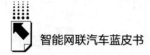

任试点工作启动；地理测绘方面，2021 年 6 月，《测绘资质管理办法》和《测绘资质分类分级标准》印发，促进地理信息产业发展，维护国家地理信息安全，此外《智能汽车地理信息采集安全技术基本要求》等多项标准纳入 2021 年度自然资源标准制定/修订工作计划，为下一步智能网联汽车高精地图发展提供支撑保障。此外，在标准方面，《国家车联网产业标准体系建设指南》系列文件正式发布，标准体系进一步完善，《智能网联汽车团体标准体系建设指南》发布，快速响应市场需求、增加标准有效供给。目前，纵向国标、行标、团标协同体系初步形成，横向跨行业标准加速协同制定，促进行业共识形成。

在推进融合发展方面，通过政策体系打通汽车与能源、交通、城市的融合发展。汽车与能源融合方面，发布《新能源汽车产业发展规划（2021 ～ 2035 年）》，鼓励新能源汽车、能源、交通、信息通信等领域企业跨界协同；汽车与交通融合方面，《国家综合立体交通网规划纲要》《关于推动交通运输领域新型基础设施建设的指导意见》《关于促进道路交通自动驾驶技术发展和应用的指导意见》等政策先后发布，推进智能网联汽车与交通协同发展；汽车与城市融合方面，住建部加快推进新型城市基础设施建设，工业和信息化部、住建部联合组织开展智慧城市基础设施与智能网联汽车协同发展试点工作，北京、上海、广州、武汉、长沙、无锡获批首批双智试点城市。

（二）产业安全备受关注，系统构筑安全发展底线

智能网联汽车的高质量发展需要以安全为前提。随着智能化、网联化变革，汽车安全的内涵也不断扩展和丰富：首先，由于驾驶控制权的变化，车辆需要具备足够的自动驾驶能力，以应对各类复杂交通场景，保证道路通行安全；其次，在软件定义、数据驱动发展趋势下，车辆功能、性能会随着 OTA 升级不断变化，需要保证汽车全生命周期的安全可靠；最后，智能网联汽车作为未来最重要的数据采集平台和联网终端之一，每天将产生、采集大量重要数据和敏感个人信息，需要加强网络安全和数据安全国家监管。

近年来，网络安全、数据安全成为国家关注重点，《中华人民共和国网

络安全法》《数据安全法》《个人信息保护法》《关键信息基础设施安全保护条例》等法律法规先后发布实施。以上位法要求为指导，工信部、网信办等相关部门加强汽车安全管理，保证产业发展安全底线。2021 年 6 月，工信部先后印发《车联网（智能网联汽车）网络安全标准体系建设指南》和《关于加强车联网（智能网联汽车）网络安全工作的通知（征求意见稿）》，加强标准化工作的顶层设计，提升网络安全保障能力。2021 年 8 月，国家互联网信息办公室、国家发改委、工业和信息化部、公安部、交通运输部联合印发《汽车数据安全管理若干规定（试行）》，以规范汽车数据处理活动，保护个人、组织的合法权益，维护国家安全和社会公共利益，促进汽车数据合理开发利用。工业和信息化部印发《关于加强智能网联汽车生产企业及产品准入管理的意见》，要求压实企业主体责任，加强汽车数据安全、网络安全、软件升级、功能安全和预期功能安全管理。此外，工业和信息化部启动车联网身份认证和安全信任试点，推进车联网网络安全保障能力建设，构建车联网身份认证和安全信任体系。

（三）地方政府以测试示范为抓手，加速政策创新

随着产业向示范应用和规模部署阶段发展，智能网联汽车产业与现有政策法规之间的不适用性矛盾越发突出，重点城市政策法规创新进入深水区。

2021 年 4 月，北京市在高级别示范区基础上建设智能网联汽车政策先行区，适度超前并系统构建了智能网联汽车道路测试、示范应用、商业运营服务以及路侧基础设施建设运营等政策体系，打造"2 + 5 + N"政策体系。政策先行区部署五大类 18 项先行先试的重点工作，并提出商业化运营、无人配送车路权、测试结果互认、高速公路测试四项特色政策。目前先行区已经给予无人配送车路权，开放高速公路测试，后续还将就无人化测试、商业运营等持续开展政策创新。

深圳市推进智能网联汽车立法工作。深圳市以《深圳建设中国特色社会主义先行示范区综合改革试点实施方案（2020 - 2025 年）》为机遇，开展智能汽车立法工作。2021 年 8 月，深圳市人大常委会审议《深圳经济特区

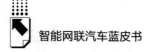

智能网联汽车管理条例（草案修改二稿）》，支撑对智能网联汽车准入登记、使用、道路运输经营、事故责任认定及保险、网络安全与数据保护等的全链条管理。未来，深圳市将采取"特区法规＋政府规章＋规范性文件"的模式推进，形成"1＋1＋N"的法规体系。

上海市推动智能网联汽车测试应用等管理创新。2021年2月，上海市人民政府印发《上海市加快新能源汽车产业发展实施计划（2021～2025年)》，探索在城市快速路、高速公路、停车场等不同类型和风险等级区域开展测试；探索智能汽车在接驳公交、物流、环卫清扫等特定行业，以及园区、景区、机场、火车站、港口、停车场等特定区域的商业化应用；探索自动驾驶法规豁免申请机制，对测试及商业化应用过程中触及的现行法规关键约束，研究一揽子解决方案。2021年7月，《上海市智能网联汽车测试与示范实施办法（征求意见稿）》公开征求意见，明确申请主体可以开展高速、快速路测试，无人测试（无安全员测试）和准商业化运营活动。

广州市加强智能网联汽车与智慧城市融合发展，探索在复杂交通场景的测试示范。2021年6月，广州市发布《关于逐步分区域先行先试不同混行环境下智能网联汽车（自动驾驶）应用示范运营政策的意见》《在不同混行环境下开展智能网联汽车（自动驾驶）应用示范运营的工作方案》，启动自动驾驶混行试点，探索建立符合不同混行环境的政策管理体系，未来将建立"1＋1＋N"的政策体系，系统推进智能网联（自动驾驶）应用示范运营工作，细化运营管理、准入登记、使用管理、网络安全、数据保护、交通事故及违章处理等方面的实施细则。

各省、市持续加强测试示范工作，截至2021年4月底，25个省区市发布道路测试实施细则，各地开放道路测试里程超过3500公里，27个省区市发放道路测试牌照，80余家企业总计申请道路测试与示范应用牌照700余张。各地加快相关测试管理规范制定/修订步伐，逐步放开载人/载物/高速测试，开展无安全员（远程监控）等新测试模式，为城市智能网联汽车示范应用奠定基础。在逐步开放道路测试的基础上，多地积极推出载人/载物等相关政策，为智能网联汽车的各类测试示范项目提供政策基础。

（四）中国方案智能网联汽车凝聚行业发展合力

智能网联汽车发展需要坚持中国方案。一方面，智能网联汽车的跨行业发展特点，为我国发挥信息通信技术优势、创新发展路径、实现"换道超车"提供了可能；另一方面，"人车路云"的广泛交互以及网络安全监管要求，决定了智能网联汽车发展具备本地属性，中国方案成为刚性需求。

近年来，我国持续探索中国方案发展路径，体系架构日益清晰，发展理念与内涵不断丰富，产业生态加速构建，为推动行业共识形成、凝聚发展合力提供了重要支撑。

1. 体系架构方面

2021年5月，《中国方案智能网联汽车信息物理系统（CPS）参考架构2.0》正式发布，从基础理论、方法论、架构模型等方面进一步深化，从而在架构层面支撑智能网联汽车信息物理系统的应用与落地，针对智能网联汽车全生命周期流程，提出开发设计CPS、生产制造CPS、车用CPS、运行管理CPS四大类通用参考架构，建立面向中国方案智能网联汽车的7S体系架构框架，支撑不同产业参与方和利益攸关者的应用。

2. 发展理念方面

2020年10月，《节能与新能源汽车技术路线图2.0》发布，进一步突出智能化、网联化深度融合发展理念。国外近年来虽然加速车路协同布局，但其核心是智能化基础设施与汽车的连接（V2I），以网联化辅助智能驾驶实现。相比之下，我国网联化涉及车与道路、通信、地图、云控平台等设施的网联协同，以及车辆之间的V2V通信，同时车辆作为移动的基础设施，成为智能交通体系的重要节点，网联化是与智能化分级紧密、深度耦合的，关注网联化支持的协同决策与控制。

3. 产业生态方面

中国方案需要以行业基础平台为载体，紧抓计算芯片、操作系统、云控等关键技术，推进汽车制造、信息通信、交通运输等行业跨界融合创新。2021年8月，国汽智控发布智能网联汽车操作系统ICVOS 1.5版本，支撑未来我国

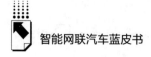

在智能网联汽车领域的自主操作系统核心突破，以操作系统为抓手，推动跨平台、跨车型、统一 OS、应用定制的生态建设，提升安全性、可靠性、便利性，持续扩大应用规模，形成开放共享、协同演进的良好生态。

（五）智能网联功能加速前装应用，推动产业转型升级

2021 年，我国辅助驾驶渗透率显著提升。乘用车方面，2021 年上半年，L2 级乘用车销量达 195.0 万辆，同比增长 73.5%，渗透率为 19.5%，同比提升 5.3 个百分点。其中，新能源汽车 L2 级渗透率达到 30.7%，电动化与智能化、网联化加速融合。商用车方面，由于 AEB、LDW 等辅助驾驶功能对安全的重要提升作用，我国加速推动相关功能在营运客车、营运货车上的强制安装，年市场规模有望达到百万辆。

自主车企高端品牌及新势力重点发力智能网联汽车领域，部分车型全系标配 L2 级智能驾驶辅助功能，性能不断提升，逼近 L3 级功能。北汽极狐 αS、上汽智己 L7、长城 WEY 摩卡、蔚来 ET7、小鹏 P7 等前装激光雷达，进一步强化车辆感知能力，为智能驾驶水平提升提供基础。

经过多年的技术发展与产业推进，2020 年末我国迎来 C－V2X 市场化应用突破，多个车型前装 C－V2X 终端。目前，一汽、北汽、上汽、广汽、长城、吉利、比亚迪、蔚来、威马、华人运通均已经量产或发布前装 C－V2X 车型，长安福特、上汽通用等合资企业，也实现 C－V2X 前装应用。

面对科技革命与产业变革机遇，我国传统汽车企业加速转型，以智能新能源汽车为核心定位，纷纷发布独立品牌，推动品牌价值提升，代表性的品牌包括一汽红旗、东风岚图、长安阿维塔、北汽极狐、上汽智己、广汽埃安、吉利极氪、集度汽车、长城沙龙智行等，此外，比亚迪也以汉系列车型为契机，推动高端化发展。此外，蔚来、理想、小鹏等造车新势力主打智能新能源汽车，共同推动我国汽车产业的转型升级。

（六）智能网联汽车示范蓬勃开展，探索商业化运营

虽然智能网联汽车的大规模市场应用仍存在大量挑战，但其场景化服务

的特征，为示范应用发展提供机遇和切入点。各类载人/载物/特种作业应用场景广泛部署，功能性无人车等新型车辆加速发展。

1. Robotaxi 是中国城市 L4 级自动驾驶落地焦点

各地积极开放载人测试，为 Robotaxi 的示范运行提供了政策环境。目前，百度、文远知行、小马智行、AutoX、滴滴、Momenta 等科技公司已经开展相关示范运行工作，累计投入车辆超过 200 台，运行范围一般在几十至 100 平方公里范围。传统汽车制造商也加速 Robotaxi 布局，一汽红旗建设"旗智春城智能网联示范工程"，依托"旗妙出行"平台开展 Robotaxi 示范，上汽计划 2021 年底在上海、苏州等地投放 40 ~ 60 辆 L4 级 Robotaxi 产品实现运营，吉利曹操出行计划与元戎启行合作于 2022 年亚运会期间在杭州开展 Robotaxi 服务。但值得注意的是，为保证车辆的正常运行，车辆运行 ODD 受到严格限制，比如，限定到特定的场景、时间和天气条件等，导致示范区域和启用时间呈碎片化，限制了潜在用户群体规模。此外，国内 Robotaxi 示范运行与载人测试之间界限较为模糊，虽然广州、沧州、北京等地积极探索商业化试运营，但距离真正的商业运营闭环还有较大差距。

2. 自动驾驶小巴与 BRT 成为无人公共客运的落地重点

国内众多主机厂都已经涉足自动驾驶小巴领域。东风悦享 Sharing VAN 1.0Plus 在 2020 年 6 月实现量产下线，已经在北京、上海、雄安新区、青岛等地得到应用。宇通客车 2020 年 9 月发布 5G 智慧出行服务品牌 WITGO，10 月发布升级版自动驾驶巴士小宇 2.0，在郑州智慧岛、海南博鳌、广州生物岛等开展示范。百度和金龙联合于 2021 年 8 月发布第二代阿波龙，在感知、决策、执行、网联等方面能力全面提升。金旅客车打造的"星辰"自动驾驶汽车在苏州相城区高铁新城落地示范。此外，一汽红旗、上汽、上汽通用五菱等主机厂以及驭势科技、轻舟智航等创业公司也都积极布局自动驾驶小巴。

3. 自主代客泊车（AVP）具备低速、场景简单等优势，有望成为乘用车最先实现落地的 L4 级智能驾驶功能

2020 年 11 月，T/CSAE 156 – 2020《自主代客泊车系统总体技术要求》

标准正式发布，在标准的引领和推动下，AVP 有望成为我国特定场景高度自动驾驶应用的突破口。2021 年 4 月，百度在北京、上海、广州三城开启AVP 量产自动驾驶体验活动，搭载百度 AVP 功能的威马 W6 也于 2021 年 4月正式上市。北京网联云控式高级别自动驾驶示范区在 1.0 建设阶段规划的1 个 AVP 停车场智能化基础设施建设也已经完成部署，后续将持续开展AVP 相关测试示范活动。

4. "最后一公里"物流配送即将迎来爆发阶段

随着末端配送需求的增长，无人驾驶作为配送运力的补充，甚至一定程度上替代人工配送已经成为趋势。新冠肺炎疫情催生的无接触服务需求，则进一步推动了"最后一公里"配送需求。美团计划三年内在顺义区部署1000 台自动驾驶配送车，实现全区域、全天候的运营。白犀牛自 2020 年 9月与永辉超市安亭新镇店合作部署无人配送，目前全部配送订单都实现无人化。新石器除无人驾驶配送外，还与众多参与品牌合作，在上海张江人工智能岛推出"移动新零售"，探索新型商业模式。借助北京市政策创新机遇，京东、美团、新石器在北京示范区积极开展无人配送示范与商业化探索。

5. 干线物流市场潜力大，跨界协同推动 L3 级产品研发

国内赢彻科技、图森未来、智加科技等积极推动相关领域示范应用。不过受限于国内法规要求，重卡自动驾驶还多局限于测试验证阶段，在实际高速公路上的规模示范应用存在一定障碍。在前装量产方面，科技公司赋能商用车主机厂。赢彻科技推出自动驾驶系统"轩辕"，联合东风商用车和重汽推出量产 L3 级重卡，其中与东风商用车联合开发的产品已经通过 A 样车验收，与重汽已经联合推出工程样车；智加科技与解放合资成立苏州挚途科技，支持解放推出 L3 级重卡 J7 并已经于 2021 年 7 月实现小批量生产下线。标准方面，2019 年 5 月，汽标委完成全国首次大规模商用车列队跟驰公开验证试验，有望打破品牌隔阂，加速跨品牌的商用车队列跟驰应用。

6. 无人驾驶环卫车成为市政车辆无人驾驶切入点

无人驾驶环卫车/机器人相比环卫工在清扫能力、安全性等方面有一定优势，随着规模化应用带来的成本下降，也将逐渐具备商业化能力。当前，

酷哇机器人在长沙、成都、芜湖、湖州、珠海、亳州、天津等多地落地了智慧环卫项目，投入的智能驾驶环卫车数目超过100辆，运营面积超过1000万平方米，与中联重科、中国移动联合推出5G无人驾驶环卫机器人编队。仙途智能在北京、上海、苏州、厦门、德国威廉港等地无人驾驶环卫落地。高仙机器人除在北京、广州、上海、鹤壁等地实现室外无人清扫外，还落地机场大厅、医院、商场、酒店等室内场景。挚途科技也在苏州高铁新城中标12.7公里的道路提供无人驾驶清扫作业服务，定制化配备重型洒水车、中型扫路车和小型扫路机等无人驾驶技术清扫设备，以无人驾驶清扫设备集群形式公开作业。

7. 特定场景已实现大规模示范应用

港口、矿山、机场、厂区等特定场景内部道路属于专用道路，无人驾驶的示范应用面临的法规挑战相对较小，加之道路场景相对简单、人工作业条件恶劣、成本高等客观因素，已经成为重要的自动驾驶示范推广细分市场。港口方面，主线科技在天津港、宁波舟山港、深圳妈湾港等地开展港口自动驾驶重卡示范，其中在天津港已经部署25辆重卡并实现无安全员测试，完成130条船舶实船作业。东风商用车于2020年9月交付3辆无人驾驶集卡，在厦门开展应用。此外，图森未来、智加科技、西井科技等也在上海、青岛、深圳、珠海等地开展示范。矿山方面，踏歌智行、慧拓智能、易控智驾等初创公司已经在内蒙古、新疆等地的矿山开展示范应用。机场、厂区方面，驭势科技在香港国际机场、上汽通用五菱宝骏基地、一汽物流大连公司、徐福记东莞生产基地、巴斯夫浦东基地等地实现"无安全员"常态化运输。

8. 城市级 V2X 车路协同应用加速探索

工信部已经支持无锡、天津（西青）、湖南（长沙）、重庆（两江新区）四个国家级车联网先导区，广州、深圳、德清等地也积极加速先导区建设，江苏苏州、南京、南通开展省级车联网先导区建设工作。2018~2020年连续三年开展的"三跨""四跨""新四跨"活动，实现了跨"整车""模组""终端""安全平台"的 C–V2X 应用演示。"新四跨"还增加高精度地图、高精度定位信息和云控平台应用，有力地推动我国 C–V2X 标准体

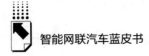

系验证及示范应用工作，助力 C－V2X 产业化发展及智能化网联化深度融合。

9. 城市/区域级大规模应用示范趋势初现

国内多个城市积极开展城市级大规模智能网联汽车示范。北京经开区于2021 年 7 月宣布高级别示范区 2.0 建设，计划实现接入千辆高级别自动驾驶车辆、服务万辆网联车辆的目标；上海市嘉定区于 2020 年 9 月启动智能网联汽车测试道路全域开放，与 5G 智慧交通示范区建设融合，形成百辆级5G 智能汽车先导应用，发布"十大应用场景"，形成可示范、可运行、可推广的产业生态体系；苏州相城区于 2020 年 3 月发布"上路计划"，计划落地五大类试商用场景，超过 10 个车队 80 辆以上智能驾驶车辆上路示范运营，目前已经有多个公司实现落地应用；长沙于 2020 年 10 月召开"城市级大规模智能网联汽车示范应用发布会"，提出未来三年，长沙智能网联汽车占有率达到 30%，网联化路口改造占比超过 80%。此外，长沙与株洲、湘潭、岳阳工信部门共同签署"城市级大规模智能网联汽车道路测试及示范应用共建倡议书"，在测试体系、应用场景、技术标准、商用示范等领域合作共建；武汉开发区依托东风汽车，联合深圳元戎启行、深圳裹动智驾、广州文远知行、驭势科技、北京智行者等自动驾驶头部企业，建立全国范围最大、车辆最多、场景最丰富的自动驾驶示范运营车队和自动驾驶运营示范区。

（七）ICT 赋能汽车产业，推动产业生态重构

智能网联汽车的跨界融合推动产业生态变革，汽车产业由传统的垂直型生态转变为汽车、能源、交通、信息通信等多领域多主体参与的"网状生态"，产业边界不断扩展，界限日益模糊，ICT 公司加速布局智能网联汽车，赋能传统企业产业，推动生态重构。

华为定位增量零部件供应商，"HI"成为标签。2020 年 10 月，华为发布智能汽车解决方案独立品牌 HI（Huawei Inside），包括 CC（计算、通信）架构；智能驾驶、智能座舱、智能电动、智能网联和智能车云五大智能系统；激光雷达等 30 余个智能化零部件；面向智能驾驶、智能座舱、智能车

控的"计算平台＋操作系统"的软硬结合解决方案，形成智能网联汽车全栈方案体系。2021 年 4 月，首款华为 HI 版汽车——极狐 αS 发布，全面赋能车企自动驾驶。此外，华为已经与长安汽车、广汽、奇瑞汽车、小康汽车、合众汽车等开展合作，推动智能网联相关功能应用。

百度以 L4 级自动驾驶技术赋能智能交通与出行服务。2020 年 3 月，百度发布全球首个车路行融合的全栈式 ITS 解决方案——ACE（Autonomous Driving、Connected Road and Efficient Mobility），并于 2021 年 7 月更新发布 ACE 2.0，采用 1 个数字底座、3 个智能引擎、N 个网联应用的"1＋3＋N"总体架构，打造车路云图融合产品矩阵。目前，ACE 交通引擎已经在全国十余个城市落地，推动城市智能交通与车路协同建设。自动驾驶方面，百度汽车智能化解决方案覆盖智能驾驶、智能座舱、地图、云服务等领域，根据车企需求提供定制化服务，已经与北汽极狐合作量产共享无人车 Apollo Moon，推动 Robotaxi 规模应用，并与威马、长城摩卡合作，搭载百度 AVP 解决方案。

三　中国智能网联汽车产业化挑战

近年来，我国加速布局智能网联汽车产业，在各方的共同努力下，产业发展取得积极成效，产业顶层规划逐渐完善，系统构筑安全发展底线，道路测试与示范应用逐步形成中国特色落地路径，产业加速跨界融合与相互赋能，激光雷达、计算芯片等关键技术取得一定突破。但需要看到的是，面对国际竞争，我国智能网联汽车发展仍面临一定问题与挑战，在政策法规、发展理念、产业协同、关键技术、测试示范等方面仍需进一步深化探索，营造良好的发展环境。

（一）顶层设计方面，政策法规标准体系仍需完善

在产品管理、道路交通管理、地理测绘等领域，部分法律法规与智能网联汽车发展需求之间存在一定的不适用性，特别是在全球 L3 级自动驾驶即

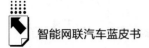
将进入市场应用的背景下，相关问题尤为突出。具体来看，《道路交通安全法（修订建议稿）》虽然探索许可自动驾驶进行道路测试和上道路通行，但该法规仍在征求意见中，修订周期尚不明确，《道路运输条例》、《机动车交通事故责任强制保险条例》、GB 7258－2017《机动车运行安全技术条件》等法规和强制性标准也都对智能网联汽车的应用产生一定制约。此外，在准入管理、豁免应用、事故认定、网络安全等领域，相关具体实施细则存在部分空白，导致实操层面落地困难。

跨部门统筹协同仍有待加强。以国家制造强国建设领导小组车联网产业发展专委会为代表，我国多部委之间的协同机制已经形成，在协调解决发展重大问题、统筹推进产业发展方面起到重要作用。但是在部分专项领域的发展推进过程中，各部委的工作目标尚不统一，工作重点缺乏统筹，亟须进一步加强部门之间的协同，发挥体制机制优势，形成发展合力。

我国已经发布《国家车联网产业标准体系建设指南》系列文件，建立国标、行标、团标协同配套新型标准体系，围绕操作系统、计算平台、网联技术、汽车芯片、信息安全、数字证书等方面开展系统标准化研究。但面临技术、产业的快速发展以及标准化诉求，现有标准的供给仍然不足，对智能网联汽车准入、功能和性能测试评价、安全管理等无法形成充分支撑。此外，跨行业标准协同方面存在不足，不利于形成行业共识。

（二）关键技术方面，部分基础技术及器件受制于人

智能网联汽车产业链长，同时涉及与人工智能、芯片、通信、地图定位等多产业的交叉融合，对产业体系的供给能力要求极高。总体来看，我国在一些底层核心技术及器件方面尚受制于人，构建完备且自主可控的智能网联汽车产业生态体系仍然面临较多挑战。

基础软件与操作系统方面，计算平台的控制单元、计算单元与 AI 单元分别需要部署智能网联汽车操作系统。目前相对成熟的内核系统及中间件等基本掌握在欧美厂商中，国内存在较大差距；车规级芯片方面，传统车规级计算与 AI 芯片主要由国外厂商垄断，包括设计工具在内的硬件设计产业链

也掌握在国际厂商手中，车规级芯片的安全等级、性价比以及量产能力等方面仍有差距。视觉处理芯片、毫米波雷达收发芯片、激光雷达收发芯片等环境感知核心元器件产品主要依赖国外进口，国产替代产品仍需对性能、稳定性进行进一步验证。多种类型 MCU 芯片面临短缺，已经严重影响主机厂产销量。此外，我国在仿真测试软件、高精度线控执行器等方面还存在一定差距，产业链尚不完整，核心技术积累欠缺。

（三）跨界融合方面，缺乏纲领指引，行业理解不足

我国提出了智能化网联化深度融合的发展路径，但实际推进过程中仍然面临诸多挑战。顶层设计层面，缺乏顶层融合技术架构，行业对融合系统定义、发展路径、研发模式、技术方案等理解不足，导致产品技术方案创新性不足、基础设施建设重复、系统数据封闭等一系列问题，难以形成切实可行的落地支撑；企业研发层面，传统汽车企业仍遵循汽车电子产品开发流程，缺乏 ICT 等交叉融合技术的引入，ICT 公司缺乏对车辆工程的理解和适配，导致网联功能仅限于信息娱乐和安全预警，无法以网联协同感知支撑智能决策及控制，没能发挥网联化赋能解决单车智能短板的技术优势。基础设施建设层面，尚未形成统一的建设规划，相关主体参与角色和定位不明确，路侧基础设施建设与车端通信设备应用渗透协同发展不够充分，影响智能化网联化融合发展进程。此外，相关通信标准快速迭代，但大量基础设施硬件无法升级兼容，严重影响各地方基础设施建设投入热情。市场应用层面，缺乏直达客户痛点的典型网联化功能应用场景，网联化对于车辆安全、交通效率、城市发展等带来的改善效应也仍需进一步探索和论证，受益群体的不清晰导致无法形成商业闭环，无法形成良性的商业迭代。

（四）示范应用方面，未能有效衔接研发与市场应用

在技术创新与产业化过程中，示范应用是承接技术研发与市场应用的重要一环。一方面，通过示范应用可以加速技术验证和数据积累，特别是考虑到智能网联汽车数据驱动的特征，示范应用能够有效反哺技术研发；另一方

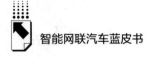

面，通过示范应用有利于商业模式探索和社会接受度提升，以示范区域为载体，采用"砂箱监管"理念，还可以探索相关政策法规创新路径，实现发展环境优化。

当前我国各地测试示范项目蓬勃开展，但其对产业的推进效果并不理想。首先，各地示范项目并未从城市交通出行、物流、作业等领域的痛点出发，导致展示属性更为突出，城市之间的示范项目同质化严重，没有形成有效的经济价值和社会价值；其次，各地出于安全考虑，对复杂场景、复杂工况等开放不足，导致各类示范项目在时间和空间上碎片化严重，限制了潜在用户群体规模，对促进消费者培养、社会接受度提升等效果有限；最后，智能化、网联化道路基础设施改造缓慢，尚未组织城市级大规模测试，在网联化与智能化深度融合方面探索不足。

（五）安全保障方面，企业安全能力建设存在差距

安全保障成为 2021 年智能网联汽车发展焦点，汽车数据安全、网络安全、软件升级、功能安全和预期功能安全是保障产业高质量发展的基础，也是未来企业能力建设的刚性要求。参考《关于加强智能网联汽车生产企业及产品准入管理的意见》要求，企业应加强数据和网络安全管理，规范软件在线升级，加强产品管理。但国内企业总体上在相关领域技术积累不足，能力建设方面存在差距。一方面，国内相关领域起步较晚，主机厂在相关领域技术布局不足；另一方面，在车规级安全芯片、测试软件工具等方面，主要依赖进口，影响技术布局。此外，全行业相关人才严重不足，也缺少对专业人才资格认证和资质认定的制度化和规范化管理，严重阻碍相关行业技术与产业发展。

四 未来中国智能网联汽车产业发展建议

（一）强化顶层设计，凝聚行业共识与战略协同

行业应切实贯彻《新能源汽车产业发展规划（2021－2035 年）》《智能

汽车创新发展战略》等国家顶层战略规划，强化中国方案发展理念、核心内涵、实践路径等研究，以信息物理系统架构方法梳理关键共性技术体系，指导协同化、体系化发展，以智能化网联化深度融合路径凝聚行业发展合力，推动跨行业协同，以行业基础平台为支撑，构建产业生态体系。

以推动中国方案智能网联汽车的商业化规模应用为目标，组织跨行业专家学者从关键技术、基础设施、政策法规、安全监管、社会接受度等维度梳理各领域关键问题与发展目标里程碑，形成产业发展推进实施路径，指导推动跨领域的协同，形成全社会发展合力。

（二）夯实基础研发，推进技术突破与生态建设

以《智能网联汽车技术路线图2.0》为指引，围绕三横两纵技术架构，辨识共性基础技术需求，发挥国家重点研发计划等重大科技项目引导作用，推动车规计算芯片、操作系统、高精传感器、线控底盘等突破，打通"基础前沿—重大共性关键技术—应用示范研究"的技术创新全链条。

发挥国家级创新中心、产业创新联盟、龙头企业等的辐射和牵引带动作用，以计算基础平台、云控基础平台、高精动态地图基础平台等为抓手，打造研发与开源生态系统，以生态系统增强产业链整体竞争力，支撑技术攻关、产品转化与示范应用。

（三）加速法规制定/修订，支持自动驾驶规模应用

自上而下，形成法律、法规、规章的系统性突破，打通智能网联汽车商业化应用的法律法规全链条。推动《道路交通安全法》的修订进程，确保L3级及以上智能网联汽车合规上路；明确准入管理等细则编制，支撑安全管理落地；探索豁免机制，推动各类新产品、新技术等的创新应用；推动《道路运输条例》等的修订，支撑智能网联汽车交通服务合法运营。此外，持续迭代升级测试示范管理规范，以示范区探索实践为法律法规的制定/修订提供实证参考。

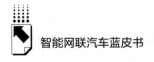

（四）落实企业主体责任，提升安全保障能力

企业要坚决贯彻国家对数据安全、网络安全、软件升级、功能安全和预期功能安全的要求，构筑发展安全基础。发挥产业创新联盟、专业工作组等的作用，推动汽车产业和网络安全产业的合作，以及整车供应链厂商（信息化部件厂商）、互联网服务提供商（网络接入服务提供商、地图测绘企业）等上下游企业的配合，围绕相关安全技术突破、能力体系建设、安全测试评价搭建等开展联合攻关研究，全面提升企业安全保障能力。

（五）提升路侧车端联网水平，推动车路协同发展

以智能化网联化融合发展路径为指导，以测试示范区、重点城市/区域、重点高速公路路段为抓手，以《智能汽车创新发展战略》提出的 2025 年目标"智能交通系统和智慧城市相关设施建设取得积极进展，车用无线通信网络（LTE‑V2X 等）实现区域覆盖，新一代车用无线通信网络（5G‑V2X）在部分城市、高速公路逐步开展应用，高精度时空基准服务网络实现全覆盖"为指引，形成分区域、分阶段推进的智能化基础设施建设规划，推进智能化道路基础设施、C‑V2X 通信基础设施、云端基础设施、北斗地面增强基站等建设。

以《智能网联汽车技术路线图 2.0》提出的 2025 年 C‑V2X 终端新车装配率达 50% 目标为基础，综合财税等政策，加快车企 C‑V2X 前装量产应用步伐。在实现大规模前装应用前，加强对出租车、网约车、行政车辆、公交车等的后装安装应用，快速实现车端 C‑V2X 装配率的提升。

（六）加强测试示范，支撑商业探索与规模应用

以当前道路测试与示范应用为基础，支持向大规模商用过渡。首先，支持商业化运营，支持开展自动驾驶载人/载物/作业等运营服务，推动形成商业闭环；其次，以示范区、先导区等为载体，探索网联化关键应用场景，明确基础设施建设、运营商业模式；再次，逐步扩大测试示范的时间和空间范

围，推动全天候、常态化的示范运营；最后，参考新能源汽车"十城千辆"示范应用思路，推动在典型城市的大规模示范应用，支撑未来商业化发展。

（七）推进跨界协同，加速汽车、交通、城市融合

以智能网联汽车、智能交通、智慧城市融合一体化发展为指引，全面加速汽车与信息通信、能源、交通等相关产业的融合，推动汽车产业与智慧城市双转型。依托"智慧城市基础设施与智能网联汽车协同发展试点"等重点项目，结合城市规模和特色，形成未来智慧城市发展愿景。加强支撑智能网联汽车的城市数字化与智能化设施布局，打造智慧城市大数据平台、智能交通系统平台，推动汽车与交通、城市融合，提升交通管理与城市治理能力。

技 术 篇

Technological Report

B.2
国内外智能网联汽车技术进展及趋势

智能网联汽车技术进展编写组*

摘 要: 智能网联汽车产业备受关注,各个国家和地区都将其放在核心战略地位并已取得大量技术进展与突破。本文首先概述国外智能网联汽车总体技术进展,介绍美国、日本和欧洲相关技术发展情况,并梳理各国家和地区的发展预期进程。其次,围绕车辆关键技术、信息交互关键技术、基础支撑关键技术、整车集成技术四个层面,介绍我国智能网联汽车主要技术进展及趋势。最后,总结不同国家和地区在智能网联汽车技术方面所面临的共性难题和我国的特有障碍,并提出对策与建议。未来,我国需要充分研判国内外技术发展趋势,结合自身优势,深化各领域融合,坚持践行智能网联汽车中

* 智能网联汽车技术进展编写组成员:张泽忠、姜昊、毋超、孙宫昊,国家智能网联汽车创新中心;邓坌、薛雷,黑芝麻智能科技有限公司;孙丹、张晖、杨泽宏,希捷科技(苏州)有限公司;余杰、周建雷,北京佐思信息咨询有限责任公司;李凯、张驰、张蕾,东风悦享科技有限公司。

国方案发展路径。

关键词：　智能网联汽车　汽车技术　汽车产业

智能网联汽车作为全球汽车产业发展的战略方向，集人工智能、新一代信息技术、网络通信、云计算、芯片等先进技术于一体，产业界技术更新发展日新月异，商业化落地探索加速布局，企业面向高等级智能网联汽车研发和应用持续加大技术投入，有望形成新的技术群生态和经济增长极。总体来看，在量产车辆应用方面，L2 级辅助驾驶在乘用车领域渗透率已达 20%，即将迎来爆发式增长，并正在通过不断丰富功能场景和提高可靠性向 L3 级自动驾驶逼近；在高度自动驾驶示范应用方面，矿山、港口、场地货运等特定场景自动驾驶商业化探索优先落地，Robotaxi 继续增加数据积累，加速测试验证；与此同时，车辆智能化与网联化相融合的发展路径得到广泛共识，不同企业依托各自领域技术优势开展跨界融合，共同推动智能网联汽车技术变革。

一　国外智能网联汽车技术发展概况

（一）国外智能网联汽车总体技术进展

美国主机厂和科技公司在高级别自动驾驶技术上加大投入，在智能网联汽车核心芯片、AI 算法、激光雷达等方面继续取得领先成果。Waymo 于 2021 年 7 月发布自动驾驶 AI 训练模拟软件，通过车辆传感器仿真、自动化数据标注、自动代理等机器学习技术继续提升 AI 训练数据量。此前根据美国加州交通管理局 DMV 自动驾驶道路测试数据，其 2020 年平均接管里程已达到 2.99 万英里（约合 4.8 万公里）。在芯片和计算平台方面，Mobileye 于 CES 展上公布其与英特尔合作开发的硅光子激光雷达芯片；高通发布第 4 代

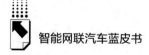

骁龙汽车数字座舱平台和 Snapdragon Ride 自动驾驶平台，两平台所搭载 SoC
芯片为全球首批采用 5nm 制程的车规级芯片；英伟达发布 AI 计算平台
NVIDIA DRIVE Atlan，单颗芯片算力 1000TOPS。在激光雷达方面，Velodyne
推出配备微型激光雷达阵列架构（MLA）的低成本、低功耗固态激光雷达
Velabit，预计将于 2022 年第四季度实现量产。

与此同时，相关企业的多个自动驾驶商业化应用项目也在持续开展，
通过实际应用推动 Robotaxi、无人配送等新技术不断迭代和商业化应用。
Waymo 已于 2020 年底宣布在凤凰城为客户提供无安全员的无人驾驶服
务；类似的，Cruise 宣布在旧金山对无安全员自动驾驶汽车进行测试；
Zoox 对外公开其无方向盘的 Robotaxi 原型车；Nuro 在休斯敦等地提供自
动驾驶送货服务，与 CVS、沃尔玛、达美乐、Kroger 等品牌合作开展
配送。

值得一提的是，美国联邦通信委员会（FCC）将 5.895GHz－5.925GHz
分配给 C－V2X，标志着美国 C－V2X 频率带宽已经达到 30MHz，C－V2X
频段的全球统一和协调也将有助于 C－V2X 设备生产和部署的全球化。

日本面向 L3 级自动驾驶汽车技术水平稳步推进，相关车型及测试验证
布局较广，并依托良好的产业和交通设施基础积极开展 MaaS 相关示范应
用。本田力推 L3 级自动驾驶汽车量产，发布具备 L3 级自动驾驶技术的
Legend Hybrid EX 车型，其搭载的 Emergency Stop Assist 系统，在司机需要
接管但没有响应的情况下，必要时可自动移到最外侧车道或路肩后停车。日
本全日空航空公司联合 BOLDLY、Advanced Mobility 及比亚迪日本分社在羽
田机场部分区域开展 L3 级自动驾驶巴士测试验证。日本国土交通省中部地
区交通局批准国家先进工业科学技术研究院（AIST）提出的远程监控/遥控
L3 级自动驾驶汽车申请，该项目成为日本首个远程控制（车内无安全员）
的 L3 级自动驾驶车辆项目。与此同时，日本也将东京奥运会、残奥会作为
其向世界展示自动驾驶技术实力的契机，提供 20 辆专门设计的"东京 2020
版"e－Palette 车辆往返于奥运村和比赛场馆，为运动员和相关工作人员提
供出行服务。

为进一步推动技术研发与产业化进展，日本在 MaaS 部署方面颇具特色，以丰田为例，其智慧城市"Woven City"宣布开工建造，该项目将基于人们生活的真实场景，建设能够引入及验证自动驾驶、出行即服务、个人出行、机器人、智能家居技术、人工智能等先进技术的实验城市，丰田还计划在 Woven City 实施人、物双行道路，项目初期以老年人、有孩子的家庭、发明家为主体，吸引约 360 人入驻。

欧洲整车企业和汽车电子零部件供应商面向高级别自动驾驶正在加速转型，在软件开发、计算平台、技术测试、AVP 示范应用等方面动作频频。大众发布 2030 NEW AUTO 战略，计划到 2030 年拥有运营自动驾驶车队系统的能力，搭载完全自动驾驶技术的"出行即服务"和"运输即服务"业务将成为 NEW AUTO 的重要组成部分。在自动驾驶和软件开发方面，大众将采用 CARIAD"自研渐进路线 + Argo AI"直接 L4 级路线。计算平台方面，恩智浦发布 BlueBox 3.0 产品，通过集成高性能处理器、扩展 I/O 接口，与基于 MPPA 处理器的 PCIe 卡结合，实现异构加速；采埃孚发布了新一代车载超级计算机"采睿星"（ProAI），算力相比上一代高出 66%。网联化方面，博世和西门子移动联合发布集成网联汽车集体感知系统，实现车载摄像头和 RSU 的直接连接，利用博世 IP 摄像头和智能视频分析系统（IVA）实现智能视频即传感器（Smart Video – as – a – Sensor），该系统已在美国移动中心以及坦帕市试验场完成多次测试验证。

欧洲整车企业、零部件供应商、科研机构利用已经完成功能开发的 L3 级和 L4 级自动驾驶汽车，在不同的交通场景下进行跨区域的技术测试示范。欧盟 Horizon 2020 框架下的测试示范项目 L3 Pilot 项目在欧洲公共道路上完成自动驾驶功能（ADF）试验，共计约 70 辆测试车辆在高速公路、城市道路以及停车场开展测试示范，示范区域覆盖比利时、德国、法国、意大利、卢森堡、瑞典和英国共 7 个国家，总行驶里程超过 40 万公里。依托示范数据，L3 Pilot 项目组进一步组织数据评估工作，表征车辆在不同交通场景下的行为，评估用户的接受程度、交通安全性并进行成本效益分析。

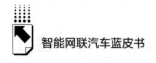

（二）国外智能网联汽车技术发展预期进程

近年来，欧洲、日本等国家和地区纷纷发布技术发展路线图，并制定相应的预期发展目标和规划路径。

2018 年 5 月，欧盟委员会出台《通往自动化出行之路：欧盟未来出行战略》，其中指出，到 2020 年，乘用车及货车在高速公路上实现 L3 级、L4 级自动驾驶，可在市区实现低速场景下的自动驾驶，如代客泊车；公共车辆（城市班车、小型载人载物车等）在部分低速场景实现 L4 级自动驾驶，到 2022 年，欧盟所有新车接入互联网，车车、车路等实现直接通信，并于 2030 年实现完全自动驾驶。

2019 年，欧盟道路交通研究咨询委员会（European Road Transport Research Advisory Council，ERTRAC）发布 "Connected Automated Driving Roadmap"，强调网联技术，加强自动驾驶车辆与道路交通实施的协同互联，针对乘用车、货车以及城市出行车辆提出发展预期目标，指出预计到 2025 年，欧洲乘用车、货车以及城市出行车辆将实现在高速公路、专用车道等简单场景下的 L4 级自动驾驶功能，同时逐步向城区混合车道、城郊道路等复杂场景进行演进。

欧洲多个国家制定各自的路线图，并在发展目标方面制定规划路径。英国 Zenzic 于 2020 年发布《网联与自动驾驶出行路线图 2030》，指出 2023 年实现 CAM（Connected and Automated Mobility）货运服务小规模使用，2024 年 CAM 包容性运输（Inclusive Transport）实现商业服务部署，2025 年 "最后一公里" CAM 货运服务具备竞争力，2026 年 CAM 成为公共出行服务的首选。瑞典 Drive Sweden 指出，2024 年多数新车具备网联化条件，2025 年实现自动驾驶公交应用，2026 年建立全国性 MaaS 服务。

在日本，内阁府与自动驾驶商业化研讨会持续逐年发布《官民 ITS 构想·路线图》与《实现自动驾驶的工作报告与方针》。《官民 ITS 构想·路线图》针对私家车、物流服务、出行服务三大推广领域公布并优化其发展目标、商用化时间表。《实现自动驾驶的工作报告与方针》提出实现自动驾驶的工作方针，针对自动驾驶商业化目标，对自动驾驶服务的实现与普及进行了讨论。

2020 年发布的《官民 ITS 构想·路线图 2020》（见图 1）指出，预计到 2025 年，私家车、卡车运输实现高速公路 L4 级自动驾驶。2020 年 5 月，日本发布的《实现自动驾驶的工作报告与方针（4.0 版）》中提出自动驾驶服务路线图，指出日本高度自动驾驶商业化预期进程。预计到 2025 年，在封闭区域与低速限定区域，实现具备远程监控能力的自动驾驶服务规模化应用；在 BRT 等中等速度专用线路，实现具备远程监控能力或具备乘务员的自动驾驶服务规模化应用；在高速公路等高速物流干线，实现无人列队跟驰商业化；在城区等开放道路上，实现低速出行服务、中等速度接驳巴士以及 Robotaxi 等服务商业化。

从不同研究成果来看，各国基本预判在 2025 年前后 L3 级智能网联汽车将得到大规模量产与应用，L4 级智能网联汽车开始进入市场。相比之下，我国《智能网联汽车技术路线图 2.0》在 2025 年节点则以不同级别的市场渗透率为目标，同时强调网联化功能部署，提出 2025 年 PA、CA 级智能汽车销量占汽车总销量超过 50%，HA 级智能汽车开始进入市场，C - V2X 终端新车装配率达 50%。

与此同时，国外车企持续推进智能网联汽车量产计划。综合来看，国外典型车企智能网联汽车量产计划基本符合各国产业发展路线规划的预期目标。辅助驾驶方面，丰田、日产、福特、通用、宝马、特斯拉等企业量产 L2 级功能智能化水平不断提升，支持脱手驾驶应用。高等级自动驾驶方面，从 2020 年开始，众多国外汽车品牌推动 AVP、TJP（交通拥堵自动驾驶，L3 级，60km/h 以下）、HWA（高速公路辅助驾驶，可全速脱手）等量产应用，如搭载 L3 级自动驾驶系统 Honda SENSING Elite 的 Legend Hybrid EX 车型，在日本可实现 TJP（50km/h 以下，L3 级）、脱手驾驶（L2 级）、自动紧急靠边停车等功能，并于 2021 年 3 月上市；2020 年 9 月奔驰发布第 11 代奔驰 S，宣布搭载 L3 级自动驾驶系统 Drive Pilot（TJP 功能）和 Intelligent Park Pilot 系统（AVP 功能），其 AVP 功能与博世联合开发，在斯图加特当地机场开展测试。除此之外，各大主流车企加速 C - V2X 功能技术储备，支

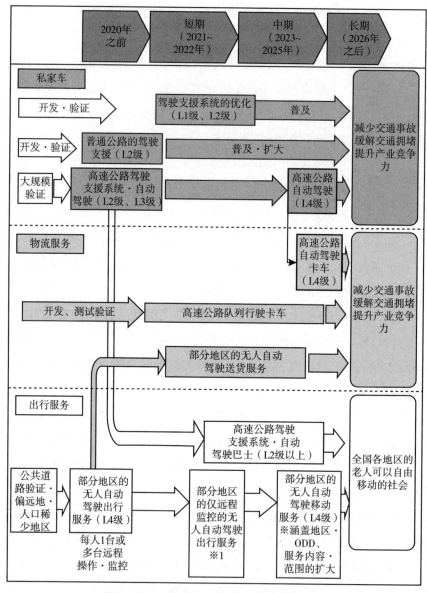

图1　日本《官民 ITS 构想・路线图 2020》

图片来源：日本《官民 ITS 构想・路线图 2020》，国家智能网联汽车创新中心译。

撑前装上车应用，福特、大众、宝马、奔驰等主流车企在国内外积极开展
C－V2X 测试，加速技术储备。

二 国内智能网联汽车主要技术进展

我国智能网联汽车技术总体进展有序,并形成分阶段、分领域的技术发展路径。我国于2016年发布《智能网联汽车技术路线图》,对行业发展起到有效引导作用。为进一步研判智能网联汽车技术路径与产业目标,2019年,中国智能网联汽车产业创新联盟牵头集合行业力量编制面向2035年的智能网联汽车技术路线图,明确了以2025年、2030年、2035年为阶段的总体目标和关键分领域技术路线图,《智能网联汽车技术路线图2.0》于2020年11月正式发布。

智能网联汽车涉及汽车、信息通信、交通等多领域技术,技术复杂度高且相互耦合关联,可划分为"三横两纵"式技术架构。"三横"是指智能网联汽车主要涉及的车辆关键技术、信息交互关键技术和基础支撑关键技术,"两纵"是指支撑智能网联汽车发展的车载平台和基础设施。《智能网联汽车技术路线图2.0》将关键技术架构梳理如图2所示。

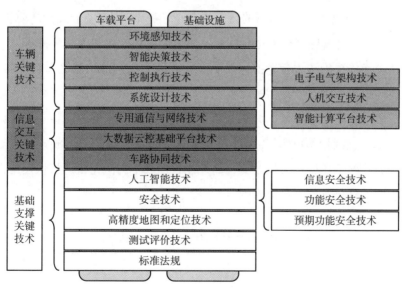

图2 智能网联汽车"三横两纵"式技术架构

图片来源:《智能网联汽车技术路线图2.0》。

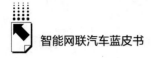

为进一步梳理国内智能网联汽车主要技术进展，下文将参考智能网联汽车"三横两纵"式技术架构，就车辆关键技术、信息交互关键技术、基础支撑关键技术、整车集成技术层面进行分析介绍。

（一）车辆关键技术层面

1. 多款半固态激光雷达开始进入前装，激光雷达产品价格继续降低

高性能、低成本的车载激光雷达传感器陆续量产，2021年多家车企实现半固态激光雷达上车。华为96线半固态激光雷达将搭载于北汽极狐 αS HI 版车型，该半固态激光雷达采用转镜扫描式结构，同时布置多个激光发射器与接收器，获得了良好的探测距离与视角范围。在性能上，该激光雷达有效探测距离达到150米（10%反射率下），能够形成120°水平视角和25°垂直视角的扫描范围，同时全面满足车规级要求。类似的，蔚来 ET7 车型所搭载的图达通猎鹰激光雷达采用转镜扫描模式，探测距离达到250米（10%反射率下）。览沃科技浩界激光雷达采用基于棱镜旋转的非重复扫描模式，在雷达探测范围中心区域获得更加密集点云效果，有效探测距离可达90米（10%反射率下）。该激光雷达搭载于小鹏 P5 车型上形成量产前装。

2. 国内激光雷达在性能达到国际先进水平的同时实现大规模降本

相较于传统旋转式激光雷达数千至数万美元级别的价格，转镜扫描式、棱镜扫描式等半固态激光雷达因其光学结构简单，激光收发器件数量大幅减少等，成本价格大幅降低，大部分激光雷达供应商推出的激光雷达价格已降至1000美元级别。随着国产化进程和大规模应用，激光雷达成本过高导致上车难的状况正在得到大幅改变，高性能、低成本的激光雷达将快速抢占前装市场，价格仍有望进一步降低。

表1 典型半固态激光雷达性能与应用情况

产品	价格（美元）	探测距离（m）	水平视角	垂直视角	量产时间	搭载车型
华为96线激光雷达	~500	150@10%	120°	25°	2020	极狐 αS
览沃科技浩界 Horizon	~900	90@10% 260@80%	81.7°	25.1°	2021	小鹏 P5

续表

产品	价格（美元）	探测距离(m)	水平视角	垂直视角	量产时间	搭载车型
图达通下一代猎鹰	500～1000	250@10%	120°	30°	2022	蔚来 ET7
速腾聚创 RS－LiDAR－M1	1898	150@10%	120°	25°	2020	AION LX 等

3. 车用毫米波雷达频段确定，4D 毫米波雷达成为趋势

2021 年 12 月，《汽车雷达无线电管理暂行规定》（简称《规定》）发布，明确将 76～79GHz 频段规划用于汽车雷达，主要使用场景包括自适应巡航控制、防撞、盲点探测、变道辅助等，与此同时，根据《规定》要求，自 2022 年 3 月 1 日起，不再受理和审批 24.25～26.65GHz 频段车载雷达无线电发射设备型号核准申请；已投入使用的 24GHz UWB（24.25～26.65GHz）毫米波雷达原则上使用到报废为止。车用毫米波雷达频段的重新划定，将进一步统一毫米波雷达技术路线，24GHz 毫米波雷达将逐步退出历史舞台。

在技术进展方面，4D 毫米波雷达已经成为趋势。4D 毫米波雷达兼顾传统雷达的低成本、高性能，同时能够进行垂直方向探测，实现成像效果；基于虚拟天线技术，4D 雷达在提高角分辨率、缩小体积等方面得以突破，未来随着点云密度增加，有望达到高线束激光雷达效果。2021 年 4 月，华为发布高分辨率 4D 成像毫米波雷达，预计将于 2022 年实现量产，在量产时间上基本与国际头部企业处于同一节奏。该雷达基于 12T24R（288 通道）天线配置，分辨率大幅提高，可实现 1°（H）/2°（V）角分辨率，120°＊30°视场，300 米＋探测距离，10x 点云密度。除此之外，楚航科技、恒润经纬、华域汽车、森思泰克等国产玩家也纷纷开始布局 4D 毫米波雷达，预计将在未来几年形成多款自主产品解决方案。

4. 车载计算芯片向大算力、强算法发展，国产厂商持续发力并实现性能提升

以华为、地平线、黑芝麻为代表的国内厂商不断推出车规级 AI 计算芯片产品，在芯片算力、能效比等方面，逐步赶超进口芯片产品。

表2　4D 毫米波雷达典型产品性能对比

产品型号	华为 4D 毫米波雷达	大陆 ARS 540	Arbe Phoenix	傲酷 Eagle 前向雷达	傲酷 Falcon 角雷达
测量距离	300 米 +	300 米	300 米	350 米 +	200 米
视场角	120°＊30°	水平 120°	100°＊30°	120°＊30°	水平 120°
角分辨率	1°(H)/2°(V)	1.2°(H)/2.3°(V)	1°(H)/2°(V)	0.5°(H)/1°(V)	2°(H)
量产计划	2022 年 下半年量产	2021 年量产	2022 年量产	已小规模 量产商用	已小规模 量产商用

地平线征程系列 AI 芯片通过搭载自主研发的人工智能专用处理内核，已经形成征程2、征程3、征程5 等系列芯片产品。征程2 芯片搭载在长安 UNI - T/K、奇瑞蚂蚁等多个量产车型中，累计出货量已超 40 万片；2021年，地平线发布征程5 系列计算芯片，最高算力达到 128TOPS，与理想汽车达成预研合作，并宣布与上汽集团、长城汽车、江汽集团、长安汽车、比亚迪、哪吒汽车、东风岚图等众多汽车厂商达成征程5 芯片首发量产合作意向。

黑芝麻公司将低功耗神经网络架构与各类型 IP 集成于 SOC 芯片中，支持 SOC 芯片降低运行功耗、提升计算精度、提升算力水平。通过架构设计，神经网络加速器满足大算力支撑能力，从而支持多形态、多精度运算；通过可适配量化、结构化剪裁压缩、硬件可执行软件的子图规划软硬件实现同步优化，进一步降低功耗，并支持稀疏加速和配备自动化开发工具。其华山系列自动驾驶计算芯片 A1000 Pro 即将于 2022 年形成量产，该芯片采用6 核 Arm v8 CPU、16nm 工艺制程，典型功耗仅为 25W，算力可达 106 TOPS，进一步支持高级别自动驾驶算力需求。与此同时，该芯片支持 ASIL - B 级别功能安全，内置 ASIL - D 级别安全岛，具有高性能、低功耗、安全可靠的特点，预计将与一汽红旗、东风等车企合作，形成前装应用。

类似的，华为昇腾系列计算芯片集成于 MDC 计算平台，目前 MDC Pro 610 计算平台已经搭载于极狐 αS HI 版，可形成 400 + TOPS 算力支持。寒武纪行歌计划于 2022 年前后推出 256TOPS 芯片 CE5226，2022 年完成投片，

2023 年完成车规级与功能安全认证，芯片采用寒武纪自研 NPU 及 ISP 等核心 IP 构建，制程采用 7nm 技术，对标英伟达 ORIN。CE5326 将采用 5nm 制程，性能更高，最高算力达 500TOPS，预计于 2023 年推出。

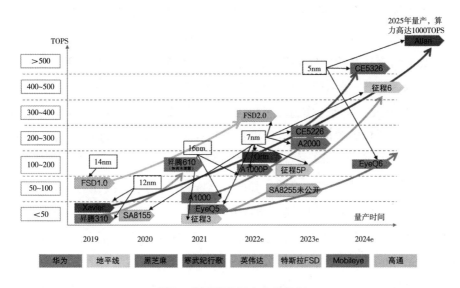

图 3　典型芯片厂商产品规划

5. 车辆线控执行系统领域取得进展

金龙联合汽车开展面向多目标要求的电驱动底盘全速度域内动力学控制和以高精度横向轨迹跟踪为边界的电液耦合全速域内横向轨迹跟踪控制策略研究，通过转向、驱动和制动系统的协调工作实现路径跟踪的纵横向耦合控制策略，研发完成高性能商用车线控转向系统和制动系统并实现量产。中汽创智发布集成式智能制动系统"擎磐"，通过开发电机直驱助力、自主线性电磁阀、双控 EPB、基于数字孪生的智能迭代，满足安全可靠、快速响应、结构紧凑要求。

（二）信息交互关键技术层面

1. LTE－V2X 通信芯片和模组形成系列产品，车型前装 V2X 开启规模化应用

华为端到端 C－V2X 解决方案覆盖车载和路侧终端，已形成车载模组－

终端－网关－RSU－云端全链条产品线，其集成 Balong 5000 芯片的 MH5000 是业界首款集成 5G＋C－V2X 技术的模组。大唐高鸿产品线覆盖模组、OBU、RSU、云控平台、CA 安全认证及整套解决方案，DMD3A 模组基于中国信科集团自研芯片封装，支持 C－V2X PC5。辰芯科技 CX7100 模组封装 CX1860 芯片，支持 C－V2X PC5 直连。在终端应用方面，广汽、北汽、上汽、比亚迪等品牌的部分车型已搭载华为 MH5000 模组，一汽红旗、长安福特、吉利、长城、蔚来等车企也已推出搭载 C－V2X 技术的量产车型。

在 V2X 融合方面，作为单车智能路线的补充和提升，各 V2X 终端搭载车型目前支持不同程度的 V2V、V2I 应用场景，后续可通过 OTA 技术以及基础设施升级满足更多安全、效率应用场景需求，上汽、蔚来等车企选择将 V2X 功能整合至自动驾驶系统，如蔚来将 V2X 的信息直接作为 NIO AD 的输入，成为其感知系统的补充，同时在必要情况下直接对驾驶者发送提醒和预警，通过与自动驾驶板块的深度绑定，V2X 硬件预计将伴随其发展迅速铺开。

2. 连续三年的"三跨""四跨""新四跨"测试验证为 C－V2X 规模试验和推广奠定了基础

2020 年 10 月，中国智能网联汽车产业创新联盟联合多家单位在上海举办 V2X"新四跨"暨大规模先导应用示范活动，其间 40 余家整车企业、40 余家终端企业、10 余家芯片模组企业、20 余家信息安全企业、5 家地图商及 5 家定位服务提供商参与演示。2020 年演示活动在 2019 年"四跨"的基础上增加了高精定位和高精地图，V2V、V2I 及安全机制场景更加丰富，网络安全要求也更加严格。本次活动再次验证了我国 C－V2X 技术标准及相关产品的有效性，进一步深化跨界协同并加快 C－V2X 规模化商用步伐。

3. 区域性云控平台开启探索性运营示范，国家层面大数据云控基础平台建设启动

以云控基础平台为核心的人车路一体化建设项目在多个城市测试路段和高速公路测试路段落地，云控平台提供商在技术上可以满足多源数据融合，实现覆盖范围内的交通感知。北京已建成全球首个网联云控式高级别自动驾

驶示范区，并于 2021 年 7 月开放自动驾驶高速测试场景，监管数据和实时数据将接入示范区云控平台，确保自动驾驶测试安全。在工信部支持下，国家智能网联汽车创新中心正协同行业优秀合作伙伴共同建设全球首个大规模部署的国家级云控基础平台，将跨行业共识转化为具有国家属性的新型基础设施建设落地应用。

（三）基础支撑关键技术层面

1. 面向量产应用，国内高精地图企业开始形成完整方案，测绘管理在相关部门支持下取得突破

在地图应用方面，高德地图将道路类型、车道信息、道路联通逻辑等高精地图数据与导航信息融合，并与小鹏车端硬件配置结合，通过 EHP 电子地平线功能为车辆提供超视距信息和数据播发，实现厘米级定位与结合导航路径的辅助驾驶功能。在地图测绘管理方面，为满足自动驾驶等新业态需求，高精度地图应用与管理模式取得重大进展。2021 年 6 月，自然资源部办公厅印发《测绘资质管理办法》和《测绘资质分类分级标准》，对测绘资质管理进行修订完善。自 2017 年以来，导航电子地图甲级测绘资质审核适度放开，目前，我国共有 28 家企事业单位具有导航电子地图甲级测绘资质，其中包括部分初创公司。根据新《测绘资质管理办法》，测绘资质类别、等级总数将大幅压减，增设导航电子地图乙级测绘资质并大幅降低考核条件，允许其在相关政府划定的自动驾驶区域内开展高精度地图作业，大部分甲级测绘资质审批权限将下放至省级主管部门。

2. 北斗卫星导航系统完成组网，定位芯片正在走向自主可控

自 2020 年 7 月完成组网以来，北斗卫星在轨运行稳定，中国卫星导航系统管理办公室数据显示，北斗三号全球卫星导航系统全球范围实测定位精度水平方向优于 2.5 米，垂直方向优于 5.0 米，在交通运输领域形成规模应用。我国自主研发的 22nm 北斗高精度定位芯片已实现量产，2020 年国内厘米级应用高精度芯片、模块和板卡总出货量超 100 万片，自主芯片有望在自

动驾驶领域支撑高定位精度需求。与此同时，卫星导航定位地面基站覆盖率和定位精度进一步得到提升。千寻位置在全国范围内建设 RTK 地基增强站超过 2800 个，依托国家北斗地基增强系统"全国一张网"，打造"定位引擎＋差分改正"方案，通过集成在车载终端的定位引擎，结合云端播发的差分改正数服务，可输出实时可靠的高精度位置、速度、时间、姿态等信息，在高速公路及典型城市路段，精度最高可优于 3 厘米，可用性达到 99.98%。六分科技基于地基增强系统的"网－云－端"高精度定位引擎及产品系列发布，其车载平台定位精度可达 5～20 厘米，未来计划形成覆盖全国的地基增强网络。针对地下停车场、港口、矿区等卫星定位信号不足场景，UWB 技术不断突破并即将面向应用。UWB 技术在高精度、低延迟、抗遮挡等方面竞争优势明显，中电昆辰车用高精度 UWB 定位系统可通过场端发射 UWB 信标、终端解算实现厘米级实时定位，已完成上汽洋山港智能重卡前装，并有望面向 AVP 车场融合方案启动量产。

3. 智能网联汽车网络安全成为关注焦点，相关共性关键技术攻关、测试验证与示范应用取得进展

国家智能网联汽车创新中心规划并建设信息安全基础平台，聚焦智能网联汽车端、管、云及安全管理等相关要素，汇聚技术链、产业链优质创新资源，突破共性关键核心技术，目前已完成漏洞预警与分析平台（CVVD）一期设计开发与验收并正式公网上线，CVVD 以车辆安全漏洞相关数据为基础，以自主开发的系列算法模型为核心，可提供汽车安全众测、安全告警、应急响应、解决方案、态势感知等安全服务，并正在启动常态化运营与二期建设。与此同时，众多网络安全测试服务企业纷纷建立智能网联汽车安全测试服务体系。2020 年 11 月，工业和信息化部公布《2020 年网络安全技术应用试点示范项目名单》，其中包括《车联网安全测评系统》《智能网联汽车安全检测平台》等 14 项车联网安全项目。为提升智能网联汽车网络安全方面的防护水平，国内首个面向智能网联汽车应用场景的网络靶场在鹏城实验室落地，模拟汽车典型应用场景，进行车辆网络安全仿真验证。

4. 车载数据存储技术水平不断提升，保障自动驾驶数据顺利迁移

随着智能网联车辆示范运行与使用，汽车所产生的数据量不断增加，多家存储技术公司开始在车端发力，推出专业数据存储、迁移解决方案。希捷科技推出面向高级别自动驾驶汽车的数据传输和存储解决方案 Lyve Mobile 阵列，该产品具有稳固抗震等特点，可直接安装在测试车辆后备箱内，与车辆数据记录器相连，实时存储测试数据。单个阵列存储容量最高可达 96TB，传输速度高达 2.8GB/s，同时具备即插即用接口，便于数据迁移与归档，基于该产品已经与捷豹路虎、Renovo 等车企、自动驾驶企业达成合作。此外，希捷科技推出了希捷银河（Exos）、希捷雷霆（Nytro）系列企业级存储产品，以及 Lyve Cloud 云端存储方案，进一步为自动驾驶相关企业提供全链条数据存储服务。焱融科技推出 YRCloudFile 非结构化数据统一存储平台，可以为人工智能、自动驾驶领域中的训练环节，以及高计算环境中的数据加载运算阶段提供高速、稳定的数据访问能力，目前已和图森未来、新石器等厂商达成合作意向。

（四）整车集成技术层面

1. 我国主流车企已实现乘用车 L2 级自动驾驶大规模商业化应用

据中国智能网联汽车产业创新联盟统计，2021 年 1~8 月，我国乘用车新车市场中既具备配备车道保持系统（LKS），又具备自适应巡航（ACC）或自动紧急制动（AEB）功能等 ADAS 功能的车型销量达到 195.0 万辆，渗透率达到 20.9%，与 2020 年同期数据相比明显提高，其中自主品牌乘用车具备前述功能的车型渗透率达 14.8%，新能源乘用车中渗透率约为 30%，辅助驾驶功能正在进入加速渗透阶段。

2. 自主车企高端品牌和新势力加强智能化技术应用，在 L2 级自动驾驶基础上拓展功能配置和应用场景，逐步逼近 L3 级功能

一汽、东风、长安、北汽、广汽、上汽、吉利、长城、蔚来、小鹏等车企相继加快相关车型的量产步伐，覆盖高速/快速路、城市道路、低速封闭环境的停车场（库）三大场景的自动驾驶功能开始在量产车上集中搭载，

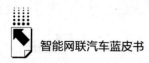

成为多款新车的关键卖点；V2X 功能逐步开启前装搭载，实现网联技术赋能并持续升级，提高车辆安全水平。

表3　典型车型智能网联功能配置

车型	搭载传感器	搭载控制器/计算芯片	是否具备高精度地图	可实现自动驾驶功能	是否具备V2X 功能
极狐 αS HI 版	3 颗激光雷达、6 颗毫米波雷达、13 颗摄像头、12 颗超声波雷达	华为 MDC810计算平台	是	高速公路自动驾驶、城区高阶自动驾驶、低速代客泊车	是
东风岚图 FREE	3 颗毫米波雷达、3 颗前视摄像头、12 颗超声波雷达	德州仪器/地平线征程2	—	交通拥堵辅助、高速公路辅助、APA 自动泊车系统	—
长城 WEY 摩卡	3 颗激光雷达模组、8 颗毫米波雷达、7 颗摄像头、12 颗超声波雷达	Mobileye EyeQ4	是	高速驾驶辅助、高速自动领航辅助驾驶、自动泊车	是
吉利极氪 001	1 颗毫米波雷达、15 颗摄像头、12 颗超声波雷达	两颗 Mobileye EyeQ5H	是	自动辅助领航和城市自动驾驶	是
蔚来 ET7	1 颗激光雷达、5 颗毫米波雷达、11 颗摄像头、12 颗超声波雷达	4 个 NVIDIA Drive Orin 芯片	是	高速公路/快速路、城区自动导航辅助驾驶以及停车场全自动泊车	是
小鹏 P5	2 颗激光雷达、5 颗毫米波雷达、13 颗摄像头、12 颗超声波雷达	NVIDIA Xavier 芯片	是	在高速和城市快速路基础上扩展至城市NGP 功能，覆盖多种城市场景	—

3. 限定场景下的高级别自动驾驶技术各项应用正在逐步走向商用

从消费者出行到货物运输，Robotaxi、AVP、BRT、干线物流、无人配送、矿山重载、港口物流等多种多样的场景不断涌现，并形成规模化发展。

在封闭区域，较低速度的自主代客泊车（AVP）广受关注，已经形成初步商业化探索。2020 年 11 月，中国智能网联汽车产业创新联盟组织编制的《自主代客泊车系统总体技术要求》团体标准正式发布，成为 AVP 示范应用的参考。当前，纵目、百度、地平线、AutoX、Momenta 等众多科技公司发布 AVP 解决方案，高级别智能化设施加快建设和部署应用。此外，一汽、长城、吉利、广汽、上汽等多家车企纷纷推出具备 AVP 功能的车型。

场内货运作为市场刚性需求，成为高级别自动驾驶汽车优先落地场景。在港口方面，2018 年，主线科技携手天津港、重汽集团打造的无人驾驶电动卡车正式开启试运营，现已实现无人驾驶集卡与码头内外集卡混行运行且参与实船作业。2021 年 2 月，华为与西井科技签署合作协议，双方将完成基于天津港项目的水平运输无人化系统，并推动解决方案的规模化复制。目前，多家企业已在天津港、宁波港、珠海港等多地实现港口无人驾驶物流应用。厂区物流运输方面，驭势科技的自动驾驶物流车已在香港机场、五菱汽车厂区和一汽物流园区进行常态化运营。

矿山交通场景相对简单，商业模式逐渐清晰，成为众多商用车整车企业和自动驾驶解决方案提供商落地自动驾驶的核心场景。湖南大学正在打造运载装备智能网联系统创新中心，加强智慧矿山系统、智慧快运系统等产业化开发。踏歌智行、慧拓智能、易控智驾等众多公司纷纷发布矿山自动驾驶解决方案。其中踏歌智行"南露天煤矿自卸车无人驾驶技术研究项目"通过评审验收，实现在夜班作业的矿用卡车无人运输项目。截至 2021 年 11 月，踏歌智行改造的无人驾驶矿用卡车行驶路程超 6 万公里，无事故运行超1000 天，运输的矿石土方量超 40 万吨。截至 2021 年 9 月，慧拓智能已在宝日希勒、大唐宝利、中金乌山铜矿、中煤平朔等矿区部署 22 台大型无人驾驶矿用卡车。

在限定区域，中低速自动驾驶车辆具备场景简单、车速较低、危险性小

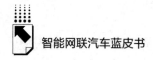

等特点，具备快速商用化的潜力，包括园区微循环巴士、专用车道快速公交、末端配送、环卫清扫等场景。

园区微循环巴士方面，宇通客车、金龙、金旅、文远知行、轻舟智航等众多企业已发布无人驾驶小巴解决方案。2018 年 7 月，阿波龙量产下线，目前已经在北京、江苏、福建、广东等地示范运营，累计运营里程 10 万多公里，安全接待 11 万多人次。2020 年，轻舟智航推出的龙舟 ONE 已在苏州、深圳、武汉等多个城市落地，并在苏州启动全国首个常态化运营的 5G 无人驾驶公交项目，在深圳推出全国首张无人驾驶公交月卡，2021 年还推出全国首个无人驾驶共享网约巴士。专用车道快速公交方面，宇通客车、中车电动、深兰科技、中通客车都已发布智慧公交解决方案，并在郑州、湖南、广州、天津、常州、德阳、衢州、池州、深圳等国内多个城市试运行。末端配送方面，在疫情期间，东风、京东、新石器、智行者、酷哇等企业的无人物流车、无人清洁消毒车陆续投入疫情防控工作，取得良好的示范应用效果，为自动驾驶车辆的示范应用奠定基础。环卫清扫方面，目前市场上已有智行者、仙途智能、高仙机器人、酷哇机器人、深兰科技等自动驾驶科技公司入局环卫行业。而早在 2018 年以前，北京环卫、龙马环卫、盈峰环境（中联环境）、宇通重工等环卫企业都已布局无人环卫。北京、上海、广州、长沙、成都、厦门等城市已经开始试运营或测试无人环卫车辆。此外，东风悦享积极构建智能网联汽车无缝化移动服务，通过无人接驳车、无人清扫车、无人售卖车、无人物流车、无人巡逻车等各类单体智能的集合，进一步探索智慧社群建设模式。目前，东风悦享已在武汉、山东、陕西、广州等多地开展无缝化服务探索，累计示范里程超过 10 万公里。

在城市道路，Robotaxi 是我国 L4 级自动驾驶落地焦点。目前，百度、文远知行、小马智行、滴滴、AutoX、Momenta 等公司已经开展相关示范运行工作，累计投入车辆数百台，运行范围一般在几十至 100 平方公里。

2020 年 4 月，百度宣布全面开放 Apollo Robotaxi 自动驾驶出租车服务，该服务在百度地图及百度 App 智能小程序上线。继沧州、长沙之后，同年 10 月，百度自动驾驶出租车服务正式在北京全面开放，这一次自动驾驶出租车测试道路总长度约为 700 公里，覆盖亦庄、海淀、顺义等地生活圈和商业圈，共有数十个站点。用户通过百度地图或者 Apollo GO App 就可以呼叫体验百度自动驾驶出租车服务。2019 年 10 月小马智行在加州尔湾推出自动驾驶打车服务 BotRide，同时在广州南沙推出 PonyPilot Robotaxi 服务。2020年 4 月底，AutoX 接入高德地图，目前在上海嘉定汽车城范围开放，用户在后台人工审核通过后可进行试乘体验。2020 年 5 月，文远知行在广州市黄埔区、开发区这两个占地近 145 平方公里的地区进行 Robotaxi 试运营，公众可通过 WeRide Go App 进行打车试乘。2020 年 6 月，滴滴自动驾驶出租车在上海嘉定区上路，上海市民可通过滴滴 App 申请体验。

高速公路货运是自动驾驶商业化的重要市场。2019 年 12 月，智加科技 L4 级自动驾驶卡车完成为蓝多湖提供的首次自动驾驶货运服务。图森未来已经在美国凤凰城、图森市、埃尔帕索和达拉斯之间的七条不同路线上进行自动驾驶高速公路运输服务。2019 年以来，图森未来在东海大桥开展应用于洋山港与芦潮港货运火车站间的无人驾驶港铁联运。

三　智能网联汽车技术发展过程中所面临的挑战

经过近几年的快速发展，我国智能网联汽车产业取得较大进步，在法规政策、基础设施建设、核心零部件与系统集成、信息交互、高精地图、测试区建设、人工智能核心技术等方面均有一定突破，产业进入加速布局的商业化前期阶段。

与此同时，需清醒地认识到，不同场景下的智能网联汽车应用仍然存在诸多挑战，既有不同国家或地区所面临的共性应用难题，也有我国特有的普及障碍，集中表现在以下几方面。

1. 在车载芯片、操作系统、线控底盘等核心技术节点，尚存在的"卡脖子"技术短板，难以满足产业发展需要，类似中美贸易摩擦中的"断供"事件给产业安全带来极大隐患

在车载芯片方面，传统车规级计算与 AI 芯片主要由国外厂商垄断，

EDA 软件等关键设计工具以及高端光刻板等制造设备主要掌握于国际厂商手中，极大限制了我国车规级芯片产业的发展。目前我国在计算芯片方面已经取得了一定的进展，部分产品在性能上可以支持智能网联汽车环境感知、智能决策、智能座舱等方面的功能。但需清醒地看到，我国仅有少量计算芯片刚刚进入量产前装，一方面，其产品稳定性仍然需要大量实车验证，不断进行性能迭代；另一方面，相关芯片在设计、制造过程中，仍然依赖国际供应体系，受到国外厂商制约，容易发生"断供"情况。此外，在视觉处理芯片、毫米波雷达收发芯片、激光雷达收发芯片等环境感知芯片方面，当前主要依赖国外进口，国产替代产品仍需对性能、稳定性进行进一步验证。

在自动驾驶操作系统方面，智能网联汽车计算平台的控制单元、计算单元与 AI 单元分别需要部署智能网联汽车操作系统，目前相对成熟的内核系统及中间件等基本掌握在欧美厂商手中，国内与其相比存在较大差距。国内华为、中兴、中汽创智、东软等相关企业正在积极构建智能网联汽车操作系统，但由于技术及生态基础薄弱，以及智能网联汽车操作系统对信息安全、功能安全的极高要求，实现与汽车产业链的真正融合集成并落地需要较长时间。

在线控底盘技术方面，线控底盘产品需要长时间的研发投入和技术积累，国内供应商技术与产业化水平与国际相比仍存在较大差距。针对关键技术，我国在冗余系统架构设计、机电液耦合轻量化设计、核心控制算法、多执行器协同控制、高等级功能安全及信息安全等方面存在"卡脖子"技术点；从产业链上讲，高可靠性的线性调节电磁阀、高效率低噪声的集成化电机助力传动单元、PMSM 电机驱动及闭环控制、自主化的主控 MCU 芯片及专用集成 ASIC 芯片等产品仍是供应链的"卡脖子"问题。

2. 在集成应用方面，当前自动驾驶系统难以覆盖全部场景，技术成熟度有待在更复杂环境下进行验证

面向实际道路场景的商业化应用，自动驾驶系统需要解决所有突发情况，以保证乘客及车辆的安全。应用在城市道路、限定区域的智能网联汽车，面对的交通路况异常复杂，包括无保护左拐、行人/摩托车/电动摩托车/单车避让、夜间行驶等，以及延伸的大量极端场景，如车身广告印刷图

案、路边行人手持标志牌、路中间的不明障碍物等，对自动驾驶的发展制约日益凸显。

同时，现有测试示范场景与未来真实商用场景仍然存在差距，急需更多复杂路测数据提高系统安全性能。自动驾驶车辆在真实的开放道路上累计行驶里程越长、测试场景越广，技术迭代就越快。当前示范区与公开测试道路一般多为交通环境较好的空旷路段，较少出现实际驾驶环境中的复杂交叉路口、车道线不清晰、电磁干扰等情况。复杂环境测试数据的缺乏，将影响自动驾驶算法优化，减缓产业落地速度。

3. 测试验证方案需要进一步适应智能网联汽车开发进程

测试示范是实现智能网联汽车加速技术迭代、产品创新应用的必要一环。行业普遍认为，为保障智能网联汽车在复杂的道路交通环境中安全可靠的行驶，需要通过模拟仿真测试、封闭场地测试和实际道路测试等综合手段进行大量测试验证。当前，我国智能网联汽车技术和产业发展已进入快车道，在实际道路和真实交通环境下的测试和示范应用，已成为自主骨干企业开展智能网联汽车技术研发和产品应用及推广的现实需求。从各企业实际测试情况来看，测试示范的进一步发展仍然面临各地标准及管理办法不一致、各地没有形成测试牌照发放的互认机制、测试时间和资金成本高、测试场景不健全、网联化发展缓慢以及多地测试服务能力跟不上产业发展等问题。具体而言，包括以下几点内容。

一是开放道路场景相对单一，难以满足全场景测试需求。各地方在选择开放道路时，由于受法规限制或基于降低安全风险等考虑，开放测试路段典型性不足，企业暂未开展区域内的全场景测试。在城市道路方面，目前各地开放道路主要集中在车流较少、场景相对简单的路段，很少开放车流量大、场景较复杂路段，企业的连续路段多种场景测试需求无法得到充分满足。二是高速公路方面，受法规限制我国高速公路测试尚未放开，给企业高速公路相关场景的研发和产业化带来不确定性。高速公路乘用车与货运车辆测试受到相关测试设备及场地限制，试验场不能模拟道路的真实路况，难以验证控制策略的真实效果。目前场地测试中采用的软目标车及平台车能支持的速度通常在 80km/h 以下，对于车速较高的应用来说尚待提高。三是各地测试管理办法要求不统一，测试结果尚不互认。各地基于保证道路测试安全及本地产业发展考虑，制定道路测试实施细则或管理办法内容各有不同，"考试"标准也不尽相同，各个测试示范区在测试方法、数据采集、路侧设备规格等诸多方面缺少统一的标准。当前仅有广州、深圳、武汉等地认可其他城市的封闭场地检测报告，其他仍处于协议或倡议阶段，无法满足企业申请多地牌照的需求。此外，在数据的传输与处理方面，测试数据的共享及二次开发利用尚在探索中。目前各企业的智能网联汽车道路测试产生的数据以测试报告、视频数据等形式分散在各主管部门或测试管理第三方，未接入统一的数据平台，数据的脱敏处理及二次开发利用尚在探索中，目前尚未做到数据共享与利用。

4. 基础设施建设需要进一步协调推进

智能网联汽车产业突破传统的汽车产业范畴，需要人、车、路、云、网、图等互联与协同发展，道路交通、信息通信、数据云平台等方面的基础设施有待加大建设投入。在基础设施信息化数字化升级方面，虽然已经取得长足的发展，但也面临跨部门协调、跨产业协同，建设投资大、周期长、投资主体不明确等问题，没有形成有效的商业模式，影响建设进度，并为智能网联汽车商业化运营带来挑战。

一方面，路侧单元 RSU、5G 基站等智能化基础设施建设主要围绕部分城市先导区、封闭测试区/场、公开测试道路、高速示范项目等进行改造建设，还没有形成全程全网连续覆盖。不同区域各自为战，信息孤岛现象比较严重，各系统各自为政，难以实现业务互通、信息共享。跨平台的统一基础设施建设路径尚不清晰。

另一方面，各车企都在建设自己的车联网云平台或者大数据中心，基于企业不同研发、生产、销售以及售后应用及运营模式的考虑，加之各自建设所依托的汽车数据标准和体系不同，使用的运营商方案也不尽相同，导致现有或者在建的云平台和大数据中心的建设标准不同，难以实现相关基础设施的互联互通。

此外，高精地图覆盖不全，更新频率无法满足自动驾驶需求。受高精地图测绘管理要求的约束，目前我国仅完成约 35 万公里高速公路与城市快速路的高精地图采集，相关城市主干路、次干路、支路等道路尚未开展高精地图采集工作，难以覆盖相关场景的应用。部分运行在封闭、限定区域以及城市道路的测试车辆通过自行采集高精地图的方式进行自动驾驶功能测试，缺乏法律依据，阻碍商业化进程。高精地图的生产和发布过程受到严格的测绘地理信息法律法规管理，道路动态信息难以进行实时更新，不能完全对应满足自动驾驶需求。

四　对策与建议

各国高度重视智能网联汽车技术发展，目前国际上已经形成两大类技术发展路径。一是单车智能化水平不断提高的"渐进路线"，众多主机厂采用该路径，在当前 L2 级辅助驾驶功能大规模量产的情况下，持续提升车辆智能化水平，比如本田最新发布的 Legend 车型已经具备 L3 级自动驾驶功能，并在日本完成型式认证。二是以单车高度智能化驾驶为核心的"一步到位路线"，该路径以 Waymo、通用汽车等为代表，通过搭载高性能传感器与计算芯片等组成的系统方案，提高车辆的复杂环境感知和智能决策能力，实现 L4 级自动驾驶功能。

这两条路径对于中国并不完全适用。对于渐进发展路线，以现有汽车架构为基础进行迭代升级，会使我国在汽车电子、车辆控制执行方面的差距在渐进式发展道路中被持续放大，现有汽车电子电气架构与未来自动驾驶需求之间的底层矛盾也会越发突出。对于一步到位发展路线，我国在高精度传感器、高性能中央处理芯片、计算平台、开发测试工具链等方面存在诸多卡脖子技术，不符合产业战略安全要求。

同时需要清楚看到的是，智能网联汽车涉及汽车与信息通信、交通等多个领域的深度融合，背后涉及基础设施、联网运营、产品架构等标准，也决定了智能网联汽车的发展应具备本地属性。

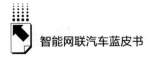

我国智能网联汽车产业发展需要坚持践行中国方案发展路径。智能网联汽车中国方案要充分融合智能化与网联化发展特征，建立中国方案的智能网联汽车信息物理系统架构，以基础平台为载体，实现"人－车－路－云"一体化的智能网联汽车系统。

一是充分发挥领先产业与体制优势，坚持智能化与网联化融合技术路线。我国在全球率先提出了网联化与智能化的发展路径，早在2016年发布的《节能与新能源汽车技术路线图》中，就明确描述了自动驾驶汽车的智能化和网联化分级方式，为产业发展开辟了新思路和新路径。当前，我国C－V2X产业已经在国际上取得一定的先发优势，并取得量产应用，支撑我国智能网联汽车创新发展。

二是以行业基础平台为载体。基础平台是提升智能网联汽车产业创新能力的重要载体，作为联结技术链与应用链的核心枢纽，基础平台可推进汽车制造、信息通信、交通运输等行业跨界融合创新，突破产品技术方案落后、基础设施建设重复、系统数据封闭等问题，形成跨界融合、协同创新的新型产业生态体系。

参考文献

日本内阁府：《官民 ITS 构想·路线图 2020》，2020。

自动驾驶商业化研讨会（日本）：《实现自动驾驶的工作报告与方针》（4.0版），2020。

中国汽车工程学会：《节能与新能源汽车技术路线图（2.0版）》，2020。

European Commission, On the Road to Automated Mobility: An EU Strategy for Mobility of the Future, 2018.

ERTRAC, Connected Automated Driving Roadmap, 2019.

Zenzic, UK Connected and Automated Mobility Roadmap to 2030, 2020.

产 业 篇

Industrial Report

B.3
2021年中国智能网联汽车产业
竞争力指数评价

叶芳林　李乔　李晓龙　冯锦山*

摘　要：　本文根据2020~2021年具体产业数据和定向专家问卷调查，对我国智能网联汽车产业国际竞争力进行了系统分析。结果显示，智能网联汽车产业正从技术研发与测试验证阶段逐步进入示范应用与大规模推广的新阶段，产业重心也由研发生产端逐步转移到示范需求端。在此背景下，示范区及落地场景推广、新型基础设施配套完善程度已经成为影响产业进一步发展的重要因素。在竞争力排名上，美国凭借其技术和企业上的双重优势处于领先地位；欧盟紧随其后，但是全方位落

---

* 叶芳林，博士，华东师范大学助理教授，研究方向为产业经济学；李乔，博士，高级工程师，中国智能网联汽车产业创新联盟副秘书长，国家智能网联汽车创新中心法规标准部部长；李晓龙，博士，国家智能网联汽车创新中心高级产业研究员；冯锦山，中国汽车工程学会，国际汽车工程科技创新战略研究院，汽车智能化与未来出行研究中心副主任。

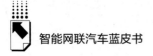

后于美国。日本和我国分别列第三、四位，总体上不分伯仲。我国在消费使用端及网络通信技术上保有较大的优势，但是在生产制造、智能零部件、技术研发上仍然大幅度落后于传统汽车发达国家。随着产业新阶段的到来，我国在产业示范推广、新型基础设施、智慧城市建设、"碳中和"政策支持等方面的优势会进一步放大，产业的前景广阔，未来可期。

关键词： 智能网联汽车 产业竞争力 中国

我国智能网联汽车产业在 2020 ~ 2021 年继续保持了高速发展的态势，相关法律政策日益完善，产业发展迎来了新的机遇。首先，智能网联乘用车（L2 级）在市场上快速普及。据中国智能网联汽车产业创新联盟数据，2020 年我国智能网联乘用车销量已突破 303.2 万辆，同比增长 107%，市场渗透率已达 15% 左右。在乘用车总体销量不增反降的大背景下，智能网联乘用车逆势大幅增长，表明智能网联汽车凭借其良好的用户体验已在市场上占据了一席之地。

其次，相继出台的智能网联汽车关键性法律规范，为智能网联汽车产业化的道路进一步扫清了障碍。由工业和信息化部、公安部、交通运输部于 2021 年 7 月联合发布的《智能网联汽车道路测试与示范应用管理规范（试行）》从道路测试与示范应用主体、驾驶人及车辆、道路测试申请、示范应用申请、道路测试与示范应用管理等 7 个方面对智能网联汽车产业进行了具体规范，为智能网联汽车的产业化奠定了坚实的政策法规基础。此外，由工业和信息化部发布的《关于加强智能网联汽车生产企业及产品准入管理的意见》从加强数据和网络安全管理、规范软件在线升级、加强产品管理、保障措施等多个维度对企业提出了明确要求，进一步明确了市场主体的行为准则。

最后，智能网联汽车发展迎来了新的机遇。随着 2021 年我国"碳达峰""碳中和"政策目标的明确提出以及"智慧城市"的进一步发展，我国将大力推动终端用能电气化，实现数字化技术与传统产业相结合，节能减排，创造"碳中和"时代经济生产方式新业态。智能网联汽车产业作为新业态的典型代表，将主导汽车产业在该历史机遇下的转型升级。

在以上利好因素的推动下，智能网联汽车产业正逐步迈入新的产业发展阶段。在此背景下，该产业的国际竞争力模型也应相应调整，充分反映产业发展新阶段的规律和特点。鉴于此，在《中国智能网联汽车产业发展报告（2020）》中智能网联汽车产业竞争力评价体系的基础上，本文在 2021 年进一步完善了该评价体系，主要改进创新如下。

第一，在数据分析方面，和往年仅聚焦各指标的分数不同，2021 年本文对各级指标历年的权重变化进行了详细的分析。智能网联汽车产业阶段的变化主要体现在核心指标的权重变化上。因此，通过权重分析可以明确产业发展阶段的变化，为分析我国在产业新阶段的优劣势打下良好的基础。

第二，在评价数据方面，本文进一步扩大了问卷调查范围，并对特定领域的专家做了定向调查。2021 年本文共收集到 65 份有效问卷，其中 40 份来自相关学术科研机构，25 份来自产业界。通过对专家们的研究领域进行分类，本文将 65 位专家分为基础研究专家、测试示范专家、法规政策专家、企业专家 4 个类别。每个指标的分数将向该指标对应领域的专家分数倾斜。

第三，在评价指标方面，本文明确地将"碳达峰""碳中和"的社会需求纳入评价体系。据国际能源机构报道，2016 年乘用车二氧化碳排放量占全球总排放量的 20% 左右。通过智能化、低碳化、共享化等技术手段，智能网联汽车可以极大地降低汽车碳排放，从而在我国走向"碳达峰""碳中和"的过程中发挥至关重要的作用。

需要特别强调的是，虽然本文对原有的评价模型和数据进行了调整更新，但是整个体系的评价思路仍与之前一致。即智能网联汽车是多领域技术高度融合的新兴革命性技术，其经济社会效应远远超出汽车产业的范畴。虽然该产业正在从研发测试阶段逐步进入示范推广阶段，但是消费者和使用者

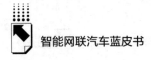

市场仍处于培育期。因此，与以往汽车产业竞争力的定义和评价模型不同，智能网联汽车产业国际竞争力的定义和评价模型需要在原有基础上进行延伸和扩展，全面体现该产业的新特征。

一 智能网联汽车产业国际竞争力评价体系的构建

（一）智能网联汽车产业国际竞争力概念的界定

根据智能网联汽车产业的发展特点、社会效益以及现有的国际竞争力理论，本文对智能网联汽车产业国际竞争力（International Competitiveness of Intelligent and Connected Vehicles Industry）的定义如下：智能网联汽车产业国际竞争力是从汽车制造和汽车社会角度出发，在本国现有的环境和软硬件技术条件下，一个国家相比于其他国家或地区在智能网联汽车市场上能够持续为消费者或使用者提供其愿意接受使用的产品和服务，并由此获得满意的经济收益和满足整个社会发展需求的综合能力。

虽然该定义和2020年保持一致，但是其侧重点有所变化。和往年评价体系主要聚焦汽车的软硬件技术研发不同，随着智能网联汽车产业进入应用推广的新阶段，2021年开始本文会更加强调智能网联汽车对汽车消费使用市场和整个社会发展的贡献。在产业发展进入新阶段和"碳中和""智慧城市"发展的大背景下，这些贡献将成为该产业从示范应用进一步走向商业化部署的重要支撑。

（二）研究主体和范围

智能网联汽车的最终目标应达到高度自动驾驶（L4级）以上。但是鉴于目前智能网联汽车刚刚走向示范推广阶段，能达到L4级的产品较少，因此本文的研究范围不仅包括L4级以上能实现高度自动驾驶的产品，也包括更低级别但能实现辅助驾驶或部分（有条件）自动驾驶的L2级和L3级产品。此外，智能网联汽车的突出特征之一是传统汽车行业和新兴信息通信技术（ICT）行业不断进行技术融合，所以本文的评价主体不仅应当包括传统汽车零部件和整车制造企业，也应包括智能零部件（如智能摄像头、毫米波雷达、激光雷达）、软件技术、造车新势力及以 ICT 企业为代表的软件、系统、出行方案提供企业。

（三）时间跨度界定

本文主要评价了 2020 年下半年至 2021 年上半年各国智能网联汽车产业的发展现状。定量评价部分主要采用了 2020 年由各国政府及国内外研究机构所发布的相关产业数据，不足部分由 2021 年智能网联汽车发展现状的专家调查数据进行补充。

（四）评价参照对象选择

参照目前各国智能网联汽车的发展状况，本文主要选取了美国、日本、欧盟的智能网联汽车产业作为评价参照对象。

二 产业国际竞争力评价体系的评价思路

（一）评价原则

智能网联汽车产业国际竞争力评价的目标是通过剖析影响一个国家智能网联汽车产业发展水平和质量的关键性因素，对该国的智能网联汽车产业国际竞争力做出客观准确的评价，以此能对该产业在国际上进行正确的定位，以便更好地促进该产业的发展。为了实现该目标，构建体系时应注意以下原则。

1. 目标性原则

评价体系及指标必须依据评价目标构建和选择。评价目标是对我国智能网联汽车产业在国际上进行正确的定位。因此，指标体系不应是指标的简单堆砌，指标间应该具有一定内在联系。

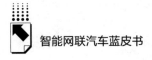

2. 综合性原则

该原则在智能网联汽车评价中尤为重要。由于智能网联汽车跨领域和产生巨大社会效应的属性,所选体系不仅应当包括汽车制造等硬指标,而且应当包括数据算法等软指标。此外,评价体系还应该能够反映智能网联汽车通过减少交通事故、缓解交通拥堵、降低能源消耗、减轻环境污染等对建设新型汽车社会做出的巨大贡献。

3. 科学性和可行性相结合的原则

科学性原则是指无论是各项指标的选择计算还是所采用的数据都必须有科学依据及文献支持,围绕该原则才能对一个产业的国际竞争力进行科学客观的评价。但与此同时,评价体系的构建也需要遵循可行性原则,所选指标及数据需要有能够收集的渠道及可比性。

4. 动态与发展的原则

智能网联汽车产业的发展受到汽车技术更替、国家发展战略调整以及消费者使用环境变化等多种因素的影响,因此,竞争力评价体系的构建需要足够的前瞻性,能够恰当反映新型产业的特点。举例来说,长久以来,汽车销售数量一直是评价汽车产业强弱的关键性指标,但是随着智能网联汽车的发展以及随之而来的汽车共享模式的普及,单纯的汽车销售数量已不足以反映一国智能网联汽车真正的产业竞争力。

(二)评估思路

本文的评估思路分为两个维度。第一个是纵向维度,即以迈克尔·波特的钻石模型为基础,将智能网联汽车产业自上而下地分为若干个评价指标,通过各指标得分对产业竞争力中的各要素进行评价。该评价的具体思路如图 1 所示,对该图的详细说明见《中国智能网联汽车产业发展报告(2020)》B. 3。

第二个评估维度是我们 2021 年新引入的横向维度,即通过各指标在评价体系中所占权重的变化来判断智能网联汽车产业的发展阶段及整个产业的结构性变化。其评估思路如图 2 所示。根据美国兰德咨询公司的成果,一个

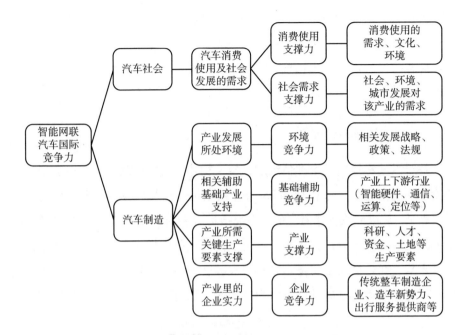

图 1 智能网联汽车产业国际竞争力具体评价思路

新兴产业的发展主要分为四个阶段。第一阶段为技术研发阶段，该阶段主要聚焦于产业的基础研究和基本技术原理，提出多种理论上可行的产业技术。第二阶段为测试验证阶段，其目的在于通过不断地实验测试找出各种技术在实践中的漏洞，并淘汰一批无法通过该阶段测试的技术。第三阶段为示范应用阶段，即通过具体技术的示范推广，加速技术迭代，推动商业模式探索，提升社会接受度。第四阶段为大规模推广/商业化部署阶段，通过该阶段彻底实现产业的市场化。

图 2 智能网联汽车产业发展阶段

根据上述分析，若智能网联汽车产业仍处于第一、第二阶段，则和产业基础及研发相关的产业支撑力、基础辅助竞争力等一级指标应在整个评价体

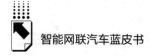

系中占据更为重要的地位。但若该产业已开始向第三、第四阶段迈进，则企业竞争力、消费使用竞争力、社会需求支撑力等与示范推广更为密切的一级指标应在体系内占据更大比重。我们将在后续章节中对此权重变化展开具体分析。

（三）评估指标选择

基于纵向和横向两个评估维度，本文构建的智能网联汽车产业竞争力评估模型共包括 6 个一级指标和 25 个二级指标，详见图 3。每个指标的说明详见表 1。从纵向维度来看，6 个一级指标分别对应了迈克尔·波特钻石模型中的竞争力六要素。具体来说，消费使用竞争力在很大程度上反映了市场结构要素，而社会需求支撑力则在很大程度上评价了发展机遇这一要素。此外，环境竞争力、基础辅助竞争力、产业支撑力、企业竞争力则分别对应了

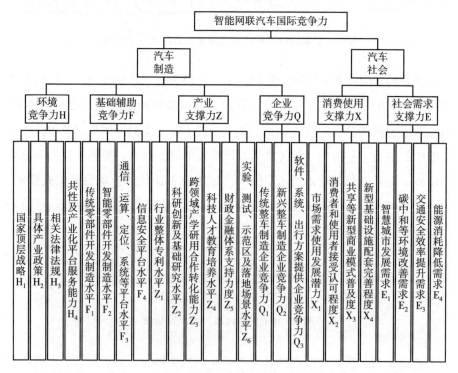

图 3　智能网联汽车产业国际竞争力评价指标

政府政策、相关及辅助产业、生产要素、企业发展策略等其他产业竞争力四要素。从横向维度来看，环境竞争力、基础辅助竞争力、产业支撑力这三个一级指标更多地侧重于产业的技术研发和测试验证阶段，而企业竞争力、消费使用支撑力、社会需求支撑力这三个一级指标将在产业的示范应用与大规模推广阶段发挥更为重要的作用。除了这些一级指标，二级指标"实验、测试、示范区及落地场景水平"则是产业从研发测试阶段走向应用推广阶段的关键性过渡指标。

表1　各级指标说明

序号	指标	释义	构成指标
H	环境竞争力	智能网联汽车发展所处的由一国提供的宏观大环境。任何一个产业的发展壮大，都离不开良好的外部环境和外部条件，智能网联汽车也不例外	H_1、H_2、H_3、H_4
H_1	国家顶层战略	由一国政府制定的、引导智能网联汽车产业发展方向、推动智能网联汽车产业技术结构升级、协调智能网联汽车产业各个环节发展、使智能网联汽车产业健康可持续发展的长远战略。国家战略层面的高度重视及长远规划在智能网联汽车初期的发展过程中具有不可替代的核心作用	顶层战略公布及更新时间、发布战略的政府层级等
H_2	具体产业政策	基于国家顶层战略，各级政府在促进智能网联汽车产业发展中具体实施的产业扶持政策。产业政策是国家意志在智能网联汽车产业发展上的直接体现，符合智能网联汽车产业发展规律的产业政策对于提高产业竞争力不可或缺	投资补贴政策、共性技术攻关政策、基础设施建设政策等
H_3	相关法律法规	政府在法律法规及车辆管理方面对智能网联汽车发展的支持力度。随着智能网联汽车带来了新的驾驶模式和出行方式，传统与汽车相关的法律法规条例亟待修改完善，为智能网联汽车未来的发展预留足够的法律空间	相关法律法规条例的出台时间、完备程度、更新速度等

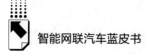

续表

序号	指标	释义	构成指标
H_4	共性及产业化平台服务能力	推进行业技术标准、测试评价、国际合作、共性技术合作攻关等平台建设的能力。该平台的形成及健全程度是提升智能网联汽车发展的重要支撑要素,对智能网联汽车产业化时间发挥着举足轻重的作用	技术标准制定时间表、测试评价标准出台时间表等
F	基础辅助竞争力	指从上下游产业链角度出发,一个国家在与智能网联汽车产业相关的上下游所有基础辅助产业所具备的优势和潜力	F_1、F_2、F_3、F_4
F_1	传统零部件开发制造水平	一国传统零部件产业(如转向、悬架系统)能够提供满足智能网联汽车产业发展制造所需零部件的水平。目前的智能网联汽车形态是在传统汽车形态上的改进升级,因此传统零部件的重要性虽然有所降低,但仍然在智能网联汽车上有重要应用,影响着该产业的国际竞争力	传统零部件的生产成本、产品质量、自主开发能力等
F_2	智能零部件开发制造水平	一国智能零部件产业(如智能雷达、摄像头、芯片)能够提供满足智能网联汽车产业发展制造所需零部件的水平。与传统汽车产业不同,智能网联汽车所需的关键零部件扩展到了雷达、摄像头、智能芯片等与感知、决策、执行、通信相关的元器件,这些智能零部件为智能网联汽车的智能化和网联化奠定了硬件基础	感知相关零部件的开发制造水平、决策相关零部件的开发制造水平等
F_3	通信、运算、定位、系统等平台水平	一国网络信息通信等高科技产业能够满足智能网联汽车产业发展所需软件的水平。传统的汽车行业对网络通信、人工智能等技术需求较低,而智能网联汽车则对这方面技术进行了大量融合。车辆数据的收集与运算、复杂路况的判断与决策、车辆定位、多车之间信息通信等诸多软件技术都影响着一国智能网联汽车产业的发展	通信平台水平、高精度地图平台水平、车载计算平台水平等
F_4	信息安全平台水平	一国信息安全系统能否对智能网联汽车信息安全提供足够的保障。在智能网联汽车产业发展中信息安全是一个至关重要的问题。由于智能网联汽车为高度自动化驾驶,其数据信息安全对保障整个产业发展有着不可忽视的作用	车载终端信息安全水平、路侧终端信息安全、网络信息安全等

续表

序号	指标	释义	构成指标
Z	产业支撑力	从生产要素角度出发,一个国家所能提供的科研、人才、资金、土地等生产要素对智能网联汽车产业发展所起的支撑作用	Z_1、Z_2、Z_3、Z_4、Z_5、Z_6
Z_1	行业整体专利水平	一国在所有与智能网联汽车产业发展相关的技术领域所持有专利的数量和质量水平	专利总体数量、高引专利数量等
Z_2	科研创新及基础研究水平	一国在所有与智能网联汽车产业发展相关的基础研究领域取得突破,获得重大理论成果或具有潜在巨大商业价值的基础技术	高引学术著作、相关研究机构数量等
Z_3	跨领域产学研用合作转化能力	在智能网联汽车领域,一国的产业、高校、科研单位相互配合补充,发挥各自优势,形成强大的研究、开发、生产一体化的先进系统并在运行过程中体现综合优势的能力。智能网联汽车的技术风险巨大,其体系复杂,涉及的行业和产业链众多,技术升级快,研发投入巨大,并且单个企业很难掌握所有必需技术并负担所有研发支出。在这种情况下,产学研合作可以整合多方面资源,结合各个企业和行业的不同优势,进行协作开放式研发创新、技术共享,降低单个企业的技术风险和研发费用,极大地提高产业的技术创新能力	相关产业创新联盟的数量及质量,相关科研成果转化周期,企业、高校委托研发数量及质量等
Z_4	科技人才培养水平	一国科技人才的数量和质量水平能否满足该国在智能网联汽车产业的人才需求。人才是产业技术创新能力的核心竞争力。智能网联汽车作为汽车产业中的新一轮技术革命产品,对新型人才有特殊的需求,对传统汽车人才培养提出了新挑战	产业领军人才数量、高校相关专业开设数量及招生人数等
Z_5	财政金融体系支持力度	一国财政金融体系对智能网联汽车发展在政策性贷款、投融资、保险等资本市场上的支持水平。由于现阶段智能网联汽车的技术还不成熟,商业化程度低,因此整个产业面临前期投入巨大但是短期收益不足的问题。在这种局面下,一国财政金融体系所能提供的资金保障(如风险投资、银行贷款等)对于智能网联汽车产业的发展有举足轻重的影响	国家政策性贷款支持力度、产业资本市场活跃程度、配套金融服务支持度等

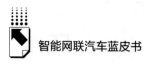

智能网联汽车蓝皮书

续表

序号	指标	释义	构成指标
Z_6	实验、测试、示范区及落地场景水平	一国实验、测试、示范区的数量和质量水平和具体应用场景能够满足该国在智能网联汽车产业技术发展的需求。由于智能网联汽车的技术尚不成熟，同时其对安全性的要求又较高，因此大规模建立实验、测试、示范区是现阶段智能网联汽车发展不可或缺的技术环节，是加快智能网联汽车技术应用的重要推手	实验、测试、示范区数量和质量、落地应用场景数量和质量等
Q	企业竞争力	从产业里的企业角度出发，一国智能网联汽车企业能比他国企业更有效地向市场提供产品和服务，以此获得盈利和市场份额的能力。相比传统汽车产业，智能网联汽车不仅应该关注传统整车制造企业的竞争力，也应当关注以特斯拉、蔚来等为代表的新兴整车制造企业，以及以 ICT 企业为代表的软件、系统、出行方案提供商	Q_1、Q_2、Q_3
Q_1	传统整车制造企业竞争力	指一国(以大众、丰田、上汽为代表)的已有整车制造企业在智能网联汽车市场上所表现出来的竞争能力。传统的整车制造企业仍然是智能网联汽车市场上的重要参与者，参与市场的主要方式为对原有汽车产品逐步智能化的升级改造。在技术转型的过程中，传统的整车制造企业既会面临现有技术及市场优势丧失的难题，也会在整车制造及消费者认知和信赖度上继续保有优势，其企业竞争力的提高对一国智能网联汽车产业竞争力的提升有巨大促进作用	传统整车制造企业的技术研发能力、生产能力、品牌价值等
Q_2	新兴整车制造企业竞争力	指一国(以特斯拉、蔚来为代表)的新兴整车制造企业在智能网联汽车市场上所表现出来的竞争能力。新兴整车制造企业是智能网联汽车市场上新的参与者，其参与市场的主要方式为直接提供智能网联化程度较高的汽车产品。这些企业一方面在智能网联汽车某些技术环节上具有十分突出的优势，另一方面又十分缺乏整车制造的经验和整个产业链的技术积累，其企业竞争力的提高对一国智能网联汽车产业竞争力的提升有巨大补充作用	新兴整车制造企业的技术研发能力、生产能力、品牌价值等

续表

序号	指标	释义	构成指标
Q_3	软件、系统、出行方案提供企业竞争力	指一国(以谷歌、优步、百度、滴滴为代表的)致力于软件、系统研发或提供出行服务的企业在智能网联汽车市场上所表现出来的竞争能力。由于智能网联汽车软硬结合的技术特征及所带来的出行共享模式,以ICT企业为代表的该类企业也大规模地参与到智能网联汽车产业发展中,并通过其在ICT行业的技术积累优势,在现阶段的智能网联汽车产业中发挥了难以替代的作用	软件、系统、出行方案提供企业的技术研发能力、整合能力、品牌价值等
X	消费使用支撑力	从汽车社会角度出发,一国终端消费和使用市场能够给智能网联汽车产业发展提供的支持力度	X_1、X_2、X_3、X_4
X_1	市场需求使用发展潜力	一国智能网联汽车市场在未来某一时间段内对智能网联汽车的最大需求使用量,是智能网联汽车产业发展的根本推动力。智能网联汽车极有可能以共享的商业模式展开,因此市场的需求端和使用端有可能不再高度重合。鉴于此,除了传统的汽车市场需求外,我们还需要其他指标来衡量其使用规模	本国汽车需求规模、单车日均行驶里程、单车日均使用时间等
X_2	消费者和使用者接受认可程度	一国消费者和使用者对智能网联汽车愿意购买和立即使用的程度。消费者和使用者往往对新产品新技术有一个逐渐接受的过程。由于智能网联汽车提供了完全不同于传统汽车的出行体验,消费者和使用者对其安全性和可靠性往往抱有疑虑。因此,一国消费者和使用者能否较快接受智能网联汽车对该产业能否迅速崛起起着较大作用	对智能网联汽车安全的认知程度、对智能网联汽车可靠性的认知程度
X_3	共享等新型商业模式普及度	一国消费者和使用者对智能网联汽车带来的新型商业模式的接受程度。智能网联汽车的核心特征之一就是所带来的共享出行模式的普及。其无人驾驶的特性使共享模式变得简便可行。除了共享模式外,智能网联汽车也会带来新型的制造模式、零售模式、售后模式等。这些新型商业模式的接受普及度会对智能网联汽车的进一步发展起到积极促进的作用	对共享出行模式的接受程度、对委托制造等新型生产模式的接受程度等

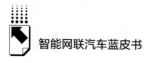

续表

序号	指标	释义	构成指标
X_4	新型基础设施配套完善程度	一国向智能网联汽车消费者和使用者提供与智能网联汽车相匹配的基础设施的能力,主要包括智能化基础设施、车用无线通信网络、智能服务终端的普及程度和使用友好程度等。它是智能网联汽车能否迅速普及的重要前提之一,对消费使用力有举足轻重的影响	智能网联汽车相关服务设施的普及度、使用友好程度等
E	社会需求支撑力	一国的社会、环境、城市发展,对智能网联汽车产业发展所提出的需求。随着我国人民生活水平的不断提高及整个社会的不断进步,人民对环保、交通拥堵的日益重视及整个社会朝着智能化、绿色化方向发展的要求都对智能网联汽车的发展提出了新需求。因此,将社会需求支撑力纳入评估体系中既符合智能网联汽车产业所体现的新特点,也是对传统汽车产业评估模型的重要补充	E_1、E_2、E_3、E_4
E_1	智慧城市发展需求	一国城市向着智能、绿色等方向发展的需求对智能网联汽车产业发展的支持力度。智慧城市的基础特征之一就是交通、物流等公共基础设施的智能化水平大幅提升,运行管理实现精准化、协同化、一体化。传统的汽车技术很难满足该需求,因此,智能网联汽车的发展是满足智慧城市发展的唯一技术路径	智慧城市发展战略时间表、智慧城市发展具体落地场景等
E_2	"碳中和"等环境改善需求	一国企业和人民群众对良好自然环境尤其是降低碳排放需求所形成的支持智能网联汽车发展的力度。智能网联汽车通过其电动化、共享化、智能化等多方面的优势,可以在极大程度上解决汽车污染和碳排放问题	单车每公里二氧化碳排放量、国家碳排放政策执行度等
E_3	交通安全效率提升需求	由于一国人民群众对交通系统高效安全的需求所形成的支持智能网联汽车发展的力度。由于我国汽车保有量的飞速提升,目前的汽车交通系统已经不堪重负,汽车事故不断增多,拥堵时间不断增加,都严重损害了人们的出行体验。智能网联汽车可通过其智能化驾驶有效降低交通事故中的人为因素	人均交通事故致死率、人均交通拥堵时间等

续表

序号	指标	释义	构成指标
E₄	能源消耗降低需求	一国智能网联汽车产业对该国能源消耗降低的贡献度。智能网联汽车一方面以新能源为主,降低了传统能源的消耗;另一方面,其可以根据实时路况选择到达目的地的最优路径,提高了能源使用效率	单车每公里能源消耗量、国家能源进口依赖度等

三 产业国际竞争力评价体系的评估方法

(一)数据收集

本次评估数据有两个来源。第一个来源为相关学术研究机构所收集的产业数据。在2020年产业数据库的基础上,本文新引入以下数据来源。国汽(北京)智能网联汽车研究院有限公司发布的《智能网联汽车城市发展指南》为"实验、测试、示范区及落地场景水平"这一指标提供了翔实的数据支持;德勤发布的《超级智能城市2.0:人工智能引领新风向》为"智慧城市发展需求"这一指标提供了重要的数据支持;罗兰贝格发布的《汽车行业颠覆性数据探测》为"新型基础设施配套完善程度""消费者和使用者接受认可程度""科研创新及基础研究水平"等多个二级指标提供了重要的数据参考。

第二个数据来源为专家问卷调查。和往年相比,2021年本文进一步扩大了专家调查的范围,并且进行了专家定向调查。两轮问卷调查共收到反馈95份,其中有效反馈共65份。调查对象不仅包括来自清华大学、中国汽车工程学会、国汽(北京)智能网联汽车研究院有限公司等高校、研究机构的专家学者,而且包括来自长城、四维图新、中汽研汽车试验场等各种公司机构的产业界专家。此外,本次问卷为定向调查,即将65位专家划分为基础研究专家22位、测试示范专家18位、法规政策专家11位、企业专家14位。在计算各指标分数时,每个指标的最终得分将向其所属领域的专家打分

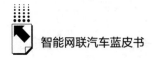

倾斜，具体方法见权重分数计算。

评估数据的使用原则为优先使用数据库中的产业数据。若评价指标无实际对应的具体产业数据，则以问卷调查结果为准。

（二）权重计算

智能网联汽车产业国际竞争力评估方法中关键的步骤是确定各项二级指标在整个评价体系中所占权重。本文采用了标准离差法（standard deviation method）来对不同专家的权重数据进行处理（具体处理方法详见《中国智能网联汽车产业发展报告（2018）》）。

图4展示了所有一、二级指标在评价体系里所占权重。在一级指标里，产业支撑力仍然在评价体系中占据了最重要地位，充分说明了在目前的产业阶段，技术、资金、测试示范等生产要素依旧是产业发展的核心推动力。此外，和往年相比，企业竞争力、消费使用支撑力、社会需求支撑力在体系中所占权重大幅度上涨，充分说明了产业正逐步从研发测试端进入示范应用与大规模推广的新阶段，产业重心将逐渐从研发生产端转移到以企业和消费者为主导的示范需求端。

我们将权重超过5%的二级指标定义为核心二级指标。图4显示，评价体系中共有智能零部件开发制造水平，通信、运算、定位、系统等平台水平，跨领域产学研用合作转化能力，财政金融体系支持力度，实验、测试、示范区及落地场景水平，软件、系统、出行方案提供企业竞争力，市场需求使用发展潜力，新型基础设施配套完善程度，"碳中和"等环境改善需求9个核心二级指标。和一级指标的变化相对应，企业、市场、社会等要素在核心二级指标中的占比也逐渐增多，充分体现了产业发展的趋势。本文将在评价结果中详细分析这一变化。

（三）结果计算

经过数据收集和权重计算，本文现在对最终评估结果进行计算，主要流程如下。

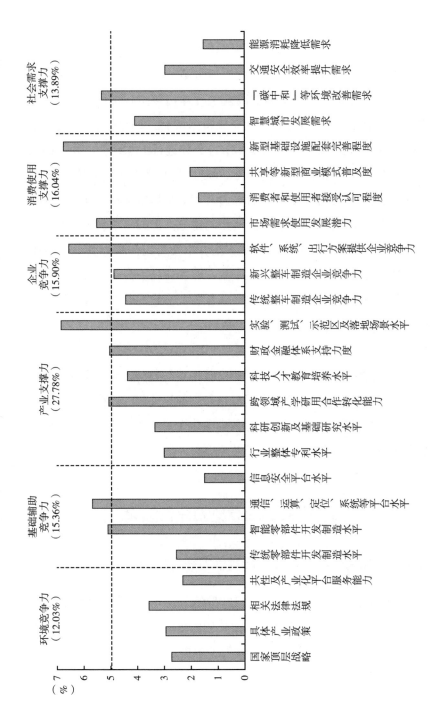

图 4　智能网联汽车产业国际竞争力一、二级指标权重

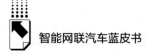

1. 权重分数计算

2021 年本文首次采用了定向权重计算方法。该方法的目的在于使每个指标得分更倾向于其对应领域的专家所打分数。本文以"具体产业政策"这一指标为例。首先,本文用标准离差法计算出该指标的权重为 2.95%。然后本文将该指标进行专家定向。由于该指标属于法规政策类,本文将本次调查中的 11 位法规政策专家对该指标所打分数进行汇总,得出我国在该项指标的定向专家平均打分为 7.53。与此同时,我们可以计算出其他 54 位非法规政策类专家在该项指标的平均打分为 8.03。最后本文将最终得分向法规政策类专家倾斜 20%,则该指标的最终平均得分为 7.53 × (50% + 20%) + 8.03 × (50% - 20%) = 7.68。按此方法,本文可以计算出其他二级指标的得分,最后将同一个一级指标下的所有二级指标所得分数进行加总,即得到每一个一级指标的最终分数。所有一级指标的分数总和即为该国智能网联汽车产业竞争力的最终得分。

2. 分数标准化处理

为了使所得结果更加清晰明确,本文将得到的各国智能网联汽车产业竞争力的总得分及其每个一级指标的得分进行标准化处理。即将在总得分或者每项一级指标中得分最高的国家的分数标准化为 100 分,其他国家在该项中所得分数按照其与最高分的差距进行相应调整。

四 产业国际竞争力评价结果

(一)智能网联汽车产业国际竞争力综合评价指数

产业国际竞争力综合评价指数是对 25 个二级指标得分进行综合定向计算所得出的一国智能网联汽车产业的总体国际竞争力,是对该产业在每个国家(地区)发展的综合评价。图 5 收集了中国、日本、欧盟(德国)、美国 2020 年及 2017～2019 年在智能网联汽车产业上的综合得分,从横向和纵向两个维度衡量了各国智能网联汽车产业的发展态势。从横向上来看,美国在该产业上的领先地位仍然难以撼动。欧盟紧随其后，但是与美国差距较大。中国和日本则构成了第三集团，不分伯仲，小幅落后于欧盟，大幅落后于美国。综合来看，在该产业上，美国依旧保持了大幅领先态势，中、欧、日三方则没有拉开绝对差距，在产业发展上各有所长但是也各有不足。

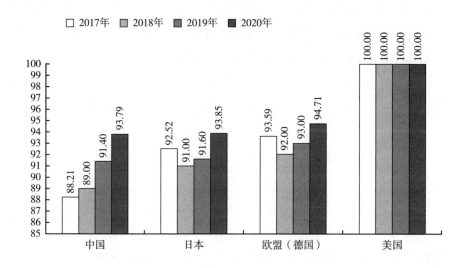

图 5　智能网联汽车产业国际竞争力综合评价指数

从纵向来看，我国智能网联汽车产业竞争力在过去四年中有了大幅的提高。从 2017 年、2018 年大幅落后于日本和欧盟，到 2020 年基本和日本并驾齐驱，小幅落后于欧盟，充分反映出我国在该产业上强劲的追赶态势。但同时应看到，中国在该产业上的短板仍然十分明显；如后面一级指标所示，我国在产业配套和产业技术方面仍大幅落后于日本、欧盟等传统汽车发达国家（地区）。我国若想在三方竞争中脱颖而出，必须在产业发展中补足这些短板。此外，虽然我国与美国的产业差距在过去四年中相对有所缩小，但是绝对差距仍然较大。因此现阶段以欧盟、日本为追赶目标更为实际，扬长避短，集中力量攻克我国在该产业上的技术瓶颈。

（二）智能网联汽车产业核心指标及产业阶段分析

表2展示了各国在一级指标和核心二级指标上的排名，以及这些指标所占权重的变化。从一级指标得分来看，美国仍在产业的生产制造端独占鳌头，在环境竞争力、基础辅助竞争力、产业支撑力、企业竞争力四个一级指标上位居榜首。我国则凭借巨大的市场潜力、不断完善的新型基础设施以及智慧城市的高速发展在消费使用支撑力和社会需求支撑力两个指标上排名第一，但是我国在生产技术端（产业支撑力）和产业链完整度（基础辅助竞争力）仍然全方位落后于美、欧、日。而得益于我国ICT企业和造车新势力的崛起，我国在企业竞争力这一传统弱项上的排名得到了大幅度的提升。

表2　各国一级指标和核心二级指标排名及权重变化

一级指标	2020年国家/地区排名				中国指标权重		
	美国	欧盟	日本	中国	2019年	2020年	2020年权重同比变化率
环境竞争力	1	4	3	2	13.94%	11.58%	-16.93%
基础辅助竞争力	1	2	3	4	18.55%	14.86%	-19.89%
产业支撑力	1	2	3	4	28.05%	27.73%	-1.14%
企业竞争力	1	2	4	3	15.35%	15.90%	3.58%
消费使用支撑力	2	4	3	1	14.29%	16.04%	12.25%
社会需求支撑力	4	3	2	1	9.82%	13.89%	41.45%
核心二级指标							
相关法律法规	1	2	3	4	5.01%	3.58%	-28.54%
智能零部件开发制造水平	1	2	3	4	6.25%	5.11%	-18.24%
通信、运算、定位、系统等平台水平	1	3	4	2	7.35%	5.69%	-22.59%
跨领域产学研用合作转化能力	1	3	2	4	6.34%	5.07%	-20.03%
科技人才教育培养水平	1	2	3	4	5.25%	4.38%	-16.57%
财政金融体系支持力度	1	3	4	1	5.86%	5.05%	-13.82%
软件、系统、出行方案提供企业竞争力	1	3	4	2	7.50%	6.57%	-12.40%
新型基础设施配套完善程度	4	3	2	1	5.08%	6.75%	32.87%
实验、测试、示范区及落地场景水平	2	4	3	1	3.16%	6.86%	117.09%
市场需求使用发展潜力	2	4	3	1	4.23%	5.52%	30.50%
"碳中和"等环境改善需求	4	1	3	2	3.23%	5.33%	65.02%

从一级指标所占权重来看,中国企业竞争力、消费使用支撑力、社会需求支撑力这三个与产业市场化联系更为紧密的指标在评价体系中的地位大幅上升。和 2020 年相比,三个指标权重增长率分别为 3.58%、12.25%、41.45%。与此对应的是,环境竞争力、基础辅助竞争力、产业支撑力这三个与产业研发生产联系更为紧密的指标在评价中的地位开始下降。这种变化充分说明智能网联汽车的产业阶段正在发生变化,逐步从技术研发与测试验证阶段进入示范应用与大规模推广的新阶段。需要特别强调的是,指标权重的降低并不是指该指标的重要性降低,而是指该指标在新的产业阶段对产业发展的制约性有所降低。如随着智能网联汽车产业的政策法规在全世界各国的相继出台和完善,环境竞争力对该产业发展的制约作用将会日益降低。

从核心二级指标权重变化来看,2021 年有实验、测试、示范区及落地场景水平,市场需求使用发展潜力,"碳中和"等环境改善需求三个新增的核心二级指标。与此同时,相关法律法规支持力度和科技人才教育培养水平两个指标在 2021 年的权重占比已低于 5%,不再属于核心指标。这种变化不仅和一级指标权重的变化相对应,更进一步证实了智能网联汽车的产业阶段已经发生了显著变化。具体来说,无论是实验、测试、示范区及落地场景水平和新型基础设施配套完善程度已成为权重最高的两个核心二级指标,还是市场需求使用发展潜力和"碳中和"等环境改善需求两个指标首次变为核心二级指标,都充分表明了产业的关注点已从研发生产端走向示范需求端,产业的阶段性变化已经来临。

从核心二级指标的得分来看,美国仍保持着巨大的产业优势,在 6 个核心指标中排名第一。但是值得注意的是,我国除了在通信、运算、定位、系统等平台水平,财政金融体系支持力度,软件、系统、出行方案提供企业等指标上继续保持了一定的优势之外,在新增的三个核心二级指标,尤其是实验、测试、示范区及落地场景水平这一最重要的二级指标上,均居于较为领先的地位。这说明了在产业的新阶段我国已具有了一定的先发优势,产业潜力巨大。随着产业市场化的推进,我国有望进一步缩小与美、欧、日三方的差距。

总而言之,通过对指标权重的分析,本文发现智能网联汽车产业正在从技术研发与测试验证阶段逐步进入示范应用与大规模推广的新阶段，产业重心也逐步由研发生产端转移到示范需求端。美国凭借其技术和企业上的双重优势仍在智能网联汽车产业上遥遥领先，欧盟紧随其后，但是全方位落后于美国。我国和日本总体上不相上下，我国在消费使用端及网络通信技术上对日本保有较大的优势，但是在生产制造、智能零部件、技术研发上仍然大幅落后于日本。随着产业新阶段的到来，我国在产业示范推广、新型基础设施、智慧城市建设、"碳中和"政策支持等方面的优势会进一步放大，产业的前景广阔，未来可期。下面本文对每个一级指标展开具体分析。

（三）智能网联汽车产业环境竞争力综合评价指数

图 6 是对 4 个二级指标国家顶层战略、具体产业政策、相关法律法规、共性及产业化平台服务能力进行综合计算得到的对一国智能网联汽车产业所处的政策法规等大环境的总体评价。由于智能网联汽车是新兴的革命性技术，相关政策法规的配套支持在产业初期发挥着举足轻重的作用。图 6 表明，美国在环境竞争力上排名第一，我国位居第二，日本、欧盟分列第三、四位。但总体而言，四个国家（地区）在该项指标上的得分较为接近，差距不大。这也表明随着过去几年智能网联汽车政策法规在各国的不断完善，宏观大环境已经不是制约该产业发展的核心因素。

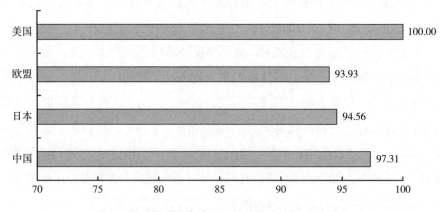

图 6 智能网联汽车产业环境竞争力综合评价指数

随着智能网联汽车发展到了新的产业阶段，我国若想在环境竞争力上有进一步的突破，当务之急是在国家层面之外，各地方政府结合本地的实际情况，加快法规修订步伐，逐步放开载人/载物/高速测试，开展无安全员（远程监控）等新测试模式，为城市智能网联汽车示范应用奠定良好的基础。

（四）智能网联汽车产业基础辅助竞争力综合评价指数

基础辅助竞争力综合评价指数是对4个二级指标传统零部件开发制造水平，智能零部件开发制造水平，通信、运算、定位、系统等平台水平，信息安全平台水平进行综合计算得到的对一国智能网联汽车产业链完整度的总体评价。图7显示，凭借强大的产业链优势，美国、欧盟在该项指标上遥遥领先，日本位居第三，我国由于传统汽车产业的薄弱，在该项指标上远远落后于上述三方。

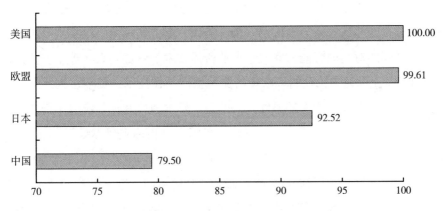

图7　智能网联汽车产业基础辅助竞争力综合评价指数

我国在基础辅助竞争力综合评价指标上得分较低的主要原因是较为落后的零部件开发制造水平。表2表明，该竞争力的两个核心二级指标为通信、运算、定位、系统等平台水平和智能零部件开发制造水平。虽然我国凭借在地图定位、人工智能、车辆通信技术、云平台与大数据等信息通信技术方面的独特优势，已在前者上领先于日本、欧盟，但是在后者上的劣势仍使我国

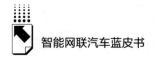
智能网联汽车蓝皮书

的产业链受制于人，这也成为我国智能网联汽车产业发展的主要瓶颈之一。

产业链的完整度是我国智能网联汽车产业进一步发展面临的最主要的挑战之一。此次新冠肺炎疫情的突袭而至，更是引发了国内外供应链的"断供"忧虑，以及我国对产业链供应链安全风险的审视。当前，实现智能网联汽车产业链安全可控迫在眉睫，构建畅通安全的产业链、供应链是该产业保持健康可持续发展的关键所在。因此，我国应设立智能网联汽车科技创新重点项目，特别是加大对智能网联汽车底层核心技术，包括车载传感器、电控系统、高精度地图、V2X 模块等核心关键零部件，以及车载芯片、智能操作系统的技术研发，对核心技术创新提供相应的资金支持和政策引导。

（五）智能网联汽车产业支撑力综合评价指数

产业支撑力综合评价指数是对 6 个二级指标行业整体专利水平、科研创新及基础研究水平、跨领域产学研用合作转化能力、科技人才教育培养水平、财政金融体系支持力度以及实验、测试、示范区及落地场景水平进行综合分析得到的对一国智能网联汽车产业所需技术、资金、人才等生产要素的总体评价。通过图8，我们可以看出美国凭借其在技术、资金、人才上全方位的优势，仍在该指标上遥遥领先。欧盟、日本通过其在传统汽车产业上的技术积累和人才培养分居第二、三位。我国在该指标上仍然处于落后地位，但是和传统汽车产业相比，该差距有所缩小。

和产业支撑力指标往年倾向于研发等要素不同，这一指标的重心 2021年开始向示范推广等要素转移。表 2 显示，跨领域产学研用合作转化能力、科技人才教育培养水平、财政金融体系支持力度这三个 2020 年的核心二级指标所占权重都显著下降，而实验、测试、示范区及落地场景水平这一指标所占权重则显著上升，目前已成为整个评价体系里所占权重最高的二级指标。这些变化都从另一个侧面表现了智能网联汽车产业正在由研发测试阶段走向示范推广阶段。这些核心二级指标的得分表明，我国虽然在科研、人才上仍大幅落后于美、日、欧等汽车发达国家（地区），但是在财政金融和示

080

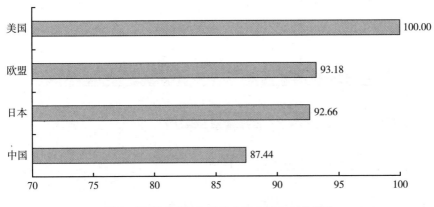

图8　智能网联汽车产业支撑力综合评价指数

范推广上已经拥有了一定的优势，并且该优势在一定程度上弥补了技术人才上的短板。

随着智能网联汽车产业发展进入新的阶段，我国应把握在产业推广上的优势，因地制宜有序开展智能网联汽车测试场建设，提升智能网联汽车示范区/先导区建设水平，不断丰富示范应用落地场景。开展特色智能区域建设工程，推进基于城区生活和交通环境的智能网联技术开放式商业化应用示范，逐步有序开展基于场景和技术成熟度的示范推广。

（六）智能网联汽车企业竞争力综合评价指数

企业竞争力综合评价指数是对3个二级指标传统整车制造企业竞争力，新兴整车制造企业竞争力，软件、系统、出行方案提供企业竞争力进行综合分析得到的对一国智能网联汽车产业里企业实力的总体评价。和传统的汽车竞争力模型不同，智能网联汽车企业的内涵更为丰富，不仅包括传统的汽车生产厂商，也包括以特斯拉、蔚来为代表的造车新势力及以谷歌、优步、百度、滴滴为代表的软件、系统、出行方案提供企业。图9表明，美国凭借其强大的ICT企业以及特斯拉在智能驾驶领域里的先发优势，在企业竞争力上一枝独秀。欧盟凭借其传统车企的强大竞争力位列第二。我国虽然在传统车企方面较为薄弱，但是随着ICT企业和造车新势力的快速崛起，总体上位列第三。日本由于其在 ICT 企业和造车新势力上的短板，居末位，但是和中国及欧盟的差距不大。

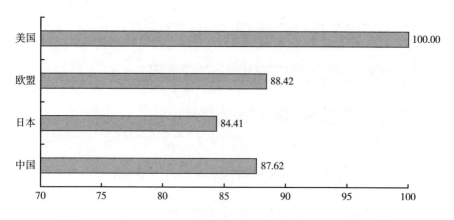

图9　智能网联汽车企业竞争力综合评价指数

随着智能网联汽车产业进入示范推广的新阶段，作为产业化的最终执行者，企业将会在未来发挥更重要的作用。根据表2，我们发现虽然软件、系统、出行方案提供企业竞争力这一核心二级指标所占权重有所下降，但是作为其上属一级指标的企业竞争力所占权重却有所上升。这说明随着市场化的发展，传统车企开始发力，将在产业里进一步扩大自己的影响。

我国若想进一步提高企业竞争力，应打破过去垂直型的汽车产业链，除了原先处于产业中心的汽车制造企业之外，应当将提供新型软硬件的科技公司、出行服务的运营商、服务商、内容商，以及基础设施的建设与运营单位也作为未来汽车产业的重要组成部分，构建立体网状的企业生态系统。通过企业协同创新，共同打造全新的智能化移动交通工具，并在智慧城市大环境里有效运营，从而推动智能网联汽车企业的融合发展。

（七）智能网联汽车产业消费使用支撑力综合评价指数

消费使用支撑力综合评价指数是对 4 个二级指标市场需求使用发展潜力、消费者和使用者接受认可程度、共享等新型商业模式普及度、新型基础设施配套完善程度进行综合计算得到的对一国智能网联汽车产业消费使用端的总体评价。城市终端消费使用的市场规模是智能网联汽车未来走向大规模推广应用的重要驱动因素。图10显示，我国在该指标上排名第一，美国、日本、欧盟分列第二、三、四位。

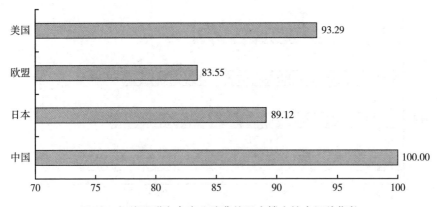

图10　智能网联汽车产业消费使用支撑力综合评价指数

需要特别指出的是，我国在市场端的优势不仅来自我国庞大的汽车消费使用市场，更来自我国为适配智能网联汽车发展而在新型基础设施上做出的巨大努力。根据表2，我国在新型基础设施配套完善程度这一指标上大幅领先于其他三个国家（地区）。另外值得注意的是，市场需求使用发展潜力在2021年首次成为核心二级指标（权重超过5%），也表明了随着产业进入示范推广的新阶段，市场潜力在产业发展中将发挥更为关键的作用。

我国若想进一步发挥在市场需求端的优势，应建立出行需求和预测平台，引导传统出行方式向自动驾驶客运、货运新业态转型升级，加强科普宣传，增强公众对自动驾驶的认知和使用观念，营造有利于自动驾驶应用的市场环境。

（八）智能网联汽车社会需求支撑力综合评价指数

社会需求支撑力综合评价指数是对4个二级指标智慧城市发展需求、"碳中和"等环境改善需求、交通安全效率提升需求、能源消耗降低需求进

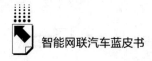

行综合计算得出的对一国智能网联汽车产业中社会发展所起支撑作用的总体评价。图 11 显示，我国的社会发展对产业发展所起的支撑作用最为明显，日本、欧盟列第二、三位，美国居于末位。

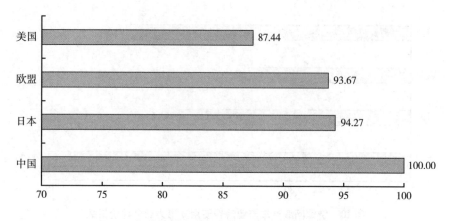

图 11　智能网联汽车社会需求支撑力综合评价指数

　　虽然智能网联汽车刚刚迈入示范推广阶段，其所带来的社会价值尚不显著，但是表 2 表明，社会需求支撑力这一指标所占权重已由 2020 年的 9.82% 上升到 2021 年的 13.89%。与此对应的是，其下属的二级指标"碳中和"等环境改善需求首次成为评价体系里的核心二级指标。这些变化都说明了随着产业新阶段的到来，智能网联汽车产业的社会效益已越来越得到关注和认可，并成为产业快速发展的重要驱动因素。

　　我国应充分发挥智能网联汽车产业在"碳中和"经济发展和智慧城市建设中的关键性作用。通过该产业的进一步发展解决汽车社会面临的交通安全、道路拥堵、能源消耗、环境污染等诸多问题，加速汽车与智慧出行、智能交通、智慧城市之间的协同，打通城市交通流、信息流与能源流，最终实现智能网联汽车与智能制造、智慧管理、智能社会的全方位共同发展。

五　小结

　　本文通过具体产业数据和定向专家问卷调查对我国智能网联汽车产业国

际竞争力进行了系统分析。在过去三年数据积累的基础上，通过对各级指标权重变化的分析，本文将竞争力模型扩展到产业阶段评估。此外，通过专家问卷定向调查的方法，本文的调查对特定专家的特定信息进行了捕捉，从而使评估结果更加专业、准确。

评估结果显示，智能网联汽车产业正在从技术研发与测试验证阶段逐步进入示范应用与大规模推广的新阶段，产业重心也由研发生产端逐步转移到示范需求端。在此背景下，示范区及落地场景推广、新型基础设施配套完善程度已成为影响产业进一步发展的重要因素。在竞争力排名上，美国凭借其技术和企业上的双重优势仍在智能网联汽车产业上遥遥领先，欧盟紧随其后，但是全方位落后于美国。日本和我国列第三、四位，总体上不分伯仲。我国在消费使用端及网络通信技术上保有较大的优势，但是在生产制造、智能零部件、技术研发上仍然大幅落后于汽车发达国家（地区）。随着产业新阶段的到来，我国在产业示范推广、新型基础设施、智慧城市建设、"碳中和"政策支持等方面的优势会进一步放大，产业的前景广阔，未来可期。

参考文献

国家发展和改革委员会：《智能汽车创新发展战略》，2020。

德勤：《超级智能城市 2.0：工智能引领新风向》，2019。

Porter M. E.，"The Competitive Advantage of Nations"，*Harvard Business Review*，1990（2）：73 - 91.

Rand Corporation，Measuring Automated Vehicle Safety：Forging a Framework，2018.

智能化网联化融合篇

Intelligent and Connected Integration Reports

B.4
车联网技术发展现状及趋势

车联网技术编写组*

摘　要：　本文从通信、平台、安全、定位和测试五个方面梳理了车联网关键技术和标准的国内外发展情况，介绍了国内行业关注度较高的车联网互联互通应用实践活动与典型应用案例，并尝试分析了国内现有的商业模式、拓展瓶颈与推进建议。基于对国内车联网技术标准、应用实践和商业模式的多维度整理，分析了目前国内车联网产业发展在关键器件方面、交通配套管理及道路基础设施建设方面，以及商业模式和普及推广方面的商业化拓展瓶颈，并针对车联网商业化运营提出建

* 车联网技术编写组成员：葛雨明、林琳、关欣，中国信息通信研究院；胡金玲、李晨鑫，大唐高鸿数据网络技术股份有限公司；李洋、邵海刚，华为技术有限公司；赵鹏超、谢卉瑜、张亦弛，中汽研智能网联技术（天津）有限公司；任学峰、勾海鹏、陈新市，华砺智行（武汉）科技有限公司；周晓萌、朱勇旭，紫光展锐科技有限公司；王雍、李强、黄明浩，成都卫士通信息产业股份有限公司；孙伟、谭业辉、邹德斌、舒光辉，北京四维图新科技股份有限公司；马凌峰，上海机动车检测认证技术研究中心有限公司；张青山、邹慧珍、沈沛鸿、施媛媛、施小东，中移（上海）信息通信科技有限公司。

议。本文最后提出了车联网通信、平台、安全、定位和测试技术的演进路径，并对车联网助力未来发展进行了展望。

关键词：　车联网　C－V2X　汽车技术

一　车联网技术标准发展现状

（一）车联网关键技术国内外发展情况

1. 车联网通信技术

当前车联网无线通信的主流技术是 C－V2X 技术。C－V2X 是基于 LTE/NR 蜂窝网通信技术演进形成的车用无线通信技术，用于实现车辆与周围的车、人、基础设施和网络等全方位连接和通信，满足低时延、高可靠等特殊严苛的技术要求，赋能汽车智能化和网联化变革。在通信模式上，C－V2X通信系统支持基于 Uu 接口的广域集中式蜂窝通信和基于 PC5 接口的短程分布式直连通信。广域集中式蜂窝通信通过基站转发实现了车辆、人、交通路侧基础设施的信息互联互通；短程分布式直连通信实现车辆、人、交通路侧基础设施之间的直接通信，可以保障无网络信号覆盖环境下的车车/车路/车人互联互通，使能更多应用场景。Uu 接口可实现针对 PC5 接口资源调度，以便合理分配直连通信传输资源，提高 PC5 通信传输的可靠性。

C－V2X 通信技术包含 LTE－V2X 技术和 NR－V2X 技术。LTE－V2X 主要实现基本安全应用、交通效率类提升和部分驾驶辅助业务，通过提供增强的行车环境感知能力，避免大多数碰撞事故。NR－V2X 面向更高需求的应用，通过更灵活的设计，支持低时延和高可靠性要求的 V2X 业务，最终支撑实现自动驾驶。NR－V2X 是 LTE－V2X 技术的增强和补充，并在将来与 LTE－V2X 长期共存，针对不同用例提供服务。

面对车联网通信对高速移动、低时延和高可靠性等的要求，LTE－V2X

重用 LTE – D2D 的解调参考信号列基本结构设计，对子帧结构进行增强设计，能够有效处理典型高速场景高频段的信道检测、估计与补偿。NR – V2X 通过引入组播、单播通信方式，以提供支撑不同业务的能力。同时，优化感知、调度、重传以及车车间连接质量控制等技术，提供更可靠、时延更短以及数据速率更高的通信服务，实现车辆编队行驶、增强体验驾驶、车载传感器数据实时共享和远程驾驶等更丰富的车联网应用场景。NR – V2X 支持 In – Coverage、Partial – Coverage 和 Out – of – Coverage，支持 LTE – V2X 和 NR – V2X 共存，并在直通链路通用架构的基础上，针对 FR2（Frequency Range 2）引入相位跟踪参考信号 PTRS（Phase Tracking Reference Signal）。此外，Uu 接口网络通信还引入 V2X 通信切片、QoS（Quality of Service）预测和多接入边缘计算（MEC）等特性，以满足车联网低时延、高可靠、大带宽等需求。后 5G 时代通信技术将进一步完善 eMBB（增强型移动宽带）的业务需求，并更好地支持高可靠、低时延通信和海量机器类通信业务需求。这对高级别自动驾驶和车路协同发展至关重要。

车联网无线通信技术的另一个技术路线是 DSRC，是在 IEEE 802. 11p 技术基础上改进制定的无线通信系统技术。

在车联网通信技术路线选择上，我国主推的 C – V2X 成为国际车联网主流技术路线。由于 DSRC 发展较早，产业链较为成熟，早期被欧、美、日等国和地区汽车制造企业采用并完善。但 C – V2X 具备覆盖范围更广、可靠性更强、容量更高等性能优势，且与蜂窝融合，利于部署，可长期演进。C – V2X 的提出满足了多元化应用需求，得到了产业界越来越多的支持。2020 年 11 月，美国联邦通信委员会（FCC）正式投票决定将 DSRC 所属 5. 9GHz 频段（5. 850 ~ 5. 925GHz）划拨给 WiFi 和 C – V2X 使用，这标志着美国在车联网技术路线上正式放弃 DSRC 并转向 C – V2X。

2. 车联网平台技术

车联网平台技术目前发展为云网融合、多层云控平台和大数据、人工智能以及云原生结合的方向。

云网融合无线通信网络。自动驾驶的发展趋势要求车联网平台具备低时延、大带宽、灵活计算模式等特性。云－边－端结合的泛在计算模式出现，边缘计算聚焦实时、短周期数据的分析，能更好地支撑本地业务的实时智能化处理与执行。云计算聚焦非实时、长周期数据的大数据分析，能够在周期性维护、业务决策支撑等领域发挥特长。

多层云控平台。多层云控平台由边缘云、区域云与中心云三级云组成，形成逻辑协同、物理分散的云计算中心。平台以车辆、道路、环境等实时动态数据为核心，结合支撑云控应用的已有交通相关系统与设施的数据，为智能网联汽车与产业相关部门和企业提供标准化共性基础服务。

其中，边缘云主要面向网联汽车提供增强行车安全的实时性与弱实时性云控应用基础服务；区域云主要面向交通运输和交通管理部门提供弱实时性或非实时性交通监管、执法等云控应用的基础服务，并为网联汽车提供提升行车效率和节能性的弱实时性服务；中心云主要面向交通决策部门、车辆设计与生产企业、交通相关企业及科研单位，提供宏观交通数据分析与基础数据增值服务。三者服务范围依次扩大，后一级统筹前一级，服务实时性要求逐渐降低，但服务范围逐步扩大。三级分层架构有利于满足网联应用对实时性与服务范围的各级要求。

大数据、人工智能以及云原生结合。在车联网自动驾驶、高等级智能驾驶需求的驱动下，人工智能、大数据、云原生技术逐渐成为平台技术的主流。人工智能和大数据技术相辅相成，对于云端的感知识别、感知融合、仿真测试、交通流数据处理等应用是必须具备的基础能力。为了应对快速迭代的云端计算应用，除了发挥传统云计算技术上发展成熟的微服务化、容器化、轻量化、持续集成、分布式协同技术的优势外，云原生还衍生了泛化协同、多级异构云集成、云网融合等智能网联特有的技术场景。充分发挥云计算的弹性伸缩、更靠近需求端计算、数据多级协同等在车联网中应用的优势。

3. 车联网安全技术

基于密码学的各类安全机制是解决信息安全问题的主要手段，以密码算法、安全芯片为基础支撑，通过安全认证技术为车联网行业应用提供安全保障。

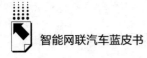

车联网证书认证体系是基于公钥证书的 PKI 体系，IEEE 1906.2 定义了车联网安全消息格式及处理过程，借鉴了传统 PKI 体系结构，通过证书链实现车联网设备互信。目前美国、欧洲和我国的车联网认证体系均在 IEEE 1906.2 的基础上，根据各自的实际情况和管理需求设计了相应的车联网证书管理系统，如美国的安全凭据管理系统（Security Credential Management System，SCMS）、欧洲的 C-ITS 安全证书管理系统等。

我国的车联网系统使用基于公钥密码的 PKI 机制确保终端间的安全认证和安全通信，采用数字签名和加密等技术手段实现车联网终端之间消息的安全通信。车联网 C-V2X 安全证书管理系统是车联网安全通信的基础设施，包括注册 CA、假名 CA、应用 CA 和证书撤销等。车联网证书管理系统可以由多个独立的 PKI 系统构成，由多个根 CA 构建组成，由多个根 CA 构建的车联网 PKI 体系架构如图 1 所示。

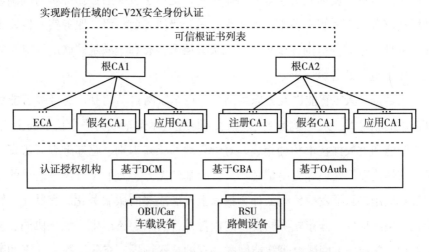

图1　由多个根 CA 构建的车联网 PKI 体系架构

X.509 证书系统为厂商生产的车辆、使用车辆的用户、厂商的业务系统提供所需的数字证书。C-V2X 证书系统为车辆上路行驶并进行 C-V2X 交互提供所需的注册证书、假名证书，保证车辆在 C-V2X 通信中的真实性和匿名性。

密码算法是安全认证的核心技术支撑，当前不论是厂商服务平台基于 X.509 数字证书的车辆接入认证，还是车/交管服务平台基于 C－V2X 数字证书的车路协同认证，我国均采用国密 SM2 算法作为核心的签名验签算法。随着车联网产业的不断发展壮大，对车联网安全认证技术的高效性要求越发迫切，尤其是随着 NR－V2X 技术的推广与发展，超高可靠、超低时延的认证技术推动了轻量化的、适用于车联网的国密算法和认证协议的新需求，并促进其更快地发展。

C－V2X 应用场景对车辆的消息验签速度有着很高的要求，主流的技术路线是使用专用安全芯片来完成验签操作。国外安全芯片公司采用高级安全技术防篡改微控制器的汽车应用，用于管理密匙、认证、签名功能（签名/验证）、加密/解密和安全记录，同时提供独特的安全时间特性。

4. 车联网定位技术

车联网定位的应用场景需要支持全场景、全天候的可靠定位，满足车辆高速移动的需求，满足车辆隐私保护的需求，因此，通常需要多种定位技术融合并且需要对定位技术进行针对性设计和持续演进。

GNSS 定位技术是普遍使用的定位技术，包括 GPS（美国）、GLONASS（俄罗斯）、Galileo（欧洲）、北斗（中国），支持绝对定位和相对定位，一般包括空间段、地面段和用户段三部分。此外，还包括区域系统和增强系统。

GNSS 定位精确度受大气层折射、卫星轨道位置偏差及时钟误差等因素影响，因此国外目前主流的定位厂商（如 SAPCORDA、u－blox、swift、HEXAGON）均支持不同技术路线的改正 GNSS 定位方案。

我国主流 GNSS 定位服务商（如千寻位置、六分科技等）均已建设了 2000 多个 CORS（Continuously Operating Reference Stations）基准站，能够支持 Network RTK、依靠网络发布广域差分定位解算数据实现高精定位；千寻位置在 2021 年 5 月发布了支持"星地一体"的 GNSS 时空服务方案，并可支持基于 PPP－RTK（精密单点定位－实时动态定位）的星基服务。此外，GNSS 信号无法覆盖的区域，还可通过伪卫星定位系统进行定位。

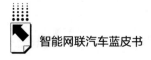

基于传感器与高精地图匹配的定位技术也是车联网定位的一种技术手段，通过传感器（摄像头、LiDAR、毫米波雷达等）采集周边环境的特征点，通过与预先采集制作的高精地图进行特征点匹配，实现高精定位。

基于 C－V2X 直通链路的定位技术目前已开展研究，由于直通链路通信在蜂窝网覆盖内或者覆盖外均可工作，如采用直通链路定位技术，可支持车联网设备的全场景定位。主要包括两类技术方向：一方面，可以基于 LTE－V2X 现有的直通链路机制进行增强，以实现无 GNSS 条件下的基本定位功能，解决无 GNSS 场景下的定位从无到有的问题；另一方面，3GPP Release 18 将会针对蜂窝网络信号/GNSS 信号覆盖不佳或者无覆盖的情况，开展直通链路定位专题研究和标准化工作。

此外，以 UWB、WLAN 为代表的无线短距技术可以作为车联网定位的候选技术，但需要针对车辆高速移动场景和信道环境频繁变化的工况开展针对性验证。5G 蜂窝网 NR 定位技术在 3GPP Release 16 完成了第一个版本，定位性能目标为室内场景横向和纵向误差均 <3 米（80%），室外场景横向误差 <10 米、纵向误差 <3 米（80%）；Release 17 针对常规商用场景、工业互联网 IIoT（Industrial Internet of Things）场景开展 NR 定位增强的研究和标准化，但尚未涉及面向车联网的专用定位技术。

5. 车联网测试技术

车联网技术的应用需要通过大量场景和实际行驶验证其可靠性，且需要较长时间的实车驾驶才能完成可靠性验证。但是基于时间和成本的综合考量，车联网测试可以通过虚拟仿真技术，对道路环境、交通、感知系统、决策规划系统和执行系统进行仿真建模，在实验室环境下实现车联网系统的虚拟仿真测试，加速应用研发和验证。

随着互联网基础建设以及车联网技术的发展，车辆产生的海量实时信息都可以通过车联网和不同参与者进行共享。数字孪生基于历史数据从不同角度为车辆建立模型，并根据新数据更新模型的参数，对车辆的状态做出更加实时直观的表示，实现虚拟复杂道路场景下真实的网联驾驶车辆测试。

在基于 MIL/SIL/HIL/VIL 虚拟仿真技术和数字孪生技术实现车联网测试方面，国外主要有以物理模型为基础的传统汽车仿真平台 PreScan、传统汽车仿真平台 VTD、以传统动力学仿真为基础优势发展起来的自动驾驶仿真平台 CarMaker、基于虚幻引擎开发的由两台服务器构成的自动驾驶仿真平台 Drive Constellation、基于虚幻引擎开发的采用服务器和多客户端架构的开源平台 CARLA、基于游戏引擎 Unity 研发的自动驾驶开源仿真平台 LGSVL Simulator 等。国内主要有面向汽车自动驾驶技术与产品研发的一体化仿真与测试平台 Panosim，覆盖自动驾驶全流程的一体化集成的仿真测试平台 51Sim－One，基于虚幻引擎打造的虚实结合、线上线下一体化的仿真测试平台 TAD Sim，基于德国自动驾驶仿真核心技术所研发的仿真测试平台 Pilot－D GaiA 等。

（二）车联网标准国内外进展情况

1. 车联网通信标准

（1）车联网通信标准国际进展情况

车联网无线通信技术当前的主流技术 C－V2X 通信标准由 3GPP 主导推动。3GPP 于 2017 年 3 月发布了 R14 版本 LTE－V2X 标准，面向基本的道路安全业务通信需求，引入了基于 PC 5 接口的短程分布式直连通信，并对移动蜂窝网的 Uu 接口进行了优化，支持 Mode 3 基站调度的资源分配模式和 Mode 4 UE 自主资源选择模式。2018 年 6 月，3GPP R15 完成对 LTE－V2X 的增强标准化工作，在 PC5 接口引入了载波聚合、高阶调制等技术以提升数据速率，UE 可实现 Mode 3 和 Mode 4 资源池共享，同时对低时延技术进行了增强。3GPP 于 2018 年 6 月启动 NR－V2X 标准化工作，于 2020 年 6 月冻结 R16 版本，完成第一个版本的 NR 直通链路机制标准化。之后，3GPP 启动 R17 研究，针对直通链路特性进一步增强，支持车辆间协调、功耗节约机制等。

3GPP C－V2X 标准演进时间表如图 2 所示。

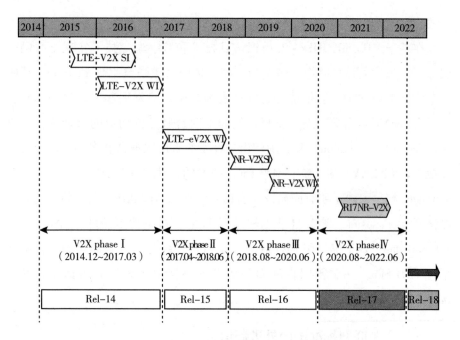

图 2　3GPP C – V2X 标准演进时间表

此外，为了推动美国 C – V2X 相关标准和产业化进展，美国 SAE 成立 C – V2X 技术委员会，面向 C – V2X，着手制定车载 V2V 安全通信技术要求标准 J3161。

（2）车联网通信标准国内进展情况

国家高度重视车联网标准化工作，从 2018 年开始，工信部联合国家标准委发布《国家车联网产业标准体系建设指南》系列文件。

图 3　车联网产业标准体系建设结构

资料来源：《国家车联网产业标准体系建设指南》。

　　为加强跨行业标准协同，全国汽车标准化技术委员会、全国智能运输系统标准化技术委员会、全国通信标准化技术委员会和全国道路交通管理标准化技术委员会四方共同签署 C – V2X 标准合作框架协议，共同推动 C – V2X 信息通信技术在汽车、智能交通以及交通管理中的应用。

表 1　国内车联网标准明细

标准名称	类型	组织
基于 LTE 的车联网无线通信技术　总体技术要求	行业/团体标准	CCSA/C – ITS
基于 ISO 智能交通系统框架的 LTE – V2X 技术规范	国际/团体标准	ISO/C – ITS
基于 LTE 的车联网无线通信技术　空中接口技术要求	行业/团体标准	CCSA/C – ITS
基于 LTE 的车联网无线通信技术　支持直连通信的路侧设备技术要求	行业标准	CCSA
基于 LTE 的车联网无线通信技术　支持直连通信的车载终端设备技术要求	行业标准	CCSA
基于 LTE 的车联网无线通信技术　基站设备技术要求	行业标准	CCSA
基于 LTE 的车联网无线通信技术　支持直连通信的路侧设备测试方法	行业标准	CCSA
基于 LTE 的车联网无线通信技术　支持直连通信的车载终端设备测试方法	行业标准	CCSA
基于 LTE 的车联网无线通信技术　基站设备测试方法	行业标准	CCSA
基于 LTE 的车联网无线通信技术　网络层技术要求	行业标准	CCSA
基于 LTE 的车联网无线通信技术　网络层测试方法	行业标准	CCSA
合作式智能运输系统　车用通信系统应用层及应用数据交互标准(第一阶段)	团体标准	CSAE/C – ITS
基于 LTE 的车联网无线通信技术　消息层技术要求	行业标准	CCSA
基于 LTE 的车联网无线通信技术　消息层测试方法	行业标准	CCSA
合作式智能运输系统　车用通信系统应用层及应用数据交互标准(第二阶段)	团体标准	CSAE& C – ITS
增强的 V2X 业务应用层交互数据要求	行业标准	CCSA
基于车路协同的高等级自动驾驶数据交互内容	行业标准	CCSA/CSAE
基于 LTE – V2X 直连通信的车载信息交互系统技术要求	国家标准	TC114
基于 LTE 的车联网无线通信技术　直接通信路侧系统技术要求	团体标准	CSAE/C – ITS
基于 LTE 的车联网无线通信技术　核心网设备技术要求	行业标准	CCSA
基于 LTE 的车联网无线通信技术　核心网设备测试方法	行业标准	CCSA
基于 LTE 的车联网无线通信技术　应用标识分配及映射	行业标准	CCSA

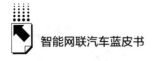

2. 车联网平台标准

（1）车联网平台标准国际进展情况

ETSI 和 3GPP 联合启动了 MEC 与 5G 融合部署方案的研究，探讨各类 MEC 部署方式，并给出了多种参考 MEC 部署方式，发布了白皮书 *MEC in 5G networks*；面向 MEC 在车联网中的应用，ETSI 先后立项了 V2X 业务、5G 业务的 API 项目；为解决车联网业务中由车辆快速移动带来的连续性问题，ETSI 同步立项了边缘应用移动性 API 项目，研究用户在跨 MEC、跨运营商等情况下的业务切换方案。

（2）车联网平台标准国内进展情况

多接入边缘计算（MEC）与以 C-V2X 为代表的网联技术深度融合，可支撑实现网联自动驾驶的多类应用场景。MEC 与 C-V2X 融合系统可采用多层系统架构，通常包括路侧 MEC 设备以及区域 MEC 平台。两类 MEC 相对独立，并可根据应用场景对于边缘计算的不同需求而灵活组合形成"标准+定制化"的解决方案。中国通信标准化协会立项了面向 C-V2X 业务的 MEC 系列标准，从需求与架构、服务能力与开放接口、跨域协同等方面开展标准化工作，力争形成标准的 MEC 平台南北向数据集以及用户移动切换的跨域协同机制，推动 MEC 支持网联应用的方案成熟。

中国智能交通产业联盟 C-ITS 团体标准《智能交通信号灯控制平台性能要求与测试规程》成功立项并于 2021 年 4 月转化为雄安标准。中国智能交通协会《智慧高速公路 云控平台 总体技术要求》《智慧港口 云控平台技术要求》，中国智能网联汽车产业创新联盟《智能网联汽车道路测试监管系统技术规范》《合作式智能运输系统 车路协同云控平台 C-V2X 设备接入技术规范》等团体标准正在制定中。

3. 车联网安全标准

（1）车联网安全标准国际进展情况

国际标准化组织 ISO TC22 成立信息安全工作组，联合美国汽车工程师协会（SAE）共同开展信息安全国际标准 ISO 21434 的制定工作。ISO/IEC

信息安全分技术委员会制定网联汽车信息安全测评准则。国际电信联盟（ITU – T）SG17 工作组也开展了对包括 V2X 通信安全在内的智能交通以及联网汽车安全的研究工作。3GPP SA3 在 REL 14 开始进行 LTE – V2X 安全的研究和标准化工作，目前 3GPP SA3 在 REL 17 开始研究 eV2X 的安全，主要围绕 5G NR – V2X 的安全需求和安全关键问题进行研究。国外车联网安全标准明细如表 2 所示。

表2　国外车联网安全标准明细

标准名称	标准组织
ISO 21434 Road Vehicles —Cybersecurity Engineering	ISO&SAE
J3061 Cybersecurity Guidebook for Cyber – Physical Vehicle Systems	SAE
Security Guidelines for V2X Communication Systems for Determination	ITU – T
Security Requirements of Categorized Data in V2X Communication	ITU – T
Security threats in connected vehicles	ITU – T
TS 33. 185 Security Aspect for LTE Support of Vehicle – to – Everything（V2X）Services	3GPP
TS 33. 536 V16. 3. 0 Security Aspects of 3GPP Support for Advanced Vehicle – to – Everything（V2X）Services	3GPP
TR 33. 836 V16. 1. 0 Study on Security Aspects of 3GPP Support for Advanced Vehicle – to – Everything（V2X）Services	3GPP
TS 33. 185 V16. 0. 0 Security Aspect for LTE Support of Vehicle – to – Everything（V2X）Services	3GPP

（2）车联网安全标准国内进展情况

为了适应车联网的发展，TC114、TC260、CCSA、C – ITS 等都设立了车联网安全相关工作组，加速研制车联网安全标准，重点关注车联网无线通信安全和数据安全。

2017 年，汽标委正式成立汽车信息安全标准工作组。目前，已完成 3 项汽车信息安全基础标准，并在推进 2 项行业急需标准研究（见表 3）。

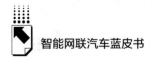

表3 汽标委汽车信息安全标准

序号	标准名称	进度
1	汽车信息安全通用技术要求	报批
2	车载网关信息安全技术要求	报批
3	汽车信息交互系统信息安全技术要求	报批
4	电动汽车远程管理与服务系统信息安全技术要求	在研
5	电动汽车充电信息安全技术要求	在研

全国信息技术安全标准化技术委员会（信安标委）TC260立项了与车联网安全相关的强制性国家标准项目《信息安全技术 网络产品和服务安全通用要求》（见表4）。

表4 信安标委汽车信息安全标准体系建设

序号	标准名称	进度
1	《信息安全技术 汽车电子系统网络安全指南》	已发布
2	《信息安全技术 车载网络设备信息安全技术要求》	征求意见
3	《信息安全技术 汽车电子芯片安全技术要求》	在研
4	《信息安全技术 公钥基础设施数字证书格式》	已发布

中国通信标准化协会（CCSA）长期致力于车联网系列标准的制定。目前，CCSA已经发布和正在推进车联网信息服务、安全认证技术管理、测试方法等方面的多项行业标准，详见表5。

表5 CCSA信息安全标准体系建设进度

序号	标准名称	进度
1	《车联网信息服务 数据安全技术要求》	已发布
2	《车联网信息服务 用户个人信息保护要求》	已发布
3	《车联网无线通信安全技术指南》	已发布
4	《车联网信息服务平台安全防护要求》	已发布
5	《车联网网络安全应急中心平台技术要求》	征求意见稿
6	《基于移动互联网的虚拟车钥匙信息安全技术要求》	征求意见稿

序号	标准名称	进度
7	《基于 LTE 的车联网通信安全技术要求》	已发布
8	《基于 LTE 的车联网无线通信技术　安全证书管理系统技术要求》	报批
9	《基于公众电信网的联网汽车信息安全技术要求》	已发布
10	《基于 LTE 的车联网无线通信技术　安全认证测试方法》	征求意见稿

4. 车联网定位标准

（1）国际标准化情况

5GAA、3GPP 等国际标准化组织及产业联盟针对车联网定位的场景和需求进行了系统的研究和定义。

5GAA WG1（用例与需求工作组）在定义车联网应用场景过程中，系统定义了各用例的定位需求，主要分为 3 个等级。

· Group 1，主要包括信息提供或者提示类用例，定位需求较为宽松，精度为数十米。

· Group 2，主要包括安全预警、协作式驾驶等用例，精度需求可为 1.5 米。

· Group 3，主要包括自动驾驶类用例，精度需求可为 0.1 米。

5GAA WG2（架构工作组）主要推动的 Work Item V2XHAP 于 2020 年完成，基于车联网定位的需求，进行了各类候选定位技术的梳理和研究，并给出一些典型场景下的测试情况。

3GPP 在 RAN 全会针对覆盖内、覆盖外和覆盖场景下的定位场景和需求研究开展了研究，其中一个核心方向就是车联网 C‑V2X 定位研究，根据向 5GAA、SAE 等组织征集的需求情况，将定位需求指标分为三类。

· Level 1，面向信息服务，10～50 米定位精度需求。

· Level 2，面向道路安全类业务，1～3 米定位精度需求。

· Level 3，面向自动驾驶业务，0.1～0.5 米定位精度需求。

基于上述研究，3GPP 潜在会在 Release 18 开展车联网直通链路定位技

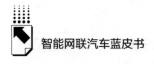

术的研究和标准化工作，从而通过演进逐步实现对上述定位需求的满足。

（2）国内标准化情况

国内车联网相关主要的标准化组织（CSAE/CAICV、CCSA、C – ITS 等）在针对车联网用例和需求的定位中，也分阶段对定位的需求进行了相应的定义。

·第一阶段的应用标准定义的道路安全类和交通效率类应用的定位精度需求主要为 1.5 米，前方拥堵提醒等用例的定位精度需求为 5 米。

·第二阶段的应用标准，其中规定了面向车辆编队、增强驾驶、协同式策略、扩展传感器数据共享、远程驾驶、协作式安全等用例的定位需求。

▶纵向精度（行驶方向）均为≤5 米。

▶垂直精度（高度）均为≤3.5 米。

▶水平精度（侧向）要求相对较高，主要包括 1.5 米和 0.5 米两类精度需求。

·面向车路协同高等级自动驾驶的用例中，定义了相应的定位需求，主要包括 1.5 米和 0.5 米两类精度需求指标。

在车联网相关的定位技术标准方面，CSAE/CAICV 的自动驾驶地图与定位工作组针对智能网联汽车的自动驾驶地图、高精度定位以及时空服务相关的技术需求开展标准化工作；CCSA ST 9（导航与位置定位特设工作组）立项了《面向车联网应用场景的高精度定位总体技术要求》，标准化工作已经正式开展，后续还将针对适用于车联网应用场景的定位技术要求开展系列标准的工作；CCSA TC10 车联网子组也正在开展直通链路定位技术的标准化工作。

5. 车联网测试标准

（1）车联网测试标准国外进展

国外测试标准中，3GPP 制定的测试规范主要包括《3GPP TS 36.521 – 1 一致性测试：射频发射与接收第 1 部分一致性测试》《3GPP TS 36.521 – 3 一致性规范：射频发射与接收第 3 部分无线资源管理性测试》等，仅定义了底层无线通信性能测试、无线资源管理一致性测试以及协议一致性测试的流程及技术要求。

（2）车联网测试标准国内进展

表6　车联网测试相关标准

类别	标准名称	标准类型/标准号/计划号	状态
通信	《基于LTE的车联网无线通信技术　网络层测试方法》	国家标准/行业标准 YD/T 3708－2020	已发布
	《基于LTE的车联网无线通信技术　核心网设备测试方法》	行业标准 2018－1405T－YD	推进中
	《基于LTE的车联网无线通信技术　支持直连通信的车载终端设备测试方法》	行业标准 YD/T 3848－2021	已发布
	《基于LTE的车联网无线通信技术　基站设备测试方法》	行业标准 YD/T 3629－2020	已发布
	《基于LTE的车联网无线通信技术　支持直连通信的路侧设备测试方法》	行业标准 YD/T 3847－2021	已发布
	《基于LTE的车联网无线通信技术　消息层测试方法》	国家标准/行业标准 YD/T 3710－2020	已发布
平台	《基于LTE的车联网无线通信技术 MEC 平台测试方法》	行业标准 2019－0007T－YD	推进中
	《车路协同　路侧感知系统技术要求及测试方法》	待定	推进中
安全	《基于LTE的车联网无线通信技术　安全认证测试方法》	行业标准 2019－0022T－YD	推进中

各方力量在 IMT－2020（5G）推进组 C－V2X 工作组积极推动 LTE－V2X 相关测试标准规范的研究，目前已经形成针对接入层的《LTE－V2X 终端功能测试规范（实验室）》《LTE－V2X 性能测试规范（实验室）》《LTE－V2X 终端间互操作测试规范（实验室）》测试标准，以及针对网络层、应用层的《LTE－V2X 终端网络层一致性测试规范（实验室）》《LTE－V2X 终端应用层一致性测试规范（实验室）》《LTE－V2X 终端安全一致性测试规范（实验室）》等文件，详细定义了测试结构、设备要求和测试内容。

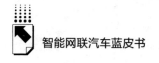

二 车联网技术应用实践进展及规划

车联网技术应用实践集中在车联网互联互通消息一致性验证、先导区应用基础设施建设及应用实践探索、高速公路应用及公共交通出行效率等方面，目前已取得初步成效。

（一）车联网互联互通应用实践

1. "三跨"

2018 年由中国智能网联汽车产业创新联盟、IMT－2020（5G）推进组 C－V2X 工作组举办"三跨"活动，实现了世界首例跨通信模组、跨终端、跨整车（"三跨"）的互联互通。本次活动为 3 家通信模组厂家、8 家 LTE－V2X 终端提供商、11 家中外整车企业提供了实验室的端到端互操作和协议一致性测试验证。

"三跨"展示底层采用 3GPP R14 LTE－V2X PC5 直通通信技术，选取了 7 个典型的车与车、车与路应用场景，包括车速引导、车辆变道/盲区提醒、紧急制动预警、前向碰撞预警、紧急特殊车辆预警、交叉路口碰撞预警和道路湿滑提醒。

2. "四跨"

2019 年 C－V2X "四跨"首次实现国内跨芯片模组、跨终端、跨整车、跨安全平台（"四跨"）C－V2X 应用展示。在"三跨"的基础上增加了通信安全演示场景。基于国内已经完成的 LTE－V2X 安全标准，"四跨"活动验证了多家安全芯片企业、安全解决方案提供商、CA 证书管理服务提供商之间的互操作。

该活动共包含 4 类 V2I 场景、3 类 V2V 场景和 4 个安全机制验证场景，聚集了 26 家整车厂商、28 家终端设备和协议栈厂商、10 个芯片模组厂商、6 个安全解决方案厂商、2 个 CA 平台厂商。"四跨"的规模和参与度相对于"三跨"都有了进一步的扩大，这也体现了 C－V2X 产业生态的蓬勃发展。

"四跨"活动有效展示了我国 C－V2X 标准协议栈的成熟度，为 C－V2X 大规模商业化应用奠定了基础。

3."新四跨"

2020 年，IMT－2020（5G）推进组 C－V2X 工作组、中国智能网联汽车产业创新联盟等举办了 C－V2X"新四跨"暨大规模先导应用示范活动。在"四跨"基础上连续开展跨整车、跨通信终端、跨芯片模组、跨安全平台互联互通应用示范，部署了更贴近实际、更面向商业化应用的连续场景，采用全新数字证书格式，并增加高精度地图和高精度定位。参加单位超过100 家，涵盖整车、模组、终端、安全、地图、定位等。本次活动重点验证了车联网 C－V2X 规模化运行能力，充分验证了 C－V2X 技术在真实环境下的通信性能；同时，针对车联网应用中安全机制、地理坐标使用等进行了探索，并进行了多厂家的综合测试，为后续规模商用提供了重要的技术依据。特别值得一提的是，"新四跨"中的 LTE－V2X 人机界面非常友好。实车行驶体验该界面的道路安全提示功能，驾驶员使用方便、提示有效，参展车企对前装 LTE－V2X 意向很高。

（二）车联网项目应用实践情况

本节以重庆石渝车路协同智慧高速、厦门 BRT 在智能网联车路协同的典型应用为例，介绍车联网技术在高速场景和城市场景等典型应用场景中的应用实践情况。

1. 重庆石渝车路协同智慧高速应用案例

（1）应用场景特点

G5021 重庆石渝高速公路是重庆的重要干线公路之一，其中的涪陵至丰都段（涪丰高速），受山区地质条件的影响，示范路段中大量出入口紧邻桥梁、隧道，具有树木遮挡、山体遮挡、高边坡等特点，存在多雾、积水、横风、上下行车道分离、急弯叠加陡坡等多种不利于交通安全的影响因素。重庆石渝车路协同智慧高速的示范路段全长约 64.5 公里，桥隧比高达 42%，包含 12 处隧道（其中 7 处长隧道），总长约 15.5 公里，该路段集中了多种典型、复

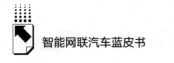

杂的高速工况，事故风险高，车路协同的部署也面临巨大挑战。

（2）应用部署情况

重庆石渝车路协同智慧高速由大唐高鸿与中国交建联合打造，对 G5021 石渝高速涪陵至丰都段进行车路协同的全路网示范改造，并联合重庆车辆检测研究院开展了技术研究与应用测试。

车路协同智慧高速项目对示范路段进行双向覆盖，共计 128.6 公里，布设 C–V2X RSU、摄像头、雷达、信息板等各类路侧系统共计 700 余套，其中，包括 RSU 350 余台，路侧感知设备、计算单元、显示设备等共计 400 余套，覆盖了 5 处事故多发区域、12 处隧道以及 10 处交通互通。在现有道路的基础上，新建立杆支架 108 处、改造/加高现有立柱 74 处，布设高速主干光缆 64.5 公里、隧道光缆 36 公里，支持外场设备架设及组网互通。

（3）应用效果

重庆石渝高速车路协同智慧高速是目前全球 C–V2X 车路协同智慧高速中规模最大、场景最复杂、可用性最高的常态运行的高速公路。项目部署实施选取了最具典型性和代表性的高速路段，山区环境、道路工况等对通信、定位技术的应用带来巨大挑战，项目的成功部署应用为更大范围部署推广智慧高速提供了"样板案例"，积累了宝贵的经验。

车路协同智慧高速项目现已实现道路动态风险提示、车路协同主动安全预警、异常驾驶行为纠正、重点车辆全程监控（隧道定位不丢失）等车路协同端侧应用，具备道路全方位安全预警、交通实时引导、全天候通信、精准管控调度等应用服务能力，可提供丰富的可视化信息和远程管控手段，现有社会车辆可以获取精准的信息服务和安全提醒，具备驾驶辅助能力的车辆能够获取安全预警辅助信息和决策辅助信息。

2. 厦门快速公交车路协同应用案例

（1）应用场景特点

厦门快速公交系统（简称 BRT）拥有高配置公交车近 300 辆，具备单日发车车次超过 4000 次、单日最高服务乘客超过 30 万人次、单日行驶里程达 8 万公里的运营服务能力，是当前国内建设级别最高的快速公交系统。

（2）应用部署情况

厦门 BRT 智能网联车路协同系统由中国信科集团与厦门公交集团联合打造，基于 C－V2X 和 5G 无线通信技术，构建了"车内网－车际网－车云网"三网融合的系统架构，满足智能网联汽车不同层面、不同业务类型的应用服务需求。

车内网以解决时延需求极为严格的车辆行驶安全类问题为目标，通过融合感知算法实现智能车载终端和车内传感设备的内聚。车际网以 C－V2X 技术为手段，构建 V2V、V2I 通信链路，实现车辆与车辆、路侧设备之间的互联互通。车云网则以 5G 技术为手段，通过 MEC 下沉、在用户附近的网络边缘就近部署 MEC 平台，从而提供 BRT 路径行驶规划、节能减排策略等应用服务。

（3）应用效果

厦门快速公交车路协同项目的建成运营，通过车联网技术实现车辆和道路交通状况的实时监控以及信息的实时交互，在构建和应用智能防碰撞策略的基础上，能够有效减少 50%~80% 的交通事故。通过提供绿波通行、交通流智能统计分析等应用服务实现交通运行效率的显著提升，提高交通资源调配效率，预期可提升城市整体出行效率 10% 以上。通过节能减排策略有效降低车辆能耗，单车能耗可降低 12%，每车每年电力成本可降低上万元。通过车路协同系统显著拓宽公共交通车辆信息服务的范围，将促使车辆动态驾驶任务的执行更加高效、经济、平滑，帮助市民培养更加绿色的出行习惯，提供更加高效安全的出行体验。

基于前期的应用实践探索，下一步需加快推广车联网产品互联互通产业认证，探索闭环的商业模式，着重解决实际建设运营中跨行业协同问题。

三　车联网商业模式探索及挑战

（一）车联网现有商业模式

目前车联网相关的运营以测试验证服务和数据应用服务为核心内容。其

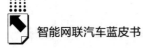

中测试验证服务为主要盈利来源，数据应用服务盈利需要长期培育。

1. 测试验证服务

在行业监管强制性检测、自愿认证和自有技术发展评估的带动下，车联网产业链企业（整车企业、自动驾驶解决方案商、终端设备厂商等）对测试验证的市场需求逐渐增多。

以上海临港智能网联汽车综合测试示范区提供的技术服务为例，测试示范区提供 LTE – V2X 整车道路测试、LTE – V2X 规模孪生测试等业务，也可在示范区及周边道路进行 C – V2X 无线信道测量及网络性能测试。在管理服务方面可提供安全管理、数据管理和算法管理等服务，依据资源占用量收费；信息服务方面可提供定位、地图等服务，通过会员制，建立账号授权运营方式（见图 4）。

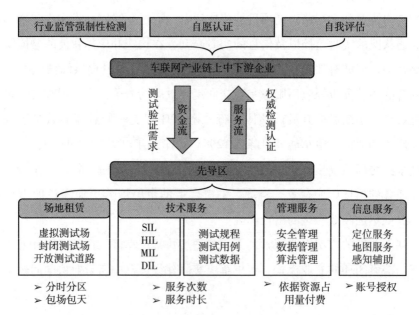

图 4　先导区测试验证服务运营体系

2. 数据应用服务

车联网运营主体可开展面向 G、B、C 端的安全、效率应用服务，通过构筑基础运营平台实现向应用生态链的价值输出，形成常态化运营机制。

面向 G 端，提供智慧城市管理服务，应用于交通、市政、公安、消防等管理部门。基于复杂数据进行捕捉定位，建立以车为主体的交通生态细颗粒度可视化监管能力，实时感知车辆及道路动态变化，进行交通运营动态监管；基于平台数据，形成车 - 交通 - 管理闭环，优化车辆运动行为，提高市政服务水平；针对犯罪车辆等特殊管理场景，建立远程接管等操作，保护人民生命财产安全；智能化预测突发损伤与危害结果，高效联动，及时响应救援。

面向 B 端，建立研发验证数据体系，服务于主机厂、保险公司和第三方机构等企业。通过大数据分析和挖掘建模，赋予车厂的产品研发、生产制造、供应链等各业务环节价值，赋能汽车全价值链；通过分析驾驶行为数据，对不同群体驾驶行为进行分类，为车辆设置提供建议，优化出行配置，同时将保险业务和金融服务进行重构创新，优化车辆安全及绿色引导。

面向 C 端，提供智慧出行服务。基于车联网多区域多场景的示范应用，车联网大数据可输出智慧出行运营服务。根据出行位置信息与消费习惯，辅助构建消费者画像，智能推荐相应消费场景，便捷消费服务；利用消费者出行规律，如频率、密度等信息合理规划停车点布局与充电设备配置，合理配置投放点车辆类型。

（二）车联网商业化拓展瓶颈

1. 交通配套管理及道路基础设施建设方面

一是交通协同管理机制及监管技术手段面临挑战。随着自动驾驶应用示范和商业化的逐步深入、推进，传统的交通流特征分析理论、交通组织规则、监管手段无法满足新业态下的精细化分析及管控。二是交通基础设施规划建设亟待完善。高精度控制、数字化交互等是智能汽车的关键特性，面向无人驾驶配置的道路空间、停车设施、标志标牌等道路基础设施亟待优化完善。三是事故处理相关法律法规尚不完善。目前基于有人驾驶管理体系的法律法规，无法有效支撑对于智能网联汽车和自动驾驶的模式管理，同时缺乏技术标准来实现智能网联汽车正常运行的界定，法律制度和政策标准的不到

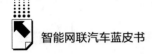

位也无法保障责任追究和保险体系完善。

2. 商业模式和普及推广方面

一是运营模式仍靠财政支持，无法形成自我造血机制。目前车联网先导区和示范区多由当地政府承担投资，受国家政策、产业链上下游各部分的成熟程度、资费模式、频谱等因素影响，整体尚无较好的商业模式，在经济效益上无法形成自我造血的循环，仍然需要依靠财政支持来维持运营。二是面向 B 端的跨行业商业应用仍在分步骤推进，验证仍需较长时间。自动驾驶预计首先在封闭低速载物场景下落地推广，然后是高速载物场景，高速载人场景需要更多的时间来验证。三是面向 C 端的车联网商业模式仍需解决价值应用、规模测试和数据安全等问题。当前车联网和车路协同缺乏有价值的使用场景，用户体验差，付费意愿较低。此外，数据隐私问题也越发突出。

（三）车联网商业化运营推进建议

车联网产业涉及汽车、市政、公安、交通、互联网等多个行业，链条长且复杂，沟通协调难度大。车联网服务对象包括消费者、企业、政府等，涉及驾驶辅助、自动驾驶、交通效率、城市管理等多方面应用。随着车联网技术和应用需求的逐步成熟，商业化运营模式成为车联网产业继续推进的关键要素。以运营主体为切入点，结合当前车联网商业化进程中的瓶颈，建议由现有或者新组建对产业链和生态具有强大掌控力的运营主体负责车联网商业化运营。

·网络建设：通过该运营主体，快速实现车联网规模建设，以支撑商业循环所必需的基础网络。

·用户培育：新车预装 C–V2X 功能模块普及预计需要 4~5 年，在此期间，有 3 亿辆左右的存量机动车需要通过多种综合补贴方式实现 C–V2X 功能上车，只有对用户强大培育能力的运营主体具备发展存量机动车用户的能力，只有具备规模终端用户，车联网才能发挥其应有的安全、效率等社会价值，才具备进一步商业循环的可能。

·互联互通：无线通信中各个网元的互联互通问题是车联网发展必须解

决的关键问题，商业运营主体应具备掌控终端用户接入网络所必需的互联互通能力，以此保障所有车辆在各地车联网中能够无缝、高效使用。

四　车联网技术演进路径

（一）车联网通信技术演进路径

1. C－V2X 演进阶段

蜂窝车联网无线通信技术按演进阶段划分包括 LTE－V2X 和 NR－V2X，两个阶段的技术互为补充、长期并存，共同支持丰富的车联网业务应用。

LTE－V2X 技术主要面向基本道路安全类业务和部分更高级的 V2X 业务（如辅助驾驶、低等级编队行驶等），包括支持低时延直连通信的 PC5 接口和支持蜂窝网通信的 Uu 接口，其标准体系已经基本构建。

NR－V2X 则主要面向自动驾驶和演进的车联网需求，支持车辆编队行驶（高等级）、高级自动驾驶、扩展传感器数据共享、远程驾驶等业务。3GPP 从 Release 16 开始开展 NR 直通链路的技术研究和标准化，正在开展 Release 17 的工作，并将持续进行演进和增强。

2. C－V2X 空中接口

蜂窝车联网无线通信技术按空中接口划分包括终端之间的直通链路（PC5 接口）和蜂窝网上下行链路（Uu 接口）。

车联网通信系统可以采用 PC5 通信模式和 LTE/NR Uu 通信模式融合组网进行车联网部署，二者优势可充分结合，分别承载不同车联网应用，可以加速车联网应用上车，实现规模服务。

· 信息提示、交通效率等对时延不敏感、有广覆盖要求的场景，可采用 PC5 或 Uu 模式，宜优先采用 Uu 模式快速落地。

· 安全预警类场景，对时延敏感，宜优先通过 PC5 广播。同时，可采用 Uu 进行效果验证。

· 远程遥控类场景，可靠性要求高，同时可能要求高带宽传输视频等，

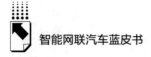

宜采用 Uu + PC5 同时下发，提升通信可靠性。

3. C - V2X 技术特性演进

针对多样性的业务类型以及更低时延、更高可靠性、更大带宽的业务需求，NR - V2X PC5 接口具备以下特性。

· 支持单播、组播、广播的通信方式，不同的车联网业务可支持不同的通信方式。

· 单播、组播支持直通链路反馈机制，进一步提升通信可靠性。

· 支持多种基带参数配置，可支持不同的业务需求。

· 支持基站调度直通链路资源（Model）和终端自主选择直通链路资源（Mode 2）的资源分配方式；Mode 2 引入重评估和抢占机制，从而支持周期性业务和非周期性业务的可靠传输。

· 支持 LTE - V2X 和 NR - V2X 的共存机制（异信道），满足 LTE - V2X 和 NR - V2X 将长期共存的需要。

· 支持直通链路同步机制。

· 支持终端节电机制，以满足 VRU 等终端的节电需求。

· 支持 UE 间协调的资源选择机制，进一步提升业务可靠性。

为了满足不断丰富和扩展的车联网应用场景和业务需求，NR - V2X PC5 还将持续演进和增强，主要方向如下。

· 面向车联网全场景定位需求的直通链路定位/测距技术。

· 支持更大带宽、更高可靠性的直通链路增强，如 NR 直通链路载波聚合机制等。

· 面向终端覆盖范围增强的直通链路 UE 到 UE 中继转发机制。

对于 5G Uu，技术特性演进目前主要包括以下方向。

· 当前 Uu 只支持单播，3GPP R17 标准增加广播、组播特性，减少空口资源开销，同时降低时延。

· 增加核心网 MEP 网元，完成移动性管理，同时可以实现车路协同时延敏感业务信息的本地交换，降低网络侧传输和处理时延。

上述方向将是 2025 年之前 NR - V2X 技术演进的主要方向。后续，NR - V2X

还会持续开展技术增强研究和标准化工作，以支持不断丰富和细化的车联网应用，满足车路协同和自动驾驶的更高传输速率、更低时延、更高可靠性的需求。

（二）车联网平台技术演进路径

车联网技术在自动驾驶和高级智能驾驶需求推动下的 2030 年前的平台技术可分为两个阶段。

第一阶段：2025 年前，第二代车联网平台技术在现有技术发展下逐渐成熟，而下一代车路协同的云网融合平台技术进入预研阶段。第二代车联网平台技术指的是车联网技术和互联网技术相结合，且在此基础上推出的出行即服务、移动互联网服务和远程车辆控制服务相互结合的服务模式。在这个阶段，平台现有的技术整合了车联网技术和互联网技术，以及目前已经较为成熟的大数据技术、初级人工智能技术和云原生技术等，已经可以满足应用需求。但是，高等级自动驾驶的兴起，使得现有平台技术无法从架构体系方面解决计算性能、数据安全等方面面临的问题。这就催生了云网融合、多级云控技术，从平台基础架构上进行突破。云网融合与多级云控技术非单一技术，而是和通信技术、云计算、人工智能、大数据、云原生等技术形成共生关系，其无法独立存在和发挥作用。2025 年前，在国家交通强国战略要求及新基建中的通信设施、大数据中心、人工智能等推动下，云网融合与多级云控技术将在部分地区进行试点、论证落地。

第二阶段：云网融合与多级云控技术结合云原生技术逐步普及并走向成熟。2025 年前，在通信设施、大数据中心、人工智能等新型基础设施建设及北斗卫星技术成熟应用的基础上，加持 5G 网络的空口切片，以及新一代光纤网络和高性能计算设备的小型化、高密度化，使得边缘计算、区域云计算普及，云网融合、多级云控技术会逐渐成熟并实现商用化。

（三）车联网安全技术演进路径

1. 车联网密码算法演进路径

随着自动驾驶等车联网业务的不断发展，传输的消息会越来越多，时延

111

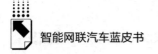
越来越低，因此需要减少安全的资源开销。可将车联网密码算法的演进路径分为三个阶段。

第一阶段：适配商用密码改造，商密算法替换国际算法。

第二阶段：对密码算法的轻量化。

第三阶段：设计适用于车联网应用的专用密码算法。

随着市场对车联网应用的规模扩大，2025年，将针对车联网应用设计车联网专用密码算法；2030年，该技术将趋于成熟，应用到证书等各类安全防护技术，为车联网应用安全建立防护的屏障。

2. 芯片应用演进路径

为了确保车联网通信消息来源的真实性、内容的完整性，防止消息重放，目前采用数字证书通过数字签名/验签的方式对车联网进行保护。同时车联网终端也需要实现系统隔离机制，以芯片/硬件/固件安全为基础，采用硬件隔离和安全域隔离的方式，以保护数据和操作。可将车联网芯片应用的演进路径分为两个阶段。

第一阶段：车联网终端设备的验签处理能力在每秒2000次左右，目前市场已有支持国际算法（ECC算法）的快速验签芯片。

第二阶段：发展国密算法（如SM2算法）的车规级芯片产品。

车规级芯片研制技术要求高，制作工艺复杂，周期长，成本高。根据市场发展情况，预计2025年，符合国密算法的车规级芯片逐步进入市场应用；到2030年，随着市场应用规模扩大，技术更加成熟，车规级芯片将进入全面应用阶段。

3. 车联网安全认证技术演进路径

车联网安全认证技术适应车联网应用高并发、低时延的特点，向轻量化的认证技术方向发展，演进路径分两个阶段。

第一阶段：当前主要的车辆生产厂商均采用基于PKI机制的X. 509证书系统，为出厂的商业车辆签发设备证书，预置在车辆（T-Box或OBU）中。车联网认证技术需要兼容现有的X. 509证书，建立适用于现有存量系统的数字证书认证机制。同时在国家或行业层面，开展车联网C-V2X证书技术研究，建立 C – V2X 证书的标准规范和技术体系，为下一步在车联网大规模示范应用推广提供标准和技术支撑。

第二阶段：通过发展 C – V2X 认证技术，建立完善的 C – V2X 证书应用标准规范和技术体系，在车联网中大规模使用 C – V2X 证书进行安全认证，并逐步替代现有的 X. 509 证书认证体系。

2025 年前，车联网安全认证技术方面，基于 PKI 机制的 X. 509 证书系统和 C – V2X 认证系统两种方式并存，随着在车联网中大规模使用 C – V2X 证书进行安全认证，后者会逐步替代现有的 X. 509 证书认证体系。后续随着基于轻量化密码算法技术的发展，车联网安全认证技术也会出现轻量化的趋势。

（四）车联网地图技术演进路径

1. 标准法规

车联网地图技术不断发展，对高精度地图的需求和要求也逐渐增加，目前的标准法规在高精度地图数据的采集、传输、处理、存储、更新、运营等方面不够完善，并未形成统一的标准地图数据格式，缺少统一的数据管理平台。同时，地图数据发布需要经过地理信息主管部门审核，无法满足车联网地图周期和时效性的需求，因此，完善相关标准法规将是车联网地图技术演进路径中的重要环节。

2. 采集更新

目前高精度地图采集更新主要依靠搭载专业设备的采集车进行采集、处理、编译和发布，对地图生产过程的准确性、实效性、安全性及生产成本有很高的要求，因此，考虑到采集成本和时间成本，在车联网地图技术的演进路径中，将采用"集中采集 + 众包采集"模式，众包采集作为地图采集和更新的一种手段，即车辆本身既是高精度地图的使用者，也是高精度地图数据的采集者，在众包采集的大量可靠数据中，发现实时的地图数据变化，结合专业采集车辆进行核实和专业测量，极大程度上提高地图采集和更新的效率，并降低地图生产成本。

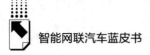

3. 数据安全

由于高精度地图测绘活动涉及空间信息安全和国土安全，所以需要对高精度地图数据的采集、应用进行合理化限制，在进行环境感知过程中，需要对环境感知获取的地理信息进行安全管理，从事高精度地图数据采集、制造等活动应依法取得相应的测绘资质，在地理信息主管部门进行备案，并根据测绘相关法律要求进行规范化测绘行为，或选择与有相应资质的图商进行合作。随着车联网行业对数据安全的重视，加强车联网地图信息数据安全，将是车联网地图技术演进路径中的重要环节。

（五）车联网测试技术演进路径

从测试内容上看，目前的测试标准多针对单体设备提出技术测试方法，应用标准多从可支持场景提出要求，对于外场实际部署的批量设备、多级系统及应用缺少测试评价方法，先导区、示范区建设验收缺乏评价标准，有必要继续完善现有测试评价体系，能够针对外场实际部署的设备、网络、系统、平台、应用和安全进行测评，为实际部署的车联网环境建设和测评提供依据。车联网通信测试评估正在向大规模测试和网络与应用评测方向发展，车联网平台逐步转向系统级测试评估，路侧感知系统的测试评估需求日渐显著，安全相关的测试评估正在支撑开展试点工作，后续也将针对试点方向进行全方位的测试与验证，推进车联网安全产业平稳、有序发展。

从测试手段上看，随着车联网应用的发展，其复杂性和重要性日益突出，基于虚拟仿真技术和数字孪生实现的车联网测试技术也将需要面对这一问题。基于虚拟仿真技术和数字孪生实现的车联网测试将实现从"数字孪生链接"到"数字孪生呈现"和"平行系统"的演进。数字孪生将通过在信息空间构建车联网和交通物理实体的数字镜像，使难以建模的复杂车联网和交通系统可视化，进而为复杂车联网和交通系统的控制与优化提供参考。数字孪生与平行系统利用虚拟模型研究复杂的车联网和交通，寻找和发现更好的方案。另一个阶段，平行系统将通过虚拟的人工系统描述实际的车联网和交通系统，而且可以通过计算实验模拟、训练和优化大量不同人和物组合的人工系统模型及其运行数据，生成针对不同系统场景下的最优控制方案，并可通过人工系统与实际系统之间的虚实交互、平行执行引导实际系统自适应优化。

五　车联网发展展望

（一）车联网助力逐步实现自动驾驶

C－V2X能够弥补汽车端传感器的感知短板，完善自动驾驶所需环境信息，将"人－车－路－云"各参与要素有机地联系起来，解决非视距感知和容易受恶劣环境影响等问题，最终促进自动驾驶技术走向成熟，实现自动驾驶的市场化应用。

在封闭及半封闭园区场景的工况相对固定简单，因此是最容易落地应用的自动驾驶场景。通过引入车联网及云端调度管理技术，制定更加智能的末端物流配送车作业调度管理算法，实现面向具体业务的多车辆协同高效作业。针对城区固定线路，结合车联网、车路协同感知能力，自动驾驶公交车可获取完整的环境信息（如天气信息、交通信号灯配时信息、道路拥堵情况、实时客流情况等），制定更加安全可靠的控制策略，完成智能化按需高效作业调度任务。城市开放道路，针对复杂路况建立更加安全鲁棒的自动驾驶系统，更加可靠地应对复杂天气、路况，更加智能、可靠地规划决策，以及更加安全冗余地控制执行是当下公开道路自动驾驶车辆的技术重点和发展趋势。

（二）车联网助力实现更智慧的城市管理和生活

车联网将在个人体验、企业物流运行和智慧城市交通管理等方面持续为我们提供更安全、更有效率和更舒服的服务。在个人体验方面，汽车与超级智能终端融为一体将为个人生活带来极大的便利；在企业物流管理方面，大幅提升对车辆的实时控制权和控制效率，降低人力管理与调度等物流成本，以企业大数据管理供应链，带动产业升级；在智慧城市交通管理方面，强调系统整合能力，以及车与车、车与环境之间的协同交互，为实时交通疏导和减轻道路压力等提供便利。

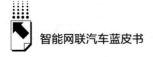
参考文献

艾瑞咨询：《中国人工智能基础层行业发展研究报告》，2021。

陈山枝、胡金玲等：《蜂窝车联网（C－V2X)》，人民邮电出版社，2020。

陈山枝、时岩、胡金玲：《蜂窝车联网（C－V2X）综述》，《中国科学基金》2020年第2期。

华为技术有限公司：《智能汽车解决方案2030》，2021。

李晨鑫、胡金玲、赵锐等：《车联网定位技术现状及展望》，《移动通信》2020年第11期。

林琳、李璐、葛雨明：《车联网通信标准化与产业发展分析》，《电信科学》2020年第4期。

清华大学智能产业研究院、百度Apollo：《面向自动驾驶的车路协同关键技术与展望》，2021。

未来移动通信论坛：《NR V2X关键技术》，2020。

中国通信学会：《蜂窝车联网（C－V2X）技术与产业发展态势前沿报告（2020年)》，2020。

中国信息通信研究院：《车联网白皮书（C－V2X分册)》，2019。

中国信息通信研究院：《大数据白皮书2020年》，2020。

中国信息通信研究院：《云网融合产业发展研究报告2021年》，2021。

中国移动研究院：《5G车联网需求与技术白皮书》，2021。

中国智能网联汽车产业创新联盟：《智能网联汽车标准化简讯》2021年第7期。

CHEN S. Z. , HU J. L. , SHI Y. , et al, "A Vision of C－V2X: Technologies, Field Testing and Challenges with Chinese Development", *IEEE Internet of Things Journal*, 2020, No. 5.

3GPP: TR 37. 985, V16. 0. 0, Overall Description of Radio Access Network (RAN) aspects for Vehicle－to－everything (V2X) based on LTE and NR, 2020.

CHEN S. Z. , HU J. L. , SHI Y. , et al, "LTE－V, A TD－LTE－based V2X Solution for Future Vehicular Network", *IEEE Internet of Things Journal*, 2016, No. 6.

5GAA, TR A－200118, System Architecture and Solution Development; High-Accuracy Positioning for C－V2X, 2021.

Zhu X. , Yuan S. , Zhao P. , Research and Application on Key Technologies of 5G and C－V2X Intelligent Converged Network Based on MEC［C］// 2021 IEEE International Conference on Power Electronics, Computer Applications (ICPECA) . IEEE, 2021.

The Cloud Native Computing Foundation (CNCF), Cloud Native Survey 2020, 2020.

B.5

智能化网联化融合
探索与实践

李晓龙　韩苗苗　郭利荣　李乔　孙宁　高景伯　霍俊江[*]

摘　要：　智能化网联化融合应用测试示范是车路协同自动驾驶走向
商业化应用的关键环节和重要途径。本报告通过对欧洲
AUTOPILOT、ICT4CART、TransAID 等科技支撑项目，以及
美国、日本、韩国等全球多个国家在车路协同自动驾驶测
试示范方面开展的探索实践进行详细的总结介绍，为技术
研发应用、商业模式探索等方面提供良好的借鉴。通过对
国内智能网联汽车示范区、车联网先导区等测试示范区域
的发展进行梳理，并围绕整车企业在智能化网联化融合方
面的探索和产业化实践，以及智慧矿山等典型场景下的应
用进行阐述，全面介绍我国在智能化网联化融合应用领域
的实际进展。

关键词：　智能化　网联化　车路协同　自动驾驶

---

*　李晓龙，博士，国家智能网联汽车创新中心高级产业研究员；韩苗苗，国家智能网联汽车创
新中心产业研究员；郭利荣，国家智能网联汽车创新中心产业研究员；李乔，博士，高级工
程师，中国智能网联汽车产业创新联盟副秘书长，国家智能网联汽车创新中心法规标准部部
长；孙宁、高景伯、霍俊江，北京车网科技发展有限公司。

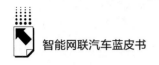

一　国际车路协同发展项目最佳实践

（一）欧洲

欧盟科技计划从对智能交通、智能驾驶的支持着手，在网联化支撑自动驾驶技术的发展等多个领域开展了大量的实践探索工作。Horizon Europe 是欧盟重要研究创新资金项目，项目期为 2021～2027 年，主要作用在于帮助联合国完成可持续发展目标、提升欧洲竞争力并支持各领域发展。

2019 年秋天，Horizon Europe 提出 CCAM （Connected, Cooperative and Automated Mobility，网联自动驾驶出行）平台并计划成立 CCAM Partnership。2020 年 5 月，CCAM 发布了提议草案，同年 10 月 CCAM Partnership 正式成立。CCAM 将在交通产业竞争力、清洁交通出行、智能出行领域起到重要作用。

1. AUTOmated driving Progressed by Internet of Things (AUTOPILOT)

（1）项目目标

AUTOPILOT 汇集了汽车和物联网价值链的相关知识和技术，旨在开发将自动驾驶带入新维度的物联网架构和平台，将自动驾驶推向新的维度，实现更安全的高度自动驾驶，促进汽车、物联网和移动服务的创新，为物联网生态系统做出贡献。

①通过物联网传感器增强车辆对环境的感知，实现更安全的高度自动化驾驶。

②促进汽车、物联网和移动服务的创新。

③使用并评估先进的 V2X 连接技术。

④让用户、公共服务机构、企业参与物联网的社会经济效益评估。

⑤为物联网标准化和生态系统做出贡献。

（2）基本信息

AUTOPILOT 工作划分为 6 个工作包：要求、规范和架构，开发、集成和验证，大型试验区，评估，通信、传播和开发利用，协调。

整体的实现方法：①道路使用者、智能设备、交通设施等通过物联网标准化协议向物联网平台提供数据，并在物联网平台上构建其虚拟模型；②AUTOPILOT平台基于 IoT 的数据资源，开发实际的应用用例进行试验；③通过 AUTOPILOT 实际用例的产出，提供自动驾驶技术服务。

AUTOPILOT 架构被用作实现基于物联网的自动驾驶用例的通用框架：物联网组件部署在欧洲的几个试验区，参考架构包含信息处理、通信、资源管理、内容管理和安全性。该体系结构由应用层、物联网层、网络层、外部服务以及物联网设备组成。物联网设备包括智能手机、摄像头、路侧设备、交通灯和标志、自动驾驶汽车和飞机。在物联网层，基于联合协作模式的物联网平台为不同用例和试点站的物联网应用和服务提供支持（见图 1）。

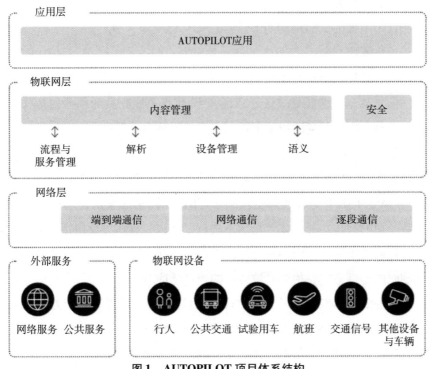

图 1　AUTOPILOT 项目体系结构

（3）项目测试用例

AUTOPILOT 项目主要完成城市道路试验、自动代客泊车、共享汽车服务、高速路试验、车辆编队等测试用例。完成测试用例的试验车的自动驾驶功能架构包含物联网车载平台、自动驾驶平台、车辆执行器/传感器、联网eHorizon、前端传感器和人机界面。其中物联网车载平台使 ITS – G5 和 oneM2M 能够在车辆和基础设施、物联网车载应用和设备之间进行通信；自动驾驶平台满足车辆自动驾驶功能，输入来自车辆传感器、物联网云和人类驾驶员的信号，输出的是车辆执行器的信号和通过人机界面传递给驾驶员的信息；车辆执行器/传感器执行来自 AD 车载平台的命令，并对传感器的当前状态进行反馈；联网 eHorizon 可以预测车辆执行的最可能的路径，给定当前来自交通、路、云等位置和更新的信息；前端传感器提供车辆前方外部世界的信息，将结果发送到 AD 车载平台，用于感知和场景构建；人机界面可以将 AD 车载系统状态通知人类驾驶员。

项目中主要的试验用例如下。

①城市道路试验

城市驾驶用例要求自动驾驶车辆在一系列复杂情况下进行识别、预测和反应。全自动车辆将被测试从 A 点驾驶到 B 点，驾驶员无须任何操作。然而，驾驶员可以在任何时候取消控制，重新回到手动驾驶。

场景 1（Italy-Livorno）：十字路口辅助

物联网在城市驾驶场景中实现对弱势道路使用者（Vulnerable Road User，VRU）的保护，从整体上提高了 VRU 和汽车的安全性。这项服务引起保险公司的兴趣，并在多个场景下进行了测试，具体场景包括车辆在接近交通灯控制的十字路口时的速度适应、行人乱穿马路时的速度适应、骑自行车摔倒时的速度适应、检测到坑洼时的速度适应等。

IoT 信息用于辅助自动驾驶汽车的速度适应，可以提高十字路口的安全性。交通灯状态、摄像头检测行人乱穿马路的情况、在自行车摔倒的情况下连接通信设备的自行车等通过 IoT 向车辆发送预警。此外，IoT 为监控中心提供信息，监控中心通过虚拟建模呈现的场景，实时监控场地情况。

场景 2（France-Versailles）：自动驾驶汽车游客导览服务

在凡尔赛宫旅游景点为游客提供自动驾驶汽车导览服务。在两个站点之间实现手动驾驶和完全自动驾驶切换、途经景点介绍。在导览服务过程中，利用协同感知识别所到之处的景点和建筑，以及景区内的游客行人等弱势道路参与者。融合通过 IoT、V2X 获得的信息，增强车辆对周围环境（建筑、道路、行人等）的感知。通过智能手机、智能穿戴设备、自行车 OBU 等提供的协同信息，针对可能的潜在风险（如与自动驾驶车辆发生碰撞）对行人等 VRU 发出预警，并为游客提供舒适的体验和信息服务，如自动驾驶汽车广告、导游等。

场景 3（Italy-Livorno）：校园内自动驾驶汽车调度

在 TU/e 校园（1 公里半径）的范围内，开发了无人驾驶汽车协同调度的城市驾驶用例。自动驾驶车辆可以使用高精度地图和"第六感驾驶应用"（通过物联网共享 VRU 和人群位置），在校园内的专用接送点之间自动驾驶。但是场景中没有车道线标记、人行道、交通信号灯或标志、专用的自行车道等，意味着 VRU 不会在专用标记的道路上行走，因此对 VRU 的检测、预期路径和行为预测在试验中是个挑战。利用人群检测数据（以及课程时间表）来适应 AD 车辆的概率模型，统计预测道路上出现大量 VRU 的概率，以便建议什么时候出行或不出行，根据这些信息动态调整车辆的驾驶行为和路线规划。手机 App 作为位置传感器提供位置数据，便于关联和跟踪，改善 AD 车辆环境感知，并从网络上获得实际天气等信息，重新配置传感器参数，以便自动驾驶车辆更好地在各种天气和日光条件下执行。

②自动代客泊车

在自动代客泊车（AVP）的用例中，先将车停在某个预定的停放地点。停车管理系统（可在停车场内或外部）管理调度车辆在停车场停车和操纵汽车的操作，并能够在需要时取回车辆，以及可能的其他额外服务，如加油、充电或清洁。

场景（Netherlands-Brainport）：自动代客泊车服务系统

自动车辆将用户带到下车点并通过系统预留一个停车位。交通摄像头可验证预留车位的可用性，并检测在通往停车位的路线上是否存在 VRU。在驾驶员离开车辆后，停车管理系统监控车辆自动驾驶到预留停车位。用户在取车时，停车管理系统向车辆发送请求，车辆返回下车点。

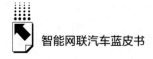

AVP 驾驶场景的目标是通过物联网优化停车程序，减少寻找空车位的时间，自动优化其驾驶路线，该应用的核心是停车管理服务（PMS）。PMS保证在车辆提出停车请求后，可以检索到该停车场的所有可用信息，使用摄像头检测车辆路径上是否有物体或其他交通参与者，以及停车位是否被占用，允许车辆通过 IoT 访问其他的传感器的信息，提高了安全性。

③车辆编队行驶

车辆编队用例演示了由一辆领头车辆和一辆或多辆高度自动化尾随车辆组成的车辆队列，这些车辆具有支持 V2V 通信的自动转向和对前方车辆的距离控制功能。

场景（France-Versailles）：共享汽车自动驾驶编队调度

通过自动驾驶车队调度来加强共享汽车管理。利用共享汽车后台收集的数据（车辆的预订和充电状态、使用服务的历史数据），通过智能算法进行分析，提供需要调度的车辆数量和调度去哪个站点的建议，并在由人类驾驶员驾驶的领车后面编列一个自动驾驶车队。

用例中的车辆也有自动代客泊车模式，使驾驶员可以在队列的起点召集车辆，在到达汽车共享站时将它们送到指定的停车位。停/启动队列时需要检查是否所有车辆都已成功排列，当一辆车加入或离开队列时，人机交互系统 HMI 会进行信息提示。HMI 也可以显示当前交通信号灯状态的持续时间，计算出队列通过交叉口的时间，以便决策是否通过路口，避免编队断裂。

④高速路试验

在高速公路试点用例中，云服务合并了来自不同物联网设备的传感器测量数据，以定位和描述道路危险，为相关车辆提供有意义的警告和充分的驾驶建议，以更安全或更令人愉快的方式应对危险。

场景 1（Italy-Livorno）：道路障碍检测与避免

自动驾驶汽车通过一条"智能公路"，它配有物联网传感器和路边设备，能够向交通控制中心和联网车辆发出危险警告。在车辆进入关键区域（积水路段、施工路段）之前，驾驶员从 HMI 接收详细的危险警告，自动驾驶车辆对此进行车速的适应和车道的变换。

用例的目标是通过物联网和 C－ITS 的联合使用降低事故风险，当自动驾驶车辆在某一段道路变得危险，公路沿线的物联网传感器持续监测，传感器向 RSU 发送警报，并提供详细信息，RSU 向车辆和交通控制中心广播信息，并由 TCC 验证警报，将消息转发给更远的车辆。结合获得的信息，车辆对速度和车道进行调整，从而降低发生事故的风险。

场景 2（Netherlands-Brainport）：道路障碍检测与避免（含 V2V）

高速公路试点的用例解决了两类道路危险：障碍物体和道路缺陷。这些危险是造成损害和不适的主要原因，通过 IoT 与 V2X 在自动驾驶时发出警报并进行规避操作。试验由前后两辆车先后通过缺陷路段，前车接触障碍时向后车发送道路障碍与缺陷信息，后车基于前车信息和路侧设备感知获得路况，并进行规避操作。通过车载 HMI 实时向乘客提供预警信息。

过程大致如下：a. 自动驾驶汽车通过 IoT 与 V2X 提供的信息调整车速并做换道行驶、规避障碍的决策（纵向和横向控制）；b. 车辆向交通管理系统通信信息，预警更多车辆；c. HMI 向乘客传达警告和前方的道路危险描述，以及通过这些障碍的实时状态；d. 车辆在通过或绕过道路时，采用更渐进和更流畅的驾驶方式，让司机和乘客觉得旅途更舒适、更安全，防止车辆累积损坏。

⑤共享汽车服务

共享汽车服务用例的目标是允许商业和个人汽车共享服务使用自动驾驶汽车。该服务平台收集终端用户需求，并在物联网平台中使用相关数据，以提供汽车共享（取/送）的可能性。

2. ICT Infrastructure for Connected and Automated Road Transport（ICT4CART）

（1）项目目标

ICT4CART 推动来自汽车、通信和 IT 行业不同关键参与者的技术进步及融合，从而塑造网联和自动化道路运输（Connected and Automated Road Transport）的 ICT 格局，并增强欧盟在这一领域的竞争力和创新能力。核心目标是在真实场景下设计、实施和测试通用的 ICT 基础设施，从而实现向 L4 级自动驾驶过渡，解决现有差距并关注混合连接、数据管理、网络安全、

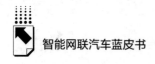

数据隐私和高精度定位等关键 ICT 要素。

①确定高等级自动驾驶（SAE L3 级和 L4 级）所需的功能和技术连接需求，以确保通信冗余并提高可靠性。

②实施部署一个标准的分布式 IT 环境，并利用云端技术，测试其以自动化和交互方式收集和管理驾驶者、车辆、弱势道路使用者及基础设施的所有交互数据的数据处理能力。

③实施符合欧盟政策目标的网络安全、数据保护和隐私机制。

④通过多源信息融合（欧洲 GNSS、车载传感器、其他车辆、基础设施等），提升定位和地图构建能力，并优化现有的数据融合工具和算法。

⑤利用项目用例和测试场地测试等方式，来演示和验证 ICT 基础设施架构。

⑥探索多源数据（cross – sector data）的创新应用商业模式和市场服务，包括自动驾驶服务和基础设施等。

⑦向标准化机构和决策者推广项目成果，尤其是针对需要政府参与的行动。

（2）基本信息

ICT4CART 工作划分为 9 个工作包：项目管理，需求和初步的市场分析，网联与自动交通的 ICT 架构，混合网联通信，数据和 ICT 工具，网络安全与数据隐私，测试场集成和验证，评价和影响评估，交流、传播和应用（见图2）。

围绕项目目标，设立 9 个不同的工作组，形成覆盖需求研究、架构设计、技术突破、示范验证、成果评估、传播推广的完整闭环。

围绕项目内容，ICT4CART 涉及六大类核心技术。

①无线技术和混合通信：采用一种混合通信方法（4G/LTE，5G 和 ETSI ITS G5），尤其关注为高级别的自动驾驶提供所需的冗余、可靠性和可用性。提供一种柔性网络架构，应用网络切片、边缘计算等诸多新技术，从而为不同类型的应用（舒适、安全、高效）提供专属的网络隔离和规范。

②网络安全和数据隐私：在现实条件下设计、实施和测试用于互联和自动道路运输的 ICT 基础设施研究、开发和集成网络安全解决方案，以增强用

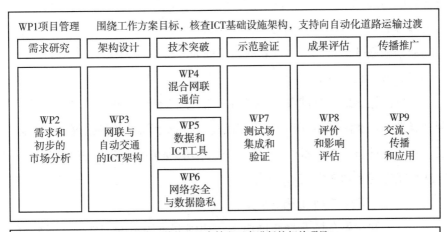

图2　ICT4CART 工作组分工

于自动驾驶应用的端到端数据保护，提升数据完整性、隐私性和可靠性。项目提出三种不同的方式以解决网络安全方面的问题。

③ICT 基础设施与架构：提出和设计包括 IT 环境以及数据交换、管理和分析组件等的体系结构。该体系结构将基于现有工作来指定语义框架，以促进整个体系架构之间的语义互操作性。还将考虑数据流的规范以及各种组件驻留在众多通信网络中的位置。

④定位服务：实施和测试基于蜂窝网络支持的高精度 GNSS 新型定位服务，采用蜂窝网络及其他感知信息（比如车载传感器），为 L3、L4 级自动驾驶提供高精度定位服务，尤其是针对城市场景等复杂场景的高精度定位服务。

⑤数据融合：实施和测试用于数据融合的基于标准的分布式 IT 环境，搜集和管理有关驾驶员、车辆、弱势交通使用者、基础设施等的信息交互，在不影响隐私的情况下，保证所搜集数据的真实性。特别关注这些体系架构（驾驶数据、车辆数据、旅途等）之间的数据流的规范性。

⑥创新服务：产生符合项目目标的现有 ICT 基础设施的关键创新。推动

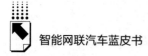

汽车、电信和 IT 等不同关键参与者的技术进步及融合，以提供尽可能接近市场部署的成果。这些成果之一是开放的云平台，该平台将提供对各种自动驾驶数据和服务的访问，为创新的新服务和产品提供支撑。

（3）项目测试用例

项目依托奥地利测试点、德国测试点、意大利测试点、跨境试验场 4 个测试点设计 4 类测试用例和 10 个测试场景，每个场景从场景描述、关键假设、基础条件、挑战、目标和评估指标、影响等角度分析，并围绕测试场景开展功能性与非功能性需求分析。

4 类测试用例和 10 个测试场景。

·UC1 智慧停车场及物联网服务：德国乌尔姆市的智能泊车及物联网服务，意大利维罗纳市的智能泊车和物联网管理。

·UC2 基于基础设施信息的车辆自动驾驶等级的动态调整：奥地利格拉茨市的自动驾驶等级的动态清除、调整和移交，意大利特伦托高速公路车辆自动驾驶水平的动态调整，意大利维罗纳市的车辆自动驾驶水平的动态适应。

·UC3 交叉路口（市区）与车道合并（高速公路）-"虚拟镜像"：在乌尔姆市和维罗纳市城市环境中"看到"周围交通的虚拟镜像，意大利维罗纳市的红绿灯路口速度优化建议（Green Light Optimized Speed Advisory，GLOSA），意大利布伦纳高速公路的车道合流，城市和高速公路的高精度定位（德国和奥地利）。

·UC4 布伦纳边境意大利-奥地利的跨境协同（车辆自动驾驶水平的动态适应）。

（4）项目可视化参考架构

项目可视化参考架构显示了系统的构成以及它们之间的通信。系统主要构成包括车辆、基础设施（传感器和处理单元）、IT 服务；基本的通信技术包括 LTE/5G（蜂窝）和 ITS - G5（基于 DSRC 的标准）。

该架构通过混合通信方式建立一个灵活的网络，基于云端计算和多接入边缘计算技术（MEC）建立分布式 IT 环境，并针对低延时安全服务的多接入边缘计算（MEC）开发，建立架构所有层级中的网络安全和数据隐私机制。此外还包括冗余通信的合作意识消息（CAM）和分散环境通知消息（DENM）、连续实时数据处理的环境感知模型，以及加强精准定位的定位和数据融合算法。

3. Transition Areas for Infrastructure‐Assisted Driving (TransAID)

（1）项目目标

针对过渡区域的交通管理问题，采用建模、仿真、测试验证等方法进行研究，定义先进基础设施辅助驾驶（Advanced Infrastructure-Assisted Driving），以及未来15年道路基础设施升级路线图。

研究目标如下。

·评估和建模当前的自动驾驶原型及其驾驶行为。

·评估过渡区域（Transition Areas）对交通安全和效率的影响，对强化的交通管理程序提出需求。

·制定基础设施辅助的管理程序和协议，以控制过渡区域的自动驾驶汽车、网联汽车、常规汽车等各类车辆。

·定义V2X消息集和通信协议，用于自动驾驶/网联汽车与道路基础设施之间的通信及协作。

·制定程序以增强自动驾驶汽车对道路上常规车辆和障碍物的检测，并广播告知常规车辆。

·在仿真环境中集成、测试和评估TransAID基础设施辅助的交通管理协议和程序。在测试场通过真实世界的原型对它们进行验证和演示。

·向利益相关者提供有关交通基础设施和交通管理要求的指南/路线图，以应对考虑混合交通的过渡区域。

（2）基本信息

TransAID项目起止时间为2017年9月至2020年8月，其工作共包含八部分：WP2，场景、测试用例和需求；WP3，自动驾驶汽车的建模和影响评估；WP4，过渡区交通管理程序；WP5，网联化和信号；WP6，系统集成和评估；WP7，真实世界原型（即实际道路）；WP8，指南和技术路线图；

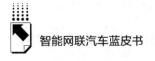

WP9，宣传知识传播和利用。

研究方法如下。

·通过模拟方法找到最佳的基础设施辅助管理解决方案，以控制过渡区域的自动驾驶汽车、网联汽车和常规车辆，同时考虑交通安全和效率。

·开发用于网联/自动驾驶汽车与道路基础设施之间协作的通信协议，以及检测和告知常规车辆的措施。

·对最优的解决方案在真实世界进行原型实现，并在真实的城市条件下进行演示。

·制定先进基础设施辅助驾驶指南。该指南还将包括1个路线图，定义了未来15年内道路基础设施的活动和升级需求，以确保常规汽车、网联汽车和自动驾驶汽车的平稳共存。

（3）进展与成果

TransAID项目取得的阶段性进展与成果如下。

①依据TransAID的WP2工作需求，由于（非L5级的）自动驾驶应用受到ODD的限制，TransAID对ODD和非ODD的过渡区域进行定义，并规划五类典型的测试场景，对过渡区域内的交通管理问题进行研究。

·过渡区域：高度自动驾驶汽车由于各种原因改变其自动驾驶等级的道路区域。

·TransAID定义的五类场景：在匝道处排队溢出、高速公路交通合流、事故导致的交叉路口处理、堵塞车道的安全点和车道变更助手、沿城市道路分布的安全点（见图3）。

②定义V2X消息集（包含V2X协同决策、V2X协同感知、V2X信息压缩等），以支持TransAID的交通管理（Traffic Management，TM）措施和协同感知及协同决策，同时满足标准、向后兼容性及互通性等要求。

③依据TransAID的WP4工作需求，定义分层交通管理框架和交通管理方案中采用的中间服务方法的概念，同时提出交通管理系统的通用性V2X通信要求，与V2X消息集形成协同（见表1）。

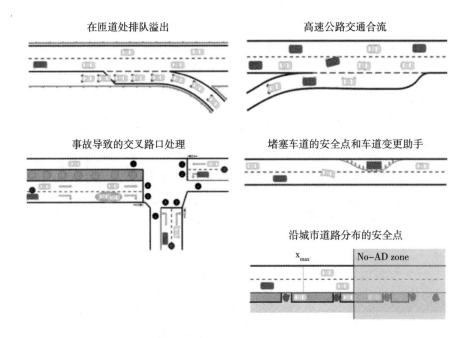

图 3　五类典型规划测试场景

表 1　交通管理系统的通用性 V2X 通信要求

需求	通信类型	V2X 消息	传输类型
收集有关交通参与者的信息	V2V, V2I, I2V	CAM	定期的
收集有关道路上检测到的车辆信息	V2V, V2I, I2V	CPM	定期的
传播道路地图给车辆	I2V	MAPEM	非定期的
传播道路交通标志给车辆	I2V	IVIM	非定期的
传播影响交通的道路交通警报	I2V, V2V, V2I	DENM	非定期的
网联自动驾驶汽车和/或基础设施之间的协同决策	I2V, V2V	MCM/LAM	定期的

④研究 I2V、TM 服务及基础设施对自动驾驶的支持作用，可以避免 ToC（Transition of Control）/MRM（Minimum Risk Manoeuvre）的触发或者对其触发进行更优化的管理，从而提升交通安全与效率（见图 4 至图 8、表 2）。

· I2V 对扩展 ODD 的支持作用

车辆自动驾驶能力（A）×场景（B）×动态交通变量（C）=ODD。

当 B + C = A 时，即自动驾驶能力匹配场景和交通变量，满足 ODD。

当 B + C ≠ A 时，即自动驾驶能力不能匹配场景和交通变量，不满足 ODD。

考虑当 B + C = A + ? 时，能否通过 I2V 的支持作用，扩展自动驾驶能力，满足 ODD。

· TransAID 定义的五类场景及能够提供的支持（服务）

图 4 通过提供车辆行驶路径避免 ToC/MRM 的触发

图 5 通过提供速度、方向和/或车道建议避免 ToC/MRM 的触发

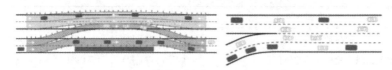

图 6 通过交通分离避免 ToC/MRM 的触发

图 7 通过制定安全地点，管理 MRM

图 8 通过 ToCs 的规划，管理 ToC/MRM 的分布

表2　IV2/TM 的支持作用

车辆自动化系统	I2V/TM 的支持作用
感知并建立环境认知	提供相关信息
车辆决策	提供(备选)决策
车辆控制	安排有利条件

⑤依据 TransAID 的 WP7 工作需求，将 V2X 通信添加到仿真中可以显著影响结果，通过仿真验证、实际道路场景测试等方式，验证 TransAID 服务的效果，证实基础设施对自动驾驶的有效支撑作用（见图9、图10）。

图9　道路测试设备

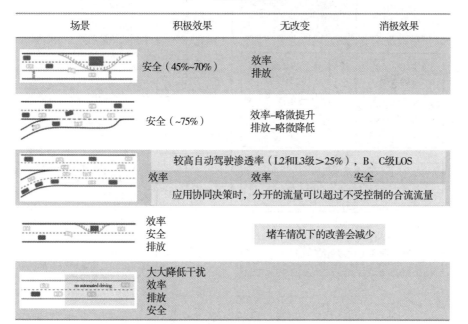

图10　TransAID 服务的作用

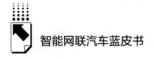

（二）美国

1. 美国密歇根州网联自动驾驶（CAV）走廊

2020 年 8 月，密歇根州计划在底特律和安娜堡之间修建首条专供网联汽车和自动驾驶汽车使用的 40 英里长的道路，将物理基础设施、数字基础设施、协同基础设施以及运营基础设施结合在一起。

（1）项目总览

项目由密歇根州交通部门 MDOT 领导，谷歌旗下智慧城市基础设施企业 CAVnue 牵头在快速公交专用车道的规划基础上改造或新增一条连接底特律和安娜堡的 CAV 专用车道，项目从实验室 – 测试道路 – 实际道路开展大规模部署，时间持续 36 个月以上（见图 11）。项目参与方还包括汽车企业（福特）、测试验证中心（ACM）、高校（密歇根大学）等，共同构成合作生态。

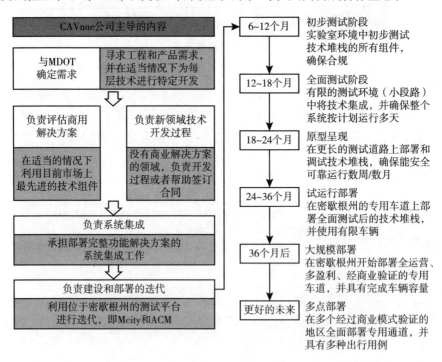

图 11　CAV 走廊项目总览

（2）项目目标

在信号控制交叉口配备 V2X 设备，确定车辆通过交叉口的最佳速度，以改善机动车在沿城市道路行驶时的机动性、燃油经济性，优化排放走廊环境。

（3）技术方案

由物理基础设施、数字基础设施、协调性基础设施和运营基础设施组成了 CAV 走廊一体化的技术解决方案，通过数字孪生系统和安全的数据交换进行系统管理（见图12 至图14）。

走廊的一体化基础设施技术框架如下。

①物理基础设施层。长寿命的物理道路，机器可识别的交通标志，数字化标牌和信号。

②数字基础设施层。高可靠的通信网络，高精地图，高精度地面 GPS，交通流、天气、路况的道路传感器，智能站台等。

③协调性基础设施层。集成数字孪生系统作为真实环境的实时展现，并协调 CAV 驾驶；为单个或 CAV 车队提供指导；提供安全、可访问的 API；赋能交通部门管理能力；最大化移动能力和可达性。

④运营基础设施层。基于兼容性的高级智能网联汽车构建共享出行和公共交通等服务体系，改装或专门设计智能网联巴士座舱，提供电动汽车充电、清洁和保养的支持性设施。

图12　高速公路和城市主干道一体化基础设施组成和技术框架

图13　单车自动驾驶未来场景

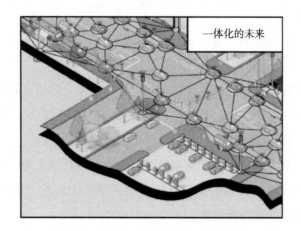

图14　车路协同自动驾驶未来场景

（三）日本

1. 日本"SmartWay"项目

日本在全国主要的高速公路上（每4公里1个）安装大约1600个路侧设备，大约50个路侧设备安装在高速公路服务区内，通过道路交通信息通信系统（Vehicle Information and Communication System，VICS）系统实现车路通信与实时公路信息服务。

日本基于 VICS 和 ETC 建设 ITS – SPOTS（DSRC 路侧设备）已覆盖全日本高速公路，并示范验证提高交通安全。ETC2.0 所提供的信息可以自动地通过路侧 ITS – SPOTS 设备发送给车辆（见图 15、图 16）。

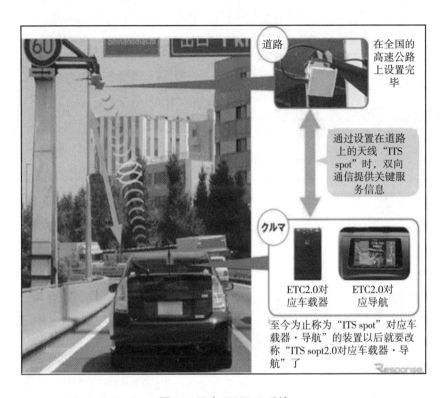

图 15　日本 ETC2.0 系统

此项目可逐步实现对运行车流及车辆的监管、诱导和控制。高速公路 V2I 系统将交通状况通过路侧 ITS – SPOTS 设备提供给车辆。一旦路上交通量超过规定值，路侧 ITS – SPOTS 设备将通知 ACC，提升车辆自动驾驶能力。

根据规划，下一代道路 – 车辆系统将实现无缝数据交互，以及车路协同、自动驾驶、高效控制（见图 17）。

图 16 日本 ETC2.0 提供信息服务

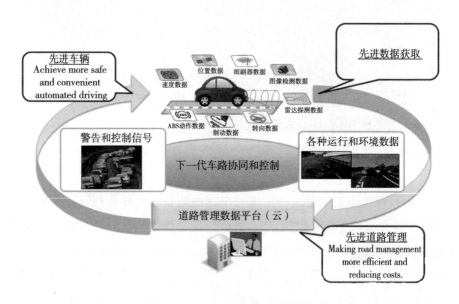

图 17 下一代车路协同和控制

（四）韩国

在韩国建设和交通部的领导下，韩国从 2007 年起开始推动智慧高速公路项目"Smart Highway"，希望通过先进的信息通信技术，以安全、便捷、可靠和环境友好为核心理念，打造一条车、路高度智能化的高速公路（见图 18）。

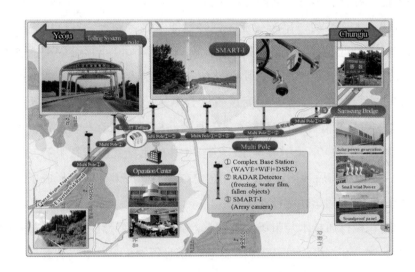

图 18　韩国智慧高速公路

二　中国智能网联汽车示范区建设进展

智能网联汽车的测试评价与示范应用是在商业应用前的必需环节，我国在开放道路测试、示范区建设等方面已经取得不错进展，形成了 16 个国家级测试示范区，有力地支持了技术研发与产品迭代工作，以下是典型的国内测试示范区的建设及应用情况。

（一）江苏（无锡）车联网先导区

江苏车联网在全国范围内率先起步。2017 年，无锡开始车联网建设的

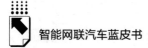

初步探索；2019 年 5 月，工信部复函支持创建江苏（无锡）车联网先导区，其成为我国第一个国家级车联网先导区。为持续推进车联网先导区建设，2020 年，江苏系统梳理《江苏省车联网产业发展重点任务分解表（2020 年 ~2021 年)》，其主要任务和目标是实现规模部署 C - V2X 网络、路侧单元，装配一定规模的车载终端，完成重点区域交通设施车联网功能改造和核心系统能力提升，丰富车联网应用场景。

无锡市大力推动"单车智能 + 网联赋能"技术路径，在全国率先全面开放实时信号灯配时、道路视频监控、交通事件等 40 余项公安交通管控信息，完成信号控制系统等车路协同路侧管控基础设施升级，实现多通信模组、多终端提供商、多整车厂商设备综合测试验证。向普通用户提供覆盖 V2I/V2V/V2P 的信号机信息推送、交通事件提醒、主动安全预警、周边交通状况实时获取、车速引导等 12 大类 26 种应用场景的信息服务，已发展 LTE - V2X 车载前后装用户、行业用户总数达到 2.2 万，初步形成了涵盖测试、应用、运营的车联网产业生态。

无锡积极打通技术与市场的关键点，促进物联网等新一代信息技术的市场化产业化，在城市信息基础设施建设、信息资源汇集共享、智慧应用整合提升等方面取得了较大进展。

（1）信息基础设施建设完备。截至目前，无锡累计建成 5G 基站超过 7700 个，已基本实现市区、发达镇村和重点区域的全覆盖。

（2）物联网基础设施广泛覆盖。无锡积极建设城市大数据中心，开展大数据应用、智慧产业、智慧治理、智慧生活等六大提升行动。

（3）车联网先导区输出发展动力。

2015 年以来，无锡坚持 C - V2X 的车联网技术路线，与智慧城市基础设施建设深度融合，开展建设了 RFID 汽车电子标识、智慧交通综合信息平台、国家智能交通综合测试基地以及车联网（C - V2X）城市级应用示范等一批重大示范项目。

2017 年，无锡市汇聚科研院所及各大车企等单位，建设了全球首个 LTE - V2X 开放道路示范样板，覆盖无锡太湖国际博览中心附近 3.7 公里开放道路和 6 个开放路口，涵盖 9 个 V2I 场景和 3 个 V2V 场景，在业界影响巨大。

2018 年 9 月，启动实施"车联网（C－V2X）城市级示范应用（一期）"项目，并取得较为显著的阶段性成效。

2019 年，无锡正式获批全国首个国家级江苏（无锡）车联网先导区，车联网（智能网联汽车）产业发展迈上新台阶。

2021 年 4 月 28 日，无锡市获得住房和城乡建设部与工业和信息化部联合批复的第一批智慧城市基础设施与智能网联汽车协同发展试点城市（北京、上海、广州、武汉、长沙、无锡）。

无锡市依托车联网先导区建设，已实现车联网规模覆盖，为进一步落实无锡市双智试点城市发展规划，计划于 2022 年底完成无锡市车联网全域覆盖，在此基础上大力推进物联感知设备部署，推动城市基础设施联网化、智能化改造，提升城市基础设施建设与管理智能化水平，逐步推动道路状态感知、智能公交、出租车、急救等领域的应用。

（二）天津（西青）车联网先导区

自 2019 年 12 月天津（西青）国家级车联网先导区获得批复以来，天津（西青）先导区迅速对车联网技术展开探索，并逐步落地实施。在基础设施部署、车联网示范应用及行业标准推进等方面取得了显著成果。

1. 基础设施部署

在路侧智能化改造方面，天津（西青）车联网先导区首期建设区域在人口密集、车流量大的天津南站科技商务区 67 个全息感知路口进行车联网功能改造和核心系统能力提升，其中涵盖十字路口（X 形路口）、丁字路口（Y 形路口）、急转弯路口和汇入汇出等典型路口环境的高、中、低配改造方案，覆盖 48 公里道路开放区域，同时正在部署 1 万余个车载终端。二期项目将继续扩大建设范围，覆盖西青区全区重点区域，规划 408 个开放路口、超 100 个应用场景、10 万辆车服务规模。同时，针对开展车路协同互联互通验证探索，实现了华为、大唐、星云等 6 家企业的 200 余套智能车路终端信息的互联互通，实现了全国首个 C－V2X 开放场地互联互通规模化部署。

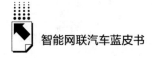

2. 示范应用效果

天津（西青）车联网先导区规划设计 100 种车路协同应用场景，其中针对危险场景和居民安全、高效的出行需求，实现禁止鸣笛提示、特殊车辆避让、路口行人预警、故障车辆提醒、道路施工预警、前方车辆刹车预警等应用场景。针对产业应用，开展政务、公交、警用、医用等车联网信息服务，探索智能观光巴士、智慧安防巡逻车、智能自主售卖车、智慧无人配送车等 8 类自动驾驶应用场景产品，推动车路协同应用场景的示范落地，目前，上述自动驾驶产品已在天津南站、西青郊野公园和天津职业大学等地开展示范应用，安全运行累计超过 1100 天。

3. 特色建设成果

天津（西青）车联网先导区充分发挥在标准制定、测试环境等方面的优势，推动车联网国际化战略布局，形成深入参与网联功能和应用、车联网信息安全、ADAS、自动驾驶、资源管理与信息服务领域 30 余项车联网标准项目；参与 10 余项行业标准研究与制定；发布《天津国家级车联网先导区车路协同环境建设技术要求及测试规范 1.0》，支撑发布《天津市智能网联汽车道路测试与示范应用管理规范（试行）》（征求意见稿），编制《天津市西青区支持低速自动驾驶小车运营管理办法（试行）》（征求意见稿），不断增加天津市开放道路里程，扩大范围。

（三）湖南（长沙）车联网先导区

国家智能网联汽车（长沙）测试区从 2016 年 6 月开始规划建设，规划范围约 15 平方公里。

1. 测试场地

湖南（长沙）车联网先导区在示范应用区域内建设了 200 余座 5G 基站，实现封闭测试区及智慧公交示范线 C－V2X、5G 全覆盖；目前基于"C－V2X＋5G"已建成长约 100 公里的智慧高速公路和 157 公里智慧城市道路；并打造了全国首条在开放城市道路环境下，按照车－路－云协同方式实现 L3 级自动驾驶的智慧公交示范线，同时是智慧公交的开放测试道路。

封闭测试区搭建了较为完善的道路交通场景和基础设施，可以满足不同类型的自动驾驶功能测试工作需求。其中测试场网联类测试场景涵盖了安全类场景 22 个、效率类场景 3 个、信息服务类场景 3 个，通信方面 V2V 场景 14 个、V2I 场景 14 个，具有较为丰富的网联类测试场景和功能，可以满足自动驾驶车辆开展多种类型的测试，但缺乏通信能力测试场景，信息服务类场景较少，安全类场景和效率类场景覆盖不是很全面，具体场景功能见表 3。

表 3   长沙测试区网联类测试场景搭建情况

安全类	
■非机动车横穿预警	■左转辅助
■道路湿滑预警	■行人横穿预警
■视距影响下交叉路口车辆冲突避免	■道路异常预警
■向前碰撞预警	■异常车辆预警
■紧急车辆提示	■事故后预警
■紧急制动预警	■倒车预警
■闯红灯预警	■跟车距离预警
□无信号交叉口通行	■逆向行驶提醒
■前方事故提醒	□限制车道预警
□减速器提醒	□车辆尺寸预警
■道路施工提醒	■路口行人通行(大巴)
■盲点预警/换道辅助	■左侧车辆切入(大巴)
■十字路口通行辅助	□夜间会车提醒
■超车辅助	□行人过街辅助
■逆向超车提醒	□公交信号优先(大巴)
□透视辅助	
效率类	
□自动泊车	□协作式车队
■前方拥堵提醒	□进场自动支付
■绿波带通行	□动态车道管理
信息服务类	
■智能停车引导	■充电/加油提醒
■车内标牌	■本地地图下载
■大巴靠站/出站提醒	□基于 ITS 大数据的信息服务
通信能力测试	
■隧道通信	■林荫道通信

注：表内涂黑选项为有该场景或功能。

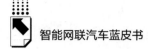

另外，封闭测试区建立了测试大数据中心和智能系统检测实验室，以针对智能驾驶系统及 C－V2X 网联辅助驾驶系统提供室内智能系统检测和仿真环境。

2019 年 9 月 26 日，长沙市发布 100 平方公里开放道路智能驾驶示范区，对片区内 135 公里城市开放道路、38 个重要交叉路口进行智能化改造，打造智能网联汽车车路协同自动驾驶、网联辅助驾驶等测试类场景数十个。长沙市自动驾驶出租车、环卫、公交、物流、AVP、小巴等已经落地示范应用。

2. 打造"双智"示范城市

2021 年 4 月 28 日，长沙市获得"双智"试点城市。为进一步落实长沙双智试点城市发展规划，长沙市重点推进车路协同道路智能化改造，加快 5G 及车联网安全身份认证等网络设施建设，推进基于"车城网"平台的智慧交通平台、CIM 系统、云控平台等，推动智慧公交、智慧环卫、智慧停车、智慧物流、Robotaxi 和重点营运车辆监管与服务等示范应用，开展标准法规建设试点工作。

（1）新型网络设施建设

①加快 5G 基站规模化部署；②车联网网络及身份认证安全部署；③导航定位系统测试服务；④构筑北斗可信导航应用环境；⑤高精地图、差分定位支持系统。

（2）智能网联汽车与智慧交通协同的"车城网"综合运营平台建设

①升级打造区域智能网联云控管理大数据中心；②构建一个智能运营管理平台；③建设三大保障体系；④建设四类智能网联应用能力；⑤高精地图云服务平台；⑥智慧城市车城网平台。

（3）智慧城市及智能网联汽车协同示范应用

①智慧高速公路场景升级建设；②智慧高速建设方案；③城市开放道路智能化改造升级；④智慧公交商业化应用等。

（4）智慧城市及智能网联汽车的标准化工作方案

①基础通用标准；②云端数据平台标准；③路网及基础设施标准；④车端设备及应用标准；⑤测试与安全标准；⑥管理与服务标准。

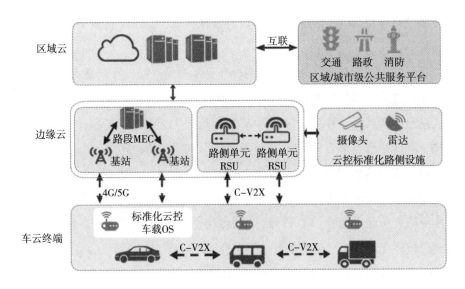

图 19 长沙智能网联云控管理平台整体系统架构

（四）重庆（两江新区）车联网先导区

2021 年 1 月 8 日，重庆（两江新区）获得工信部批准创建国家级车联网先导区，这是全国第四个、西部第一个国家级车联网先导区。

两江新区全力推动车联网规模应用，与 CIDI 新驱动合作完成了约 4 公里示范线建设，建设了生态完善、功能适配的"车 – 路 – 云"产品和技术互联互通示范场景，打造了车路协同、智能城市管家、城市巡逻安防、远程驾驶等六大场景，实现车路协同超视距感知、主动式公交优先、5G 远程驾驶、自动驾驶等 29 大功能演示。

1. 重庆高新区自动驾驶示范项目

2021 年 5 月，招商车研在重庆高新区/西部（重庆）科学城承建了自动驾驶示范项目，工程总长为 5.4 公里，共设置六个站点。项目以车路协同为核心理念，在路端和车端两个技术方向同步推进。在路端，建设了智慧公交站、智慧斑马线、智慧匝道、智慧十字路口等智能化设施设备；在车端，部署了两辆高等级自动驾驶车辆用于日常运营。通过 C – V2X、5G、边缘计算

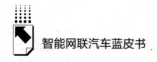

等技术实现车路两端之间的融合感知与信息共享，实现了更安全、高效的交通模式。

项目建设的智慧公交站不仅外观设计更加时尚，而且兼具强大科技内核，其采用先进的感知和通信技术，可感知站台乘客状态，为到站自动驾驶车辆提供站台乘客数据，并结合 5G/C – V2X 通信技术为到站车辆和行人提供预警信息，降低站台人车安全隐患，其设计理念和功能实现都走在全国前列。

项目建设的智慧斑马线系统主要由感知融合单元、边缘计算单元、LED灯带组成，通过激光雷达、摄像头等设备感知行人，根据感知结果实时控制并点亮行人所在之处的 LED 灯带，以提醒过往机动车注意礼让。该系统将有效提升夜晚交通安全，是激光雷达等先进设备运用于交通领域的典型案例。

2. 重庆永川区西部自动驾驶开放测试基地

招商车研还在重庆永川自动驾驶开放测试基地中建设了一套集数据采集、场景生成、场景重构、自动化评测于一体的工具链。工具链主要由四个功能模块组成：道路数据采集、车路协同场景库、C – V2X 规模化测试床和可视化展示平台。

此外，两江协同创新区预计将完成约 90 公里主次干道的车联网先导区基础管网预留与多杆合一建设，确保未来三年车联网建设项目快速落地。

（五）国家智能汽车与智慧交通（京冀）试点示范区

国家智能汽车与智慧交通（京冀）示范区以京津冀实际道路交通场景、车联网场景以及复杂程度进行分级，在示范区内模拟多种道路和场景，为智能网联汽车提供实际的运行环境，可测试 V2X、无人驾驶汽车、智慧交通等技术，打造促进产业快速发展的国际级示范区。

示范区持续加大 V2X 设备的部署规模。北京智能车联产业创新中心联合北京千方科技股份有限公司在中关村自动驾驶创新示范区环保园、北京经济技术开发区、北京 CBD 等相关道路上已部署近百套 V2X 设备。其中，2017 年伊始，北京市经济技术开发区建设完成 12 公里支持车路协同的测试道路（7 个路口），目前已经扩建到 40 公里（36 个路口）。

图 20　北京智能网联汽车示范区规划发展情况

1. 测试场地

示范区设立海淀基地和亦庄基地封闭试验场，海淀测试场地近 200 亩，测试基地支持 C－V2X 测试，结合智能交通系统管理与控制，具有城市与乡村全场景，道路长度 4.8 公里。亦庄基地测试场占地面积 650 亩，网联类测试场景涵盖了安全类、效率类、信息服务类、通信能力测试，具有丰富全面的网联类测试场景和功能，可以满足自动驾驶车辆开展多种类型的安全测试项目、信息提示和引导功能、多场景的通信能力测试。

表 4　亦庄基地网联类测试场景搭建情况

安全类	
非机动车横穿预警	左转辅助
道路湿滑预警	行人横穿预警
视距影响下交叉路口车辆避免冲突	道路异常预警
向前碰撞预警	异常车辆预警
紧急车辆提示	事故后预警
紧急制动预警	倒车预警
闯红灯预警	跟车距离预警
无信号交叉口通行	逆向行驶提醒
前方事故提醒	限制车道预警
减速器提醒	车辆尺寸预警

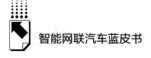

续表

安全类	
道路施工提醒	路口行人通行(大巴)
盲点预警/换道辅助	左侧车辆切入(大巴)
十字路口通行辅助	夜间会车提醒
超车辅助	行人过街辅助
逆向超车提醒	公交信号优先(大巴)
透视辅助	
效率类	
自动泊车	协作式车队
前方拥堵提醒	进场自动支付
绿波带通行	动态车道管理
信息服务类	
智能停车引导	充电/加油提醒
车内标牌	本地地图下载
大巴靠站/出站提醒	基于ITS大数据的信息服务
通信能力测试	
隧道通信	林荫道通信

2. 打造"双智"示范城市

2021年4月28日，北京市获批"双智"试点城市，并在智能网联汽车与智能交通、智慧城市的融合应用等方面加快探索，积极建设"智慧的路"、部署"聪明的车"、搭建"车城网"平台。

2020年9月，北京市决定建设全球首个网联云控式高级别自动驾驶示范区。示范区建设采取"小步快走、迭代完善"的方式，以3~6个月为一个迭代周期，不断修正完善后续建设方式和内容，逐步识别出车路云之间的最佳配置关系，按照1.0阶段（试验环境搭建）、2.0阶段（小规模部署）、3.0阶段（规模部署和场景拓展）、4.0阶段（推广和场景优化）的步骤层层推进，形成成熟模式后将逐步向北京市其他区域复制推广。

1.0阶段，示范区以北京经济技术开发区全域（60平方公里）为核心开展建设，到2022年，将完成"智慧的路、聪明的车、实时的云、可靠的网和精确的图"五大体系建设，打通网联云控式自动驾驶的技术和管理关键环节，形成城市级工程试验平台，实现一系列应用场景商业化落地和一批中间产品推广应用。

目前，示范区已经完成 1.0 阶段 "10 + 10 + 1" 建设，实现 10 公里城市道路、10 公里高速公路和 1 处 AVP 停车场的高级别智能化基础设施部署；全面促进车、路、云、网、图五大体系协同，完成了网联云控中国自动驾驶解决方案的系统搭建，车路协同体系对外服务能力初步实现。

2021 年 7 月示范区启动 2.0 阶段建设，进一步深化网联云控式高级别自动驾驶示范区落地，并推动智能网联汽车融入智慧城市建设。

示范区 2.0 阶段，以实现接入千辆高级别自动驾驶车辆、服务万辆网联车辆为目标，聚焦政策监管创新、群智编队协同、智慧交通管理、展示中心建设四类任务，开展"强云、扩路、组网、联车、落图"五大专项。在 1.0 的基础上，推进经开区核心区域道路全覆盖，建成 100 个网联云控路口，实现 48 平方公里核心区红绿灯联网联控，形成连片智能化道路集中覆盖，为自动驾驶企业提供更大区域和更多场景的测试示范空间，持续推进智能网联汽车与智慧城市基础设施深度融合，增加车企路侧基础设施使用黏性。

（六）国家智能网联汽车（上海）试点示范区

2015 年 6 月，国家智能网联汽车（上海）试点示范区获工信部批准建设，示范区以服务智能汽车、C – V2X 网联通信两大类关键技术的测试及演示为目标逐步推动深化建设。

1. 测试场地

测试场网联类测试场景涵盖了安全类、效率类、信息服务类、通信能力测试，具有丰富全面的网联类测试场景和功能，可以满足自动驾驶车辆开展多种类型的安全测试项目、信息提示和引导功能、多场景的通信能力测试。

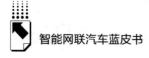

表5　上海网联类测试场景搭建情况

安全类	
■非机动车横穿预警	■左转辅助
■道路湿滑预警	■行人横穿预警
■视距影响下交叉路口车辆避免冲突	■道路异常预警
■向前碰撞预警	■异常车辆预警
■紧急车辆提示	■事故后预警
■紧急制动预警	■倒车预警
■闯红灯预警	■跟车距离预警
■无信号交叉口通行	■逆向行驶提醒
■前方事故提醒	■限制车道预警
■减速器提醒	■车辆尺寸预警
■道路施工提醒	■路口行人通行(大巴)
■盲点预警/换道辅助	■左侧车辆切入(大巴)
■十字路口通行辅助	■夜间会车提醒
■超车辅助	■行人过街辅助
■逆向超车提醒	■公交信号优先(大巴)
■透视辅助	
效率类	
■自动泊车	■协作式车队
■前方拥堵提醒	■进场自动支付
■绿波带通行	■动态车道管理
信息服务类	
■智能停车引导	■充电/加油提醒
■车内标牌	■本地地图下载
■大巴靠站/出站提醒	■基于ITS大数据的信息服务
通信能力测试	
■隧道通信	■林荫道通信

注：表内涂黑选项为有该场景或功能。

车联网实验室建设了汽车网联化全技术链测试能力，覆盖终端至整车、研发测试至准入测试领域，达到国内领先水平。

车联网实验室测试系统包括如下4部分。

· 实验室整车级车联网测试系统。

· 实验室台架级车联网测试系统。

· 数字孪生云控系统。

· 外场车路协同测试系统。

2. 打造"双智"示范城市

2021 年 4 月 28 日，上海市获批"双智"试点城市，为推动"双智"试点城市发展规划，以上海市嘉定区安亭镇为重点区域，逐步拓展到嘉定新城范围，通过云、边、端、车、标准一体化的规划、研究、建设和示范，打造国内智慧城市基础设施与智能网联汽车协同发展的试点典范。

上海市嘉定区围绕智能化基础设施建设、车城网平台建设、示范应用、完善标准制定等领域，全面推动全域智能网联汽车、智慧交通、智慧能源及智慧城市（Smart vehicles，Smart transportation，Smart energy，Smart city）融合示范，以 4S 融合技术创新为主线，推动"双智"融合试点建设。

（1）打造以泛在感知为特征的智慧城市新型基础设施架构

推动 5G 全面部署和融合应用，推进新型信息基础设施建设，推进城市神经元感知设施部署，完善"物联、数联、智联"三位一体的城域物联网建设，支撑城市泛在感知、预警和分析决策能力实现，支撑智慧城市智能化基础设施建设的融合创新协同发展。

（2）打造以汽车智能化为基础的智慧城市出行新生态和智慧交通创新服务体系

深入推进智慧城市、智慧基础设施和智能网联汽车的协同发展，推进面向市民生活出行全场景的智慧应用，推进智能网联和智慧交通的深度融合，切实提升人民群众获得感、幸福感。

（3）建成以数字赋能为引领的智慧产业发展体系

加快人工智能、5G、工业互联网等新一代信息技术与区域产业的融合创新。推进汽车产业电动化、智能化、网联化、共享化发展，扎实推进智能网联汽车规模化载人示范应用，推动在动力电池、氢燃料、智能网联、交通管理等重点领域的融合应用。强化汽车创新港引领示范效应，全力打造世界级汽车产业中心。

（七）广州市智能网联汽车与智慧交通应用示范区

2018 年 3 月 30 日，广州市创建的"基于宽带移动互联网智能网联汽车

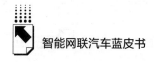

与智慧交通应用示范区"正式启动建设（以下称"广州市示范区"）。

2021年4月28日，广州市获批"双智"试点城市。广州市加快探索智能网联汽车与智慧城市的融合应用，建设"智慧的路"，部署"聪明的车"，搭建"车城网"平台，推动智能化网联化加速发展。

（1）"智慧的路"

黄埔区与百度Apollo在黄埔区"双城双岛"（科学城、知识城、生物岛、长洲岛）区域133公里城市开放道路，选择102个路口路段部署面向高等级自动驾驶的C-V2X网络，建立一套智慧交通AI引擎，支撑六个城市级智慧交通生态应用平台。同时，黄埔区还建设了全国最大、内容最全、场景最丰富的智能网联应用园区——广州Apollo Park。

（2）"聪明的车"

"广州汽车"的城市名片为智能网联产业生态创造了先行优势，智能网联产业生态链日趋完善。广州基本形成了整车、零部件及配套、汽车电子、新能源系统、智能网联解决方案等领域的全产业链布局。

（3）"车城网"平台

广州市大力推动智能网联汽车测试基地和车城网基础设施建设，以琶洲"车城网"试点、黄埔区智慧交通新基建项目以及广汽汽车城番禺车联网项目协同推动"双智"融合。

·广州琶洲"车城网"试点项目加速推进

广州是第一批新城建试点城市，也是全国16个试点城市中唯一的超大型城市，琶洲"车城网"试点项目是车城协同发展的示范项目，将通过城市基础设施升级改造与整合、"车城网"平台的建设、车城融合示范应用建设运营以及相关技术和工程标准的制定，在交通、社区、安全等方面为市区两级城市治理提供先进手段，打造"新城建琶洲模式"。

·黄埔区打造全国首个5G自动驾驶应用示范岛

作为智能网联汽车测试先行试点区，黄埔区已出台《广州市黄埔区广州开发区智能网联汽车道路测试实施细则》，初步形成了各类市场主体互融共生、分工合作、利益共享的新型智能网联产业生态。目前，已在生物岛开放一级道路 6 条、二级道路 11 条、三级道路 5 条共 21.894 公里。下一步将开展车路协同的智慧交通"新基建"项目建设，开展场景特点分明的自动驾驶出租车、小型公交车等测试，面向公众提供预约试乘体验服务。

·南沙市将率先启动开展自动驾驶汽车混行试点

2021 年 7 月 8 日，广州市遵照工业和信息化部关于"坚持'单车智能 + 网联赋能'的战略定位，协同推进智能化、网联化技术并行发展，加速规模化商用进程，将试点经验成果固化成技术标准，推动地方先行先试立法探索"的要求，发布了《关于逐步分区域先行先试不同混行环境下智能网联汽车（自动驾驶）应用示范运营政策的意见》及《在不同混行环境下开展智能网联汽车（自动驾驶）应用示范运营的工作方案》，推进广州市智能网联汽车（自动驾驶）应用，发展自动驾驶和车路协同的出行服务，探索建立无人驾驶监管框架，完善相关法律法规和伦理审查规则，推动智能网联汽车与智慧城市协同发展。南沙市将率先启动开展自动驾驶汽车混行试点。

（八）国家智能网联汽车（武汉）测试示范区

2019 年国家智能网联汽车（武汉）测试示范区启动建设，经过两期建设，逐步建立了以车路协同、车城融合为特点的测试和示范应用体系。

1. 测试场地

示范区已建设基于车路协同的自动驾驶开放测试道路体系。武汉示范区分两批累计开放自动驾驶测试道路 212 公里，全面覆盖 5G 信号、北斗高精度定位系统、路侧感知设备和车路协同系统，具备 L4 级及以上等级自动驾驶测试运行条件。

基于示范区建设，智能化网联化相关主要技术成果及创新如下。

·建立了覆盖示范区的 5G 独立网络。武汉示范区共建设 5G 宏站 160 个，全域实现了 5G 独立商用组网，实现了全空口 5G 信号覆盖。

·建立了"四跨 + 四统一"的车联网系统。实现了芯片模组、设备、整车以及网络运营商的"四跨"。采用统一的 CA 认证平台、高精度地图、

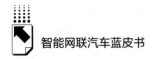

高精度定位以及 V2X Server 平台，在"四跨"的基础上实现了"四统一"。

·实现了多通信模式的车联网通信方案。联合华为、移动、大唐、华砺智行等企业进行了探索论证，应用了光纤、C–V2X 以及全 5G 空口通信等多种通信方案。

·部署了统一的 CA 安全认证平台。安全系统支持 100 万台汽车的安全需求，满足为 V2X 场景下的 OBU、RSU 等设备提供身份认证、隐私保护、数据完整性及保密性校验的安全服务需求。

·建立了统一的高精度地图及定位网。对示范区道路进行统一的高精度地图采集及制作，所有应用车辆及平台统一基于同一张高精度地图。建设 10 个高精度定位基站，建成统一的覆盖全市的高精度定位网。

为推进示范区"单车智能 + 网联赋能"技术落地应用，示范区围绕公交出行需求和自动驾驶技术应用场景，对 236 辆公交车进行了智能化改造，实现了公交 V2X 信息辅助升级和辅助驾驶技术在公交场景的应用。同时，为提升民众对智能网联汽车应用的认可度，向市民发放 1 万台汽车智能后视镜，让车主在开放测试道路上体验到丰富的车路协同功能，使用智能后视镜的车主也能接收到全市停车动态信息。

武汉市依托东风汽车开展"东风自动驾驶领航"项目，不断加强智能网联汽车、智能交通示范推广与商业化探索。2020 年 10 月，东风汽车牵头在武汉建立自动驾驶示范运营车队和自动驾驶运营示范区。武汉自动驾驶示范运营将采用"5G + 北斗"车路协同网络，建设成全国最先进的 V2X 车路协同测试区域，时延达到毫秒级，定位精度达到厘米级，在道路沿线开通自动驾驶公交示范运营线路，并布设物流末端无人派送、无人清扫、智慧停车等示范应用场景，组建 Robotaxi 自动驾驶车队，探索商业化运营，推动自动驾驶与智慧城市融合发展。

2. 打造"双智"示范城市

2021 年 4 月 28 日，武汉市获批"双智"试点城市。为深化武汉"双智"试点城市发展规划，武汉市高标准、高品质推进军山新城基础设施建设，实现智慧城市基础设施与智能网联汽车"双智"联动发展，推动车谷产业创新大走廊加速崛起。

（1）武汉军山新城智能网联汽车测试场

武汉军山新城智能网联汽车测试场项目计划于 2021 年底建成，武汉智能网联汽车测试场主要用于智能网联汽车的研发、检测、认证等服务，将应用高精地图、大数据、人工智能、5G 以及自动驾驶、ADAS、V2X（车路协同）、极限测试等技术，开展城市道路、高速公路、自动泊车等多种智能网联汽车、自动驾驶汽车的场景测试，让"聪明车"开上"智慧路"。

目前，测试示范区已建成长达 106 公里的开放测试道路，全面覆盖 5G 通信网、北斗高精度定位系统、高精度地图和先进的路侧感知设备，可支撑 L4 级及以上级别自动驾驶车辆开展测试。目前武汉示范区已有自动驾驶物流配送车、自动驾驶穿梭巴士、Robotaxi、自动驾驶售货车、自动驾驶环卫车等 30 多辆各类自动驾驶车辆实现了商业化运营。

（2）打造车城融合应用商业运营模式，构建创新平台

国家智能网联汽车（武汉）测试示范区自 2019 年揭牌以来，经过两期建设，逐步建成了三大体系：一是开放的车路协同体系，包括标准化的智能基础设施和统一的城市操作系统平台；二是基于联合创新实验室群的科研体系；三是支撑商业运营的应用体系，初步实现了车路协同与车城融合发展。三期计划将聚焦"车城融合应用的商业运营模式"，探索武汉示范区三期建设中各类应用大规模商业化运营的可行性。

（九）浙江5G车联网应用示范区

2015 年 9 月，工信部与浙江省人民政府签订了《关于基于宽带移动互联网的智能汽车、智慧交通应用示范合作框架协议》，明确浙江成为中国首个开展部省合作推进 5G 车联网应用示范的省份，选择以云栖小镇和未来科技城为核心的（杭州）西湖区和以乌镇为核心的（嘉兴）桐乡市作为 5G 车联网的示范试点。

在中国移动 5G 网络的助力下，2016 年 7 月，云栖小镇初步建设成为 5G 车联网应用示范试点，实现了基于 LTE - V2X 车联网标准的智能汽车的

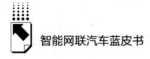

车－车、车－路信息交互场景。据悉，在云栖小镇上，中国移动布设了 34
个 LTE－V2X 路面站点，全程都布设了高清摄像头，实现车与车、车与
人、车与网之间的互联互通，使路上的一切都可以实时传递到指挥中心，
并反馈到车端。从 2018 年起，以未来科技城为核心区域，搭建了智能网
联车辆虚拟仿真测试平台，开展智能网联车辆开放道路测试和车路协同试
点研究，并承担了国家智能网联汽车浙江属地数据中心的建设，未来将建
设面向华东地区、辐射全国智能网联汽车数据交互与应用的公共服务
能力。

桐乡方面，国家智能网联汽车（浙江桐乡）试点示范区依托工信部和
浙江省政府签订的《关于基于宽带移动互联网的智能汽车、智慧交通应用
示范合作框架协议》，由中电海康集团牵头搭建，示范区一期以"一网、一
路、一场、两终端、一平台"开展建设，打造了一条数字化、网联化、智
能化的未来道路示范路；二期以"一点（封闭测试场）、一线（开放测试道
路）、一面（城市级车路协同示范区）"三阶段开展智能网联（车路协同）
示范基地建设工作，示范区能够提供 20 余种网联式场景，并可自定义组成
多种场景。未来，示范区致力于打造成智慧交通融合创新试验平台、车路协
同应用示范平台、车路协同产品创新平台。

三　中国智能化网联化融合产业化探索实践

（一）智能化网联化融合产业化探索与实践

目前，国内部分车企已经在智能化网联化融合技术开发及应用方面开展
了探索实践，如蔚来和广汽，基于 C－V2X 通信技术条件开展典型场景下智
能网联汽车测试示范工作，探索智能网联汽车智能化网联化融合对道路交通
运行的影响，并取得了阶段性进展和成果。

1. 智能化网联化融合产业化案例——蔚来

国内部分车企已经在智能化网联化融合技术开发及应用方面开展了探索

实践。以蔚来 ET7 为例，该车配置了 ADAM 蔚来超算平台，以及 AQUILA 蔚来超感系统，全系标配 V2X 车路协同感知能力。

表6　蔚来 ET7 智能化设备搭载情况

单位：个

设 备	自动驾驶高清摄像头（800 万像素）	1550nm 超远距高精度激光雷达	毫米波雷达	USS 超声波传感器	GNSS＋IMU 高精度定位单元	V2X 车路协同感知	ADMS 增强主驾感知
数 量	11	1	5	12	2	1	1

ET7 在整车技术架构上采用蔚来第二代整车平台架构，确定了较为完整的整车智能化网联化融合技术框架。

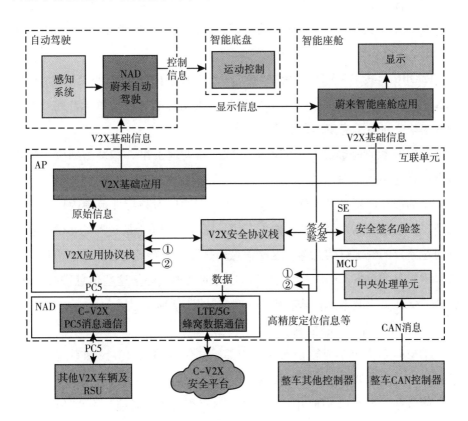

图21　蔚来智能化网联化融合技术框架

智能化网联化融合技术架构主要涉及三大控制器的参与：OBU V2X 互联控制器、ADC 自动驾驶控制器、CDC 智能座舱控制器。

（1）OBU V2X 互联控制器

①OBU 负责互联相关基础能力，包括基于 PC5 的 C‒V2X 通信能力，基于蜂窝网络的云端互联能力和基于整车通信网络的信息汇聚能力。

C‒V2X 通信能力是指其他车辆及路边基础设施单元 RSU 的基本消息，通过 C‒V2X 的通信技术与当前车辆建立通信，发送基础的消息到车载 OBU；同时车辆 OBU 会广播自身安全基础消息到其他车辆及 RSU。

云端互联能力是指基于蜂窝网络通道与企业的 CA 云平台建立通信，对 OBU 的 C‒V2X 通信证书进行签发、更新及注销等操作。

整车信息汇聚能力是指高精位置服务等信息，通过整车以太网发送到 OBU 中；整车其他的 CAN ECU 信息，如车速等，通过整车 CAN 网络发送到 OBU 中进行统一的信息汇聚处理。

②OBU 负责 C‒V2X 应用层数据解析及消息安全管理工作。OBU 内的 V2X 应用层协议栈负责进行他车及 RSU 基础消息的处理及解析，此外安全管理模块会进行消息安全的验签等工作。

③OBU 负责基础的 C‒V2X 应用数据预处理工作。V2X 基础应用模块根据已有应用的特性，进行初步的 V2X 信息数据过滤及整合。由于 C‒V2X 通信中的消息广播特性，OBU 可以收到周围通信射频特性范围内所有车辆的消息，包括隔离带另一侧的对向车辆、高架立交桥上层道路的车辆，甚至已通过路口的红绿灯信息等，这些信息均是冗余繁杂且对自车功能应用支持效果不明显的数据。OBU 会充分利用自身的处理优势把这些信息进行过滤、整合，保证最大效率地传输有用的 V2X 基础消息到应用层。

（2）ADC 自动驾驶控制器

①ADC 负责单车智能自动驾驶相关感知信息的汇聚。感知系统将整车的摄像头、毫米波雷达、超声波雷达以及激光雷达等感知器件所感知到的外界环境信息均汇聚到 ADC 中，以便进行自动驾驶相关功能的融合处理。

②ADC 负责整车自动驾驶相关功能的策略及逻辑控制。ADC 中的 NIO

AD 模块会根据所有自动驾驶相关的感知输入，包括来自单车智能相关的感知信息，以及 OBU 的 C – V2X 的安全消息，进行融合处理之后进而对整车行驶进行控制，同时能够为 CDC 智能座舱控制器提供相关显示信息，进行自动驾驶相关的预警及必要信息展示等。

（3）CDC 智能座舱控制器

CDC 负责整车显示及声音等人机交互的基础能力，同时负责整车智能座舱中非自动驾驶安全相关的 V2X 应用融合。CDC 根据其他车辆或特定路边设施 RSU 发送的 V2X 基础消息，可向用户提供道路拥堵信息、Say Hi 及社交等功能应用。

（4）功能实现与应用

以目前较为典型的红绿灯识别功能为例，由于公共道路上车辆的 C – V2X 终端装配率非常低，基于当前的基础设施情况以及用户可感知的功能体验角度，红绿灯识别功能是比较容易实现且用户体验感知较强的应用场景。

在整车基础能力上，通过两种途径获取红绿灯的基础消息：一条来自车载摄像头对红绿灯的识别，另一条来自 C – V2X 信息通信。两种方式各具特色，最后由 ADC 自动驾驶控制器做融合处理，呈现完整的红绿灯识别功能。

在依靠摄像头进行红绿灯的识别方面，目前已有成熟的技术方案应用于智能网联汽车中。在依靠 C – V2X 通信获取红绿灯信息方面，数据的流转如下：车辆 OBU 将收到的所有 C – V2X 消息信息进行安全验签及消息编解码，之后将有效的红绿灯 SPaT（Signal Phase and Timing Message，信号灯相位与配时消息），结合 MAP 消息及当前自车位置信息进行初步的消息筛选，明确当前车辆所在道路上正对红绿灯的变换信息，并将此消息发送到自动驾驶控制器中。

在融合处理上，由于 C – V2X 路侧基础设施建设不充分，现有的路侧设施配置及运行状况不明确，所以目前不会将 V2X 的信息置信度提到较高的水平，基于摄像头的红绿灯识别会作为主要基础方案。当在某些路口时，如果摄像头识别到的信息与通过 C – V2X 通信收到的有明确倒计时的红绿灯信息相符，则会在较大比重上使用通过 C – V2X 通信获取的红绿灯信息，并通

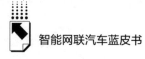

过 HMI 展示相关的倒计时信息。反之，如果通过 C – V2X 通信获取到的红绿灯信息和摄像头识别的信息不相符，则会在较大比重上使用通过摄像头获取的红绿灯信息。未来，随着基础设施环境进一步成熟，C – V2X 信息的置信度水平会不断提高。

部分车企目前正积极预研一些不严重依赖公共道路基础设施能力的功能场景，如在工厂区域的车辆自动下线功能，通过在封闭园区内架设 RSU 路侧单元，对下线车辆进行路径引导，结合单车智能自动驾驶能力，实现车辆全自动驶停到工厂发运区。此外，全场景自动换电等功能的实现，同样需要整车智能化、网联化能力的融合处理才能最大化地提供优秀的功能使用体验。

2. 智能化网联化融合产业化案例——广汽

在智能化网联化技术融合应用产业化方面，广汽在 2020 年量产了 AION V 车型，全系可选装 5G – VBOX，融合了 5G Uu 和 LTE – V2X 通信，在原 T – Box 的基础上增加了 V2X 功能，降低了 V2X 的上车成本。

AION V 将 V2X 信息与摄像头、雷达进行了感知融合，不仅可以增强前碰预警、盲区预警等传统的 ADAS 功能，而且支持交叉路口碰撞预警、逆向超车预警、异常车辆预警等单车智能无法支持的 ADAS 场景，提高了行车安全性。

图 22　逆向超车场景展示

高速场景下，V2X 与单车感知融合可扩展智能驾驶 ODD。

基于单车智能的 HWP 功能缺乏的场景。

①150 米外障碍物的识别和自动变道。

②隧道入口等盲区的自动识别。

造成功能缺乏的主要原因如下。

①视距较短：雷达＋摄像头感知距离在 80～150 米。

②盲区：隧道出入口等场景传感器失效。

单车感知存在一定的局限，而 V2X 可以作为很好的补充。

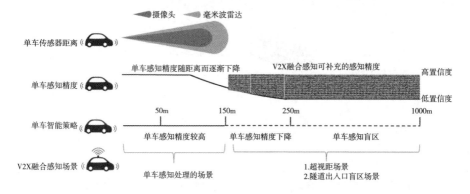

图 23　单车感知与 V2X 融合感知对比

（1）超视距的舒适避让

场景 1：前方有障碍物或事故的超视距避让

单车感知：在前车紧急制动时才会紧急制动，且容易发生碰撞事故。

V2X 融合感知：在最远 1 公里时可预见并提前舒适变道。

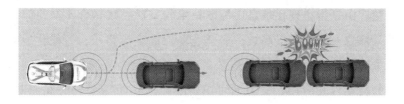

图 24　前方有障碍物或事故的超视距避让

场景 2：匝道汇入口超视距避让

单车感知：匝道汇入口是事故高发地，匝道口时常有车快速汇入，单车超视距或被遮挡将会产生盲区，导致急刹车或者事故发生。

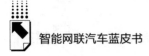

V2X 感知融合：在匝道汇入口等事故多发路段，通过实时感知车流，检测到拥塞、事故或者逆行等交通事件，提前舒适变道。

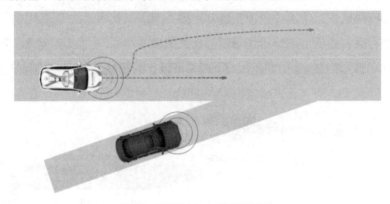

图 25　匝道汇入口超视距避让

（2）隧道出入口盲区感知

单车感知：在隧道出入口场景下，车载摄像头因为光照剧烈变化而不能识别前方区，导致隧道出入口后 60 ~ 1000 米距离都是盲区范围，智能驾驶车退出 HWP 功能。V2X 感知融合：车辆收到跟车信息并保持 HWP 功能。

（二）典型场景下的智能化网联化融合应用

1. 智慧矿山5G 自动驾驶

智慧矿山是指将现代信息、控制技术与采矿技术融合，在纷繁复杂的资源开采信息背后找出最高效、安全、环保的生产路径，智能化地响应生产过程中的各种变化和需求。智慧矿山的首要目标是高效、安全和环保，而矿卡的自动驾驶应用，一方面可以解决矿卡司机需要长时间面对噪声、浮尘、震动等问题；另一方面，减少以至杜绝相关环节因人为因素导致的安全生产事故，并降低司机用工及车辆维护成本，提升矿山整体的作业效率。

智能化与网联化协同是当前国内矿卡自动驾驶发展的主流技术路线。借助 5G、LTE - V2X 等网联技术，可以使矿卡实现车与路、车与车、车与管理平台的全方位连接，实现网联化自动驾驶，从而使矿卡处于最优化的工作状态。具体包括：①矿卡可以根据管理平台智能化的路径调度指令，实现矿卡与矿卡之间、矿卡与挖掘机间的高效协同，提升作业的安全性与效率；②矿卡可以根据管理平台对行驶状态监测数据的分析，实现变速、制动、油门、转向等系统智能化线控，较人为操作更为精细与科学，减少轮胎磨损和燃油消耗，增加车辆工作时长；③管理平台可以通过矿卡车轴称重传感器，实时远程监测车辆载重数据，判断车辆的使用效率并做出最优化调度调整。

从国内看，随着测试和试商用的逐渐展开，国内智慧矿山网联自动驾驶的应用案例逐渐增多，并且体现智能化和网联化协同发展，以网联技术促进自动驾驶应用落地的特征。例如，踏歌智行联合包头钢铁集团、中国移动、华为、北方重工等共同打造"5G 网络条件下基于无人驾驶的智慧矿山建设"项目，在内蒙古包头白云鄂博稀土矿区开展应用示范，并与国家电投、中环协力等企业合作在多个矿区推动技术落地；慧拓智能与国家能源集团、航天重工等联合开展工信部"特定场景车联网应用管理和支撑服务系统应用示范"项目建设，同时与大唐国际宝利煤矿等企业合作，落地矿山场景下网联自动驾驶应用；跃薪智能与华为积极合作，在洛阳钼矿开发应用基于5G 技术的远程遥控驾驶挖掘机。在我国产业经济转型升级和智能化网联化深度融合的趋势下，我国采矿业迎来了产业发展的巨大变革。

（1）智慧矿山网联自动驾驶应用总体技术架构

智慧矿山网联自动驾驶应用的总体技术架构包括"智能网联矿卡、车联网、云平台"三个层面以及相应的安全保障体系，其中矿卡车辆具备自车感知与通信、决策和执行等能力，与其他设施之间基于 5G、LTE－V2X 多模车联网实现通信传输、云平台协同控制、路径规划等能力，而安全保障体系确保矿卡自动驾驶应用安全可靠地运行。

智能网联矿卡包括车体和车载智能化设备，智能化设备包括 5G/LTE－V2X 通信终端、摄像头、激光雷达、毫米波雷达、车载定位、车载计算平台等，实现信息传输、环境感知和智能决策等，例如摄像头、激光雷达等传

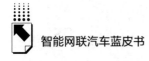

感设备进行环境融合感知完成障碍物检测，车载高精度定位系统采用融合定位方法以满足不同环境下的定位需求。

车联网基于 5G 和 LTE－V2X 系统实现车与车、车与路、车与云平台的信息传输。5G 系统包括基站、核心网等部分，支持实现车和云平台之间控制数据、状态数据的传输。LTE－V2X 直连通信主要实现车与车之间、车与路之间关于车辆状态、道路状态等数据的传输。

云平台实现矿山场景信息的融合分析，构建虚拟矿山运输作业模型，面向不同应用场景提供作业调度、路径规划、联合决策和协同控制，可以实现远程驾驶、自动驾驶的业务管理，同时作为应用总入口，承接各类信息回传和指令下发，并为业务规划网络路径。

安全保障体系包括信息安全保障和功能安全保障，信息安全保障面向端、管、云三个层级提供相应的安全保障支持，功能安全保障则面向概念、系统、硬件和软件四个过程提升功能安全保障。

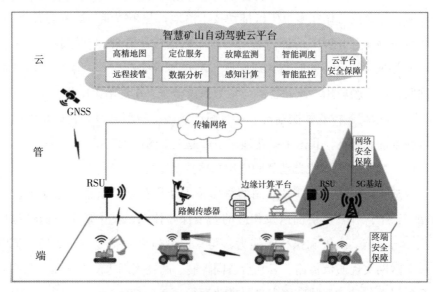

图26 智慧矿山网联自动驾驶总体架构

·智能网联矿卡车辆

与民用智能网联车辆类似，智能网联矿卡主要包括通信感知定位、决策规划和控制等主要车载系统。但是由于矿山工况的特殊性和运输作业属性，智能网联矿卡车载系统的技术特性又与一般的智能网联车辆存在差别。

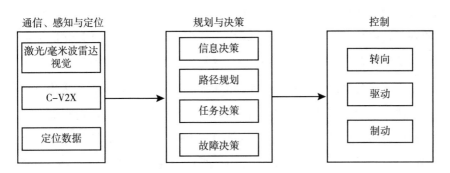

图27　智能网联矿卡车载系统

·支持智慧矿山网联自动驾驶应用的车联网

网联框架：面向矿山自动驾驶应用的网络架构设计，一方面需要考虑到矿区不同工作区的特征和通信需求，另一方面结合5G、LTE－V2X、多接入边缘计算（MEC）等技术的发展现状，考虑多种通信技术相结合以支持矿区不同业务的需求。整体网络架构由车载端、路侧端、基站、多接入边缘计算平台作为本地数据处理中心和本地应用服务、核心网以及云端应用服务组成。

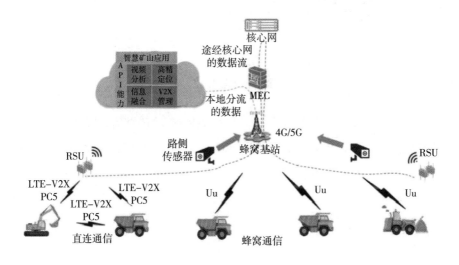

图28　智慧矿山的网络架构设计

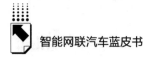
就蜂窝通信而言，可以根据矿区蜂窝网络覆盖情况，初期4G覆盖，逐步增加5G覆盖，以支持高清视频上传、遥控接管等功能。车和云之间通过4G/5G网络实现感知数据与控制信息交互。部分业务数据可以通过核心网上传到云端应用服务，实现多矿区综合管理。对5G网络的大带宽优势而言，在矿区作业环境下，可以通过5G网络将高清视频监控数据上传到本地控制中心，实现控制中心对远程遥控的接管。具体矿车内摄像头采集到的高清视频通过5G CPE、5G基站上传至MEC平台；与此同时，路侧摄像头采集工作区视频，也通过矿区路由器和5G CPE、5G基站上传至MEC平台。该MEC平台直接与矿山的远程遥控中心相连，视频数据直接本地分流至远程遥控中心，无须传至核心网，降低传输时延。根据这些视频感知信息，借助5G系统低时延高可靠的通信能力，远程遥控中心发出控制指令，实时远程遥控自动驾驶矿卡。

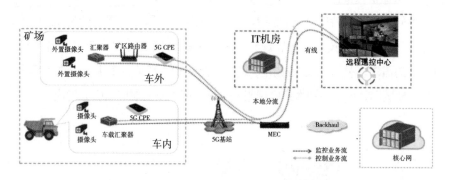

图29　远程遥控驾驶应用的网络框架

就LTE-V2X直连通信而言，在车端安装车载通信设备OBU，路边安装路侧通信设备RSU，从而支持车-车、车-路可以通过LTE-V2X直连通信技术实现信息交互：①车-车直连通信：支持前向碰撞预警、车辆间作业协同等；②车和智能路侧设备通信：支持道路状况提醒、感知融合等。MEC平台可支持矿山本地业务数据处理和本地应用服务，例如视频分析、高精度定位、LTE-V2X设备和连接管理、感知数据融合远程遥控中心发出控制指令，实时远程遥控自动驾驶矿卡处理等，矿山的本地业务服务可以直接连到 MEC 平台，实现业务的本地化。

结合 4G/5G 蜂窝通信和 LTE - V2X 直连通信不同技术特性，LTE - V2X 直连通信将可以更多地支持车 - 车、车 - 路的连接协同，提升自动驾驶矿卡行驶的安全性与作业的高效性，5G 蜂窝通信则将更好地支持车和云平台之间高速、可靠、低时延的信息交互，支撑实现远程驾驶等应用。

表 7　网络部署方案和对应的业务应用

网络部署	业务应用
5G 蜂窝网络支持	远程遥控驾驶、道路状况预警等
4G/5G 蜂窝网络均支持	路径规划等
LTE - V2X PC5 支持	作业协同、碰撞预警、道路状况预警等

· 支持智慧矿山网联自动驾驶应用的云平台

云平台承载着智慧矿山的运营管理和服务提供能力，针对矿山"采、运、排"业务场景，云平台需要满足的主要功能如下。

①实时采集 RSU 消息、摄像头和雷达感知信息、天气环境信息、定位信息等全方位数据。

②通过基于大数据、智能学习等技术手段进行融合分析，打造能够主动感知、预测、分析并快速做出正确处理的业务模型，面向装载/卸载、运输、保障等应用场景提供联合决策与协同控制，实现对矿区作业车辆的自动驾驶、编队行驶等业务以及对业务的监管调度。

③矿区高精地图包含道路、边坡等信息要素，支持路径规划、前向碰撞预警等功能。

④车辆、基础设施和用户认证管理帮助平台对矿区所有车辆、基础设施进行登记认证，便于车队管理和网络管理，用户则能够通过身份标识随时查询车辆的工作状态。

⑤云平台承接各类信息的回传和指令下发，因此需要提供全方位的安全保障。

	用户层	矿山业主单位		运营管理单位		平台研发单位	
标准规范体系	应用层	挖掘机、采矿车		推土车		运输车队	
		装载作业	矿区运输作业	卸载作业	作业保障		远程接管
		作业车辆的日常监控、运行状态、路径规划等以及基础设施的监测管理					
	数据交互支撑	数据采集集成	数据处理	参数设置		数据模型	数据存储
		大数据实时计算框架					
	数据源	车辆状态数据	路侧设备数据	环境感知数据	定位（地图）数据		其他系统对接数据
	基础资源	私有云虚拟化平台（整合CPU、内存、存储、网络）					
		计算	存储		网络		其他硬件

图30 智慧矿山平台框架

· 智慧矿山网联自动驾驶安全防护体系

智慧矿山网联自动驾驶系统中以密码技术为基础，基于 PKI 体系，从云、管、端三个层次构建安全防护体系。

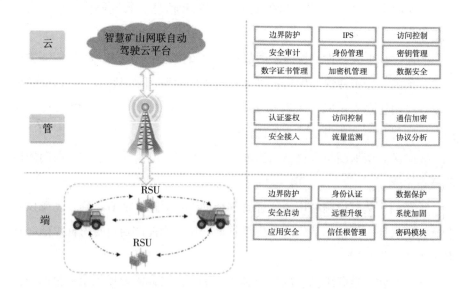

图31 智慧矿山网联自动驾驶信息安全防护体系

智慧矿山网联自动驾驶信息安全防护体系主要包含信息安全和功能安全。其中信息安全防护体系主要包含平台侧安全、终端安全、通信安全；功能安全防护体系主要包含功能安全风险分析、功能安全实施。

·总体技术逻辑架构

总体而言，智慧矿山网联自动驾驶整体解决方案，在云平台构建矿山运输作业整体监控与调度能力，在车端构建通信感知、决策与控制能力，通过车联网实现车辆与云平台、其他车辆、路侧的实时交互，云、管、端三层高效协同，并且以安全保障体系为支撑，逐步解决矿区环境下可能面临的传感器性能降低、决策算法超出边界等问题，进而提高自动驾驶的安全性、可用性、可靠性。

（2）智慧矿山网联自动驾驶作业场景与典型业务

智慧矿山网联自动驾驶依然遵循"钻、爆、采、运、排"的基本生产作业流程，并不会对露天矿上的开采工艺做颠覆性的重构处理。依据"采、运、排"作业流程，可以将自动驾驶作业场景划分为装载、运输和卸载三个作业场景。此外，为保障作业顺利进行，还存在作业保障（加油补水、维修保养等）场景。而从智能网联应用的角度出发，为实现上述作业流程，提高自动驾驶的效率和安全性，则需要矿卡远程遥控驾驶、矿卡与其他工程机械之间作业协同、矿卡行驶路径规划等应用的支撑。以装载作业场景和运输作业场景的实现为例。

装载作业场景，是指空载的自动驾驶矿卡依次行驶至装载作业点，装载设备（如挖掘机、电铲等）将物料装载至矿卡的车斗，矿卡再依次离开作业点的场景。在该场景下，矿卡、挖掘设备、云平台需要沟通明确整个装载协作流程（包括协同入场、装载、出场等步骤）。矿卡可以根据云平台规划的路径和对周围环境的感知，自动行驶至装载区，同时明确自身的作业任务，并将自车的实时状态信息（包括位置、速度、方向、加速度等）和任务信息实时发送至装载设备。同时，装载设备也需将自身的位置、朝向等信息发送至矿卡，从而实现作业过程的高效配合。如果自动驾驶矿卡出现异常情况（如自车无法避开的路障），矿卡紧急制动，并发送

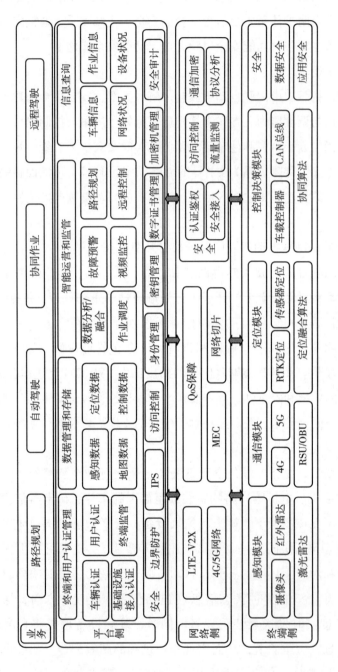

图 32　智慧矿山网联自动驾驶应用总体逻辑架构

报警信息到挖掘机、周围车辆和云平台以避免危险作业，并由云平台远程接管以脱离困境。

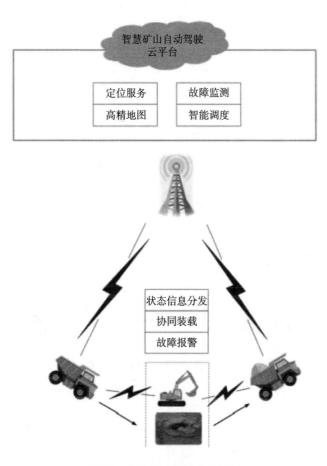

图33　自动驾驶装载作业场景

运输作业场景，是指自动驾驶矿卡在矿区道路上按照云平台规划的路径，结合环境感知信息自动行驶的作业场景。行驶过程中，矿卡通过与其他车辆（包括无人/有人车辆）、路侧设备、云平台进行信息交互，实现碰撞预警、超视距感知等功能，提升行驶安全性。类似地，如果发现异常情况，需要由云平台远程接管矿卡。

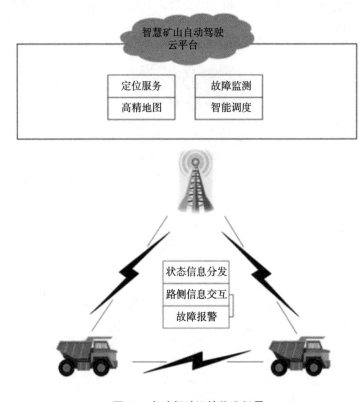

图34 自动驾驶运输作业场景

四　小结

本报告总结了欧洲、美国、日本、韩国等全球多个国家和地区在车路协同发展研究中的项目实践，主要包括欧洲 AUTOPILOT、ICT4CART、TransAID 等科技支撑项目，美国密歇根州自动驾驶（CAV）走廊，日本 SmartWay 以及韩国 Smart Highway 智慧高速公路项目等，为技术研发应用、商业模式探索等方面提供了良好的借鉴。立足我国智能网联汽车产业测试示范发展现况，针对北京、上海、广州、天津、重庆、武汉、长沙、无锡等国家级车联网先导区及智能网联汽车示范区，详细介绍了我国车联网路侧基础设施、物联网基础设施建设,以及基于 C – V2X 通信技术条件下网联类辅助驾驶测试场景搭建、技术测试验证工作与落地应用情况;并围绕整车企业以及典型场景在智能化网联化融合方面的探索和产业化实践进展进行了全面介绍。

通过梳理分析可知,车辆智能化网联化技术融合应用趋势明显,国内外已经在相关技术开发及示范应用方面开展了大量的探索实践,我国政府主管部门及产业各界应当把握机遇、提高认识,加强产业协同,从顶层设计、技术研发、标准法规、测试验证及示范应用等方面大力推动智能网联汽车产业发展,探索智能化网联化技术融合应用对车辆安全技术提升,以及改善道路交通运行效率等方面带来的成效,积极抢占中国方案智能网联汽车发展的战略制高点,加速推动智能网联汽车产业规模化落地应用。

参考文献

IMT – 2020(5G)推进组:《智慧矿山 5G 自动驾驶》,2020。

中国智能网联汽车产业创新联盟:《中国智能网联汽车道路测试与示范应用发展现状调查研究 3.0》。

U. S. Department of Transportation, Automated Vehicles Comprehensive Plan.

European Union's Horizon 2020, AUTOmated driving Progressed by Internet of Things.

European Union's Horizon 2020, ICT Infrastructure for Connected and Automated Road Transport.

European Union's Horizon 2020, Transition Areas for Infrastructure – Assisted Driving.

B.6
协同推进车联网产业化发展建议研究

公维洁 于胜波 高永强 夏 媛 周 铮*

摘 要： 车联网的应用能够提升车辆行驶安全、降低实现自动驾驶所
需的单车成本、提升交通通行效率，是实现中国方案智能网
联汽车发展的必要手段。本报告系统分析了我国在车联网产
业发展方面取得的成就、积累的优势以及面临的困难，阐述
了车联网产业在不同阶段的发展路径。本报告认为，加快车
联网产业化推进，应当加强顶层设计，形成跨主管部门的统
筹协同机制，并以应用场景为节点，协同推动通信、基础设
施以及车载终端发展。同时，测试示范区应当充分发挥先导
建设和应用的作用，探索成熟的车联网商业模式，加快相关
技术的融合研究及应用。

关键词： 车联网 产业化 顶层设计 应用场景 商业模式

随着以人工智能与新一代信息通信技术为代表的新一轮科技革命加快进
程，汽车作为新技术集成应用的最佳载体之一，正在加速向智能化转型，智
能网联汽车已经成为国际汽车产业发展战略方向与竞争焦点。从技术路线
看，国内外智能网联汽车主要有单车智能式和网联式两种，我国明确提出了

---

* 公维洁，中国智能网联汽车产业创新联盟秘书长，国汽（北京）智能网联汽车研究院有限公
司副总经理；于胜波，国家智能网联汽车创新中心产业研究员；高永强、夏媛、周铮，华为
技术有限公司。

"智能化+网联化"协同式发展路线。单车智能化以企业为主体，经过几年的快速发展，按照"循序渐进、沿途下蛋"的发展路径，已经取得了显著的产业化成果。2021年1~8月L2级智能网联汽车销售达274.6万辆，渗透率为20.9%。企业对智能化未来发展也有极高的预期，大部分主流车企对于2025年新车L2级及以上智能化渗透率提出了超过50%的预测。在网联化发展过程中，经过近几年的研发和测试，我国车联网领域已经取得巨大的发展，在技术路线图的发展评估中，车联网是技术发展亮点之一，已初步具备全球领先优势，最有可能构筑我国的技术长板。2021年，C-V2X功能已经在多家车企实现量产商用，但由于车联网产业化路径仍存在不确定性，RSU终端搭载量提升较缓慢且预期不明确。车联网技术如何加速产业化，成为我国智能网联汽车发展的使能技术和加速器，已成为我国智能网联汽车产业与通信、交通等相关产业讨论的热点。本报告试图进行问题的梳理和分析，给出相关的建议。

车联网需要跨产业推动，不同产业对其有不同的名称，如网联化、C-V2X、车联网、协作式智能交通、车路协同等，以上名称内涵基本一致，针对不同行业需求有不同的拓展。本报告以"车联网"为主，用到其他名称时不再解释，请读者理解。

一 车联网是实现中国方案智能网联汽车的必由之路

（一）车联网能加快自动驾驶的实现

一是提升行驶安全。单车智能采用车载传感器进行环境感知仍存在一些能力短板，如视线遮挡、天气光照、距离过远等带来的影响。通过车载终端设备及智能路侧设备的多源感知融合，对道路环境实时状况进行感知、分析和决策，可以显著弥补车载传感器的能力短板，从而减少交通事故或降低伤亡率。

二是降低单车成本。要实现高等级自动驾驶，单车智能化所需传感器种

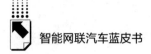
类多，多线激光雷达几乎为必备传感器，导致成本昂贵，成为大规模产业化面临的主要障碍之一。网联式智能汽车通过车路协同实现车辆的环境协同感知和协同决策控制，对自身搭载传感器的种类和数量、硬件性能等要求较自主式智能汽车低，因而单车成本较低，在网络设施普及的条件下有利于大范围推广。

三是提高交通效率。通过实现车辆与交通系统网联化，构建智慧交通体系。微观上，在堵车、红绿灯起步、高速路队列行驶等场景下，可以实现车辆协同起步、协同驾驶，减少车辆对道路空间占用，提高道路利用效率；宏观上，通过动态调配路网资源，实现拥堵提醒、优化路线诱导，为城市大运量公共运输工具及特殊车辆提供优先通行权限，提升城市交通运行效率，进一步提高交通管理效率，特别是区域化协同管控的能力。

综上所述，车联网在加快实现自动驾驶、解决汽车社会面临的行车安全和交通效率等问题、降低成本、加快产业化等方面都具有不可替代的优势。

（二）车联网有利于推动全社会转型升级

车路协同以出行为抓手支持多产业融合，其影响将扩展到科技、经济、社会等领域。在充分互联的基础上，信息通信、先进感知决策、人机交互等新技术，与出行经济、共享经济、数据增值等新产业将紧密结合；交通系统、城市系统、能源系统、社会生活等将从相对封闭的产业链扩展成融合化的出行生态圈；智能产品、智能制造、智能应用有望统一，最终形成"制造+服务"一体化的全新发展模式。由此给经济和社会带来广泛而深远的革命性变革，这一变革表面上改变的是汽车产业，实际上牵动的是多个产业，最终影响的是整个社会。

因此，推动我国车联网产业建设，将为我国在新一轮科技革命和产业变革形势下抢占竞争制高点、增强发展动力、扩展发展空间提供重要支撑；将有力推动我国数据科技、人工智能等多项技术的基础研发和技术应用，培养自主科研创新能力；将推动社会智能化转型，创建经济新型增长极，形成全新的、万亿级的、对未来产生深远影响的产业生态体系。

（三）我国具备车联网发展的各项优势

我国在体制、产业、市场等方面具备优势，已初步具备推动车路协同技术产业化的条件。其一，车路协同技术对基础设施要求较高，我国集中力量办大事的体制优势可保证因地制宜地调配人力、物力、财力，快速完成智能路侧基础设施建设。我国在道路交通设施、无线移动通信、北斗导航定位、路网地理信息等方面，已经具备一定的技术及建设优势，随着我国 C – V2X 技术的不断发展，中国方案智能网联汽车将得以快速发展。其二，我国部分新兴技术领域位于世界前列，已具备一定产业优势。以 5G 通信技术和北斗导航系统为代表的一批先进技术打破西方垄断，可有力保障新一代交通系统建设。其三，我国人口众多，国内市场规模庞大，可为车路协同建设释放巨大的内需潜力，未来建成智能化交通系统后也可最大限度发挥其效用。

（四）我国车联网领先优势初步形成

政策措施方面，我国相关部委已开展多项 C – V2X 发展促进性举措。国家制造强国建设领导小组车联网产业发展专项委员会，统筹十几个政府部门，负责组织制定车联网发展规划、政策和措施，协调解决车联网产业发展重大问题，统筹推进产业发展。

标准专利方面，国内各标准化机构积极组织推进 C – V2X 标准化制定工作，已经形成覆盖 C – V2X 标准协议栈各层次、各层面的标准体系，基础标准已基本完成。我国 C – V2X 专利占比居全球首位。

产品研发方面，我国已初步形成覆盖 C – V2X 芯片、模组、终端、系统等产品的完整产业链布局，具备产业化能力。华为、大唐已推出自主 LTE – V2X 芯片，华为、大唐、星云互联、金溢科技、千方科技等已实现车载终端和路侧终端等产品的小规模量产。

测试验证方面，2018 ~ 2021 年连续组织了 C – V2X "三跨" "四跨" "新四跨" 等互联互通应用示范活动，充分验证 C – V2X 技术和相关标准，为进一步推动国内 C – V2X 产业化落地奠定了基础。江苏（无锡）、天津

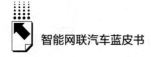
（西青）、湖南（长沙）、重庆（两江新区）国家级车联网先导区已获工信部支持。交通部在京津、江浙等多条高速公路上开展测试示范，极大地推动了 C - V2X 测试示范由点到面发展，实现 C - V2X 规模化部署以及商业模式探索。

整车集成方面，2020 年下半年至 2021 年上半年，多款搭载 C - V2X 的车型投入量产或发布商用量产计划，包括一汽红旗 E - HS9、上汽通用别克 GL8 Avenir、上汽奥迪 A7L、广汽埃安 AION V、福特 Explorer、Edge PLUS、Mustang Mach - E、上汽 Marvel R、华人运通 HiPhi X、蔚来 ET7、智己 L7、长城 WEY 等车型。

二　我国车联网产业化发展仍任重道远

（一）我国车联网的产业化仍面临问题

综合梳理 C - V2X 产业链相关环节及各发展阶段，产业在商业模式、场景应用、基础设施建设等各方面仍然面临诸多问题。

1. 应用场景挖掘有待深入，用户需求不强烈

C - V2X 多数应用还处于示范演示阶段，应用场景数量少，部分交通效率类、信息服务类场景虽然已经在部分区域的社会及公共车辆上实现应用，但在实际应用中存在几个问题：一是交通信息提醒等场景用户展现方式单一，缺乏与车辆本身的深度结合，导致用户体验较差；二是车联网终端渗透率不足导致与驾驶安全相关的 V2V 场景极难触发，未达到用户预期效果；三是缺乏高黏性、高价值应用，导致用户对车联网场景依赖度及使用频率较低。应用场景对用户吸引力不强，影响了 C - V2X 车载终端进一步发展。

2. 基础设施建设与车载终端推广尚未形成协同

C - V2X 基础设施包括智能交通基础设施、路侧单元 RSU、5G 蜂窝通信基站等，车联网各类应用的实现离不开 C - V2X 基础设施的支持。首先，

现有城市内交通基础设施信息化水平不足,红绿灯信号机需升级或替换后才可开放信息,交通标志牌等设施不支持联网功能,导致交通信息无法全面、实时地开放;其次,路侧单元 RSU 仅在各地示范区实现了小规模部署,还没有形成全程全网连续覆盖,无法为车联网终端提供连续的信息服务。车载终端渗透率的提升依赖基础设施的建设,而基础设施建设的高投入又需要用户的支撑,两者的相互影响导致目前车载终端与路侧设施部署都发展缓慢。

3. 商业模式尚未成熟

车联网产业链长,商业模式环节多,涉及多行业参与主体,在缺乏爆点应用的前提下,主导能力和盈利方式各不相同,车联网商用落地投入大、见效慢的问题严重影响了产业链各方的投入力度和积极性。从路侧端来看,谁建设,谁运营,可否收费,或者说哪些应用免费,哪些应用收费,巨大投资如何回收,这些问题至今没有达成共识。对车端来说,在当前车载终端价格较高、未实现高价值应用的情况下,装载 C－V2X 终端带来的收益不明显,影响车企装载 C－V2X 终端的积极性。

(二)我国车联网发展在国际竞争中并非高枕无忧

尽管我国在车联网发展方面已经具备优势,并取得一定的成果,但我们也要清醒地看到,我国并没有取得压倒性的领先优势。

首先,国外对车联网的研究并不弱于中国。国外通信企业和整车企业在21 世纪初就已经开始了协作式智能交通和车路协同的研发与测试。美国交通部 2013 年在安娜堡组织了 Safety Pilot 项目,在安娜堡对 73 英里道路、27个路口进行了智能化改造,组织近 3000 辆车开展了持续两年的示范运行。Safety Pilot 项目的成功直接促成了美国交通部在 2016 年 12 月正式发布联邦机动车安全标准(FMVSS No. 150),要求所有轻型车辆强制安装 V2V 通信设备,2021 年达到 50% 的新车安装 DSRC,2022 年达到 75% 的新车安装DSRC,2023 年开始 100% 的新车安装 DSRC。尽管由于 DSRC 与 LTE－V 通信路线之争,强制法规未能推行,但这是全世界离 V2X 产业化最近的一次。2020 年 5 月,美国 SAE 发布 SAE J3216 标准,提出了状态共享、意图共享、

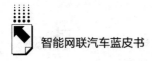
协同决策和协同调度四种针对网联化协同自动驾驶的功能分类。欧盟也连续在 Horizon 2020、Horizon Europe 中支持了网联化和智能基础设施的项目，整车和通信等相关企业共同参与其中，就汽车网联化的技术、标准、运行效果等进行联合研究。2019 年欧盟 ERTRAC 发布的网联式自动驾驶路线图文件中提出了 ISAD 的概念，也提出了对支撑网联式自动驾驶的数字化道路基础设施的分级。

其次，外资企业积极参与中国车联网研发与测试。由于车联网发展对主管部门协同配合、大规模基础设施建设等方面提出极高要求，国外企业对于本国政府在短时间内建成网联化基础设施的信心不足，转而寄希望于中国政府。中国具有集中力量办大事的制度优势，中国在全球抗击新冠肺炎疫情中取得的成绩进一步证实了这一优势。因此，福特、奥迪、博世等多家整车和零部件企业把车联网的全球研发团队放在中国。从 C－V2X 通信芯片和模组到车载和路侧终端、整车和零部件，再到网联化测试，产业链各环节都有强势的外资企业参与进来，并积极布局产业化实践。

还要看到，中国政府的制度优势在车联网的发展中尚未充分体现。车联网发展推进涉及工信部、交通部、公安部、自然资源部、住建部、网信办等多个部门，由于各个部门的职责和管辖范围不同，对于创新发展与保障安全的平衡点、技术路线、基础设施建设的规划等重大问题尚未达成共识，要达到集中力量办大事、全国一盘棋的理想境界还有很长的路要走。

三　车联网产业化推进路径

从发展阶段来看，车联网产业的发展需要经历较长的时间，涉及研发与测试验证、规模化建设与应用、车路协同自动驾驶三个发展阶段。

（一）研发与测试验证阶段

我国车联网技术已经相对成熟，标准体系基本成形，并且已经开展了大量的测试示范活动，包括从封闭场地测试到开放道路测试，再到当前多个城市和高速公路开展的较大规模测试示范活动。

如何才能判断车联网的测试验证画上了圆满的句号，可以顺利过渡到下一发展阶段？行业共识在于通过规模化测试，提炼出一些能够解决刚需问题并得到用户认可的应用场景，形成可推广的基础设施建设标准，得到网联化对交通安全和效率等方面提升效应的数据，摸索一种或几种形成闭环、运行成熟的商业模式，从而为下一阶段的规模化建设和应用提供科学合理的参考经验。应该说，我国车联网发展正处于测试验证的尾声与规模化建设的早期，属于双期叠加的特殊时期。

（二）规模化建设和应用阶段

该阶段的重点是在部分城市、高速公路开展全域基础设施建设，通过法规要求、补贴激励等措施，快速提升网联车辆搭载率，逐步扩大应用场景种类、完善应用效果。区域内基础设施覆盖率和车载设备搭载率是非常关键的指标，这两个指标需要达到多高的比重，才能进入车路协同自动驾驶阶段，也是产业需要研究的问题。

在此阶段，由于基础设施覆盖不完善、车载终端搭载率低等，网联化信息还无法达到足够的可靠性，部分应用是对驾驶员进行提醒，部分应用能够支撑辅助驾驶功能，尚不具备支撑自动驾驶的能力，自动驾驶仍以单车智能化为主。另外，无论基础设施建设还是车载终端安装，都需要政府层面的大力推动，政府在这个阶段将占据主导位置。

（三）车路协同自动驾驶阶段

当基础设施建设和网联车辆搭载率都达到较高的水平，车路协同技术在公众中得到一定程度的普及，将产生新型产业生态。届时车路协同基础设施提供的通信和计算能力将以平台化、工具化的形态，支撑更多的车路协同应用场景和业务功能，形成拓展增值应用市场。网联化降低单车成本，加快自动驾驶实现，推动中国自动驾驶技术领先世界，将在这个阶段成为可能。

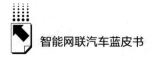

届时政府将退居幕后，逐渐享受技术创新带来的交通管理效率提升、产业转型升级的红利，而把前台交给市场，让日益丰富的产业链上下游企业成为舞台的主角。

以上第二和第三阶段的发展有很强的相互依存关系。如果没有规模化建设和应用，不可能直接进入车路协同自动驾驶的发展阶段，规模化建设和应用是车路协同自动驾驶的基础，而车路协同自动驾驶则是愿景和灯塔。在规模化建设和应用阶段，应用场景的数量和质量都是有限的，很难形成对消费者的黏性和有价值的商业模式，如果没有愿景和灯塔的指引，极有可能半途而废。

四　车联网产业化发展建议

基于车联网对于加速自动驾驶实现、汽车产业转型升级、智能交通系统升级改造等领域的重大意义，以及在促进产业发展、带动投资方面的巨大作用，建议通过实施国家重大系统工程，从政策法规、关键技术、基础设施、示范推广等各个领域，按照系统工程的理念，协同推进，加快发展。

（一）加强顶层设计，形成跨主管部门的统筹协同机制

智能网联汽车的产业化部署是一项系统工程，需要汽车、通信、交通等跨部门协同推动。世界主要国家在智能网联汽车推动过程中，从顶层设计上均高度重视跨产业协同。例如，美国交通部管理范围包括汽车和交通，天然具有跨产业协同的优势；日本由内阁府牵头，协同经产省、交通省、警察厅等部门推动智能网联汽车的法律法规修订、制订科技创新计划、组织开展测试示范项目等。

当前，我国智能网联汽车发展已经形成一定的政府部门协同。2017年以来，国家制造强国建设领导小组车联网产业发展专委会已连续组织专委会会议，由工信部、国家发改委、交通部、公安部、住建部、自然资源部等十几个部委负责人出席会议，就智能网联汽车领域加强部际协同开展讨论，

并且已经取得一定成果，如 2018 年达成汽车、通信、交通、公安四个标准委员会的合作，协同开展 C-V2X 标准的规划和编制；《智能汽车创新发展战略》由国家发改委等 11 个部门共同编制发布；工信部、公安部、交通部三部门联合，连续更新发布《智能网联汽车道路测试管理规范（试行）》和《智能网联汽车道路测试与示范应用管理规范（试行）》，有效推动了国内智能网联汽车的道路测试。

我国智能网联汽车跨部门协同机制仍需完善，在车联网产业化推动方面尤为明显。以《智能汽车创新发展战略》（以下简称《战略》）为例，尽管《战略》中已经提出对基础设施建设、车载终端搭载的要求，但仍然缺少车路协同发展的任务、目标和计划。在跨部门规划缺失的情况下，我国存在各地测试区建设的基础设施"路等车"，而量产搭载 C-V2X 的车企则存在"车等路"的现象，因此基础设施建设和车载终端上车量产应用方面都不敢贸然部署，无法有效实现资源协同，影响车联网的快速产业化。

我国 C-V2X 产业整体已步入深水区，面临跨行业技术融合、数据互通和应用推广等难题，需要产业各界共同参与、持续发力。需要持续发挥车联网专委会的部际协调和产业引领作用，进一步明确汽车、通信、交通、公安等相关主管部门职责，明确分工、加强协同，建立高效顺畅的沟通交流机制。多部门形成 C-V2X 产业共识，统一出台适应未来发展阶段的车联网产业发展规划与行动指南，明确提出分区域、分阶段的车载终端及路侧基础设施发展目标与路线图，加强车载终端与路侧基础设施建设协同发展，构建全球领先的车联网产业生态。总结跨部门合作与部省联动的工作经验，鼓励各地方政府结合各地实际情况，组建车联网联合工作小组，形成高效的协同机制，联合推动开展跨区域、跨行业、大规模的技术验证与应用示范等重点任务。

（二）推动适用应用场景优先落地，实现业界各方共赢

应用场景成为汽车、交通、通信等多行业协同的关键节点。场景在车端关系到实现哪些功能和应用，在路侧决定了需要建设哪些基础设施，在通信

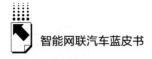
方面也对通信方式的选择起到决定性作用。应以提高交通安全和交通效率为首要准则，分析目前可以通过 C－V2X 技术有效避免哪些交通问题，结合 C－V2X 的技术特点和优势，以及技术的可行性、经济性等多种因素，确定车路协同应用场景，加快推动车路协同落地。

只有根据交通、交管的行业需求，提出基于 C－V2X 应用场景的解决方案，车辆和交通管理部门分别依据场景进行车辆和基础设施的相应部署，车与路实现有效协同，C－V2X 对交通安全和效率的提升效应才能逐渐显现。政府部门（交通、交管等）基础设施投资"物尽其用"，切实提升出行的安全和便利，未来进一步加快和扩大基础设施建设；消费者埋单"物有所值"，在使用中对安全和效率的提升有切实的体会，社会对 C－V2X 的接受度将不断提升；企业才能加快应用推广，实现车载终端搭载率的快速提升，使 C－V2X 产业进入良性发展的快车道。

以高速公路事故为例。高速公路行车速度快，一旦发生交通事故，高速碰撞对车辆和人员均会造成严重创伤，而且容易引发次生事故，造成更大的人员伤害。高速公路上的事故形态主要是追尾碰撞、撞静止车辆和撞固定物，2018 年全国高速公路事故中，以上三类事故数分别占事故总数的 35.68%、19.36% 和 14.13%，造成的死亡人数分别占总死亡人数的 34.07%、23.37% 和 11.41%。针对这些事故形态，C－V2X 都可以发挥巨大的作用。对于追尾碰撞，基于 C－V2X 技术的"前向碰撞预警"和"紧急制动预警"功能均可提前预知前车与后车速度变化，及时对后车进行预警。对于"撞静止车辆"和"撞固定物"，多是由于道路前方有事故车辆或施工，由于高速公路行驶速度快，驾驶员稍有疏忽不能及时采取制动措施就会酿成大祸，"道路危险状况提醒"功能能够提前对驾驶员发出警告，避免事故。此外，匝道也是高速公路事故高发区，"协作式匝道汇入"功能通过路侧单元获取周围车辆信息，提醒车辆避让，引导匝道车辆安全、高效地汇入主路。

在城市道路，C－V2X 在交通信息获取、超视距感知等方面具备明显优势。以交通信号灯识别为例，单车智能主要依靠摄像头进行识别，由于各地交通信号灯标准不统一，需要进行大量的深度算法学习。基于 C – V2X 的"闯红灯预警"和"绿波车速引导"功能不仅使车辆对交通信号灯的识别率显著提升，而且能够获取信号灯的配时信息，引导车辆安全、快速地通过路口。在交叉路口盲区、弯道盲区、车辆遮挡盲区等位置，"感知数据共享"功能借助附近的路侧单元感知设备或智能车辆进行车车/车路交互，将感知到的交通参与者信息进行共享，有效拓展各自的感知范围，从而提升行车安全性。而"紧急车辆信号优先权/高优先级车辆让行""弱势交通参与者碰撞预警"等场景则在提高救护车、消防车等紧急车辆通行效率，保护行人、两轮车交通安全等方面发挥显著的作用。此外，地图导航已经成为日常车辆驾驶中的高频操作，自动驾驶车辆的安全可靠运行也依赖高精度地图的数据，因此要保证自动驾驶车辆能够获得最新的地图数据。当车辆的地图数据由于某些原因没有下载或更新时，通过 C – V2X 技术与路侧子系统或云端进行实时信息交互，实现"地图版本对齐及动态更新"功能场景，保证车辆能够获取最新最完整的当前行车区域的地图数据，以此来提升导航体验，甚至保证自动驾驶车辆安全可靠运行。

通信方面，建议采用 5G 和 C – V2X 结合的方式推广车联网，快速规模化发展车联网用户，培养用户习惯。C – V2X 网络满足车车和车路等车联网业务低时延、高可靠的需求，但基础建设工作量大，资金投入过大，建设周期长。当前我国已经广泛建设 5G 网络，截至 2021 年 9 月，我国已开通建设 5G 基站 99.3 万个，覆盖全国所有地级市、95% 以上的县区、35% 的乡镇，5G 终端手机连接数超过 3.92 亿户。5G 网络可以提供大带宽、大连接、高可靠性的广域覆盖通信能力，能够为除安全性之外的场景提供支撑。前期在国家级江苏（无锡）车联网先导区内，基于 Uu 的 V2I 辅助驾驶应用已得到验证，可以满足 100ms 时延需求，达到预期的应用效果。福特等车企已基于 Uu 方案实现了车联网应用商用。5G 网络与 C – V2X 网络相互协作、融合，实现网络的无缝覆盖，将有效满足"车 – 路 – 云"之间的高速信息交互与传输的要求，减少对基础设施建设高投入的依赖。因此建议采用 5G 网络与 C – V2X 网络结合的方式推广车联网应用，尤其是通过 5G 网络快速规模化发展车联网用户，培养用户习惯，发挥车联网应用价值，促进车联网生态形成良性循环。

（三）以应用场景为节点，协同推动基础设施、车载终端发展

基础设施方面，建议加快形成跨行业协同的智能化基础设施分级标准，按照由"薄"到"厚"的原则，逐步将经过测试区测试验证过的车联网基础设施建设和车联网应用带入规模化应用和迭代发展。从路端看，智能化基础设施涉及道路基础设施数字化、通信能力、感知能力、计算能力和出行服务能力等多个方面，部分技术仍在演进中，标准化尚未完善，且路侧基础设施建设成本高昂，应按照技术成熟再推广、分级推进的原则开展基础设施建设。从车端看，车联网场景也是按照辅助信息协同 – 感知信息协同 – 决策与控制信息协同的技术路径逐步升级演进，对路侧基础设施的需求也是从"薄"到"厚"，逐级递进；随着车联网场景逐步趋于成熟可靠，逐级实现对自动驾驶场景的支撑，提升自动驾驶安全。从测试示范的发展历程来看，当前我国已有几十家城市开展车路协同测试示范，已建成 RSU 2000 多台，亟须将各地在基础设施建设方面积累的大量实践经验向标准规范转化，将经过测试验证的成熟技术推广使用；同时避免各地标准各异、条块分割、对智能网联汽车的全国互联互通造成隐患。综上，建议各测试示范区、先导区、试点城市协同，加快编制智能路侧基础设施分级标准，统筹推进路侧单元 RSU 以及雷达、摄像头等路侧传感器的分阶段安装；加快实现成熟技术的大规模建设，实现 C – V2X 基础设施广域覆盖，支撑车端 C – V2X 应用加快推广。

车载终端方面，基于上述通信和基础设施建设条件，加快推进成熟适用场景在车端的前装和后装应用。前装应以车企为主体，福特汽车在无锡、长沙两个 RSU 建设范围较广的城市，率先实现量产车辆前装搭载 C – V2X 技术，并将在更多城市扩展。这种模式对于减少"车等路"和"路等车"等问题都有很好的效果，为其他车企和地方政府提供了非常好的范例。在此过程中，行业机构应在各地方标准版本统一等方面发挥统筹协同作用。后装则

以地方政府为主，推动在公交车、公务用车、出租车等车辆后装搭载，探索停车收费优惠、专用车道行驶等市场经济手段促进社会车辆入网。

是否应该用财政补贴、法规要求等手段推动车载终端的普及，也一直是行业关注的问题。由于车载终端安装的早晚顺序与实际使用效益呈完全相反的关系，即初期安装的用户由于缺乏与其他用户互联互通，导致其使用效益最低，而后期安装的用户使用效益最高，所以车载终端普及完全依靠市场有可能会错失发展良机。2019 年底，笔者在一次会议上向时任通用汽车 CTO 的 Jon Lauckner 先生介绍中国 C－V2X 的发展，大有中国领先全球的优越感。Jon Lauckner 先生一再询问中国政府何时出台强制安装车载通信终端的时间表，认为如果没有强制安装法规的要求，一切领先都是暂时的。Jon Lauckner 的问题和观点直面车载终端搭载率，是发展 C－V2X 必须着力解决的问题。建议政府统筹使用财政补贴、强制法规等手段，并使其在推动车联网终端普及中发挥重要作用。

（四）测试示范区发挥先导建设和应用的作用，探索车联网成熟的商业模式

当前，中国多个政府部门支持建设测试示范区、先导区、智慧城市等试点项目，全国已有几十个城市开展了车联网试点示范项目。但各地普遍存在基础设施建设规模较小、基础设施标准不统一、重建设轻运营等问题，且由于基础设施建设投入大、投资回收效益不明确，至今未形成可长远运营的、清晰的商业模式。

当前，车联网试点进程可以对比新能源汽车发展的"十城千辆"示范阶段，为下一步产业化应用和推广发挥重要作用。为有效发挥作用，车联网试点示范应建立明确的目标。具体来说，根据当地交通特点，尤其是交通出行面临的主要问题，考虑车联网产业化早期的特征，展开以用户为中心的应用探索，寻找能够解决用户痛点、改善用户体验的应用，自上而下研究能够支撑该类应用的通信需求、基础设施建设方案以及车载终端的能力，促进基础设施建设达到较大规模，车载终端实现较高的搭载率，并经过持续较长时

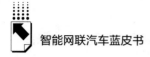

间的示范运行，得出车联网对交通安全和效率提升的数据，并基于大规模示范的验证和改善，提出更完善的大规模基础设施建设和车端应用的方案和标准，支撑产业化应用和推广。这样看来，试点推进重在有效、深入、透彻，而不必强调试点的数量。在当前基础设施标准缺失的情况下，过多开展车联网试点，反而会造成巨大的浪费。

当前车联网普遍重建设轻运营，在路侧基础设施建设启动后，长期运营模式还不够成熟和清晰，这成为整个行业需要集体完成的课题。对于车联网基础设施的建设和运营方是谁，业界有很多讨论，包括地方政府、交通主管部门以及通信运营商等主体。当前主要是地方政府埋单，但地方财政难以维系大规模产业化建设和运营，且容易造成"孤岛化"，对智能网联汽车互联互通带来隐患。由交通部门投资建设一直是业界期望所在。但由于交通部门内部面临 ETC 和 C - V2X 技术路线之争的问题，且通信技术的快速迭代与基础设施长期使用的矛盾，使交通部门对于建设 C - V2X 路侧设备存有重复投入建设的担忧。通信运营商有丰富的通信基础设施建设和运营经验，有可能快速实现车联网规模建设，并通过多种商业模式培育商业客户，发展存量机动车用户。但争议在于如何保证公益性，如对于安全性场景不应进行收费，而是作为公共服务免费提供。车联网基础设施的建设和运营，应综合考虑社会需求和现有问题，初期可带有一定的公益性质，后期通过车联网数据积累，挖掘数据价值，对外提供相关增值服务，以此加快探索建设主体、运营模式、商业模式、安全管理模式等，形成可在全国推广、复制的成熟经验。

另外，在不同城市或地区，规模化建设受政府鼓励政策、基础设施运营主体投入力度、车载通信设备推广措施等多种因素的影响，从而造成不同地区建设进度及建设周期不尽相同的局面。由于车联网的规模化建设和应用在全世界都是新兴领域，建设过程中需要摸索基础设施、数据交互等多种新标准。在多地同期建设的过程中，有可能形成建设标准的差异，为全国一盘棋建设新型生态系统带来障碍。各地开展规模化建设时应树立大局意识，遵循标准先行、协同发展，建立多地协同的基础设施、数据交互、云控平台等标准，为智能网联汽车实现全国互联互通、建设高效协同的新型生态系统打下坚实的基础。

（五）加快研究车联网与智能化等相关技术的融合

构建跨领域互信基础，以发展共识促进产业发展。车联网产业的发展，离不开汽车、交通、通信领域的协同推进。多个领域的技术演进及产业生态不尽相同，导致各界对于车联网研发、应用方面的理解和认知存在偏差。以通信技术的快速演进为例，不同版本的通信技术标准快速更新迭代，这将导致交通部门及相关企业在基础设施建设、产品应用方面存在疑虑，担心技术更新过快带来的设备淘汰、重复投入建设等情况的发生。另外，汽车行业一贯强调安全的严谨风格，与通信行业通过打补丁方式迭代完善产品性能的理念存在一定偏差。因此，需要加强跨产业的技术协同，通过技术手段解决以上相关问题，例如，固定 V2X 通信版本，减少通信标准版本的迭代次数，打消车企及相关企业顾虑，支撑建立上层的信任基础，达成产业推进共识。

加快探索智能化与网联化技术融合应用，提升自动驾驶功能体验。当前，智能化、网联化技术在支撑车辆辅助驾驶、自动驾驶功能实现方面并未形成信息的融合应用，一定程度上导致现阶段的车联网功能不能为用户带来更好的体验，同时阻碍了以单车智能实现自动驾驶功能的技术提升探索。应当以车企研发、量产应用需求为依托，协同上下游研发力量，加快数据信息时间融合、空间融合等信息融合关键共性技术研发以及在工程应用层面的实践，更好地支撑提升自动驾驶功能体验。

跨界协同推进 C－V2X 相关的多个关键技术突破，形成自主可控的产业链生态。C－V2X 技术、标准已初步完备，但一些创新性的技术体系尚未成熟，如云控平台技术、基于国密算法的信息安全技术、测试认证体系等，均亟须跨界协同研发和推进建设，培育产业链各个环节领军企业，巩固我国全球领先的发展优势，加快构建完善的车联网产业生态。

B.7
智能化网联化融合发展理念探究

边明远　唐可　李克强*

摘　要： 智能化和网联化，是汽车未来发展的两个重要维度，也是国家交通强国战略规划的重要组成部分。虽然目前自动驾驶汽车的研发仍然围绕单车智能的技术路线展开，但以智能化、网联化融合为核心思想，包含汽车和道路系统的车路协同自动驾驶系统，已经成为未来行业发展的共识。基于中国方案的智能化网联化融合发展理念，本报告对国内外智能网联汽车分级研究发展情况进行了对比总结，剖析了汽车智能化、网联化以及车路协同概念的内涵，对智能化和网联化的相互关系及融合机制进行了阐述，将智能化网联化的融合发展划分为辅助信息交互、协同感知、协同决策与控制三个阶段，对分阶段的智能化网联化融合发展路径进行了分析，还对融合发展的理念、路径及场景应用进行了展望。

关键词： 智能化　网联化　车路协同　自动驾驶

一　汽车智能化网联化融合发展现状

（一）智能化网联化融合发展的研究背景与意义

近年来，智能网联汽车成为各国争相发展的热门方向，传统车企、造车

---

* 边明远，副教授、博士，清华大学车辆与运载学院高级工程师；唐可，清华大学；李克强，中国工程院院士，教育部长江学者特聘教授，清华大学车辆与运载学院教授、博士生导师，汽车安全与节能国家重点实验室主任，国家智能网联汽车创新中心首席科学家。

新势力、互联网公司等，纷纷踏入自动驾驶汽车研发的赛道，足以体现汽车智能化网联化发展的重要性。

在自动驾驶汽车发展初期，业界对自动驾驶技术的探索主要围绕单车智能展开，即通过在车辆上装载大量传感器（摄像头、激光雷达、毫米波雷达等）以实现对汽车运行状态及周围环境状况信息的感知，并通过配置高性能车载计算平台进行驾驶决策和控制过程。单车智能主要存在两种技术路线："谷歌路线"和"特斯拉路线"。谷歌路线以激光雷达为主要感知设备，配备高精度地图和高精度定位来进行环境感知；特斯拉路线以视觉传感器（摄像头）为主要感知设备，配备低精度地图和低精度定位，运用大量的人工智能和数据学习来进行环境感知。在驾驶自动化水平较低时，对传感器的数量和精度的要求较低，对车载计算平台算力的要求也不高，单车智能模式尚足以应付。但是，面对 L4 级、L5 级的高等级自动驾驶技术实现需求，单车智能的弊端将会逐渐显现。

首先是黑箱效应。高等级自动驾驶的实现必然运用 AI 技术，但目前 AI 仍然存在黑箱效应，且尚未找到解决办法。其次是高昂的单车成本。为了让车辆具备对周围行驶环境事无巨细的感知能力，必须装载大量传感器，导致单车成本居高不下，使自动驾驶汽车很难大规模量产与普及应用。国际知名市场调研公司 Yole Développement 的调查数据显示，目前自动驾驶汽车感知部分的成本占整车成本的比重达到 40%。此外，三个维度（距离、视角广度、分辨率）的感知能力之间往往存在性能提升上的矛盾，类视觉感知技术对视线遮挡这一问题仍然无法解决，单车感知能力的瓶颈问题十分明显。最后是难以满足道路测试的要求。此前，特斯拉 CEO 马斯克曾估计，完全自动驾驶的研发成熟至少需要 96.5 亿公里（60 亿英里）的道路测试，而兰德智库则更进一步提出了 177 亿公里（110 亿英里）的道路测试需求。

为了克服单车智能的局限，智能化与网联化融合的车路协同自动驾驶技术路线应运而生。通过在路侧安装传感器，为自动驾驶提供更泛在的感知能力；在路侧配备边缘计算单元（云控），为自动驾驶补充更多算力支持；同时车与车之间也实现自车状态、驾驶意图甚至决策信息的协同交互。通过路

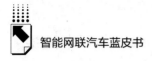

侧智能来弥补单车智能的局限，实现人－车－路－云的信息交互、协同决策和协同控制，最终实现车辆自动化运行。

基于各自国情的考虑，不同国家选择不同的自动驾驶实现路径。例如，美国的人工智能全球领先，科研能力强，高端芯片设计水平高，但5G等通信设施发展落后于中国，因此，单车智能自动驾驶技术在美国发展进程较快；而中国5G通信基础设施全球领先，但人工智能发展水平、算法水平、基础科研能力、高端芯片设计能力不如欧美日等发达国家，相较于单车智能技术路径，车路协同自动驾驶更适合我国智能网联汽车产业发展需求。

总而言之，随着我国车辆与道路交通智能化进程的不断推进，走车路协同自动驾驶的发展路径已基本成为行业共识，其中智能化和网联化技术的融合应用是核心内容。搭建汽车智能化网联化融合机制与分级框架，有利于构建全国统一的自动驾驶环境，也有利于形成明确的产业发展预期。

（二）汽车智能化网联化融合的必要性

智能化网联化融合技术路线，即车路协同自动驾驶技术，可以对单车智能形成有效的改善、提高和补充作用。本节将详细阐释车路协同对单车智能的赋能作用，进一步从国家战略层面来分析汽车智能化网联化融合的必要性。

1. 车路协同在单车层面的赋能作用

首先，智能化网联化融合可以降低车载智能平台对算力的要求。自动驾驶等级每升高一级，对算力的需求至少增长一个数量级。根据业内经验，L2级及以下的自动驾驶汽车所需的算力小于10TOPS（Tera Operations Per Second，1TOPS表示每秒钟可以进行1万亿次操作）；L3级自动驾驶汽车需要30~60TOPS；L4级自动驾驶汽车就需要大于100TOPS的算力；而针对L5级自动驾驶汽车还没有明确的算力需求估计。根据英特尔推算，对于一辆达到L5级完全自动驾驶的汽车，每天可以产生高于4000GB的数据。因此，高度自动驾驶的实现必然伴随海量数据的出现，这对车载智能计算平台是非常大的挑战和压力。在网联化基础设施建设布局中，边缘计算平台

（MEC）是不可或缺的。智能网联协同赋能自动驾驶，可以通过边缘计算平台为车辆提供感知信息甚至指令，与车载智能平台协同处理数据，由此降低车载平台对算力的要求，同时降低车辆对高性能车载芯片的依赖。

其次，路侧智能是车侧智能的有力补充和提高。车载平台的算力总是有限的，路侧设施能够为车侧智能提供算力上的补充。此外，路侧智能还能提高车侧智能的感知和决策能力。单车的感知范围是有限的，路侧感知设备拥有"上帝视角"，在车辆的感知盲区和遮挡物检测方面能够起到有效弥补作用。同时，由于拥有对整体交通流量状况的感知数据，边缘计算平台能够向车辆输出考虑整体道路交通优化的决策指令，从而改善交通状态。

另外，智能化网联化融合能够降低单车成本。目前，单车成本较高是自动驾驶汽车进入民用领域的障碍之一。当车载平台的算力要求降低，同时路侧传感器也能有效对车载传感器形成补充，未来智能网联汽车不一定需要强性能的芯片，车载传感器数量也大大减少，从而促进单车成本大幅下降，助力高等级自动驾驶量产推广。

2. 车路协同在交通战略格局层面的影响

智能化网联化融合发展涉及国家安全，是国家交通战略规划和顶层管理的需要。车辆网联化技术的推广和普及，需要在目前的道路基础上增建大量传感器、计算单元等各类支持性设备、设施，从而使传统道路变成具备感知和计算能力的智能道路，这将从根本上改变大众的交通出行模式。因此，智能化网联化的融合发展不仅是高等级自动驾驶的又一实现方式，更是国家道路交通格局方面的重大变革。目前，各国在智能化网联化融合竞赛上也存在激烈竞争。美国、欧洲、日本等发达国家和地区纷纷出台相关政策，颁布相关标准，引导并扶持智能网联汽车产业的发展。

总之，智能化网联化的融合，可以降低智能车载平台对算力的要求，使路侧智能成为车侧智能的有力补充，还能有效降低单车的高昂成本。与此同时，智能化网联化融合是道路交通格局的重大变革，也是保护国家道路交通隐私与安全的重要途径。

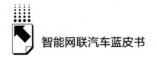

（三）国内外智能化网联化融合的研究进程

智能化网联化融合发展是智能网联汽车领域的新议题，国际上尚未出现广受业界认可的智能化网联化融合分级标准。2019 年欧盟 ERTRAC 发布的网联式自动驾驶路线图文件中提出了 ISAD 的概念，也提出了对支撑网联式自动驾驶的数字化道路基础设施的分级；2020 年 5 月，国际自动机工程师学会发布 SAE J3216 标准，提出了状态共享、意图共享、协同决策和协同调度四种针对网联化协同自动驾驶的功能分类。

1. 美国

2020 年 1 月，美国总统行政办公室和交通部发布《确保美国自动驾驶汽车技术领导地位：自动驾驶汽车 4.0》文件。文件指出，2021 年美国政府研发预算的优先批次项目就包括自动驾驶汽车的推进，美国将整合 38 个联邦部门和机构的资源，以保证本国在自动驾驶领域的世界领先地位。同时，报告还制定了旨在保护社会大众、推动无人驾驶安全顺畅运行、提升各界合作协调性和效率的十大自动驾驶汽车技术原则，加快自动驾驶产业与其他先进科技（先进制造、人工智能与机器学习、网联车和频谱、量子信息科学等）产业的合作。

2020 年 4 月，美国智能交通系统联合计划办公室（Intelligent Transportation System Joint Program Office，可简称为 ITS JPO）发布《智能交通系统战略规划 2020～2025》，规划中提出了 6 项重点发展计划方向，包括新兴科技、数据共享、网络安全、自动驾驶、完整出行和加速 ITS 部署。新兴科技，指的是积极地评估和引入机器学习、自动驾驶、人工智能等先进科技到交通运输部署中，为美国交通系统引进新兴力量；数据共享，指的是搭建统一的、标准化的数据处理平台，从而为自动驾驶、人工智能应用和其他公共服务提供支持；网络安全，指的是保障系统在受到攻击时的故障风险仍能保持在标准以内；自动驾驶，指的是以技术中立、安全第一为基本原则的车辆自动化行驶方案；完整出行，指的是平衡不同地区之间交通基础设施和出行设备发展的不一致，同时为残障人士和社会弱势群体提供更加方便有效的出行服务；

加速 ITS 部署，也就是加快 ITS 技术落地。报告中明确，从 2020 年到 2025 年，美国强调以自动控制的独特突破和智能网络的创建为新兴技术的整体创新途径，强化基于技术生命周期的发展战略，重点推进新技术在研发过程、实施和评价中的应用示范。

2020 年 5 月，国际自动机工程师学会 SAE 颁布 J3216 标准，提出了状态共享、意图共享、协同决策和协同调度四种针对网联化协同自动驾驶的功能分类。SAE 所制定的标准具有权威性，广泛地应用于汽车及其他行业，并有相当一部分被美国国家标准采用。J3216 标准着眼于机器与机器（M2M）之间的信息共享，以实现两个或多个参与实体或由这些实体拥有或控制的通信设备之间的合作，从而赋能具有自动驾驶功能的目标车辆执行动态驾驶任务（DDT），也就是车路协同的自动驾驶。

车路协同自动驾驶（Cooperative Driving Automation，CDA），旨在保证安全的前提下，让车辆在运行过程中能够尽可能缩短彼此之间的距离，从而提高交通安全性和交通效率。参与车路协同的车辆和基础设施之间可以共享各种类型的信息，例如，状态（车辆位置、信号相位等）、意图（规划的车辆轨迹、信号配时等）或寻求计划的一致性（协调配合）。显然，交通中多个参与者和不同视角的合作可以提高安全性、机动性，促进态势感知和操作。但是，J3216 文件同样强调，这并不意味着自动驾驶一定需要此类合作才能安全执行。

总而言之，J3216 侧重于面向具体应用的功能描述，旨在促进沟通各界对于车路协同自动驾驶的认知，同时进一步证明车路协同自动驾驶的合理性，其提出的针对协同自动驾驶的功能分类对于智能化网联化融合路径演进研究具有很好的参考意义。

（1）协同自动驾驶的 4 种功能类别

在车路协同情境下，各交通要素之间的信息交互可以分为四类，分别是状态共享（A 类）、意图共享（B 类）、协同决策（C 类）和协同调度（D 类）。

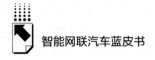
表1　协同自动驾驶功能类别

类别	定义
A 类 状态共享	我在这里,我看到这些(Here I am and what I see)。信息发送实体提供对于交通环境的感知信息和自身信息,供接收实体潜在利用
B 类 意图共享	这是我计划要做的(This is what I plan to do)。由发送实体提供的有关发送实体计划的未来行动的信息,以供接收实体使用
C 类 协同决策	让我们一起来(Let's do this together)。在特定的 CDA 设备之间的一系列协作信息,旨在影响特定 DDT 的相关行动决策
D 类 协同调度	我会按指示行事(I will do as directed)。特定操作者(如交通管理当局或车队运营中心)对特定交通参与者发出指令,接收方遵守指令

A 类状态共享可以提高配备 CDA 功能的车辆的态势感知能力,但状态共享不要求传输方有能力或同意使用通过 M2M 通信提供的信息,这些信息可能来自附近的任何通信参与者,且不能实现授权自动控制的 CDA 设备(如行人或由人直接控制的传统车辆)进行状态共享。举例说明:一辆装有协同自动驾驶系统(C‒ADS)的汽车与附近车辆分享自身当前的速度和前面车辆的速度。在发送方后面的一辆装有 C‒ADS 的车辆根据接收到的信息调整其速度,以改善交通流量和安全性;在人行横道位置的路侧 CDA 设备可将附近行人靠近人行横道的信息传达给附近的车辆;附近配备 C‒ADS 的车辆会接收该信息,该信息可能会与车辆 ADS 传感器提供的信息一起使用,以规划人行横道附近的 DDT(动态驾驶任务)性能。

B 类意图共享不需要接收实体的能力或同意来使用通过 M2M 通信提供的信息,这些信息可能来自附近的任何交通参与者。而且无论其他交通参与者的行动如何,接收实体不一定需要按照共同的意图行事,所有实体都应进行独立且合理的行动。意图共享可用于增强对未来状态的预测,增强发送实体计划未来行动的模型。举例说明:一辆装备了协同自动驾驶系统(C‒ADS)的车辆使用 L3 级高速公路自动驾驶功能,其作为信息的发送方,与附近的交通参与者共享其车道变更的意图,以促进更安全高效的交通流;具有 L4 级高速公路自动驾驶功能的周围车辆作为信息的接收方,当装备 C‒ADS 的 L3 级自动驾驶车辆进入前方车道时,L4 级车辆减速以保持所需的纵向距离。交通信号灯处的路侧设备作为信号的发送方，与周边的交通参与者共享信号相位变化；装备有 C－ADS 的周边 L3 级自动驾驶汽车作为接收方，使用共享信号来控制车辆纵向运动，以避免紧急动作，从而提高安全性和效率。

C 类协同决策要求相关 CDA 设备具备协同决策执行的能力和权限，以实现基于 M2M 通信提供的信息进行协同并就行动计划达成一致，这些信息可能来自附近的任何交通参与者。协同决策功能下的交互信息可能包括计划内容、接受计划、拒绝计划和就计划达成共识的考虑因素。但是根据具体情况，CDA 设备在具体操作中可能不会遵循既定的计划，不管其他实体的行动如何，所有实体必须进行独立合理的判断。协同决策与意图共享的区别在于，其包括为其他交通参与者提出计划，即我想让你做什么。对比来看，意图共享只包含发送方共享自身的意图，即我计划做什么。

最后，D 类协同调度并不要求被调度的实体愿意合作（强制性），该合作依赖事先约定的指令优先级来执行。协同调度可以利用状态共享、意图共享和协同决策等协同方式，让被控制实体理解调度的背景，从而放弃对 DDT（动态驾驶任务）的控制。

（2）协同自动驾驶的 4 种类别与车辆自动化水平之间的关系

随着从 A 到 D 的协同类别的变化，不仅对网联的要求有所提升，对自动驾驶的要求也在提升。换言之，车辆自动化水平是 CDA 功能发挥的基础。目前，车辆自动化水平由《SAE J3016 驾驶自动化分级》规定，该规定描述了人工驾驶员和驾驶自动化系统在交通运行中的不同角色。对于驾驶员支持系统（L1 和 L2 级），受到单车智能水平的限制，人类驾驶员必须执行驾驶任务的一部分，同时执行监督的角色，因此只能实现有限的车路协同合作；但对于自动驾驶系统（L3、L4 和 L5 级），C－ADS 系统在规定的条件下能够完成全部 DDT 任务，可以实现更深入有效的车路协同合作。

（3）CDA 的支持和赋能作用

由 CDA 特征产生的功能升级的程度可以与没有 CDA 状态的基准比较来描述。表 2 描述了与 CDA 合作分类相关的 CDA 功能级别。在 CDA 表现支持性功能时，系统的能力得到增强，例如，提高态势感知的准确性和可靠性。随着功能增强级别从支持转向赋能，CDA 克服了操作限制，例如视线、视野以及与其他参与者直接协调特定决策和控制过程的能力。CDA 的赋能性功能可能会扩大检测出可能被遮挡的物体的概率。这些对自动驾驶增强的支持和赋能功能依赖高可靠性和低延时 CDA 设备的开发和广泛应用。

表 2　CDA 的支持和赋能作用

		支持	赋能
CDA 协同功能类别	状态共享	增强功能：定位、环境建模、感知	新功能：预知车道变窄，感知到被遮挡对象，扩展 ODD 范围
	意图共享	增强功能：对未来状态的高精度映射	新功能：预测交叉口到达和离开，车道变更
	协同决策	—	新功能：协同交叉路口通行，协同车辆合流，加入队列行驶
	协同调度	—	指导运营和管理，提高安全和运营水平，在故障发生时解决操作问题或达到安全状态

2. 欧盟

2019 年，欧洲道路运输研究咨询委员会（ERTRAC）发布网联式自动驾驶技术路线图，其中包括对数字化道路设施的 ISAD 等级划分。

ISAD，全称基于数字化基础设施支撑的网联式协同自动驾驶（Infrastructure Support levels for Automated Driving），该分级可用于交通网络各个部分，为自动驾驶车辆及其运营商提供道路网络的相关引导信息。ISAD 针对的是特定道路或高速公路路段，而不是整个道路网络。道路设施的数字化程度是网联化水平的硬件基础，建立针对基础设施的分级框架有利于进一步加深对车路协同自动驾驶的理解，同时明确为支撑车路协同自动驾驶，道路设施应当具有什么样的数字化能力。

ISAD 把基础设施等级由高到低分为 A 到 E 共 5 级，如表 3 所示，E 到 A 级分别是传统基础设施/不支持自动驾驶、静态信息数字化/地图支持、动态信息数字化、协同感知和协同驾驶。

表 3　ISAD 道路设施等级划分

	等级	名称	描述
数字化基础设施	A	协同驾驶	基础设施通过实时获取车辆行驶信息来引导自动驾驶单个车辆或车队行驶以优化整体交通
	B	协同感知	基础设施获取交通状况信息并实时向自动驾驶车辆传输
	C	动态信息数字化	所有静态和动态基础设施信息均以数字化形式提供给自动驾驶车辆
传统基础设施	D	静态信息数字化/地图支持	提供数字地图和静态道路标志信息。交通灯、临时道路施工和 VMS（可变信息标识）仍由自动驾驶车辆识别
	E	传统基础设施/不支持自动驾驶	不提供数字化信息，需要自动驾驶车辆本身来识别道路几何形状和交通标志

在具体能力上，由低到高不同级别道路设施的能力是继承性的。E 级设施不具备任何数字化能力，D 级设施提供数字地图和静态道路标识，C 级设施在 D 级的基础上提供动态数字化信息（如 VMS、预警、事故、天气信息），B 级在 C 级基础上提供实时交通状况信息，A 级在 B 级基础上提供对速度、间距、车道选择等交通方面的调整和引导。

但是，ISAD 道路设施等级划分本质上是对道路数字化基础设施的分级，并未体现"智能化 + 网联化"中协同控制与决策的内核。

3. 中国

2020 年 8 月，中国公路学会自动驾驶工作委员会和中国公路学会自动驾驶标准委员会联合发布的《车路协同自动驾驶系统分级定义与智能分配定义与解读报告》（征求意见版本 1.0）中，提出了车路协同等级划分应该由车辆等级和道路等级共同决定。因此，就存在系统的驾驶功能和智能化水平在汽车和道路设施当中分配的问题。分配模式存在三种情况，第一种是车辆起主导作用，大部分驾驶功能被分配到汽车端进行决策和控制，道路起到辅助作用；第二种是汽车和道路基础设施在驾驶任务完成的过程中起到同等重要的作用，驾驶功能在二者之间有机地分配；第三种是道路设施起主导作用，车辆只需要接收指令并执行，由智能道路设施完成感知、决策和控制过程。

具体智能网联道路等级的分级方式如表 4 所示。

表4　系统智能组合

系统智能等级		智能网联汽车等级					
		1	1.5	2	3	4	5
智能网联道路等级	1	1	1.5	2	3	4	5
	2	1	2	3	3	4	5
	3	1	3	3	4	4	5
	4	1	3	4	4	4	5
	5	1	4	4	5	5	5

　　这种由智能网联汽车等级和道路等级共同决定车路协同系统等级划分的思路具有一定的参考意义，但是文件中对于车路协同系统不同等级的定义和描述仍然太过模糊，需要进一步细化明确。

　　2020年9月，中国智能网联汽车产业创新联盟及各参编单位联合发布《车路云一体化融合控制系统白皮书》，详细阐述了云控系统的组成、结构和功能。车辆及其他交通参与者、路侧基础设施、云控基础平台、云控应用平台、相关支撑平台和通信网络六个部分共同组成了云控系统，如图1所示。

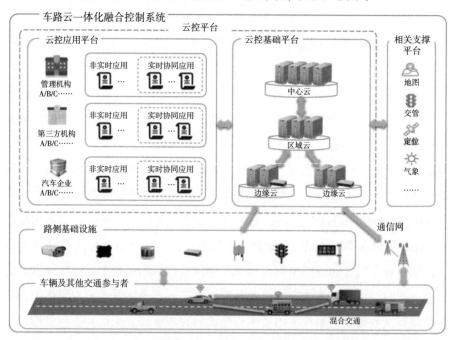

图1　云控系统组成示意

云控系统的感知有两个来源，一个是车辆及其他交通参与者自带的车端传感器，其收集的环境信息可以通过先进无线通信技术（通信网）传输至云控基础平台；另一个是路侧基础设施的感知模块，其采集的信息可以直接上传到云控基础平台。同时，云控基础平台还接受地图、交管、定位、气象等支撑平台传输的动态交通信息，与车辆及其他交通参与者和路侧基础设施提供的感知信息进行充分的融合计算之后，以中心云–区域云–边缘云的标准分层架构，实现对道路交通从宏观到微观的全维度综合管理。

云控基础平台可以进一步分成边缘云、区域云与中心云。边缘云、区域云、中心云共同组成逻辑协同、物理分散的整体，工作范围逐渐扩大，后一级对前一级具有统筹规划的作用，前一级的执行结果反过来也可以作为后一级进行统筹规划的依据。边缘云，也可以称作边缘计算单元，是最小的、离道路最近的计算单元，一般可以与路侧基础感知设施集成在一起。边缘云负责的是局部的、车道级微观层面的决策与计算，为车辆的具体驾驶行为（如加减速、变道等）提供驾驶指导。区域云，是多个边缘云工作汇聚的结果，面向一块区域内（如一条较长的隧道）的车辆运行和交通管理提供服务。中心云，是多个区域云汇聚的结果，面向大范围的（如城市级，甚至省级）宏观交通管理。由于工作范围最大，中心云不可避免地具有高时延的特点，反之，边缘云具有低时延的特点，区域云居中。因此，尽管不同的云控网联应用对时延和工作范围产生不同的要求，但是云控系统都能尽量满足。

本质上，车辆和路侧基础设施都是系统中的数据终端，其自身传感器探测得到的交通数据、交通基础设施数据、地图数据等既在车辆终端之间传输，也上传云端，云端通过其强大的数据存储、处理、计算能力，能够为道路上的车辆提供驾驶建议或指导，同时优化交通设施信号相位以调整交通。

此外，根据控制能力的不同，云控功能也可以分为4种类别，如表5所示。一是感知增强，通过路侧基础设施感知设备对车载感知进行补充赋能，并提供预警功能；二是面向单车的网联决策控制；三是面向多车的网联决策控制；四是路网全域交通统一决策控制。对于前两种功能，系统的责任主体

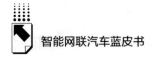

还是车辆或驾驶员，对于后两种功能，车辆或驾驶员只需要对单车的安全进行监控，其他的车辆行为和道路行为都由云控协调。

表5　云控功能类别

功能类别	功能	控制主体
1	感知增强，预警规划	车辆或驾驶员
2	单车网联决策控制	车辆或驾驶员
3	多车网联决策控制	车辆或驾驶员监控单车安全，云控协调车辆道路行为
4	路网全域交通统一决策控制	车辆或驾驶员监控单车安全，云控协调车辆道路行为

二　汽车智能化网联化以及车路协同概念的内涵

智能网联汽车，顾名思义，可以拆分成"智能"、"网联"和"汽车"三个关键词。智能，指的是运用先进 AI 技术，在车上搭载高精度传感器、控制器、执行器等装置，能够完整运行感知、决策、控制和执行循环，实现自动驾驶；网联，使车辆不再只是交通运输的工具，而是数据传输的终端，从而让信息在车与车间、车与外界环境间交互；汽车，是智能化网联化技术与传统汽车系统集成的载体。进一步延伸，智能网联汽车已经脱离了原来单个车辆的限制，当多个智能网联汽车和其他交通参与者、道路设施、通信设备联合在一起时，就成为一个综合协调的系统，即车路协同的自动驾驶系统。

（一）汽车智能化的内涵

在驾驶层面，汽车的智能化也称为自动驾驶，旨在通过感知、决策、控制、执行四步骤，利用先进传感器、人工智能、智能决策和控制等技术，由车辆完成部分或全部的动态驾驶任务，包括对车辆在横向和纵向上的运动控制。本质上看，汽车智能化和人类历史上曾经创造的所有工具的目的相同，都是减少人类劳动，让机器代替人类工作。

自动驾驶的感知，也就是对车辆周围环境信息的收集过程。自动驾驶车辆上装有大量摄像头、激光雷达、毫米波雷达等传感器，可以采集其他交通参与者的信息（如其他机动车、非机动车、行人的位置、速度、加速度等）和道路环境的信息（车道数、车道线位置、交通标志等），这些信息都是车辆进行决策和控制过程的依据。

自动驾驶的决策和控制过程，也可以被视为车辆对采集到的全部感知信息的处理过程。传感器收集的感知信息都会在初步处理后导入电控单元（ECU），从而利用人工智能等技术进行分析决策，形成车辆下一步的行驶动作意图和控制方案。

最后，自动驾驶的执行过程，也就是决策结果从电控单元被传输到车辆的控制部件（如发动机、轮毂电机等）的过程，此时，ECU 的决策将会被严格执行，这标志着自动驾驶的一个工作循环结束。

在车辆智能化分级方面，《智能网联汽车技术路线图 2.0》将汽车智能化分为 5 个级别，如表 6 所示。

L1 级是驾驶辅助，车辆只能够控制自身横向或者纵向的运动，或者发出声音警告，其余车辆控制的任务都必须由人类驾驶员完成。

L2 级是部分自动驾驶，此时车辆可以同时控制自身横向和纵向的运动，但是人类驾驶员需要完成除此之外的驾驶操作，并时刻保持对周围环境的观察，自动驾驶系统的运行条件比较狭窄而苛刻，能够实现的功能也比较简单，例如自适应巡航、自动泊车等。

L3 级是有条件自动驾驶，车辆能够在特定条件下实现自动驾驶，人可以不再保持对驾驶环境的监视，但一旦系统失效，需要驾驶员在短时间内对车辆进行接管。

L4 级是高度自动驾驶，比起上一级，实现自动驾驶的情景范围扩大，即使系统失效，驾驶员也不必须应答接管请求。如果驾驶员没有应答，系统能够自动进入最低安全模式运行。

L5 级是完全自动驾驶，即车辆在任何情况下都能够完成全部的驾驶任务和紧急情况应对。乘员只需要输入想要到达的地址，车辆就可以在不依靠

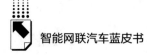

任何其他帮助或支持的情况下完成全部路况下的自动驾驶。

在此智能化等级定义中，L1 级和 L2 级属于人工驾驶到自动驾驶的过渡，被归类为辅助驾驶系统，驾驶员仍然需要负责完成部分或者全部的动态驾驶任务。L3 级及以上才是真正的自动驾驶系统，因为全部的驾驶任务都能够由车辆独立完成，只不过随着级别上升，失效应对由驾驶员变成自动驾驶系统，设计运行范围也逐渐扩大，最终实现 L5 级任意路况下的完全自动驾驶。

表6　智能化等级定义

智能化等级	等级名称	等级定义	控制	监视	失效应对	设计运行范围	典型工况场景
L1	驾驶辅助	在特定的设计运行范围内,自动驾驶系统持续执行横向或者纵向运动控制的动态驾驶任务,其余动态驾驶任务由驾驶人执行	人与系统	人	人	有限制	自适应巡航、车道保持等
L2	部分自动驾驶	在特定的设计运行范围内,自动驾驶系统持续执行横向和纵向运动控制的动态驾驶任务,驾驶人执行失效应对和监视自动驾驶系统	系统	人	人	有限制	交通拥堵辅助、协同式自适应巡航、自动泊车等
L3	有条件自动驾驶	在特定的设计运行范围内,自动驾驶系统持续执行全部动态驾驶任务,当系统发出接管请求或者系统出现故障时,用户需要接管系统并做出响应	系统	系统	人	有限制	高速公路、交通拥堵、商用车队列有条件自动驾驶等
L4	高度自动驾驶	在特定的设计运行范围内,自动驾驶系统持续执行全部动态驾驶任务和负责失效应对接管,用户不需要响应系统发出的接管请求	系统	系统	系统	有限制	高速公路、城市、城郊、特定场景(如代客泊车)高度自动驾驶等
L5	完全自动驾驶	在任何可行驶条件下,自动驾驶系统持续执行全部动态驾驶任务和负责失效应对接管,用户不需要响应系统发出的接管请求	系统	系统	系统	无限制	所有行驶场景

在非驾驶层面，汽车的智能化是指车辆可以通过乘员数据收集和机器学习（数据来源可以是车辆本身，也可以是乘员的手机等其他接入车联网的移动终端），了解乘员的驾乘喜好，通过人脸识别、语音识别、手势识别等技术，实现如座椅位置调节、氛围灯调节、车内温度调节、音乐推荐、餐厅推荐、旅游目的地推荐、影音推荐、健康监测等功能，从而主动提供可以满足车内人员驾乘需求的服务。得益于驾驶层面智能化技术发展对乘员的驾驶操作任务的解放，依托座舱智能化技术的发展，汽车逐渐由交通载运工具平台演变为人类生活的第三空间。从这个角度讲，在汽车智能化的两重含义中，驾驶层面的智能化（自动驾驶）是先行的基础支撑，非驾驶层面的智能化（第三空间）是技术发展必然趋势与智能生活的必然需求。汽车智能化的演进方向，是沿着了解车（服务驾驶辅助）—了解环境（服务自动驾驶）—了解人（主动服务需求）的技术主线展开的。

（二）网联化的内涵与外延

网联化，是指通过大数据、云计算、移动通信等技术，在车辆与其他各类交通参与者、道路基础设施和云平台设备之间产生大量实时信息交互，从而赋能自动驾驶的感知、决策和控制环节，推动高度自动驾驶甚至完全自动驾驶的实现。网联化思想的核心，是让交通参与者和道路设施都变成信息终端，让路侧基础设施具备智能大脑，与智能车辆协同合作，共同完成自动驾驶任务。目前，业内达成共识的汽车网联化等级划分为三个级别。

一级网联化是辅助信息层面的流通。这个阶段交互信息的数量减少，类型也比较单一，实现的是车辆从路侧设施获取导航或其他简单路况信息，从而提示驾驶员或者辅助自动驾驶车辆的决策过程。

二级网联化是网联协同感知，主要流通的是感知层面的信息。车辆可以与其他车辆、路侧设施、行人、云控平台等实现活跃的信息传导与融合。也就是说，车辆用来做出驾驶决策所依据的感知信息不仅来自自身的传感器，还有来自其他平台传感器的信息，这些自体产出和他体提供的信息交互融合

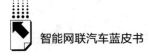

之后，共同作为自车决策与控制系统的输入。

三级网联化是网联协同决策与控制，比起二级网联化，三级网联化传输的信息还包括决策层面的协同交互，包括车辆与车辆之间的散点式协同决策和云控平台与车辆之间的系统式协同决策。对于前者，车辆与其他设备之间传输的不只是"我检测到了什么"，还有"我决定接下来怎么做，所以我希望你能怎么做，你是否同意？"对于后者，云控平台将扮演统一的指挥中心的角色，基于整体道路交通优化的角度，向车辆传输控制指令，由车辆接收指令后执行。

显然，网联化的实现包括车辆之间、车辆与道路设施之间、车辆与其他交通参与者（如人和非机动车）之间以及车辆和云平台之间的通信。而且随着网联化级别的升高，路侧基础设施的智能化级别和云平台的数据处理决策能力逐渐提高，交互信息的类型也在不断升级。

同时，网联化的实现程度也受到汽车智能化水平的限制。如果汽车的智能化水平较低，例如，一辆 L2 级别的汽车，自身都无法通过对外界的感知形成真正完整的控制决策，就更不可能在车 – 车和车 – 路之间形成协同决策与控制，不能实现三级网联化的效果。

以上内容只讨论了汽车网联化在自动驾驶层面的概念和作用，但网联化的真正普及将使汽车变成一个高效、便捷、智能、移动的工作和生活空间。只要车辆获得了乘员的权限许可，就能够获取乘员的手机、电脑等联网智能设备的信息，以此支持非驾驶层面智能化的应用，同时可与互联网、物联网实现深度交叉融合。

（三）车路协同自动驾驶的内涵

1. 车路协同自动驾驶的定义

车路协同自动驾驶系统，包括智能网联汽车系统和智能网联道路系统。考虑到汽车系统和道路系统都存在不同程度的智能化网联化水平差异，因此车路协同自动驾驶系统还包括在车辆和道路之间的协同动态分配。也就是说，车路协同自动驾驶系统，是智能化水平不同的车辆和路侧设备对道路环境分别进行感知的情况下，遵守提前设定好的信息格式和交互规则，实现车－车、车－路侧设备、车－后台、车－人的信息传递共享，并根据车辆和道路智能化水平的不同，将自动驾驶任务在车路之间进行动态的分配。

车路协同根据协同作用的范围大小可以分为 3 种类型——节点协同、路段协同和路网协同。

①节点协同，指智能网联车辆在道路的某个具体位置与路侧设备或云控平台（边缘云）进行短距离、短时延、高精度的信息交互，以获得路侧设备的感知信息或接收指令。节点协同针对的是特定车辆细节行为上的合作，保证车辆在微观层面上的驾驶安全。

②路段协同，指智能网联车辆与云控平台（边缘云或区域云）建立时延较短、距离较长、精度较高的信息交互，以获得路侧设备关于路段交通状态的感知信息或接受路段层面的协调指令。路段协同关注的是对某路段上的所有车辆进行优化控制，改善道路级别的交通状况。

③路网协同，指智能网联车辆与云控平台（区域云或中心云）建立时延较长、距离长、精度较低的信息交互，以获得路侧设备关于路网交通状态的感知信息或接收路网层面的协调指令。路网协同关注的是针对多路段组成的交通路网的交通优化和控制，例如，引导车流分散到不同路段，从而实现全局系统的交通管理。

2. 车路协同自动驾驶系统的组成

车路协同自动驾驶系统由智能交通管理系统、智能路侧系统、智能车辆系统、智能通信系统 4 个关键子系统组成。

智能交通管理系统，包括云控基础平台和交管部门、地图、定位等支撑平台，其中云控基础平台是主要核心。云控基础平台，涵盖了微观（边缘云）、中观（区域云）、宏观（中心云）不同范围的控制单元，负责信息数据处理和指令的发布。这种自上而下分层架构式的分布，有利于实现对交通管理从宏观到微观、从整体到局部的整体覆盖。上一级控制单元对下一级形成统领和指导，下一级控制单元执行的结果作为输入和依据，反过来提供给

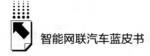

上一级单元进行决策。

智能路侧系统主要包括感知模块、决策模块和通信模块。感知模块主要由各类传感器构成，用于采集道路上所有交通参与者以及动态交通设施的信息；决策模块是智能路侧系统与智能交通管理系统中边缘云的交叉，因为边缘计算单元（即边缘云）往往与路侧传感模块集成在一起，构成智能路侧系统的一部分；通信模块作为信息传输的中介，将感知模块采集的信息以及边缘计算单元的决策指令传输到车端和更高层的云端。

智能车辆系统由道路上行驶的所有车辆组成，虽然车与车之间的自动化程度和网联能力不同，但基本包括以下几个部分：传感器、数据处理终端、车载智能控制终端和通信终端。传感器负责单车角度的信息采集，数据处理终端将传感器收集的数据进行标准化处理，车载智能控制终端利用标准化处理后的数据做出单车行驶决策，通信终端负责车辆与其他车辆、路侧设备、云端之间的通信。

智能通信系统建立在大数据、5G通信等先进技术的基础上，主要由通信服务提供商（移动、联通、电信）提供技术和设施支持。

三　中国方案智能化网联化融合的发展理念

（一）智能化和网联化的相互关系

自动驾驶汽车沿着智能化和网联化两个维度发展，智能化是核心基础，网联化赋能感知、决策和控制过程。二者存在相互促进的关系：更高的智能化水平对网联的赋能作用提出更高的要求；更高的网联化水平也需要更强大的智能化基础。例如，L1～L2级智能化水平的汽车，受限于智能化水平较低，网联化的作用只能是简单地辅助信息交互与感知，例如碰撞预警、导航指引等；对L3级及以上智能化水平的汽车，网联化就可以在协同决策上提供帮助，通过路侧感知设备和动态的高精度地图，弥补车载设备对周围环境探测的局限性，解决盲区问题，增强对其他交通参与者的感应与定位。除此之外，网联化还可以承担协同调度的功能。车侧和路侧的信息通过边缘计算设备进行数据融合，再传输到车端做实时控制，实现高度自动驾驶和完全自动驾驶。

智能化和网联化的发展速度不完全一致，因此二者应呈现交融的螺旋式发展局面。

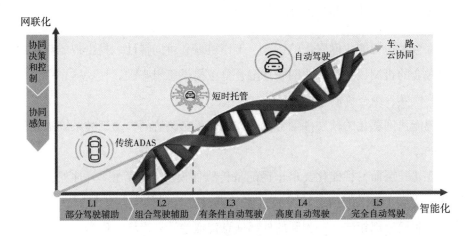

图2　智能化和网联化螺旋式融合发展

当车辆智能化水平较低时，较高的网联化水平可以有效弥补车辆在感知和决策上的不足；当网联水平较低时，较高的单车智能水平能够应对大部分自动驾驶任务的要求。从长期趋势看，肯定是智慧的车搭配智能的路，但智能化和网联化的发展速度并不完全一致，所以更智慧的车可以一定程度上弥补路的不足，更智慧的路也可以弥补单车的局限。

因此，智能化和网联化的互相补充，本质上就是感知、决策、控制的智能化能力在车侧和路侧分配的问题。通过将智能化能力往路侧设备倾斜，单车的成本显著降低，从边际成本上看，也同样更低。因为一辆车上的智能只能服务一辆车，而路侧的智能化可以服务所有在道路上行驶的车辆和其他交通参与者。

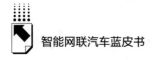

表7　智能化水平在车辆和道路系统之间的分配

	车辆	道路
感知/决策/控制	车载传感器（激光雷达、毫米波雷达、摄像头等） 车载智能计算平台	路侧感知设备 边缘计算单元 MEC（边缘云）
单车成本	高	低
边际成本	高	很低

（二）智能化网联化的融合机制

综合考虑智能化网联化的特点、工作机理和协同特性，提出智能化和网联化融合的机制，为智能化网联化融合分级提供思想基础。

1. 软硬件融合机制

智能化网联化的软硬件融合机制，也就是车路协同自动驾驶系统集成化的反映。

在驾驶层面，智能化要求车辆配备传感器模块、计算模块和控制模块。网联化要求车辆添加信息输出和接收的器件，该器件需与传感器、计算模块、控制模块都相连——收到的外部信息传递给计算模块，作为自车决策的输入；将自身感知到的信息和计算模块做出的决策内容输出外部；同时，在收到云端指令时，需要将指令传递至计算模块和控制模块执行。

在非驾驶层面，网联化需要车辆具备类计算机的智能模块，从而能够通过蓝牙等无线传输方式获取乘员的手机、电脑等联网智能设备的信息，以此支持非驾驶层面智能化的应用。

软硬件层面的配置并不复杂，更重要的是在感知、决策和控制上，智能水平和网联水平如何分工合作，从而达到和谐统一。

2. 车、路、云的多层次协同决策过程

在智能网联协同背景下，参与交通过程的要素有车辆、道路、云平台、行人和非机动车等其他交通参与者，其中，车辆、道路和云平台都具备智能化水平。从状态共享、意图共享到协同决策及协同调度，智能化网联化的融合度逐渐加深，协同范围扩大，信息交互的频率、类型、体量显著增大。对于状态共享、意图共享和协同决策，车路云合作模式都相对简单，只存在范围较小、结构较简单的决策交互，尚未涉及云控平台路网全域调度的协调功能。

在协同调度层面，还有一种更加激进的分工模式——车辆上只留有控制模块，云发出详细的到执行层的指令（如方向盘往右打多少度），车辆只需要严格执行指令即可。但这对通信时延、通信质量和云平台处理及大批量数据并稳定运算的能力有非常严格的要求。同时系统的容错率几乎为零，一旦车辆没有及时接收到行驶指令，由于其本身不再具备自动化能力，就无法继续保障乘员的安全。因此，这种协同调度状态下车辆的运动全部由云接管的分工模式，本文不予采纳。

实际上，协同调度下车路云综合管理呈现阶梯式的多层次协同决策过程，原理如图3所示。云控基础平台根据车辆和路侧感知设备上传的感知信

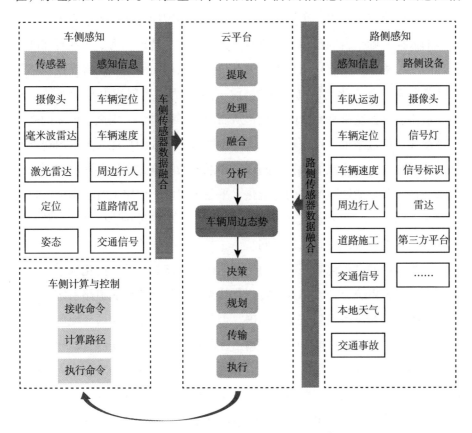

图3 协同调度下车路云综合管理示意

209

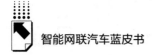

息，利用中心云－区域云－边缘云的多层级架构，进行车道级的路网决策（引导车辆行驶路径）、路段决策（车道路权分配，全路段车速引导等）和节点决策（划定变道区域等），并将决策结果传输到车端，车端智能计算出执行指令的路径和方法，最终由车端执行层执行。

在车路协同自动驾驶系统中，云平台更多地起到支持功能，而不是全权控制车辆的行驶。云平台发出的指令是结果导向的，而如何实现这一驾驶结果仍然由车载智能决策控制，同时车辆仍然需要负责监控自车安全。一旦车辆判断云发出的指令威胁到单车安全，车辆应当按照保障自身安全的状态行驶，并向云平台反馈协商。

3. 车路协同自动驾驶系统的智能动态分配

在实际道路环境中，车辆和路侧基础设施的智能化水平参差不齐，不同地区的云控基础平台的覆盖范围以及完善程度相差甚远。为了实现更加高效合理的交通管理，车路协同自动驾驶系统必须从横向的角度，将完成动态驾驶任务所需的智能化功能（感知能力、决策能力、控制能力）动态地在车辆、道路、云控基础平台之间分配，从而形成一种科学、安全、可靠的交通管理模式。反过来也可以理解为，车路协同自动驾驶的功能实现是由智能网联汽车系统的自动化能力和智能网联道路系统的智能化水平共同决定的。举例来说，一条智能网联道路的智能化水平是固定的，但路上行驶车辆的自动化水平不同，因此在该条道路的路侧设施与不同车辆进行协同自动驾驶的时候，系统智能化分配的状态也不同。

①当车辆的自动化水平显著弱于智能网联道路系统的智能化水平，车路协同自动驾驶系统会把大部分的智能化功能分配到智能网联道路系统中，主要依靠路侧感知设备采集完整、精确、可靠的车辆信息和交通环境信息，依赖云控基础平台的计算能力为车辆输出控制指令。车辆本身的自动化能力一方面起到通信和执行指令的作用，另一方面是持续重点保持对自车安全的监测。一旦控制指令发生安全冲突，则以保证车辆自车安全为准。

②当车辆的自动化水平显著强于智能网联道路系统的智能化水平，车路协同自动驾驶系统会把大部分的智能化功能分配给车端智能来完成，主要由

车辆自带的传感器采集对驾驶环境的认知信息，输入车载智能大脑进行控制计算与决策。智能网联道路系统主要起到辅助感知的作用，路侧设施收集的交通信息通过无线通信传输给车辆，与自车传感器的感知信息充分融合后一起作为车辆决策的输入。

③当车辆的自动化水平与智能网联道路系统的智能化水平基本持平，此时车辆和智能网联道路系统的协同性将得到充分平衡，车路协同自动驾驶系统会把全部的智能化功能有机、灵活、动态地分配给车辆和智能网联道路系统。车辆和道路在决策的过程中地位同样重要，车路之间存在活跃的协同决策交互过程，如果车辆和道路的决策结果发生冲突，以保证车辆自车安全为准。

四　智能化网联化融合发展路径

（一）智能化网联化融合通信内容

根据智能化网联化融合的分级方案和各级定义，同一级别下可能包括不同车辆自动化级别和网联化级别的多种排列组合。换言之，相同的车辆自动化行驶效果，可以由多种智能化水平在车辆和路侧的分配方式实现。分配方式不同，车路协同自动驾驶系统中的通信类型、通信内容以及对通信规模、通信时延、通信质量的需求就会相应发生变化。因此，梳理各种智能化分配方案下车路协同自动驾驶系统的通信内容和通信类型是十分必要的，有助于车路协同自动驾驶系统中智能通信系统的构建。

1. 车 - 车通信

车 - 车通信要求车端设备接收周围车辆发送的信息，调整自身运行状态或保持不变。

对于车 - 车通信，信息交互的种类可以分为自车基础安全信息、检测到车外的目标信息、驾驶意图信息、协同决策信息。

①自车基础安全信息，指的是自车的位置、速度、加速度、方向、驾驶

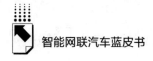

主体等基础信息。

②检测到车外的目标信息，包括其他交通参与者（例如，车辆、非机动车、行人等）的运动状态信息（例如，位置、速度、加速度、方向等）、道路基础设施信息（例如，车道线位置、道路标识等）和交通流量状态有关信息（例如，车头间距、车身侧距等）。

③驾驶意图信息，指由车辆自身计算平台输出的自车即将进行的下一步驾驶操作（例如，变道操作、加速操作等）。

④协同决策信息，指自车在与其他车辆或道路设施协商的过程中产生的信息，比起驾驶意图信息增加了针对其他智能网联车辆的动作请求。也就是不仅告诉其他车辆"我将要怎样做"，还输出"我希望你怎么做"。

2. 车 – 路通信

车 – 路通信要求路侧单元（RSU）通过本地传感器（摄像头、雷达、通信设备等）探测附近交通元素（车辆、行人、骑行者、障碍物、交通事件、道路标识等其他路面交通元素），根据探测到的目标物类型、尺寸、位置、运动状态等信息以及当前道路车辆位置关系，判断是否需要发送共享信息（或者是否收到邻车的共享请求）；若路侧单元判断探测目标需要共享，此时路侧单元将探测的目标物类型、属性、位置、运动状态等信息发送给周围车辆或需要感知信息的相关车辆。

对于车 – 路通信，信息交互的种类可以分为：微观行为状态信息、交通运行状态信息、数字化基础设施状态信息、气候状态信息和协同决策调度信息。

①微观行为状态信息，指的是道路上所有交通参与者（包括机动车、非机动车、行人等）的位置、速度、加速度、方向、横向间距等信息。

②交通运行状态信息，指的是道路或道路网交通运行的畅通与拥堵状态信息（包括交通流量、速度、密度、车头时距、车头间距等）。

③数字化基础设施状态信息，指道路标志信息、交通信号灯相位等。

④气候状态信息，指能见距离、路面结冰、路面温度等气象信息。

⑤协同决策调度信息，指自车在与道路设施协商或接收调度的过程中产

生的信息。

3. 车 – 云通信

车辆与云控基础平台之间的通信是车 – 路通信中非常核心的部分。车 – 云通信要求云端将车端和路端发送的信息进行融合，对交通状态进行分析，将调度信息和路线信息下发给车端。

云控平台具备场景信息的融合分析功能，构建车辆作业模型，面向不同应用场景提供作业调度、路径规划、联合决策和协同控制，可以实现远程驾驶、自动驾驶的业务管理，同时作为应用总入口，承接各类信息回传和指令下发，作为业务规划网络路径。云控平台可为单车感知与决策控制提供有效信息，在现有车路协同的基础上实现对所有交通参与者的全域全时自主控制，同时与其他行业服务与管理平台进行信息交互，实现对车辆与交通系统的多维跨领域的数据协同。

4. 云 – 路通信

云 – 路通信要求路侧设备 RSU 通过接收通信范围内车辆发送的信息（包括行驶状态、驾驶意图以及感知信息等）经数据融合后发送至云控中心，供云端对交通状态进行分析，为交通状态监控、交通事件检测、流量分析和动态路径诱导等监控管理提供精确数据支撑。

（二）智能化网联化融合发展路径

车路协同自动驾驶的协同性具备多范围、多阶段的特性，因此，车路协同自动驾驶系统的发展也必然是逐渐升级、逐渐深入的，这种逐步上升的路径可以看作是智能化网联化融合分级思路的雏形。

1. 辅助信息交互阶段

辅助信息交互阶段是车路协同自动驾驶的初级阶段，重点在于各子系统的感知模块之间广泛的信息交互。由此车辆就能够打破单车感知的局限，获得对周围环境更加全面、准确的信息。

辅助信息交互阶段，道路基础设施实现动态要素数据化，数字道路具备交叉口等关键节点和部分标准路段的路况信息感知，支持实时人车路环境的

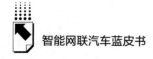

动态交通信息采集，实现道路动态要素数字化，所有静态（数字化地图和静态道路标识信息等）和动态（VMS、预警、事故、天气信息等）基础设施信息均以数字化形式提供给自动驾驶车辆。

辅助信息交互阶段典型应用场景包括交通信息提醒、天气提醒、碰撞预警、道路危险提示、车载信息服务等。

2. 协同感知阶段

智能化网联化融合的协同感知阶段，除了实现感知信息的全时空广泛共享之外，路侧智能将发挥更加重要的作用。单车智能的局限和瓶颈将进一步被车路协同的优势突破，车辆将逐渐依赖智能路侧系统和智能交通管理系统的决策指令来完成驾驶任务。

协同感知阶段，道路基础设施部署范围仍然有限，能够提供交互网联信息，支撑协同感知，数字道路具备标准路段和关键节点的路况信息网联感知，能够获取局部区域交通状况信息并实时向自动驾驶车辆传输，支持人车路环境等动态数字交通信息的交互融合、超视距感知等功能，实现道路数字信息的联网交互。

协同感知阶段典型应用场景包括交通参与者、交通事件等协同感知，如道路湿滑预警、交通事故预警、特殊车辆避让等。

3. 协同决策与控制阶段

协同决策与控制阶段是车路协同自动驾驶的高级阶段，云控平台的功能将被充分利用，边缘云、区域云、中心云的结构化合作将实现全路段、全时空的车路协同。路网决策和路段决策由云下达，节点决策的制定根据车辆智能化水平和边缘云的决策能力灵活调整。

云控平台服务通信要求低时延、高可靠，路侧感知－云端－车端整个链路时延≤100毫秒。

协同决策与控制阶段，数字道路具备宏微观细颗粒度的路况信息交互，支持大范围的边云超计算、区域级路径优化、人－车协同出行和物流投送等自主决策和管控，基于车辆的实时行驶状态信息，基础设施能够引导自动驾驶车辆（队列行驶车辆或单一车辆）行驶，实现道路协作数字出行的优化引导从而使整体交通流达到最优。

协同决策与控制阶段典型的应用场景包括车辆速度/间距/车道引导、协作式换道、协作式编队、无信号灯协同通行、匝道汇入、紧急车辆优先、AVP 等。

五　发展展望

（一）智能化网联化融合理念形成共识

随着智能化网联化技术的不断深入，各国纷纷发布智能化网联化分级定义，融合理念不断形成全球共识。例如，SAE J3016《驾驶自动化分级》已发布更新版，提出不同等级中人类驾驶员和车辆在自动驾驶系统中扮演的角色；SAE J3216 提出《道路车辆协同自动驾驶　相关术语分类方法和定义》，提出了状态共享、意图共享、协同决策和协同调度四种针对网联化协同自动驾驶的功能分类；欧盟 ERTRAC 发布《网联式自动驾驶路线图》，提出 ISAD 思路，明确支撑网联式自动驾驶的数字化基础设施分级概念，并取得业内共识。《智能网联汽车技术路线图》先后发布 1.0/2.0 两个版本，明确智能化网联化不同等级定义，以及智能化网联化融合应用场景及时间规划等。

（二）智能化网联化融合场景逐步收敛

智能化网联化融合实践应用场景不断收敛明确。《智能网联汽车技术路线图 2.0》针对乘用车、货运车辆、客运车辆等三种不同类型车辆，提出不同智能化网联化等级下融合后的具体场景以及时间规划，例如，代客泊车自动驾驶、高速公路队列行驶、城市道路自动驾驶（城市公交）等。《合作式智能交通运输系统　车用通信系统应用层及应用数据交互标准　第二阶段》《基于车路协同的高等级自动驾驶数据交互内容》等标准，提出智能化网联化融合的具体应用场景，例如，感知数据共享、协作式变道、协作式匝道汇入/汇出、基于协同式感知的异常驾驶行为识别等场景，上述场景对车辆的

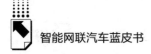

智能化以及路侧和网络的网联化提出较高要求。技术实现方面，矿山运输等典型应用场景已经实现落地应用，矿卡车辆通过自身感知并结合车车、车路、车云等通信，来提升安全、提高效率、降低人员成本等。此外，部分企业根据智能化网联化融合场景特点进行前期预研、开发，已实现量产方案Demo，并进行小规模示范应用。未来，随着场景标准定义不断补充完善，以及融合场景应用实践的不断深入，智能化网联化融合应用发展将越发明确。

参考文献

中国公路学会自动驾驶工作委员会、自动驾驶标准化工作委员会：《车路协同自动驾驶系统分级与智能分配定义与解读报告》（征求意见版本1.0），2020。

中国智能网联汽车产业创新联盟：《车路云一体化融合控制系统白皮书》，2020。

张懿、刘焰：《大数据时代下的智能网联汽车发展研究》，《江苏科技信息》2016年第24期。

国际自动机工程师学会（Society of Automotive Engineers，SAE）：《标准道路机动车驾驶自动化系统分类与定义》，SAE J3016（TM）。

交通运输部公路科学研究所：《2019年度交通运输战略规划政策项目研究报告》，2020。

《智能网联汽车技术路线图》，《汽车工艺师》2017年第9期。

中国公路学会自动驾驶工作委员会：《车路协同自动驾驶发展报告》，2019。

德勤咨询：《新基建下的自动驾驶：单车智能和车路协同之争》，2021。

公维洁：《C－V2X产业化路径和时间表研究》，《智能网联汽车》2020年第1期。

ERTRAC Working Group，Connected Automated Driving Roadmap. 2019，12－18.

Ran B.，Cheng Y.，Li S.，et al.，Connected Automated Vehicle Highway Systems and Methods，U. S. Patent Application No. 15/628，331，2018.

SAE International，Taxonomy and Definitions for Terms Related to Cooperative Driving Automation for On－Road Motor Vehicles（J3216），May 2020.

Shubham Agrawal，et al.，Routing Aspects of Electric Vehicle Drivers and Their Effects on Network Performance，Transportation Research Part D，2016，46，246－266.

B.8

智能化网联化融合关键技术进展

智能化网联化融合关键技术编写组 *

摘　要：　智能化网联化技术的融合应用是自动驾驶技术发展的新阶段，通过车辆与外界环境进行多样的双向信息交互，实现多类型数据信息的融合应用，为车辆实现环境感知、智能决策、控制执行提供全方位支撑。本报告充分考虑智能化网联化数据信息的融合以及关键共性技术的协同应用，提出了完整的智能化网联化技术融合自动驾驶通用框架，明确了智能化网联化融合中的多传感器融合技术、高精度地图技术、高精度定位技术、预期功能安全技术以及面向未来车路云一体化应用的云控系统技术的定位及特征。通过对空间融合、时间融合以及时空融合等多传感器关键技术进行研究，对通用框架中的各关键共性技术构成及发展进行剖析，详细阐述了实现智能化网联化融合应用所需的方法及路径，展现智能化网联化融合发展的关键内涵。

关键词：　智能化　网联化　自动驾驶

---

* 智能化网联化融合关键技术编写组成员：刘宏骏、李红、于胜波、陈桂华、纪梦雪，国家智能网联汽车创新中心；王红，清华大学；周文辉，公安部道路交通安全研究中心；陈君毅，同济大学；张玉新，吉林大学；赵洋，电子科技大学；马凌峰、顾海雷、许瑞琛，上海机动车检测认证技术研究中心有限公司；陈敏杰、王力、宋子未、汪登辉、吴建宏，千寻位置网络有限公司；孙伟、谭业辉，北京四维图新科技股份有限公司；王国栋、黄乐、宋立桥、陈炯、潘杰，上海蔚来汽车有限公司；梁伟强、杨波，广汽乘用车有限公司；边宁，东风汽车集团有限公司。

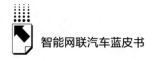
一　车辆智能化网联化融合关键技术定位及特征

智能化网联化技术的融合应用是自动驾驶汽车发展的新阶段，也是在单车智能自动驾驶汽车基础上的一次新产品、新模式、新生态的演进。同常规汽车相比，智能化网联化融合自动驾驶具备两大特征：一是跨产业融合；二是区域属性增加。两者融合的根本目的是使车辆进化为一个可以与外界进行信息交互的移动智能终端。

智能网联汽车通过自身搭载的智能化传感器，对外界环境信息进行单向的采集，并实现数据特征的提取、处理，同时可与外界进行多样的双向信息交互。这里的多样性表现在信息来源和信息类型的多样性上。多样性数据信息来源包括其他道路交通参与者、路侧基础设施、云端等；信息类型的多样性包含其他交通参与者的空间位置信息、基础设施的相位信息、决策协商信息等。在进行数据融合应用的过程中，需要信息通信技术、地图定位技术、安全保障技术、数据平台技术等多类技术的协同和支撑。

结合当前智能化与网联化技术不断完善和演进的趋势，进一步梳理细化单车自动驾驶与V2X网联化融合发展下的自动驾驶功能软件通用框架，以环境感知环节为起点，将传统单车智能传感器与V2X信息从时间和空间层面的融合技术，以及提供共性支撑的地图、定位、安全等模块进行抽象，共同构建完整的智能化网联化技术融合通用框架。

（一）多传感器融合技术

作为外部环境的信息输入，传感器抽象部分包括单车自动驾驶常用的毫米波雷达、激光雷达、各类摄像头等传统车载传感器所采集的信息；V2X抽象部分包括外部同样装配V2X功能的车辆、道路设施、弱势交通参与者和云端等的数据传入。相关传感器将按需输出原始数据、特征数据或目标数据等信息至感知融合板块，以支持自动驾驶车辆对外界环境的模型构建。随着汽车自动化程度的提升，集成在车辆中的传感器的数量和类型也越来越

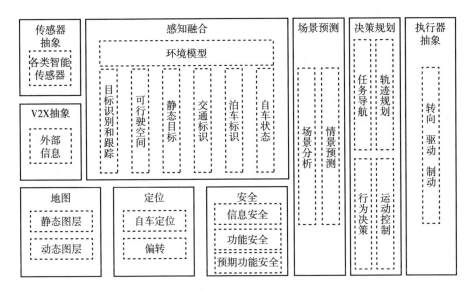

图1 智能化网联化技术融合通用框架

多，以实现冗余信息的获取，保障车辆自动行驶的安全。

感知融合板块承担着车辆对外界环境的模型构建工作。各种不同的传感器，对应不同的工况环境和感知目标，通过多传感器之间的协同作用，刻画车身周边目标物和可检测到的行驶空间环境，包括对各种动静态目标、交通标志等的检测与跟踪。对环境模型的构建需要充分利用不同时间与空间的多传感器数据资源，按时间序列获得多传感器的观测数据，在一定准则下进行分析、融合、支配和使用，获得对被测对象的一致性解释与描述。

（二）高精度地图技术

高精度地图（HDMap）是数字感知基础设施支撑车路协同自动驾驶、智能网联汽车以及智能交通应用中重要的坐标指导。高精度地图在精度和信息量上与传统导航地图有着显著差别：不同于传统地图米级的精度，高精地图能够达到厘米级精度；高精度地图不仅记录高精度道路数据（如道路形状、坡度、曲率、铺设、方向等）和车道属性相关数据（车道线类型、车道宽度等），更有诸如高架物体、防护栏、树木、道路边缘、路边地标等大

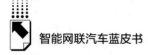

量目标数据。相比普通的导航地图，适用于自动驾驶的高精度地图中，从每一条车道线的形状，包括绿化地、路边护栏、斑马线、路牌、出入口等所有要素都被精准地体现出来，从而"还原现实世界"。高精度地图在制作过程中复杂程度比较高，采集与生产作业难度比较大，需要专业化的团队进行相应的数据采集与处理。

（三）高精度定位技术

定位对于智能驾驶来说，主要解决"我在哪"的问题，定位与感知、决策、执行一起构成了智能驾驶四大主体功能。

一方面，对于自动驾驶汽车，定位为车辆路径规划和决策提供必要的输入。车辆需要基于自身实时所处的道路、车道以及道路区段，来进行后续的路径规划，以及决策是否需要进行换道操作；定位也是 L3 级自动驾驶的 ODD 判断的必要条件之一。

另一方面，定位可为智能网联汽车提供主车、远车以及其他交通参与者的位置和时间信息，为协调及调度不同交通参与者提供统一的时间和空间坐标框架。基于主车与远车、行人、路侧设备的实时位置，可实现前向碰撞预警、弱势交通参与者碰撞预警、闯红灯预警等功能。车辆位置信息也是 V2X 技术各项应用中交互数据帧中的基础数据之一。

（四）预期功能安全技术

自动驾驶汽车既是车辆又是驾驶人，其演进目标在于最终实现完全替代驾驶人的机器自主驾驶，因此必须同时担负车辆和驾驶人的各种安全责任。自动驾驶汽车安全贯穿车辆设计、研发、测试、生产、使用、维护等全生命周期，通过设计实现安全，并通过交通场景验证和确认来改善安全。

预期功能安全（Safety Of The Intended Function，SOTIF）是汽车行业的新兴概念，是智能网联汽车安全的重要组成部分，主要应对由自动驾驶功能不足和可合理预见的人为误用所造成的危害问题。自动驾驶汽车能否安全上路行驶及真正意义上走向量产的关键是能否满足功能安全及 SOTIF 技术要求，同时，这也是自动驾驶汽车研发过程中最复杂、最亟须突破的难点。对于自动驾驶汽车而言，除考虑因系统故障引发的安全风险外，更应考虑系统功能不足、人机及外界交互等导致的更大安全风险。

自动驾驶汽车预期功能安全主要体现在汽车行驶过程中，可避免自动驾驶系统及部件因功能不足或误操作引起的交通安全问题，包括自动驾驶能力的适用性和可靠性等。

（五）云控系统技术

随着智能网联汽车、基础设施、交通环境等领域的基础数据融合交互与应用的需求逐渐升级，充分利用现有设施和数据资源，统筹建设智能网联汽车云控技术体系与生态系统是十分必要的。

云控系统是一个复杂的信息物理系统，该系统由智能网联汽车与其他交通参与者、路侧基础设施、云控基础平台、云控应用平台、保证系统发挥作用的相关支撑平台以及贯穿整个系统各个部分的通信网等部分组成。

车辆及其他交通参与者的信息既可以由路侧基础设施采集和处理后上传至云控基础平台，也可以由无线通信网直接上传至云控基础平台；云控基础平台结合地图、交管、气象和定位等平台的相关数据，对汇聚于云控基础平台的车辆和道路交通动态信息按需进行综合处理后，以标准化分级共享的方式支撑不同时延要求下的云控应用需求，从而形成面向智能网联汽车产业实际应用的云控平台，为车辆增强安全、节约能耗以及提升区域交通效率提供服务；企业、机构及政府相关部门已有交通/智能网联汽车服务平台，通过云控基础平台，无须追加基础设施建设，即可便捷地获得更为全面的交通基础数据以提升其服务。在整个云控系统架构中，通信网根据各个部分之间标准化信息传输与交互的要求，将各个组成部分以安全、高效和可靠的方式有机联系在一起，保障云控系统成为逻辑协同、物理分散、可支撑智能网联汽车产业发展的信息物理系统。

其中，云控基础平台是云控系统的中枢，是汽车由单纯的交通运输工具逐步转变为智能移动空间和应用终端的产业化核心所在。

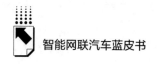

（六）整车级智能化网联化技术融合应用特征

从整车层面看，智能化网联化融合关键技术应用具有以下特征。

1. 底层的基础技术能力相对独立存在，并不互斥

整车的各传感器的感知能力、各控制器的执行能力及各通信器件的数据交互能力，均是相对独立的基础技术能力，各技术能力均在合适的时机和场景下发挥自身的作用，为整车实现各种功能应用提供支撑，且相互之间并不互斥，共同存在。在单车智能自动驾驶技术发展过程中，一直有"摄像头流派"和"激光雷达流派"的争论，但从最新的行业共识来看，两者是可以同时应用的。摄像头和激光雷达均属于基础的感知器件，可共同构成整车的基础技术能力，两者并不互斥，并且均可独立运行。

2. 最终呈现给用户的是完整且统一的功能体验

车辆是完整的消费产品，整车制造企业需要在满足基础整车法规要求的前提下，最大限度地保证提供优秀的用户使用体验，这就要求整车在自动驾驶或智能座舱的相关功能中，提供给用户的自动驾驶辅助及控制、相关报警及预警信息呈现等方面是协同一致的。用户应用层面不会过于关注底层的通信技术、环境感知技术以及功能控制策略等，比如较为成熟的自动紧急制动（AEB）功能，属于典型的面向用户呈现的整车级自动驾驶辅助功能，有标准的应用场景及控制反馈要求等，从 AEB 功能的底层技术实现路径上，存在以摄像头或毫米波雷达为主要感知传感器的两种不同的技术方案，两种方案都能够为用户提供完整的功能体验。

二　车辆智能化网联化融合关键技术进展

（一）多传感器融合技术

1. 智能化网联化空间融合

在空间维度，通过 V2X 通信，车辆能够感知交叉路口盲区、弯道盲区、车辆遮挡盲区等位置的环境信息，帮助自动驾驶系统更全面地掌握周边交通

态势。根据实际场景的需要，智能化网联化空间融合可以分为车车数据的融合、车路数据的融合、车路云数据的融合。

（1）车车数据的融合

车车数据的融合是指将主车与周边车辆通过 C – V2X 获得的信息与主车摄像头、激光雷达、毫米波雷达等传感器获得的信息相融合，获得主车周边完整的环境数据，从而有利于主车实时做出合理的决策。相关信息的融合可以是两车之间的数据融合，也可以是三辆车或多车之间的数据融合。

国内在基于 LTE 的车联网无线通信技术相关标准定义的场景中，如前向碰撞预警、左转辅助、盲区预警/便道预警、逆向超车预警、紧急制动预警、异常车辆提醒、车辆失控预警、紧急车辆提醒和车车协作式变道、车车协作式汇入、车车数据感知共享、协作式车辆编队管理等应用，将多车 ADAS 传感器数据通过 C – V2X 进行融合，实现主车传感器视野局限的突破，从而消除已知的不安全区域，尽可能压缩未知的不安全区域。

结合车身性能和场景需求，车车数据的融合以前融合为主，也可以结合前融合和后融合的特点灵活选择。车车数据融合的节点，通常可以选择应用场景中的主车。

（2）车路数据的融合

车路数据的融合，在技术角度上，弥补了当前还处于弱人工智能阶段的智能驾驶在面对复杂多变的交通状况的挑战、对行人或动物等交通行为判断低效和困难的挑战时所呈现的不足，可以进一步拓展车辆的信息视野，提高反应效率；还可以减少车辆对智能传感器的数量需求，降低智能网联汽车的硬件成本。

相较于车车或多车间的状态共享——通过将获知的周边车辆信息进行融合后，结合自身的算法来提前消减冲突，车、路之间的意图和感知共享，利用路侧（边缘端）的能力，兼顾复杂交通状况、交通管理方、车以及行人等，可以实现相关引导和协作，达到"车路协同"的理念和效果。

国内相关标准提出的典型车用通信系统基础应用场景中，第二阶段的应用场景，如协作式车辆汇入、协作式交叉口通行、差分数据服务、动态车道

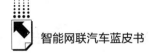

管理、协作式优先车辆通行、场站路径引导服务等，便突出了车路数据的融合应用。车路数据的融合以后融合为主，融合的节点通常可以选择应用场景中的路侧单元。

(3) 车路云数据的融合

车路数据的融合，能支撑一定范围内的交通引导和协作功能，但是受车载环境或路侧环境的限制，存在感知范围有限、可靠性不足、车间行为存在博弈与冲突、依靠局部信息进行的规划与控制难以实现全局优化等问题。另外，虽然车路数据融合强调车与路侧设备之间的协同，可以解决部分车端智能面临的问题，但其应用场景有限，主要功能在于利用车与车、车与路之间的信息交互辅助单车决策，难以实现面向区域级路网的大范围网联应用中的群体协同决策，不能满足智能网联汽车组成的交通系统在发展过程中对全局车辆与交通的交互、管控与优化，以及对交通数据的广泛深度应用等方面的实际要求。

车路云数据融合可以实现系统协同控制，不仅为单车决策提供有效信息，还可以在现有车路协同的基础上，通过全域控制实现对所有交通参与者的全路段、全天候、全场景的自主控制，以及在未来不同等级智能网联汽车混行的交通环境中，为不具备辅助驾驶功能车辆的司机提供道路管理信息和驾驶建议；为低等级辅助驾驶功能车辆提供辅助驾驶的地图和车辆周边目标推送，以及基于全局信息的规划和决策辅助、带预测的超视距目标事件等预见性感知信息；为多辆车提供基于全局信息的优先级通行建议等，包括提供交通信号优化配时服务，即根据区域交通流状态对区域交通信号配时进行整体优化以达到区域内车辆总体延误最小、排队长度最小等优化目标；提供交通诱导服务，即根据区域交通状态甄别严重拥堵路段，生成避开拥堵路段的策略，并发布给抵达的车辆；提供公交优先服务，即基于车路协同技术，当公交车辆接近信号控制交叉口时，车载单元向路口信号控制机发送特殊车辆定位距离和当前车速信息，由智能路侧单元计算车辆的预计到达时间，信号控制机根据当前信号的状态对相位进行红灯早断、绿灯延时等干预操作，保证公交车辆顺利通过。车路云数据融合的节点，通常是数据中心的云控平台。

2. 智能化网联化时间融合

在时间维度，通过 V2X 通信，车辆能够提前获知周边车辆的状态信息、协作请求，以及路牌、红绿灯等交通控制系统信息和气象条件、拥堵预测等更长期的未来状态信息，帮助自动驾驶系统"预知"行车条件。

（1）基于事件触发的即时性融合

在交通场景中，安全应用往往有最高的优先等级。事件触发的即时性数据融合可以为智能网联汽车的目标识别和驾驶行为决策提供先决条件。事件触发即时性数据融合在某个触发条件满足后立刻响应和生成——包含截止数据封装时刻的所有有效关键事件标志。在触发条件有效期间，以上述某个事件触发的生成时刻为起点，按照不同安全等级所需的反应时间完成数据融合，用于智能驾驶系统的决策和相关机构单元的执行，如自动驾驶中的制动等反应时间——包含各系统响应时间，其中包括所有输入传感器数据的融合处理、决策和协商处理时间，以及车辆本身系统计算及制动处理时间。如果要做到时速 100km 制动距离不超过 30 米，那么系统整体响应时间就不能超过 10 毫秒。这对各种不同类型的传感器的采样频率、C－V2X单元的发送频率、系统的融合处理时间、系统决策时间以及制动时间等提出了更高的要求。

（2）基于常规调度的周期性融合

对于非紧急性的安全应用或事件，基于常规调度的周期性融合数据，可以为交通参与者提供交通状态信息，作为行为规划的基础。常规调度的周期性数据融合，可以根据系统默认设置或根据具体场景应用分级要求来具体确定。常规调度的周期性数据融合根据设置的调度时间来响应和生成——包含数据封装时刻的所有有效关键事件标志。在调度周期内，以调度时刻为起点，按照不同应用级别所需的响应时间完成数据融合，根据相应调度周期进行发送，用于智能驾驶系统的环境感知和规划。各类传感器的采样频率、C－V2X单元的发送频率等可以有不同的配置等级和配置接口，用于根据场景和应用分类，匹配基于周期性数据融合的调度要求。

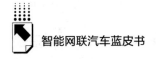

3. 智能化网联化时空融合

（1）检测级融合

检测级融合是指将自车采集到的信号和通过网联化手段采集到的其他传感器的数据直接在信号层上进行的融合以及在车端完成融合后的检测判决。检测级融合可以扩大智能化网联化车辆的感知范围，提高决策速度、决策精度和决策可靠性。

通常有两种信号处理形式：一种是经典的硬判决融合，即融合中心处理0/1式的裁决；另一种是软判决融合，中心除了处理硬判决信息外，还处理来自局部节点的置信度。

根据实际场景需求，选择智能化网联化空间融合方式，同时根据应用在时间上的调度需求，可以分为集中式或分布式的信号处理和检测融合。在集中式的检测融合中，融合节点得到各传感器采集的完整信息，采用相应算法进行融合、识别和判决；在分布式检测融合中，融合中心得到经过预处理后的采集信息后进行相应的融合与裁决，因此，其相对于前者会有一定的性能损失。

（2）目标识别级融合

在智能化网联化系统中，目标识别级融合主要是指交通参与者（多为主车）对其他交通参与者的定位、识别和判断。目标识别级融合主要分为数据级融合与特征级融合。

数据信息融合主要是解决实际中遇到的问题，如传感器时域协调性的问题，在全局坐标中解决相关的一致性检验、坐标的变换、信息的同化、数据的关联等问题，其中最棘手的是解决一致性检验和数据的关联问题。在数据级融合方法中，对传感器原始数据直接进行融合，然后基于融合的传感器数据进行特征提取和身份估计。为了实现数据级的信息融合，所有传感器必须满足同类型或同量级的要求。通过对原始数据进行关联，来确定已融合的数据是否与同一目标或实体有关。有了融合的传感器数据后，就可以完成像单传感器一样的识别处理过程。

与直接使用来自不同传感器的原始数据进行融合不同，特征级融合首先分别对各自数据进行特征提取，然后对提取的特征进行融合处理。特征级融合需要对传感器采集到的数据做提取特征处理，抽象出特征向量，然后对特征信息进行处理，得到融合后的特征，用于决策，属于中间层次的融合。特征级融合提供了更多的目标特征信息，增加了特征空间维数。

特征级融合的主要优点是有助于提高实时性，降低对传感器数据到融合模块的带宽要求，并且可以通过提升特征的互补性来提升效果。特征级融合保留了低级融合的相同分类和预处理能力，允许相关数据有效地集成到跟踪算法中。特征级融合表现出上述优势的同时，在融合性能方面有所降低，主要原因在于进行数据特征提取的过程中不可避免地会损失一部分有用信息。

特征级融合的实现技术主要有模板匹配法、聚类算法、神经网络和支持向量机等。大多数基于深度学习的方法也是利用神经网络提取特征，对不同传感器提出的特征之间做级联或者加权。

（3）决策级融合

决策级融合架构与低级融合相反。在智能化网联化系统中，每个传感器分别进行目标检测并产生跟踪目标列表。然后，融合节点的模型将这些目标与一个目标跟踪序列融合相关联，对每个传感器采集的数据信息进行预处理、特征提取、识别或判决，最后对得到的初步决策进行融合判断，因此是最高层次的融合。决策级融合可以在同质或异质传感器中进行融合。

决策级融合的优点与不足恰好和检测级融合相反，决策级融合的主要优势在于其模块化和传感器特定细节的封装，所需传输的数据量小，有一定的抗干扰能力，处理代价低，选用适当融合算法，可以将影响降到最低；其主要缺点包括预处理代价高，数据信息处理效果比较依赖预处理阶段的性能。

决策级融合常用的技术方法有专家系统方法、模糊集合论、贝叶斯推理、D-S证据理论等。目前大多数决策级融合方法比较低效，还不能完全满足自动驾驶汽车对融合时间的要求。

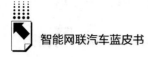

4. 智能化网联化融合关键技术

（1）数据的空间对准

在智能化网联化空间融合中，不论是车车数据的融合、车路数据的融合还是车路云数据的融合，都需要先实现数据的空间对准，即空间同步：将不同传感器坐标系的测量值转换到同一个坐标系中。空间同步可由传感器的联合标定实现，空间上的调整即指坐标系上的转换。由于安装位置上的差异，各传感器的测量基准有所不同，一般以自身的位置为基准，例如，毫米波雷达的基准是电磁波收发口，摄像头的基准在镜头处。因此，数据的空间对准需要将所有融合传感器的基准统一于某个点的位置。

在智能化网联化系统中，由于传感器的位置安装存在偏差，不同车辆的长度、宽度的不一致，传感器的测量基准有所不同等，需要建立精确的雷达坐标系、摄像机坐标系等，并对这些坐标信息进行融合处理，将不同传感器坐标系的测量值转换到同一个坐标系中，从而实现数据融合处理及其识别和裁决。此外，激光传感器在高速移动的情况下需要考虑当前速度下的帧内位移校准。

（2）数据的时间对准

时间融合是指智能化网联化系统中毫米波雷达、激光雷达、摄像头等传感器所采集的数据在时间上的同步。

以车车数据融合中的毫米波雷达和视觉传感器为例，两种传感器的采样频率不同，假设毫米波雷达采样频率为25Hz，即雷达数据采样间隔时间为25毫秒，每秒40帧；摄像头采样频率为30fps，即摄像头采样间隔约为33.33毫秒，每秒30帧。两种传感器采集的数据实现时间上的融合，需要传感器在时间上同步采集数据。

在时间精度要求不是很苛刻的应用场景中，时间同步可以以GPS时间戳为基准。如果GPS信号良好，同时传感器硬件支持相关时间同步的方法，一般得到的传感器数据包中会包含全局的时间戳，此时以GPS时间戳为基准进行时间同步较为方便。以摄像机和毫米波雷达为例，以摄像机采样速率为基准，摄像机每采一帧图像，选取毫米波雷达上一帧缓存的数据，即完成共同采样一帧雷达与视觉融合的数据，从而保证了毫米波雷达数据和摄像机数据在时间上的同步。但是，由于交通参与者的快速移动，时间戳查询数据会有一个比较明显的时间差。

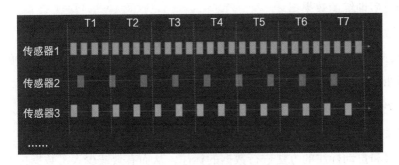

图 2　采用 GPS 信号进行时间同步

另外，数据的时间对准可以采用主动数据同步的方法，以激光雷达和摄像头为例，将激光雷达作为触发摄像头的源头，当激光雷达转到某个角度时，触发该角度的摄像头，这样可以大大减少时间差的问题。如此，时间对准的方案以硬件方式实现，可以做到比较低的误差，实现较好的对齐效果。

数据的时间对准也可以采用曲线拟合与插值递推的方法，其优点是不受交通参与者运动规律的影响，对准的精度高，缺点是数据量和计算量大。

（3）数据校准

在智能化网联化系统中，融合的数据可能来自汽车、路侧设施、行人、云控平台等，数据从各个传感器传递到融合节点的中央处理模块，因此需要对各个线路数据传输的时延加以控制，才能保证融合的有效性；另外，因为不同交通参与者的各类传感器的工作环境不同，既可能受到外部环境如雨、雪、光线等的影响，也可能受到内部的温度、电压等的影响，加之某些特殊情况，如路面颠簸造成的影响等，使数据出现不准确的问题。因此，在数据融合过程中，数据校准需要通过算法来甄选噪声数据和真实有效的数据。

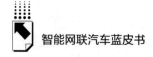

（4）基于智能化网联化融合的自动标注

智能网联汽车涉及的智能传感器可能多达十几个，这将产生大量数据，对数据进行标注已经成为智能化网联化应用开发的一大负担，数据不足将会影响模型训练的效果。

数据标注的质量和规模通常是影响智能化网联化系统的智能程度的重要因素，然而完全通过手动标注数据建立一个高质量、大规模专业领域的数据集并非易事，存在标注人员的培训与手工标注成本高、耗时长等问题。为解决相关问题，可以通过 C－V2X 技术充分利用各融合节点的计算能力，如智能网联汽车、路侧边缘云、云控平台等，采用自动化处理程序和工具实现主动学习和自动标注的方法进行数据的标注，从而有效减少人工数据标注的工作量，促进智能化网联化的发展。

（5）基于智能化网联化融合的自动学习

基于智能化网联化融合的自动学习，能够有效实现融合节点挑选适应场景的融合方式、融合技术及其组合方案。在智能化网联化融合系统中，不论是基于空间融合的融合节点的选择，还是空间对准的算法、时间对准的算法、自动标注等，都需要自动学习算法负责挑选匹配应用场景的对象及其组合，才能更好地推动智能化网联化交通系统的融合发展。

基于智能化网联化融合的自动学习是一个迭代过程，系统算法可以通过接收修正后的融合模型，从而直接改变模型决策的边界，提高融合模型的可靠性和有效性。

以基于智能化网联化融合的自动标注为例，为解决大数据量标注的痛点，基于自动学习且融合多样查询策略的智能标注解决方案只需标注集中部分的数据，即可启动智能标注来自动标注剩余数据，或返回少量后台难以确定的数据再次进行人工标注，同时提升自动标注的准确性，经过几轮之后，在实际项目测试中，基于智能化网联化融合的自动学习的智能标注功能可以帮助用户减少大量的数据标注量，极大地节省数据标注中的人力成本和时间成本，推动智能化网联化的融合发展。

（二）高精度地图技术

1. 高精度特征地图服务子系统

高精度特征地图服务子系统构建高精度特征地图，为智能网联汽车提供辅助定位。在城市峡谷、树荫遮挡、高架立交、隧道等场景中，卫星信号不可靠或者完全被遮挡，智能网联车辆系统中的车载终端无法通过卫星信号获取准确的位置信息，导致智能网联车辆系统中基于位置的安全驾驶方案不能适用于上述场景，高精度特征地图服务将会解决上述场景下的车辆位置辅助定位问题。

通过高精度静态地图提取有利于定位的高精度特征地图，在车载端搭载高精度特征地图、毫米波雷达和定位终端。毫米波雷达点云数据经过聚合，分割提取高精度特征点云，与车载端高精度特征地图做变化检测，若发现变化，将毫米波雷达点云数据再次抽稀和压缩，同位置数据共同上传给基础地图服务平台端。在平台端将点云数据和高精度特征地图进行融合、验证、自动建立拓扑关系，形成对高精度特征地图的更新并下发到车端，以便对车端的高精度特征地图进行更新。

2. 高精度动态交通实时信息服务子系统

高精度动态交通实时信息服务子系统的建设主要围绕动态实时数据的汇聚、处理、更新、发布、三维数据实时渲染等技术进行开发。子系统的软件采用架构技术进行标准化、开放性体系设计，充分考虑软件复用、中间件等技术，在功能扩展时可以通过增加标准应用构件的方式实现升级。

子系统的框架设计采用当前先进的智能交通技术、软件技术和通信技术构建，同时框架符合先进性、开放性、层次化、标准化等设计原则。子系统主要包括高精度静态地图模块、动态数据汇聚模块、动态数据实时处理模块及动态交通实时信息发布模块等四个模块。

高精度静态地图模块主要提供动态信息位置参考、基于 Web 高精度地图服务、三维数据渲染等内容；动态数据汇聚模块主要收集影响智能网联汽车在道路上行驶的动态数据，包括路侧设施数据、云平台数据及车辆周边环境

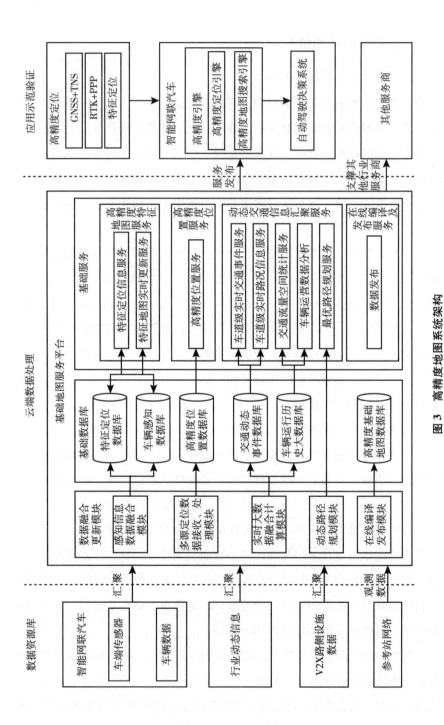

图 3　高精度地图系统架构

数据；动态数据实时处理模块主要通过海量数据挖掘和多源信息融合方法生成高精度数据，包括车道级交通路况计算、车道级交通事件计算、车道级路径规划及动态信息更新计算。

3. 车端应用示范高精度引擎

高精度地图引擎的必要性在于，自动驾驶决策系统需要获取高精度地图的相关信息，在融合各类传感器所采集的数据后，计算最优驾驶方案。依托高精度地图平台，高精度引擎可以提供车道级的定位和搜索服务，而且地图内容时刻保持最新。

（1）高精度地图定位引擎

根据不同应用场景，高精度定位引擎利用地图里的各种要素，融合相应的算法，可以精确定位目标物和车辆的相对位置，为车提供精确、稳定、可靠的融合计算输出的定位信息，提高定位的可信度。输出相对位置、线速度、线加速度、角速度、角加速度、转向信息等用于决策算法，为融合感知提供相对位置，用于地图匹配和获取位姿信息。

（2）高精度地图搜索引擎

高精度搜索引擎，可以快速搜索自车周边一定范围内的道路和车道拓扑关系，结合低频和高频动态数据，辅助驾驶决策系统做出合理的超车、避让、更换车道等自动行为。其中，低频动态数据，主要指天气、施工、交通管制等信息，频度小于等于 1 小时。高频动态数据，包括事故、拥堵、红绿灯等信息，频度小于等于 1 分钟。

（3）高精度地图规划引擎

以车道为基准，完成基于多静态因素和动态信息的单车车道级路径规划，并集成车辆并线变道算法，根据车道标线属性，如单虚线、双虚线或者虚实线，判断两条车道之间的变道路径规划，并可根据动态交通信息实时更新路径规划结果。

高精度规划引擎是一个高内聚的功能模块，包含路径计算和路径生成，同时对路径结果进行缓存管理，提供给其他模块（引导引擎、显示引擎、定位引擎），并能够以接口形式支持不同平台对路径规划的应用需求，如车

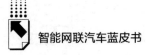
辆决策、超视距感知等。

（4）高精度地图显示引擎

静态高精度地图数据显示：厘米级的静态高精度地图支持二维和三维详细属性显示，还原真实场景，渲染效果可以根据需求进行调整。

地图显示采用分层模式，分为三层——路网数据、车道网数据和路侧设施数据，同时随着地图比例尺增大，级别增加，显示的内容可更详细。

动态交通信息显示：通过请求云端实时交通信息，根据道路的实时拥堵等级状态，结合基础地图数据显示实时路况信息；通过请求在地图云平台中获取车道级动态交通事件信息（交通管制、交通事故等信息），并以不同的符号方式显示在地图中。

路径规划显示：显示路径规划结果信息。

交互界面：提供上层交互界面，可定制完成用户与车辆的交互需求，如根据用户实际应用提供驾驶员接管自动驾驶车辆的入口，作为自动驾驶的操控入口、车载娱乐系统的入口等。

（5）高精度引导引擎

路径规划完成后，车辆以规划路线行驶时，可对车辆的路径、转向等进行提示。

（三）高精度定位技术

1. 智能驾驶定位性能指标

定位性能往往从定位精度、定位结果输出频率、定位输出的收敛时间，以及定位结果的可用率等方面进行考量。而定位的可靠性，较为成熟的衡量方法是借鉴民航领域的完好性评价体系。

定位精度的需求，往往和具体的应用功能相关。对于用来做 L3 级自动驾驶 ODD 判断（地理围栏）时，往往只需要米级的定位精度要求，此时由定位误差造成的自动驾驶功能提前退出或延时进入的时间差为定位误差除当前车速，基本为秒级的时间差。而对于 L3 级及以上自动驾驶车道级定位的应用需求，则要求可以根据定位结果实时判断车辆所处的车道，从而为车辆变道提供准确的判断依据，该应用需求往往要求定位精度达到亚米级。

定位可用性与定位精度和可靠性需求相互关联，定位精度要求越高，或可靠性要求越严格，则定位结果的可用性相对越差。抛开技术层面上不同指标要求间的关联性，单从需求层面来看，定位结果可用性越高，则由定位不可用造成的自动驾驶功能退出次数越少，车辆的驾驶体验越好。实践层面，可分别定义基于定位精度的可用性指标，以及基于可靠性的可用性指标，通常以百分比的形式给出，即定位结果满足精度要求的输出结果占整体输出结果的比例，以及满足可靠性要求的输出结果占整体输出结果的比例。

2. 定位完好性的定义与应用

（1）定位完好性的定义

L3 级及以上的自动驾驶应用，往往对感知、定位、决策、执行系统的安全性有严格的要求。对于定位子系统，则要求定位结果具备足够的可靠性，避免上层应用误用错误的定位结果而引起错误决策，进而引发危害事件。如何在确保定位结果的高可用率的前提下，保障定位结果的高可靠性，成为定位系统需要满足的痛点需求。

为满足严格的可靠性、安全性要求，一种可行的方法为引入定位完好性评价体系。在输出定位结果的同时，输出一定置信度下的误差门限估计值以及定位系统内部故障标识，上层应用基于该误差估计和故障标识，判断定位结果是否满足应用要求，避免误用错误的定位结果。

完好性是指导航系统在不能用于导航服务时及时向用户提出告警的能力，是对导航系统输出信息正确性、可信程度的度量。对于安全相关的定位应用，完好性监控是必不可少的技术措施。在民航、铁路、海运等导航定位应用领域，完好性监控均得到应用。完好性监控通过对输入信号的错误检测与剔除（FDE）、接收机自主完好性监测（RAIM）以及对定位误差的估计（PL 计算）等算法，保障定位结果的正确性。对于定位完好性的量化评估

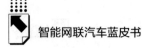

方法，则主要涉及定位的目标完好性风险概率（TIR）、告警门限（AL）、保护门限（PL）以及告警时间（TTA）。

（2）组合惯导定位完好性应用

①组合惯导定位系统架构。有关组合导航定位的实现方式，有多种不同的形态。传统信息娱乐控制模块集成 GNSS 软硬件已提供导航定位功能。近年来，GNSS 越来越多地被集成于 T-Box，以保障 GNSS 数据的实时性。随着 ADAS 域控制器的发展，往往将高精度 GNSS 定位功能布置在域控制器，以满足复杂定位算法的高算力要求，确保定位结果的实时性。

图 4 显示了一种分布式的组合导航定位系统。部署于域控制器的定位引擎通过网关和总线接收所需要的差分改正数、GNSS 信号观测量、IMU 信号以及轮速信号，通过融合解算以及完好性算法，得出位置、速度、航向角以及相应的保护门限（PL）。该系统方案一方面满足了算法对 CPU 算力的要求，另一方面复用了底盘域和信息娱乐域的硬件传感器，节省对应的硬件成本。

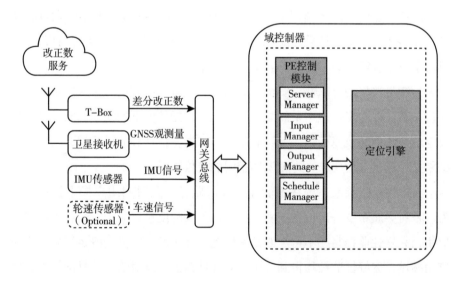

图 4 一种分布式组合导航定位系统

②组合惯导定位算法优化。定位算法涉及高精度 GNSS 定位与 GNSS/INS 组合导航算法。高精度 GNSS 定位算法根据所采用的改正数类型不同又分为 RTK 与 PPP 算法。RTK 定位失效模式以及 PPP 定位失效模式是进行 GNSS 定位算法完好性优化的基础，可针对各类失效模式建立相应的完好性监测手段，主要包括 RAIM、ARAIM、Chi‒square、FDE 等各类质量控制算法。在场景因素失效模式下，对多路径、非直射信号、模糊度固定错等失效模式进行准确的误差建模是目前高精度 GNSS 完好性算法仍然存在的挑战。

由于 GNSS 和 INS 具有很强的优势互补的特点，GNSS 容易受环境影响而产生粗差或错误结果，INS 具有自主、无源且不受外部环境影响的特点，通过 GNSS/INS 组合导航有效增强高精度定位完好性。针对车载平台低成本惯性传感器特点，进一步结合车辆车速、轮速、转向角信息进行多源融合定位，开展多源信息间的一致性校验，可有效改善定位性能与完好性风险，增强定位可靠性。GNSS/INS 组合导航与视觉定位、激光定位以及高精度地图在定位结果层面的一致性将是保障定位完好性的重要手段。

③组合惯导定位完好性指标验证方法。完好性指标验证的难点在于对于小概率 TIR（e. g. 10^{-6}/h）的验证。若完全依靠实测，则需要 10^6 小时量级的测试数据来说明 TIR 的达标。实际项目中，往往通过实测加仿真的形式，来说明完好性指标的达标。

图 5 显示了基于实测的完好性指标统计平台。实际路测中，通过搭载高精度参考（ground truth）和待测设备，同时获取两者的定位结果，以及待测设备的 PL 输出结果。并在数据后处理环节，对比高精度参考和待测设备同一时刻的定位结果，得出定位误差 PE，通过 PE、PL、AL 三者的关系，统计完好性事件发生概率。由于路测数据无法满足 10^6 小时的样本数据量，实测结果不应有完好性事件发生。

仿真的主要目的是增加完好性验证的样本量，以说明 TIR 的达标。通过在原始信号中增加干扰模拟因素，模拟 GNSS 信号受环境干扰的情形，验证完好性算法的抗干扰能力，以及 TIR 指标是否满足对应要求。

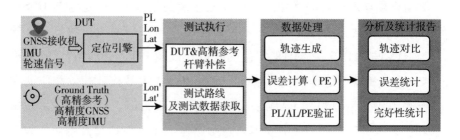

图 5　基于实测的完好性统计验证平台

④定位完好性的应用。为保证定位的安全性，定位系统以一定频率输出定位解算结果，并通过输出保护门限（PL），上层应用需要通过接收定位系统的定位结果对应的保护门限值（PL），与自身预设定的告警门限（AL）做对比，当 PL 大于 AL 时，由上层应用确定后续的应对策略（降权使用或弃用）。定位系统在发现内部错误或输入信号错误时，会通过对应故障位告知上层应用当前定位结果不可用，需要上层应用弃用相应定位结果。此外，定位系统输出和上层应用间，需要实现通信的端到端保护，以防止潜在的通信链路故障。

（四）预期功能安全

1. 感知相关的预期功能安全技术

随着智能网联汽车技术的发展，越来越多的驾驶行为中原有需要人类完成的任务已经逐渐被机器所完成，其中接替人眼对道路的观察工作的是智能网联汽车的车辆感知技术。驾驶员的感知是通过各种器官观测，经由大脑处理判断后，对环境或事物形成的认知。相对应的，在智能网联汽车领域，中央控制器接受各个传感器的信息经过一系列融合算法处理的这一过程便是感知技术，传感器就是汽车的感知器官。因此，近几年的感知技术跟随传感器的发展不断地进行技术革新，但同时传感器受环境影响大，在功能与应用条件上相比人眼拥有较大的局限性等缺点，也为系统的预期功能安全带来了新的挑战。

　　智能网联汽车感知系统以多种传感器捕获的数据以及高精地图的信息作为输入，通过一系列的计算和处理，来预估车辆的状态和实现对车辆周围环境的精确感知，可以为下游决策系统模块提供丰富的信息。然而，依赖复杂传感器和算法工作的感知系统也是预期功能安全问题的重要来源。

　　智能网联汽车感知系统在极端天气（雨、雪和大雾）、不利照明、传感器故障和运行状态监控、驾驶人对于智能网联汽车功能的正确认知等方面都面临一定的挑战。感知系统需要进一步提高准确度和精度，改善感知系统在不利照明和极端恶劣天气条件下的感知能力。未来智能网联汽车感知传感器会向更加灵敏的方向发展，增强针对复杂城市路况的处理能力来应对各种不利条件和突发状况。通过交叉验证障碍物的位置信息，减少感知系统传感器数据的不确定性；增强车辆与车辆（V2V）、车辆与基础设备（V2I）之间的通信；使用新型低成本高效的传感器，进一步加强传感器融合算法的开发；通过多传感器融合来减少各个分立传感器缺点的影响，并通过使用传感器的互补性和冗余度来发挥每个传感器的优势，以提高智能网联汽车感知系统的准确性、可靠性和确定性；通过对感知系统的深度学习算法的不确定性分析，提高感知算法的可靠性和可解释性。

　　2. 定位相关的预期功能安全技术

　　（1）基于 GNSS 的"RTK 技术 + 惯导"的定位技术

　　RTK 是一种比较成熟的 GNSS 差分增强技术，有伪距差分、坐标（位置）差分和载波相位差分三类。RTK 建立在流动站与基准站误差强相关的假设基础上。当流动站离基准站较近（不超过 10～15km）时，可获得厘米级精度的定位结果；当流动站和基准站间的距离大于 50km 时，最多只能达到分米级的精度。

　　将 GNSS 绝对定位与其他传感器相对定位优势融合的组合定位技术可大致分为松组合定位技术与紧组合定位技术。

　　松组合往往被理解为是发生在位置域中的组合方式，因为组合导航滤波器的观测量是位置、速度或姿态信息。GNSS 与其他传感器（IMU、车速计等）松组合的优势在于软件编制和硬件调试都较容易实现，使得松组合在

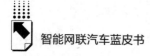

车载高精度定位中一直被广泛应用。但是当载体运行在高动态环境时，由于未受辅助的组合导航滤波器无法估计传感器的全部误差参数，所以会产生相对较大的导航误差，抗电磁干扰能力也较弱。

紧组合是发生在测距域中的组合方式，定位精度优于松组合，对于短暂的信号中断，紧组合下的连续导航能力得到保障，在高动态环境下的抗干扰性能较强，在城市峡谷、上下高架、隧道和地下停车场等复杂环境下都普遍适用。市场上已有部分模组将多频多星座 GNSS 接收机与陀螺仪、加速度计通过紧组合结合在一起，如 POS320，可以达到水平 0.02m ±1ppm、高程 0.03m ±1ppm 的精度。但是紧组合对传感器性能依赖较高，限制了其在车载高精度定位中的大规模应用。

（2）基于激光雷达、毫米波雷达、摄像头结合高精度地图的定位技术

SLAM 算法的作用是同时实现车辆的定位和环境信息建图。环境信息一般包括静态的道路信息，比如道路上的车道线、停止线、导流线、交通标识等。与学术上常说的 SLAM 不同，智能网联汽车通常都是预先建立地图，然后利用此地图进行定位和导航决策。完整的 SLAM 过程只发生在数据采集完成后的地图生成时。本文所说的 SLAM 算法是指基于地图的定位算法。

由于智能网联汽车需要极高的安全性，目前的人工智能还不能像人类一样对路况信息做出准确、及时的反应。高精地图提供的部分道路和环境信息，例如道路细节信息、交通标志等，与智能网联汽车通过摄像头、激光雷达等感知设备获取的信息存在重叠，达到"信息冗余"状态。信息越多，智能网联汽车判断时准确度就越高，从而避免事故的发生。

（3）定位功能局限性

城市峡谷对 GNSS 定位的影响包括以下几个方面。①可见卫星数的减少。在城市峡谷场景中，道路两侧的高层建筑遮挡卫星信号，导致可见卫星数较少。这种情况在多 GNSS 系统组合的情况下，能得到一定程度的改善。②卫星信号频繁丢失和重新捕获，造成信号的连续性变差，对于高精度定位的模糊度固定带来不利影响。③由于道路两侧建筑物的遮挡，可见卫星多为前后视距方向，卫星的几何构型（PDOP）变差，导致定位精度降低。④道

路两侧建筑物对未遮挡的信号进行反射，造成严重的多路径效应，使伪距观测量的测量误差变大，未被遮挡的卫星信号信噪比（SNR）降低，观测噪声偏大。

针对组合导航定位技术，在有严重遮挡的场景（比如在隧道中），车辆长时间内完全收不到 GPS 信号的情况下，单纯依赖惯导推断车辆的全局位置会由于长时间累计误差的影响，定位的偏差越来越大。情况差的时候，误差在百米以上。GPS、RTK 等定位信号丢失的场景（长隧道、室内、地下停车场等），无法保证厘米级的定位精度。

高架桥路段，桥上和桥下的道路在地图中的经纬度位置是非常接近的，有些地图甚至无法提供道路的高度信息。这导致定位车辆处于桥上还是桥下变得非常困难。

针对视觉 SLAM 定位方案，当遇到视觉感知比较困难的场景，比如暴雨、地面严重反光、黑夜无光等情况，相机无法看清道路特征，视觉 SLAM 方案会失效。基于激光雷达的 SLAM 定位方案方面，传感器硬件、算法、计算平台资源以及系统运行环境工况存在差异，会导致激光 SLAM 系统子模块功能出现问题，从而引发系统不同类型的定位功能局限和相关安全问题。

3. 决策相关的预期功能安全技术

现有决策技术主要有基于经验规则的决策技术、基于数据驱动的决策技术、基于效用函数的决策技术，以及考虑交互性、不确定性的决策技术等。

基于经验规则的决策技术依据人工驾驶经验，针对不同驾驶场景提取相应的驾驶行为决策规则。规则可以是确定规则，也可以是模糊规则。代表性方法主要有状态机法、决策树法等。这类决策技术简单易行、便于调试，广泛应用于智能网联汽车决策系统。

与基于经验规则的决策技术一样，基于数据驱动的决策技术的目的也是训练驾驶行为决策规则。不同的是，该方法基于机器学习算法对采集到的驾驶数据进行自主学习，从而得到环境到驾驶行为或控制指令的映射规则，避免了烦琐的人工提取经验规则的工作，主要以神经网络方法为代表。

基于经验规则和基于数据驱动的决策技术无法主动定量地评估驾驶决策的优劣程度，而基于效用函数的决策技术根据最大效用理论，定义了用于评价不同驾驶行为价值的效用函数，依据选择指标（或优化方法）在多个备选方案（或受约束可行域）中提取使效用函数值最大的驾驶行为作为最优的驾驶决策。在智能网联汽车决策方面，效用函数的设计依据人工专家经验，通常考虑了安全性、舒适性、高效性、驾驶任务完成度等。代表性方法包括传统的多指标决策方法，以及近年来被广泛应用的强化学习算法等。

智能网联汽车决策本质上是一个和周围交通参与者交互、博弈的过程。博弈论为考虑交互性的智能网联汽车行为决策提供了通用的框架，通过建立数学模型来处理决策者之间的冲突及合作，建立了一个精确地描述不同驾驶员之间交互行为的模型。在实际环境下，智能网联汽车和周围交通参与者的交互不确定性和博弈往往同时存在，基于部分可观测马尔科夫决策和博弈论结合的决策方法也被广泛应用。

以上各决策方法及其功能存在一定的局限性。基于经验规则的决策技术存在的局限性包括：严重依赖人工经验，且场景适应性不足；难以完全覆盖车辆可能遇到的所有工况，通常会忽略可能导致决策错误的环境细节等。基于数据驱动的决策技术存在的局限性包括：海量数据难以分类和贴标签；决策效果严重依赖数据数量和质量，样本不足、数据质量差、网络结构不合理等会导致过学习、欠学习等问题。基于效用函数的决策技术存在的局限性包括：指标的选取与权重系数的确定严重依赖人工经验，场景适应性不足；从零开始学习，效率低，解释性和预测性差；随机尝试，不考虑先验知识、训练周期冗长等方面。基于考虑不确定性、交互性的交互技术存在的局限性包括：概率分布难以确定；运算量随状态维度的增加而急速增加；如何处理驾驶员的不确定性和非理智性是难点等。

4. 控制相关的预期功能安全技术

车辆运动控制是智能网联汽车实现自动驾驶的关键，控制水平的高低直接关系到车辆的行驶安全性，以及周围利益相关者，如周围车辆、行人的生命与财产安全。

在控制算法的开发中，往往会根据需求在常规工况下将纵向和横向分别解耦，分别进行控制，而横向控制算法的主要目的是在跟踪轨迹的位姿偏差时有较好的性能，高性能的横向控制算法，能够保证车辆安全不驶出车道，或与相邻车道的汽车不相撞。根据是否对车辆动力学建模可将横向控制算法分为无模型的横向控制方法和基于模型的横向控制方法，更具体的，基于模型的横向控制方法可以分为基于车辆运动学模型的控制方法和基于车辆动力学模型的控制方法。

车辆的纵向控制主要有：定速巡航控制、自适应巡航控制、紧急制动控制等。

单独的横向或者纵向控制目前已经不能够满足更高级别智能网联汽车的需求，尤其是在复杂交通场景下，纵横向协调控制主要分为横向控制和纵向控制的分布式控制、横纵向集成的协同控制。

目前针对车辆的横纵向控制，一般是基于线性二自由度自行车模型进行控制器设计，而该模型是在假设小转角条件下的一种近似模型，当跟踪的目标曲线具有大曲率的特征时，自行车模型并不适用，另外关键参数辨识或者状态估计出现错误，也将会导致大的跟踪偏差，存在危险。

冰雪路面以及雨后的路面都比较湿滑，给车辆的横向控制、纵向控制带来了挑战，如横向控制中，低附着率的地面可能无法提供侧向力，导致横向跟踪无法收敛到规划的路径曲线，有可能造成碰撞或者驶出车道等后果。对于纵向控制来说，附着率低的地面无法提供足够的刹车距离，由此可能会导致车辆追尾、相撞。

5. 人机交互相关的预期功能安全技术

随着车辆智能化技术的飞速发展，人机交互（HMI）的便捷性与智能性大幅提升，人与车之间可以通过多种渠道的"对话"完成信息的传递与功能的执行，显著提升了驾驶体验与驾驶安全。目前智能网联汽车涉及的人机交互从交互形式上主要分为视觉交互、听觉交互、触觉交互等。针对不同的交互形式，系统对于人员的错误引导、人员的误用或误操作会引发不同的后果，带来各种预期功能安全范畴的问题。

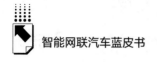

（五）云控系统技术

云控系统作为一类新型信息物理系统，融合了多种学科、不同领域的前沿技术，其建设和发展需要攻克架构、感知、控制和通信等方面众多关键技术，包括边缘云架构技术、动态资源调度技术、感知与时空定位技术、车辆与交通控制技术以及云网一体化技术等。

1. 边缘云架构技术

边缘云是实现云控系统高并发、按需运行实时类云控应用的新型技术手段。实时类云控应用如高级别自动驾驶对信息传输的毫秒级时延和超高可靠要求远远超越传统云计算架构的技术能力，亟须通过边缘云的架构设计满足云控系统的实际需要。

边缘云架构的目的是将实时通信、实时数据交换与实时协同计算技术融为一体，实现系统响应的实时性、数据传输的低时延与接入请求的高并发，以保证车路云数据交换在应用层面满足自动驾驶控制对实时性与大并发下的可用性及信息安全的实际要求，并保证互操作性和易用性。相关技术工作包括：制定统一的数据交互标准，开发基础数据分级共享接口，优化数据存储模型，建立高性能消息系统，采用轻量级基础设施及虚拟化管理平台保障边缘云服务实时性，优化上报与下发通信链路性能等。

2. 动态资源调度技术

云控系统需要运行大量应用以服务于智能网联汽车及交通系统中的各种场景。为消解高并发下各应用在资源使用上的冲突和物理世界车辆行为的冲突，云控系统要根据云控应用对实时性、通信方式、资源使用与运行方式等方面的要求，选择服务的运行地点及所分配的资源，保障服务按需实时可靠运行，保障所服务车辆的行车安全。相关技术工作包括，以平台统一管理或自行管理的方式进行负载均衡、生命周期管理，并利用领域特定的规则引擎按需调用云端车辆感知共享、增强安全预警、车辆在线诊断、高精度动态地图、辅助驾驶、车载信息增强以及全局协同等资源。

3. 感知与时空定位技术

智能网联汽车与路侧传感器的异构、多源与车辆分布不确定等特性，以及网联自动驾驶对信息精度、实时性与可靠性的高要求，带来车路感知系统配置、路侧感知部署、多源数据时间同步、多源异构数据关联等难题，对云控系统感知与时空定位技术提出了挑战。云控系统中车与路感知性能需要具有强工况适应性、良好的鲁棒性能与确定的实时性，以产生实时、高精度、高可靠的动态基础数据，满足网联式自动驾驶的感知需求以及交通数字孪生需求。云控系统中的交通参与者位置、路侧设施位置、交通事件位置等信息，需要有可靠的精度保障、较低的传输时延，以及复杂场景的可用性、安全冗余、鲁棒性等要求。高可靠高精度的位置表达，需要结合高精地图、高精度定位技术建立基于语义特征的传感器数据智能配准，从而保障云控系统各类应用服务中感知与时空定位的可靠性、准确性和可用性。

4. 车辆与交通控制技术

云控系统通过对车辆进行协同控制增强行车安全、提升行车效率和节能性，通过对交通行为进行监测与调控保障交通运行效率。根据交通运行总体需求和交通参与者个体的需求，亟须通过云控基础平台提供各类云控应用所需的单车、多车、车与路及交通的协同决策与协同控制等共性基础服务，以确保驾驶行为的规范性和道路交通总体功能的协调性。

5. 云网一体化技术

智能网联汽车与智能交通业务对云控系统异构网络提出了较高的实时性、可用性与并发性能要求。为满足较高服务质量需求，需要对通信节点与链路的工况进行实时监测与预测，对高并发数据在网络中的路由与节点处理进行统一优化调度。为此，应充分利用 5G 网络和 MEC 边缘计算技术扩展路侧计算单元的计算和存储能力，通过在其上部署边缘云引入更多本地应用以支持更丰富的交通应用场景，实现边缘计算和各层云的整合。云网一体化技术包括车云协同架构下的边缘计算技术将边缘云下沉至离车辆最近的 5G 无线接入网侧，以支持完成现场控制级应用，如路口级实时控制；利用运营商提供的产业互联网专线和城域光纤的综合通信网络技术将区域云划分为实

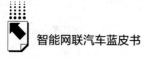

时区域云和非实时区域云，以实现实时性与弱实时性路网级的远程控制应用，如货车编队行驶属于区域云实时性要求较高的规划和控制应用；车云、路云和云云网关技术以保障边缘云、区域云与中心云间跨域数据的标准与高效通信；以及低时延高可靠 V2X 通信技术、计算 – 存储 – 通信资源的联合优化管理技术和网络切片技术等。

B.9
智能汽车、智能交通、智慧城市和智慧能源融合发展探索与实践

史天泽　姜磊*

摘　要： 本文对智能汽车、智能交通、智慧城市和智慧能源融合发展（简称"四智融合"）的战略路径和探索实践进行了阐述。作为未来跨领域融合的必然趋势，本文分析了四智融合发展对科技进步和经济发展的巨大推动作用，识别了各领域走向融合的技术需求和关键瓶颈，梳理了系统工程框架下四智融合的发展路径与技术体系，包括宏观布局层面的智慧城市移动共享出行云控技术、中观布局层面的智能交通系统的协同控制与服务技术、微观布局层面的模块化智能驾驶车辆技术等。同时给出了当前典型城市在四智融合理念下的发展实践。

关键词： 智能汽车　智慧城市　智能交通　智慧能源

　　近年来，智能化技术迅速发展，对汽车、交通、城市、能源等领域产生了深远的、革命性的影响。以上各领域在智能化进程中，逐步与其他领域产生协同乃至融合，形成了智能汽车（Smart Vehicle，SV）、智能交通（Smart Transport，ST）、智慧城市（Smart City，SC）和智慧能源（Smart Energy，

---

* 史天泽，博士，中国汽车工程学会高级研究员，研究方向为智能网联汽车；姜磊，中国汽车工程学会工程师。

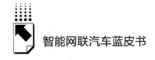

SE）融合一体化发展的新方向（简称"四智融合"或"4S融合"），引起了产学研各界广泛的关注。

一　四智融合的发展背景

（一）四智融合发展的需求与意义

1. 各领域对融合一体化的需求

目前，我国正处在城镇化快速发展的关键时期，未来城市会承载越来越多的人口。随着城市的发展，各类衍生问题逐渐增多。安全、环境、能源、交通拥堵等"城市病"问题日益严峻，影响范围逐渐扩大，呈现从一线城市向二、三线城市扩张的趋势。为了解决城市发展中面临的各种问题，要从多方面考虑，如环境污染治理、能源消费转型、构建现代化的公共交通网络系统、分散城市功能以调整城市空间、建设智慧型城市等，实现交通、汽车的智能化，从而支持城市可持续发展，这无疑是各种手段中行之有效的方法之一。

从发展来看，智慧城市、智能交通、智慧能源与智能汽车的发展与建设是相互支持、相互需要的。在智能化新时代，互联网、大数据等新技术快速发展，要满足人们智慧、安全兼具娱乐的出行选择，必须发展实时互联、自动驾驶的智能交通。智能汽车是智能交通系统发展的核心要素，只有以智能汽车为载体，才能真正实现车辆与车辆、车辆与基础设施、车辆与人员、车辆与智能家居、车辆与云端、车辆与能源系统的多方面互联，充分满足人们的出行需求和整个城市的发展效率需求。智慧城市与传统城市有所不同，智慧城市必须协同交通网、信息网、能源网实现"三网融合"。交通网、信息网、能源网皆与智能汽车的发展密切相关。未来新能源汽车的开发将作为智能汽车的基础，实现智能汽车与能源网的联系；车辆作为交通系统的基本元素，与交通网有着天然的密切关系；智能汽车作为人类未来出行的移动终端，需要作为承载信息的载体，又与信息网有着直接的关联。交通网、信息网、能源网构成了智慧城市的基本框架，智能汽车则是填充框架的重要元素。

由上文可见，智能汽车是四智融合的抓手，但其发展正面临几大挑战，具体表现为感知不充分、规则不明确、预期功能安全及成本问题。找到解决感知、规则、安全、复杂、可靠问题并且有商品化价值的新技术路线是智能汽车研发成功的关键。为了解决以上技术挑战，并进一步形成智能运输装备、智能基础设施、智能运输管控充分融合的自主式交通系统，需要通过在城市端布置高性能传感器、边缘计算平台、通信基站、定位基站等基础设施，实现道路智能化升级，为智能汽车提供超视距感知、边缘辅助计算、车队管理及车路协同控制策略。这些愿景离不开智慧城市的建设，充分信息化、智能化的移动装备还将与人民生活和城市管理深度结合，是融合一体化技术发展的战略方向。

因此，城市、交通、汽车、能源等领域的未来发展是相向而行、互为补充的，从技术层面看，各领域融合一体化发展是必由之路。

2. 四智融合的重大意义

首先，四智融合是科技革命的重要载体。融合一体化发展意义主要体现在以下几个方面：第一，实现汽车及交通、信息、通信、能源等众多产业的全面转型与交叉融合；第二，能够为未来增强发展动力、扩展发展空间提供重要支撑，是新一轮科技革命集成应用的最佳载体；第三，大力推动我国高新科技的基础研发和应用，例如芯片科技、人工智能等多项技术，培养科研自主创新能力；第四，受益于科技创新的推动，创建经济新型增长极，形成全新的、万亿级的、对未来产生深远影响的产业生态体系成为可能。

其次，四智融合一体化是产业转型的核心连接点和重要驱动力。一方面，融合一体化有着无与伦比的产业的基础性、关联性和牵引性，能够为制造强国、科技强国、网络强国、交通强国、数字中国和创新型国家的建设提供抓手和载体。另一方面，融合一体化将实现物流、客流、能源流和信息流的高效畅通，极大提升城市运行效率、个人出行效率、资源调配效率和经济发展效率，助力推动我国实现在数字经济、共享经济和智能经济方面的全球

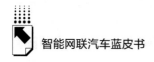

智能网联汽车蓝皮书

引领，显著增强我国在国际上的综合竞争力。

最后，四智融合一体化是建设未来社会的关键支撑。4S融合发展将从方方面面影响人类的社会生活，未来决定社会生产模式与社会生活方式的将是出行、物流及工作方式。未来城市发展将依靠现代化技术手段，实现城市中产业、经济、生活、工作的有效布局与再完善；实现汽车与城市、交通的互联互通；实现城市运行效率提升及节能减排。融合一体化发展的产业链复杂，落地后所呈现的商业模式丰富，未来将对人类的生活方式产生深远影响，有利于推动城市和社会实现未来发展、转型的目标。

（二）国内外发展形势

1. 国际发展形势

国际上，美国、欧洲、英国和日本等发达国家和地区高度重视智能网联汽车产业的发展，正在加速出台相关政策，致力于打造良好的发展环境。

美国一向对智能汽车和智能交通的协同发展高度重视。2015年，美国交通运输部制定了涵盖智能交通和智能汽车的网联化与智能化融合发展的策略。2016年，美国首次将自动驾驶的安全监管纳入联邦法律框架。2017年，美国交通运输部鼓励各州修改法律法规，为自动驾驶测试部署提供环境。2018年，美国交通运输部发布《准备迎接未来交通：自动驾驶汽车3.0》，着力推动智能网联汽车在确保安全的情况下与现有交通系统实现深度融合。2020年1月，美国发布《确保美国自动驾驶汽车技术领导地位：自动驾驶汽车4.0》，目的是通过联邦政府的努力，确保美国在自动驾驶技术方面处于全球领先地位。美国密歇根大学建立了自动驾驶测试场MCity，是世界上第一座专为测试智能汽车与V2X技术而打造的，经过环境变量控制设计的模拟小镇，目的是引领智能汽车向网联化过渡。目前，MCity已进入商业化运营阶段。

欧盟是目前智能网联汽车发展最成熟的地区之一，拥有发展智能网联汽车的良好产业基础。2010年，欧盟委员会发布了第一个协调欧盟各成员国推动ITS发展的法律基础性文件。在接下来的几年中，欧盟高度重视和推进高级自动化和网联化的技术研发。2016年，欧盟着手部署协同式智能交通系统，以实现V2X网联服务。2018年，欧盟委员会发布《通往自动化出行之路：欧盟未来出行战略》，计划在2020年实现在高速公路上的自动驾驶，2030年进入完全自动驾驶社会。

日本在智能网联汽车的发展上更强调智能网联汽车的落地和产业化，采用循序渐进的方式修订智能网联汽车规则。2013年，日本内阁将智能网联汽车的发展上升到国家战略高度，并在一开始便提出自动驾驶商业化时间表，作为日本复兴计划指导文件的核心之一。随后，日本内阁为了推进基础技术和协同系统的开发和产业化，制定了多个方向的大量研究课题。2017年，日本内阁提出2020年在高速公路实现L3级自动驾驶、L2级卡车编队行驶，以及在特定区域内实现L4级自动驾驶的配送服务。随着智能网联汽车的发展和产业化，日本政府着力解决智能网联汽车关键的责任划分问题和安全条件问题。《自动驾驶相关制度整备大纲》明确了一般事故的责任由车辆所有者承担，由黑客入侵导致的事故由政府赔偿。日本国土交通省则制定了L3/L4级自动驾驶汽车必须满足的十大安全条件。

从国际发展来看，各国均已意识到单靠智能汽车无法满足未来需求，寻求车外协同或网联融合是最终出路，但尚未上升到四智融合的国家战略高度。美国强调智能网联汽车作为交通系统的一部分，深度融入现有交通系统。欧盟强调车路协同和欧洲一体化。日本更加关注智能汽车和智能交通的落地和产业化，政府着力解决政策法规障碍。

2. 国内发展形势

我国对智能汽车的认识从一开始就具备战略高度，主张自主智能与网联协同融合发展，最终提出四智融合概念，各领域发展也具备了一定基础。

从国家支持看，近年来，我国出台了大量的、系列的、高级别的文件支持智能汽车、智能交通、智慧城市等领域的发展，并鼓励跨领域协同与融合。例如，2014年，八部委发布指导智慧城市建设的纲领性文件《关于促进智慧城市健康发展的指导意见》，提出公共服务便捷化、城市

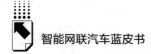

管理精细化、生活环境宜居化、基础设施智能化、网络安全长效化的主要目标；2019 年，国务院印发《交通强国建设纲要》；2020 年，11 部委联合发布《智能汽车创新发展战略》。以上文件都是四智融合发展的有力支撑。

关键技术层面，国内已有部分突破，如环境感知技术、智能决策技术和控制执行技术等高级自动驾驶的关键技术。在环境感知技术方面，清华大学开发的多模态视觉感知系统已应用于自动驾驶平台，百度等企业针对自动驾驶需求自主研发了高精度地图技术，北科天绘、速腾聚创等一大批激光雷达企业自主设计并推出多款机械式、固态激光雷达；在决策控制软件方面，清华大学、北京理工大学等高校以及百度、小马智行等科技公司已有多年的研究基础；控制器方面，华为布局了高性能域控制器和芯片平台，具备变革当前整车电子电气系统架构的潜能；在电控执行系统方面，一汽、东风、北汽等各整车厂均投入开展了具备冗余安全功能的转向系统研发，整体上国内处于追赶跟随阶段。总体来看，各领域关键技术的持续发展进一步夯实了高级自动驾驶技术的基础。

同时，我国高级自动驾驶汽车的车路协同关键技术已初步成形，包括智能车载系统关键技术、智能路侧系统关键技术、车车/车路信息交互与协同控制技术、车路协同系统集成与仿真技术等。在 V2X 技术方面，国家大力推动 5G－V2X 技术发展，大唐、华为等企业积极参与制定相关标准。在 5G 技术方面，国家组织多个部门共同支持成立 IMT－2020（5G）推进组，结合国家重大专项、"863" 计划等科研项目全面部署 5G 研发任务，目前已取得一定的示范应用成果。

在智慧城市区域交通的协同控制关键技术方面，我国具备一定的研究基础。此外，在网络化动态交通信息获取与交互技术、面向出行行为的区域交通智能分析与控制技术、区域交通网络化智能诱导控制技术、区域交通动态协同优化控制技术等方面，我国均有一定的研究基础并已取得一定的研究成果。这些技术都将成为智慧城市区域交通协同联动控制的关键支撑。

二 SoS 体系理论支持下的四智融合框架

（一）System of Systems 理论概述

在文明发展过程中，人类建设了许多高度复杂的巨型系统，这些系统的属性数目远远超过一般系统，其解释和发展是人们力争解决的重要问题。面向复杂大系统，人们提出了"System of Systems"（系统的系统，SoS）概念，并越来越频繁地应用于系统工程和管理科学领域。

当前 SoS 体系还未有公认、唯一的定义，以下给出几种主流定义，类似定义还有很多种，不再一一列出。

定义一：SoS 是由有限个独立可操作的系统组成的一个整体，这些系统在一段时间内相互连接，以达到一个更高的目标。

定义二：SoS 的各元素，在管理和操作上是独立的系统，这些互操作和集成的系统集合产生单个系统无法单独实现的结果。

定义三：系统的系统是一个总体系统，其元素本身就是系统。系统的组合，包括功能的系统、使能的系统和交互的系统，构成了系统的系统。

从其多样的定义可以看出，目前系统的系统概念已有方向性的共识，但此学科尚处在发展初期，还有很多局限性。例如相关文献零散，导致过多争论，有必要集中探讨"系统的系统"主要观点；当前对 SoS 体系的研究过于注重信息技术，诚然信息技术对"系统的系统"很重要，但信息技术对构建系统只起一定作用，系统工程是跨学科的科学，不能将研究重点局限于信息技术；传统方法难以在 SoS 问题中得以应用，系统工程传统方法处理单个复杂系统问题比较成功，但未能有效解决"系统的系统"问题；且 SoS 体系的探索集中于技术领域，但是在多系统融合发展中，其环境、人、组织、策略和政策等因素也不容忽视，"系统的系统"探索必须考察技术以外的组织管理问题。

即使在发展初期，SoS 的思想已经在军事、信息、交通等部分复杂领域

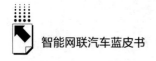

得到应用，以下对 SoS 理论当前的应用进行简要介绍。

1. 美国综合防空体系

现代军事综合防空体系是"系统的系统"。综合防空体系（Integrated Air Defense）由众多不同地区的、半自治成员系统构成，成员系统包括监视雷达、被动式监测系统、导弹发射系统、导弹跟踪和控制站点、空中监视和跟踪雷达系统、战斗机以及防空高炮等。成员单位通过命令和控制网络连接起来，实现地区级乃至国家级综合防空体系。成员系统由不同项目单位建设，由不同的部门管理，通过军事指挥体系联系起来。作为"系统的系统"运行的综合防空体系突现新功能和特性。

2. 万维网

互联网是典型的"系统的系统"，主要由计算机网络和主机节点构成。主机节点通过协议进行信息交互，这些协议依靠自愿遵守，仅有很小的强制性，强制性仅体现为主要节点达成协议、实现通信流量控制和观测异常站点。基于互联网产生新的"系统的系统"，即万维网（World Wide Web，WWW），最初目的是传输科学数据，现在已经扩展到商业、政治等多种用途，该系统也是 SoS 理念的应用之一。首先，互联网各部分的运行具备独立性，协调运行通过自愿采用技术标准实现，标准确定的过程同样遵守自愿原则。其次，互联网各部分的管理具备独立性，成员系统独立维护和管理，大部分由企业按照市场要求开发建设和管理。

3. 智能交通系统

智能交通系统（Intelligent Transport Systems，ITS）利用网络和计算机技术提高公路交通管理能力，实现车辆公共信息服务和公路自动化管理。在此仅讨论两个主要成员系统，即高级交通信息服务（Advanced Traveler Information Services，ATIS）和高级交通控制系统（Advanced Traffic Control Systems，ATCS）以及二者的融合。ATIS 向驾驶员提供道路交通状况实时信息和可选交通路线，提供驾驶员浏览交通状况和选择最佳交通路线的服务；ATCS 提供交通控制方法，包括道路交通网络实时和预测信息、车辆实时统计信息和计划路线等，实现城市道路交通有效控制；ATIS 和 ATCS 二者融合产生协同的"系统的系统",成员系统按照标准通信协议进行数据交换和信息共享。

(二)四智融合发展特点

智慧城市、智能交通、智能汽车和智慧能源是智能化技术的重要应用领域。在智能化趋势的驱动下,城市、交通、汽车、能源等关系国计民生的支柱性产业,其联系越发紧密。

从顶层设计的战略角度,实施4S融合一体化体系工程创新和科技创新,实现智慧城市、智能交通、智能汽车、智慧能源融合发展将带来科技实力升级、制造业升级和经济增长动能升级,解决国家和地区发展的多项关键问题。宏观上,4S–SoS融合一体化解决社会经济发展问题,并满足人民美好生活的需求;中观上,解决城市运行效率、交通治理升级、科技创新发展等问题;微观上,解决交通拥堵、环境污染、节能减排等城市发展问题。其总体方向主要有以下两个特点。

第一,4S–SoS体系工程是以"系统的系统"理论为基础,具有超高复杂度、涉及多个复杂系统的大型工程,是智能汽车系统、智能交通系统、智慧城市系统、智慧能源系统的体系化统筹。其要求所有参与要素全面实现网联化、智能化,各司其职,互联协同,充分智能,实现按需出行、高效移动、供需平衡,提高道路通行、城市服务、能源利用等效率,推动汽车、交通、能源、城市智能化转型,实现新一代汽车设计与城市建设,收获更多社会效益。基于SoS理论,首先,SC、ST、SV、SE都是完备的系统,要实现自身功能和要求;其次,以物理和信息手段实现各系统之间一定程度的关联,协同满足单个系统无法完成的目标。

第二,智能汽车是建设4S–SoS融合体系工程的核心与枢纽。智能汽车作为连接所有要素实现多主体协同智能的核心,具有实现"点对点"运输的灵活性、直接与用户接触的终端性、衔接不同交通工具的连接性,因此试点建设将以其作为核心、桥梁、纽带,与智慧城市、智能交通和智慧能源深度融合发展,并推动智能汽车产生新的功能与服务,构建城市一体化智能出

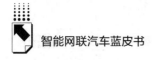

行平台，实现多元化交通工具的无缝连接。同时智能网联汽车是连接范围最广、自由度最大、难度最大、效能最佳的核心枢纽，是实现 4S 融合进而解决大城市发展核心瓶颈的突破口。

（三）SoS 框架下四智融合的内涵

1. 总体框架内涵

根据前文所述，一个 SoS 体系有如下特点：其成员系统具备独立性，即 SoS 体系拆解后各成员系统可独立运行；其成员系统具有弱关联性，即这些交互不影响各系统的核心功能；SoS 体系整合各系统，具备单独系统无法完成的功能；SoS 体系可以不断进化和发展。

智慧城市、智能交通、智能汽车、智慧能源的融合发展具备以上特点，各要素系统网联交互，实现按需出行、高效移动、供需平衡等总体目标，同时各成员系统相对独立，并在一定程度上存在交互。

4S－SoS 体系的各成员系统也具有各自的目标。在系统设计中，智能汽车需要实现高等级自动驾驶、高水平人机交互，支持网联化生态服务；智能交通需要实现基础设施智能化升级，实现区域综合交通指挥，支持车路协同感知、决策与控制；智慧城市需要实现物联网全覆盖，"人－车－路－云"间数据相互打通，建设基础云控平台。

各成员系统之间通过一定关联，实现交互、协同、融合，支持 4S－SoS 体系的总体目标。这些关联既包括物理联系，也包括信息联系。物理联系方面，核心是智能汽车，基础设施也承担部分作用。智能汽车是在物理上打通 4S－SoS 体系的核心，承担移动节点、信息节点、能源节点、计算节点的作用，并与人类需求直接连接。信息联系方面，将依靠先进通信技术和信息技术。以 5G 网联技术为代表，实现 SC、ST、SV、SE 各系统间信息流高效、准确的交互，是 4S 在虚拟世界构成 SoS 的关键。

2. 智慧城市的内涵

SC 的内涵是建设"需求＋设施＋场景"融合一体化的"自感知、自调节、自传感、自反馈"的智慧城市系统工程。同步推进数字城市建设，在智能基础设施与感知体系支持下，打造具有学习、分析、判断功能的智能城市信息中枢，实现城市资源配置持续优化。

宏观上，实现智慧城市出行需求数字优化，即识别出行源头，建立社区数字模型，实现城市出行源头宏观 AI；中观上，实现智慧城市出行设施智能化，即实现路侧设施 RSU 从支撑自然人类驾驶的传统"信号和符号"作用跨越发展到支撑自动驾驶的感知、定位与规划的"灯塔"作用，即 C – ISAD，实现城市出行路途中观 AI；微观上，智慧城市出行场景网联化，即出行场景信息从支撑汽车导航深化到支撑汽车驾驶，形成汽车驾驶场景信息计算的云支撑，即 C – CSAD，实现运载装备应对复杂场景的微观网联。

3. 智能交通的内涵

ST 的内涵是建设"路口 + 干路 + 区域"融合一体化的"安全、规范、减堵、高效"智能交通系统工程。既通过在路侧布置传感器、路侧单元、通信微基站，协助智能汽车完成部分感知工作，提升车辆感知精度，也通过交通指挥中心和路侧边缘计算平台对交通资源进行调度，实现车路协同决策。具体包括以下建设。

微观上，实现城市路口交通规则化，即创建"路口交通批发模型"，形成路口车辆定量、定向、定速的智能编队"高效流通"，解决城市交通微观枢纽堵塞问题；中观上，实现城市干道交通规则化，即创建干路"车辆驾驶安全责任识别区模型"（中国驾驶安全责任），实现城市干路车辆行驶"零刮碰"，解决城市交通中观动脉堵塞问题；宏观上，实现城市区域交通智能化，即创建"多路口 + 多干道的区块链 C – ITS（Cooperative Intelligent Transport Systems）模型"，实现一定区域内的路口与干道交通智能网联，解决城市交通宏观堵塞问题。

4. 智能汽车的内涵

SV 的内涵是实现与 SCSTSE 融合一体化的使能赋能 + 5G 网联的智慧城市移动出行智能汽车系统工程，满足 4S – SoS 体系交通工具需求，指导下一代汽车设计概念。主要包括以下内容。

研究 5G 数字化网联汽车技术，即实现智能汽车与通信技术融合，实现

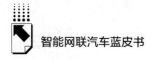

路侧协同感知、综合交通调度；实现与社会民生信息充分互联，指导下一代汽车以人为本设计理念；研究 SCSTSV 使能赋能融合一体化智能汽车技术，即车辆使能与网联赋能实现高等级自动驾驶，解决智能汽车感知不充分、应用成本高的问题；研究自动驾驶安全大脑技术，即解决预期功能安全问题，使车辆具备应对各种边缘场景、信息安全问题的能力；通过城市、交通的高度规则化，减少乃至消除自动驾驶的"非确定、不安全"场景。

5. 智慧能源的内涵

SE 的内涵是信息化、数字化、智能化技术与能源技术的融合发展，形成能源互联网，同时发挥新能源汽车作为能源节点的特点，成为城市的移动储能节点，以能源互联网为基础，实现未来城市各种能源的协同互补。主要包括以下内容。

城市能源系统的综合感知，即基于智能基础设施进行能源流综合感知，获取对城市能源系统运行情况的统一状态描述，考察信息侧通信网络与物理能源系统的相互影响机理，研究未来泛在传感及先进信息技术控制下的城市信息物理能源系统的协同优化。能源互联网能量管理与控制，即研究高比例电动汽车场景下，交通－能源系统的耦合机理；辨识分析海量用户的驾驶行为，研究不同应用场景的汽车出行特征和充电行为特征；研究有效协同充电设施的长短期运行优化方法，缓解交通网和电网阻塞。

三　四智融合发展的战略方向与关键技术

（一）四智融合发展的"3-4-2-1"战略

智慧城市、智能交通、智能汽车、智慧能源融合一体化是四智融合系统的发展途径，目标是破解制约大城市可持续发展的出行问题，夯实基础技术，掌握关键核心技术，开展前沿技术和颠覆性技术创新，研发下一代汽车产品原型、培育重要零部件供给及智慧城市共享出行运载体系，构建绿色、安全、高效、共享和便利的智慧城市、智能交通、智慧能源与智能汽车融合一体化的应用示范区。根据以上目标和路径,提出四智融合发展按"3 – 4 – 2 – 1"的创新工程布局,如图1所示。

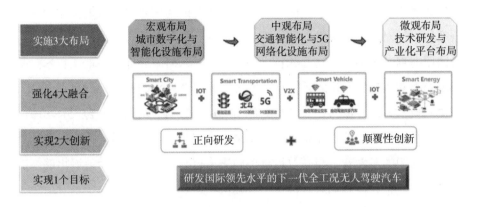

图1 四智融合系统总体设计

四智融合系统"3 – 4 – 2 – 1"战略总体设计架构实施包括三大布局,即宏观布局、中观布局和微观布局。在宏观布局层面,实施支撑下一代5G网联无人驾驶汽车的城市数字化与智能化设施布局,建设适当规模的未来智慧城市示范区,形成智慧城市大数据平台;在中观布局层面,构建支撑下一代汽车的网络智能交通CAT系统,建立一体化的城市机动出行协同服务与城市交通信息管控中心;在微观布局层面,包括颠覆性技术创新布局、前沿性技术研究布局、基础性技术研究布局、核心性技术研究布局、产品及应用技术研究布局,突破技术研发与产业化关键技术。强化"智慧城市 + 智能交通 + 智能汽车 + 智慧能源"四大融合一体化,实现"正向研发 + 颠覆性创新"两大创新,实现研发国际领先水平的下一代全工况无人驾驶汽车的目标。

(二)四智融合技术体系概述

1. 宏观布局——智慧城市移动共享出行云控技术

对于智慧城市移动共享出行领域涉及的云控技术,其应用存在大规模网联车辆与路侧设备的异构、多源、海量信息处理以及信息精度、时效保证等

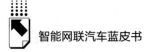

问题。根据车车和车路网联协同服务对信息的需求，通过文献分析和需求定义的方法确定技术方案，结合现有的前沿技术与体系架构，实现关键理论技术的整体集成创新与瓶颈突破，研究云控系统的通信协议、数据模型和端网云架构。针对为车辆提供的数据服务，以现有的局部动态地图为基础，结合我国面向驾驶辅助与自动驾驶技术的特点，深入研究局部动态地图技术，基于云控感知数据的多边缘云协同，实现在云控体系下的实时地图更新。在云控协同技术方面，以云控系统与局部动态地图数据为基础，整合现有车路协同需求并提炼相关技术体系，为实现集中优化与分布式求解，深入研究区域云上高通用的车辆安全与高效运行协同决策技术。基于面向智慧城市的智能共享出行，整合提炼端边云协作的多源信息融合计算技术，基于系统层级解耦的边云融合计算框架，在边云协同的计算资源柔性分配的基础上，研究自动驾驶车辆在信息交互场景下的运动演变规律，解决自动驾驶车辆在受控环境下的典型场景，例如车路协同优化控制、全域精准感知及车速引导调控等难题，同时在多车协同调度和需求响应两个方面取得实质性突破，实现智能共享出行高效敏捷服务。

2. 中观布局——智能交通系统的协同控制与服务技术

以端边云系统层级解耦为基础，深入研究道路交通运行状态多尺度预测与协同感知技术，利用自动驾驶汽车与智能路侧等感知节点的智能协作，采用深度学习和张量分解组合建模，从而达到道路运行状态的多尺度预测的目的；通过系统动态资源优化与调度，建立受控环境下的智能共享出行典型交通场景的通行控制规则，实现端边云资源的弹性调度，提出边云协作的控制策略生成方法，研究面向智能共享出行车辆的多控制节点的协同联动控制技术，包括车速与信号控制双向优化、车辆队列通行交通控制、节点自组织的交叉口协同控制等，实现低延时、高可靠控制优化计算任务下沉边缘端执行；按照供需匹配和资源高效的原则，建立共享出行需求辨识和多出行个体需求撮合与匹配模型，实现共享出行需求的精准辨识和匹配，研究基于数据挖掘的共享车辆出行巡游与关键路径识别技术，同时研究运营车辆调度多目标优化技术，保障运营车辆对出行需求的全面覆盖并提高

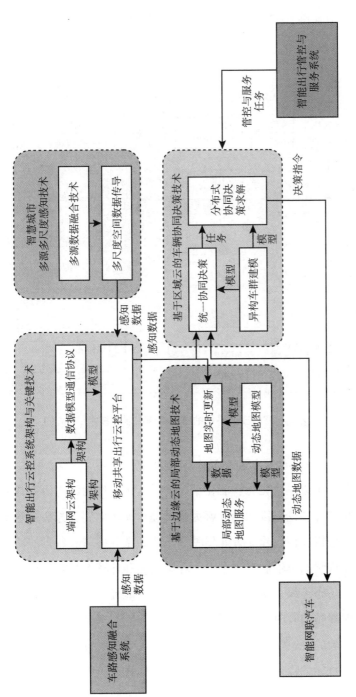

图 2　智慧城市移动共享出行云控技术

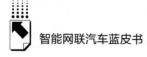

出行需求的响应速度，最后开发适配多智能终端的应用软件及智能共享出行服务系统。

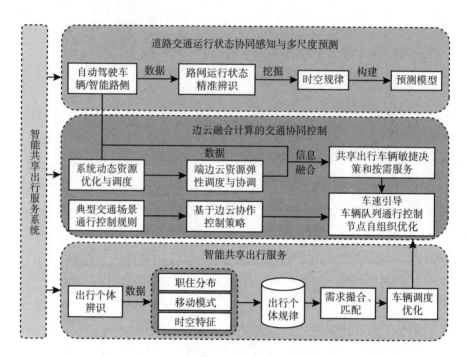

图3 智能交通系统的协同控制与服务技术

3. 微观布局——模块化智能驾驶车辆技术

自动驾驶汽车集模块化与智能化于一体，基于此现状深入研究智能驾驶汽车的模块化设计理论，以功能分解为基础提出模块化划分方法，基于顾客需求指标构建分析模型，建立智能驾驶汽车产品系列型谱和各自的功能模块体系，研究模块化的车辆底盘、车身、环境感知和计算控制技术；研究环境中车辆、行人、车道线、交通标志等各类目标的准确、鲁棒、实时检测与跟踪，研究智能驾驶的实时定位定姿技术；研究智能汽车轨迹的预测技术，构建基于间接示教的决策学习算法框架，实现拟人驾驶决策；研究基于目标运动行为表示及目标危险行为的预判技术，构建驾驶态势图，对多维、变尺度的自动泊车、十字路口等局部场景进行理解，以预期功能安全为核心，通过驾驶场景的定性与定量分析、安全熵的估计、案例验证等手段保证自动驾驶安全。

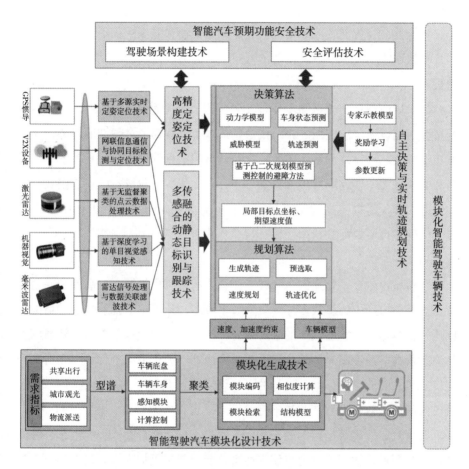

图 4 模块化智能驾驶车辆技术

（三）四智融合的关键支撑技术

四智融合涵盖极为广泛的技术群，包括智慧城市技术、智能交通技术、智能汽车技术、新能源与智慧能源技术、出行服务技术、先进通信技术、先进计算技术、高精地图和高精定位技术等。

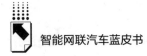

1. 智慧城市技术

未来智慧城市将以融合智能汽车的交通体系为核心，打通多个领域间的屏障，如智能交通、智能物流、智能电网、智能建筑、智能社区、智能家居、智能办公、智能政务等领域，进而使人、物和能源的移动更加高效和智能，智慧城市不仅可以解决移动出行问题，还可以创造新的发展方向和经济增长点。

数字城市与现实城市同步规划、同步建设是智慧城市建设的主要内容，智慧城市建设所集成应用的新一代信息技术有大规模、全领域的趋势，应着力布局智能基础设施和感知体系，智慧城市的信息管理中枢要具备学习、分析和判断能力，要逐渐发展自我学习、自我优化、自我成长的智能模式，为人们的工作生活提供高效便捷的智能服务，并构筑自主可控的网络安全环境，实现城市资源配置持续优化。智慧城市能够为居民带来更多的获得感、幸福感和安全感。

智慧城市融合了智能汽车和智能交通，所以有更加安全、高效和绿色的特点。目前市区内的事故多样复杂且数量较多，从理论上来看，这种情况可以通过智慧城市与智能汽车的深度融合来解决。通过编程的方法，智慧城市在注意行人、速度限制和其他交通法规方面能够体现更大的优势，变得更安全、宜居。除此之外，共享出行的引入可以使智慧城市的交通变得更绿色，城市内的汽车数量在智能共享出行的模式下也将大幅降低。根据 MIT 估计，一辆共享汽车的高效运行等效于 9~13 辆私家车上路行驶。智能汽车、智能交通与智慧城市的深度融合将使交通系统运行起来更加高效。现有出行工具的利用情况在自动驾驶的共享汽车使用后可以得到显著改善，通过自动周转，共享自动驾驶汽车的运行将极大缩短下一位乘客的等待时间。从结果来看，虽然单车总行驶里程是增加的，但行驶同样的里程将大幅减少所需要的汽车总数量。

2. 智能交通技术

要实现一体化移动出行、按需出行等目标，需要有智能交通技术的支持，在公共交通、共享交通以及私人交通方面合理规划连接，从而达到多元化交通工具如绿色交通、公交、地铁、地上轨道交通、慢行交通、共享出行等无缝衔接的目的。智能交通技术的应用可实现提高居民出行效率、丰富出行方式、缓解出行拥堵、服务弱势群体、提升驾乘体验、构建低碳社会等目标，提高整个城市生活质量，确保整个社会出行模式高效安全低成本，实现节能环保并推动能源多元化。

信息技术、移动互联技术与传统交通行业将由于智能汽车和智能交通系统的深度融合而一体化发展，进而形成多元出行服务平台，集城市基础设施信息和各种交通工具于一体，以实时的信息交互为基础，有效提升出行效率。由此，实现人、交通工具和基础设施等（交通系统中各子元素）之间的智能互动和无缝连接，进一步显著提升出行者的极致体验和整个社会的运转效率。未来，在智能化和数字化技术的支持下，城市出行将形成一种由网络通信、各类信息平台中心、云计算、大数据、智能基础设施支持的，具有实时在线、共享服务、无人驾驶等特点的全新出行生态系统。而作为这一生态系统的重要节点——智能汽车，将全面信息化、智能化、服务化，并通过综合出行信息服务平台，有效汇集和使用交通大数据，实现城市内和城市间的无缝出行。

3. 智能汽车技术

解决移动出行问题的核心方案是智能汽车技术。第一，由自动驾驶技术带来的出行效率与便捷性的提升，以及出行成本的下降，将极大满足城市基本出行需求，包括经济性出行需求和个性化出行需求。目前的出行方式以公共交通出行为主，智能汽车技术将引发出行方式的变革，使出行服务形态得到创新，使城市诸如停车等空间在客观上得到节约。第二，人和车的关系将由于自动驾驶技术的发展得到彻底改变，人们将更加关注车内体验。基于车内体验设计理念将促使自动驾驶的车辆功能的多元化、模块化设计，进一步推动汽车基本出行需求外延的发展，挖掘和创造第三空间的商业价值。

同时，人类社会生活的方方面面将受到搭载自动驾驶技术的智能汽车的影响，未来的社会生产力模式与社会生活方式将由出行、物流及工作方式的不断改变而决定。我国目前城市化发展迅速，也由此带来了诸如交通拥堵、

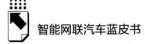

环境污染等诸多社会问题，智能汽车搭载自动驾驶技术后将打通客流、物流、能源流和信息流，实现汽车与城市、交通、能源的深度融合，有效提升城市运行效率，达到节能减排的目的。未来城市发展将依靠现代化技术手段，实现城市中产业、经济、生活、工作的有效布局与再完善，自动驾驶技术和智能汽车技术产业链复杂，两种技术落地后商业模式丰富。人类的出行和生活方式将发生深刻的变化，同时智能汽车技术的发展将有利于带动城市实现未来发展、转型的目标。

4. 新能源与智慧能源技术

未来交通能源主要服务于不同阶段的新型运载工具、智能交通基础设施等，供给将采用以电能为主、多种清洁能源兼顾的形式。综合考虑未来运载工具的分布和运行特征以及多样化需求，建设与道路交通网相匹配的新能源补给系统，如风能和太阳能等，在道路沿线配备充电速度足够快的基础设施，选择合理的道路区域，用以建设开展新能源供给系统前瞻性技术创新突破的试验场所。

智能电网和能源互联网的提出与发展，使得电动汽车不仅可以作为负荷充电满足车主行驶，还可以作为储能单元与电网进行能量和信息的双向互动，参与电网辅助服务。通过有序充放电控制，将电动汽车充电负荷转移至弃风弃光时段，合理引导电动汽车用户使用清洁能源电力，建立一套综合能源管理系统，将大幅提高风能、太阳能利用率，同时可避免电网过载等问题，促进电网削峰填谷，保障电网安全运行。利用新能源产能系统为道路沿线大量基础设施用电设备提供清洁能源，为新能源智能车辆提供便捷高效的能源补给，保障电动智能车辆的永久续航能力，剩余电量将并入公共电网。

5. 出行服务技术

出行服务技术主要指基于大规模网联出行平台的出行调度与需求匹配技术，目前已经发展到基于平台的调度与服务技术，出行服务技术具备"共享"特征，具体可包括出行平台的出行需求拟合、交通供给调度与匹配等。

目前滴滴、Uber等出行公司积极布局出行服务技术，"激活闲置资源、中心调度与高效匹配"是移动出行软件的核心本质。出行软件系统运用云计算、大数据及人工智能的方法做出最优的决策，此过程需要收集城市不断动态变化的所有交通出行相关数据，经过多年的实践，在多方面已经发挥巨大作用，例如提高城市交通的承载力和运行效率，缩短居民出行等待时间，降低出行成本等。

随着智慧城市建设进程的加速，在智慧城市出行需求可计算的前提下，基于数据驱动的交通出行服务顶层设计将不断完善，同时基于云计算、大数据及人工智能相关的调度与匹配算法将实现更好的创新。在此基础上，城市出行整体的便捷性、舒适性、经济性将得到进一步提升，同时，个性化基本出行需求将会得到更好的满足，个性化出行与经济性出行兼顾的出行方式将得到发展，诸如促进 3~6 人合乘出行方式的发展。

6. 先进通信技术

先进通信技术是智能汽车、智能交通、智慧城市深度融合发展的基础支撑。当前，由于 5G – V2X 车载网络通信技术为智能共享出行中的基础设施、智能终端、车辆之间的信息交互提供高带宽、低时延的基础通信网络保障，促使新一代通信技术迅速发展。5G – V2X 车载网络通信带宽超过 10Gb/s，时延可控制在毫秒级，可兼容 LTE – V2X 车载专用通信网络以及 3G/4G 等蜂窝通信网络，在导航、信息娱乐、救援等传统联网化应用的基础上，进一步满足自动驾驶相关应用数据传输的带宽和延时要求，为自动驾驶技术的实现提供基础通信网络保障。

7. 先进计算技术

先进计算技术为多项技术提供了软硬件支持，如自动驾驶、智能交通等，是智能化的基础。实现智能汽车、智能交通、智慧城市和智慧能源融合发展部署的支撑是基于多接入边缘计算的分布式云部署所提供的资源调度与能力。出行过程中边缘层相关数据的过滤、筛选、分析和处理可通过多接入边缘计算辅助完成，为共享出行中基础设施、智能终端、车辆之间数据传输与计算资源的高能力、高要求提供保障，减少海量数据回传造成的网络负荷，提供具备本地特色的高质量共享出行及其他相关应用服务，进而降低数据传输时延，缓解终端或路侧智能设施的计算与存储压力。目前，国内外相关组织机构正在推

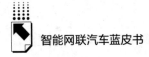

动多接入边缘计算技术和多元化车载网络通信技术融合发展和应用部署。

8. 高精地图和高精定位技术

交通和城市要素的精确位置信息是实现四智融合的关键一环。高精地图和高精定位技术是智能汽车和智慧城市产业的重要基础技术。随着技术的进步，通过在道路沿路建设能够动态、连续、快速、高精度获取空间数据和地理特征的北斗地基增强系统，可提供实时的米级、分米级、厘米级等多层级高精度位置服务以适应不同应用服务需求。通过建设动态高精地图系统，提供可面向机器识别的供智慧驾驶汽车使用的地图数据，可支持道路级和车道级路径规划以及车道级路径引导的能力。通过以上手段可促进高等级自动驾驶技术的应用，以及智能汽车与智能交通、智慧城市的融合。

四 现阶段融合发展面临的主要瓶颈

四智融合发展是未来的需求，也是较为明确的战略方向，但当前技术尚不成熟，仍面临很多瓶颈，尤其是跨领域融合方面。

（一）智能汽车技术尚未完善

现阶段智能汽车车辆技术本身尚未达到产业化要求，主要体现在如下方面：第一，智能汽车依赖车载传感器信息获取能力，感知范围受限；第二，无信息交互，致使智能汽车成为信息孤岛，决策不全面，目前大多数智能汽车还在网联化的道路上探索，具体实用化还有很长的路要走，车与车之间形成了一个个信息孤岛，难以互联协同并进行有效的管理；第三，当前高等级智能汽车成本过高，商业化运营受限；第四，自动驾驶功能安全、预期功能安全、信息安全保障尚未完善。

（二）协同控制技术仍存在困难

协同控制技术的困难主要包括以下方面：第一，由于端边云数据非结构化、信息碎片化，不同等级智能汽车混行等问题，需要根据智能共享出行车辆的业务需求，动态调节系统资源，支撑智能车辆的协同控制和出行服务；第二，由于出行响应速度、范围受限的问题，考虑到出行需求的随机性和差异性，要解决如何基于海量出行需求实现共享出行的精准辨识并实现精准匹配的问题。

（三）通信系统建设支撑不足

通信系统建设的不足主要体现在以下方面。第一，网络覆盖问题，在无网络覆盖场景中、高密度 V2V 情况下，服务质量有所下降；第二，频谱资源问题，V2X 用户与 LTE 用户分配相同的频谱资源，通信将受到一定程度的干扰；第三，关键产品还未达到商用化，C－V2X 商用部署的关键产品还不能投入真正应用；第四，C－V2X 商业模式不清晰，C－V2X 涉及的产业链长，未形成强有力的主导方，未有统一的网络部署方案。

（四）系统集成与测试评价技术仍有缺陷

系统集成与测试评价技术的主要问题包括如下两个。第一，自动驾驶汽车是一个包括环境感知认知、导航定位层与决策控制层等子系统的高度集成、精准控制一体化的平台，融合出行场景复杂多变，场景库无法穷尽，在线仿真存在困难；第二，由于缺乏完备可信的指标体系，结合移动云控平台及智能交通系统，实现高可靠的全自动运行是智能共享出行系统集成的关键共性技术。

（五）城市规划、社会发展的协同问题

城市规划、社会发展的协同仍有很大不足，主要体现在如下方面。第一，城市规划与管理，通过合理的道路规划、城市规划，支持在多种智能等级和运营模式并存的道路环境下做到全局统筹优化、命令精准发布、执行有条不紊；第二，合理的规划布局有利于实现智能车辆与周边智能基础设施（特别是停车场、充电桩）的信息互通、资源配置、自动交接；第三，要提升政府相关部门的立法和执法水平，适应面向智能汽车的交通体系；第四，

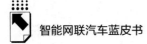

健全法律法规，跟进智能车辆的行驶资格认定、车主资格认定、路权分配、行车规则、事故责任认定办法以及善后程序；第五，跟进新型经济发展，搭建政产合作桥梁，使城市发展、基础建设、企业发展和社会管理同步发展；第六，跟进社会观念，提高全社会（尤其是智能汽车车主和传统汽车车主）对智能汽车的认识，提高接纳度。

（六）混行交通问题

不同等级智能汽车混行是智能化的必然阶段，包括智能汽车与传统汽车混行、不同等级智能汽车混行问题。混合交通带来的问题更为复杂，必须解决混行通行下的交通管控、通行规则等问题。第一，混行通行下的智能交通管控模式，包括面向自动驾驶和人工驾驶车辆混行条件下的交叉口通行控制，在保障安全的情况下，不同智能汽车比例下的通行效率与混合交通协同管控模式研究；第二，混行通行条件下的通行规则研究，即混行特征、模式、规律，对交通流和车辆可能产生的影响，包括普通车通行规则的研究、"普通车＋智能车"混行规则的研究以及智能汽车专用道路通行规则研究。

（七）高精地图建设不足以支撑自动驾驶

高精地图的不足主要体现在：第一，地图制作精度不足，主要表现为采集精度不足、制作精度不足、人工精度不足等；第二，地图标准不统一，标准制定工作已开展，但进度相对滞后且还需要进一步协同立场，需要制定智能高精地图生产技术标准规范、智能高精地图数据规范等；第三，地图更新频率不足，无法实时更新道路动态信息，对无人驾驶造成安全隐患，道路交通信息数据进行融合发布，要根据智能网联汽车需求的刷新频率来更新，目前尚未形成产业模式，数据无法融合，迭代刷新无从谈起，这都将制约高精地图动态层的建设；第四，政策限制与国家安全限制，测绘政策限制严格，高精地图保密要求极高，故而需要探索同时满足国家安全和自动驾驶需求的政策体系。

（八）对能源系统升级提出新要求

融合发展对能源系统的负荷、优化配置等提出了新要求，新能源的大规模接入影响能源系统稳定性，移动互联网的发展对能源产生了巨大需求，大范围能源生产和消费的实时匹配问题突出，能源的分布不均要求能源系统优化配置。第一，按当前发展态势，电动汽车2040年保有量可能达到2亿辆，所需的电网负荷应在28000万kW，这将是对电网的极大考验；第二，2亿辆车一年将消耗电能4000亿度，假定2040年我国的发电量为10万亿度，新能源汽车将消耗4%的发电量。

五　四智融合发展实践

（一）融合发展实践之一——"车城网"一体化建设方案及初步标准

1. "车城网"四智融合建设总体思路

智慧城市、智能交通、智能汽车与智慧能源的深度融合一体化发展是未来科技创新的重要战略方向，也是全球汽车产业和未来城市转型升级的重要方向，"车城网"一体化建设是这一趋势的具体实践之一。

以融合智能汽车的交通体系为核心，"车城网"支持下的未来智慧城市可以打通智能交通、智能物流、智能电网、智能建筑、智能社区、智能家居、智能办公、智能政务等多个领域，实现人、物、能源的高效、智能移动以及城市治理效率的跃升。而四智融合技术有利于在城市建设过程中对发展战略、系统架构和实际应用做出全面的顶层设计，形成跨行业、跨产业的高度融合与协同机制，系统推动未来汽车、交通、能源、城市的转型升级，助力构建安全、高效、绿色、文明的未来智能社会。

构建"车城网"平台是未来智慧城市的核心，通过汽车和交通基础设施智能化，实现信息、能源和其他资源的有效打通，进而实现城市基础设施、能源、交通工具等资源的有效分配，提升城市的承载力和便捷性，解决

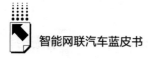

人口聚集带来的大城市问题，释放城市效率，解放城市生产力，最终实现城市的可持续发展。"车城网"平台是具有学习、分析、判断能力的智慧城市信息管理中枢，是实现城市资源配置优化的基础，是提升城市居民获得感、幸福感和安全感的支撑。"车城网"平台建设将以城市信息模型（CIM）平台为基础，汇聚城市道路、交通、汽车、公共设施、市政设施、地理信息等动态和静态数据，实现标准统一、逻辑协同、开源开放，支持多类应用。"车城网"一体化的建设主要包括智慧城市综合感知系统架构设计与部署、规划/建设/管理一体化智能平台、适应未来城市发展的综合交通系统设计、大数据融合分析与交通管理优化、高精度城市建模与定位技术、运输网络耦合的多模式出行门到门服务体系等内容。

2. "车城网"分阶段建设初步方向

与四智融合类似，"车城网"一体化建设也是复杂且巨大的系统工程，需要长期、持续投入与建设。"车城网"一体化的具体实施需要分阶段开展，结合中国汽车工程学会在上海地区的实践，本文初步提出其各阶段关键内容和主要方向，如表1所示。

表1 "车城网"一体化的分阶段建设初步方向

级别	名称	描述	实现功能	特点
第一阶段	静态感知协同	路侧基础设施提供基础道路要素信息；车辆需通过自身（感知系统或人类驾驶员）识别大部分动态信息（如行人、其他车辆等）	静态高精地图，车辆感知的补充，道路支援信息（如充电站、停车场等），高精定位	此阶段主要由路端对车端进行信息输入，不涉及或较少涉及车车交互；此阶段支持车辆为ADAS或无自动驾驶车辆
第二阶段	综合感知协同	实现路侧基础设施与车载感知设备的充分协同；支持道路动态信息、车辆状态信息交互；形成包括道路基本要素（如车道线、限速、信号灯等）和交通动态信息（车辆状态、事故信息、道路修整信息等）的动态高精数字孪生	路侧与车端感知融合交通信息全要素感知，车辆超视距感知，动态高精地图，车辆状态感知，车流状态感知，交通通行预警	此阶段需要路侧信息与车端信息的高度融合，形成数字空间，车车之间、车与基础设施之间（如充电桩）具有感知信息的交互；此阶段可支持具有完善感知、决策能力的高等级自动驾驶汽车

续表

级别	名称	描述	实现功能	特点
第三阶段	车间协同	车辆间具有行驶意图的交互;道路设施应能基于当前车流状况、车辆状态和车辆意图,给出最佳的车速、间距、车道等信息,引导整体交通流高效运行;导入多种交通工具后,可实现多模式交通协同运输;导入能源基础设施后,可实现车辆与能源系统协同升级	协同并道、超车……,编队行驶,高效路口(路口批发模型),应急车道,潮汐车道,MaaS,V2G,……	此阶段实现汽车与交通融合的大部分功能,支持高级自动驾驶和充分车车交互;此阶段道路应制定面向智能汽车的、高度明确的规则,而非面向人类的规则;理论上此阶段交通系统应完全由高等级自动驾驶车辆完成,车辆已与整个交通系统密不可分
第四阶段	全域调度	识别出行源头,建立社区数字模型,准确识别并预测城市出行需求;在出行需求的基础上,以提高交通效率、降低交通成本、减少出行时间、减少交通系统能耗碳排放等为目标进行交通资源调度	城市综合交通效率,城市综合节能环保,全局最优交通资源分配	此阶段实现汽车、交通、城市的充分融合,对城市全息感知提出较高要求

根据表1,提炼"车城网"一体化建设各级的关键差异如下。

第一级:相比于传统道路,具备路侧感知能力,能为车辆提供道路静态信息,如限速、红绿灯、车道线、停车场信息等。

第二级:相比于第一级,能提供动态交通信息,如道路上汽车车辆的状态、红绿灯的变化、不同道路的车流变化情况等。

第三级:相比于第二级提供当前情景的感知信息,第三级应能提供其他车辆的行动意图,并基于这些意图信息进行车间交互与协同,给出车车之间的最优交通方案。例如超车场景、换道场景、路口左转等典型车间交互的高效、自动化完成。

第四级:相比于第三级,有两大关键不同,一是必须引入出行需求信息,基于城市感知系统给出人们的实时出行需求,以及合理的未来出行预测;二是必须实现全域交通调度优化,支持整个交通系统的绿色、高效、安全、便捷、经济。

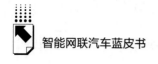

（二）融合发展实践之二——雄安新区的建设实践初探

1. "需求—场景—功能—技术"的总体技术路线

雄安新区是中国智慧城市建设的先导，也是智能汽车、智能交通、智慧能源在智慧城市中应用的先行示范。在雄安新区交通规划中提出绿色交通占比90%的目标，前期建设的启动区将率先践行这个目标。在新区初期的建设过程中，在很长一段时间内轨道交通系统既没有经济性也没有发展的必要性，这主要是由城市人口和功能的聚集需要过程引起的，基于这样的发展背景，地面公交将成为绿色交通的主要方式。

启动区的城市规划布局尤其注重汽车与交通融合发展，主要体现如下：第一，规划布局清晰，社区中心和主要客流走廊明确，交通需求特征相对简单；第二，绿色导向的交通政策十分确定；第三，启动区未来高端人才汇聚，高新产业聚集，传统公共交通由于单一服务模式的特点将没有足够的服务品质和吸引力。在这样的条件下，聚焦现实的应用场景，如：北京与雄安的公务商务出行、启动区内的中短距离出行、启动区城际站的乘客集散，对各类场景有针对性地分析需求特征，找到智能网联汽车参与实际交通运行服务的切入点，将具有显著的现实意义。智能网联汽车的大规模应用，一方面提升了启动区的公交服务水平，推动了绿色交通目标的实现和智能城市的建设；另一方面为智能网联汽车本身的技术发展提供了现实的运行数据和技术迭代基础。

2. 雄安新区的具体实践

（1）城市协同——空间规划预留

在新区的空间规划中，具体设施空间分为"点、线、网"三个层面。需要在城市空间中予以明确的设施提前落位，提出建设要求，预先考虑支撑智能网联汽车运行场景所对应的空间条件。

"点"：与社区中心锚固的共享交通中心。将智能网联车辆锚固于社区中心，打造新型公共交通出行方式，与常规公交、轨道、非机动车等共同构建共享交通中心，改变以往各种交通设施相对分散、换乘不便的局面。聚焦社区内交通需求最为集中的地点，并提供集中的共享交通服务，提升居民换乘的便捷性，可通过共享交通中心实现智能网联车辆的"零距离"方便换乘；同时，智能网联车辆的日常停车、维护、充电和修理等工作在共享交通中心可以一并完成。

"线"：灵活设计的街道界面。灵活设计街道界面，可以有组织地提供"门到门"的共享交通服务，有条件时可以辅以智能网联汽车快速补能设备，通过路侧临时上下客泊位、口袋公园及街角花园等将智能网联汽车接入地块。智能网联技术和交通出行需求的演变规律要在街道界面的变化中响应并体现，例如，随着未来智能网联车辆技术的成熟，可将原有部分机动车道改为慢行空间和景观绿化等。

"网"：全域覆盖的 5G 通信网。利用新区第五代移动通信网络（5G）以及成为全国首批商用城市的契机，全面部署集约式感知、通信载体及终端。以城市道路的路侧带为主要载体，部署一体化的智能信息杆柱，为 5G 支撑车路协同、智能驾驶提供设施准备。

（2）城际协同——城际交通升级融合

在北京城区与雄安新区之间开通智能城际公交，通过用户数据分析，灵活生成城际公交在北京城区的发车时间与集中上车地点。应用小型智能公交车辆，由乘客提前预约城际公交服务，对乘客出发时间与地点、目的地等需求信息进行智能撮合与分析，实现智能调度车辆。在城际公交行驶途中，通过车辆运行数据和路况信息分析，高峰期可通过编队行驶提高通行效率，可依托京雄高速公路提供的智能驾驶车道来获取数据，探索极端天气开放通行，实时获取路况信息。城际公交进入雄安新区起步区段行驶时，可以直接利用起步区公交专用系统，按智能生成的路线行驶，依次将乘客送达目的地，在此过程中可沿途接上顺路预约服务的返程乘客。智能城际公交可以有效减少乘客换乘、限定载客人数，由此改变传统城际交通"枢纽到枢纽"的服务模式，提高出行效率，提供城际交通高品质的"门到门"服务。

（3）社区协同——出行源头与路口效率

在雄安新区启动区，提供需求响应型社区公交服务，作为公交骨干系

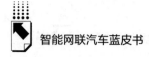

统的重要补充，主要依托智能基础设施与车路协同技术。乘客出门前提前预约社区公交服务，城市交通云平台依据乘客的出发地与目的地匹配需求，智能调度公交车辆，智能生成线路，提前告知乘客公交车辆到站时间，减少乘客在站点的等候时间。公交车辆行驶途中，依托公交专用系统，通过车路实时协同、交叉口信号智能控制，公交车辆在路段提前加减速，实现不停车通过道路交叉口，有效提高公交车运行效率。社区公交网络可延伸至主要地块，沿生成线路依次将乘客送达目的地，实现"门到门"服务。

（4）共享应用——真实场景的智能公交服务

真实场景的智能公交服务要体现新区高质量发展的要求，以共享应用为前提，深度剖析目前高铁站接驳痛点，基于智慧化需求响应公交，在雄安城际站打造安全、绿色、高效、精准的接驳交通服务，主要体现为以下几方面：第一，兼容京雄高速智慧驾驶车辆，在城际与市内出行方面实现一体化服务；第二，以城际站地下环路为基础，实现城际站总部基地片区和金融岛的高效直连；第三，通过信息推送与乘客导引，实现城际与城市交通的无缝衔接；第四，提供"门到门"出行体验，提升公共交通在城际站枢纽接驳分担率。

共享合乘、绿色优先的价值导向。对于乘坐高铁抵达新区的旅客，可以提前预约接驳车辆，由系统自动匹配调度车辆，灵活生成上客等待区域。提供多样化、个性化移动出行选择。通过价格杠杆、接驳距离、路线选择，在实现"门到门"服务的前提下，动态调控需求，引导乘客选择共享出行。通过需求撮合，智能生成线路，依次将出行者送达目的地，在绕行系数可控的前提下，提高车辆运行效率，实现节能减排目标。

数据驱动的一体化出行即服务系统。实现车辆的智能服务主要根据交通承载力、个体信用分数、碳排放足迹与支付能力，以对城际站接驳旅客出行需求的感知、汇聚为基础，实现新区智能公交与共享出行服务平台。为了灵活选取落客点，多点集散避免拥堵，确保出行总时耗可控，对于前往城际站换乘高铁的旅客（出发），可以选择输入乘坐车次信息和携带行李信息，根据出行时间敏感程度和高精度实时路况信息，计算生成出行路线，提供高效便捷的出行选择。

参考文献

中国汽车工程学会：《节能与新能源汽车技术路线图（2.0版）》，2020。

李克强：《智能网联汽车创新发展需践行中国方案》，《中国汽车报》2020年4月13日。

赵福全、刘宗巍、郝瀚、史天泽：《汽车产业变革的特征、趋势与机遇》，《汽车安全与节能学报》2018年第3期。

李秋玮、申彤：《国外自动驾驶汽车发展现状及趋势分析》，《新材料产业》2020年第4期。

肖红梅：《系统体系（SoS）在软件工程中应用的研究》，南京邮电大学硕士学位论文，2011。

B.10
智能网联汽车信息物理系统研究

梁浩 张作宝 罗来全 林管 杜轲*

摘 要： 本报告针对当前智能网联汽车（ICV）复杂系统所涌现出来的
问题和挑战，结合中国智能网联汽车发展思路，提出了适应
中国国情的智能网联汽车信息物理系统（ICV CPS）"中国方
案"。构建系统参考架构是建设"中国方案"ICV CPS 的关
键，本报告从系统科学的角度定义了四大 ICV CPS，并提出了
相应的 ICV CPS 参考架构。依托 ICV CPS 参考架构，提出了
基于7S 体系架构框架，并应用基于模型的系统工程（MBSE）
和数字主线技术的 ICV CPS 设计与实施方法。最后，本报告
总结了当前构建 ICV CPS 所需要重点突破的关键共性技术。

关键词： 智能网联汽车 信息物理系统 7S 体系架构框架 基于模型
的系统工程

一 智能网联汽车信息物理系统发展背景

（一）背景与挑战

汽车产业是中国国民经济重要的战略性、支柱性产业，与人民群众生活

---

* 梁浩，信息物理架构部总监，高级系统架构师，博士，国家智能网联汽车创新中心；张作
宝，高级系统架构师，国家智能网联汽车创新中心；罗来全，高级系统架构师，国家智能网
联汽车创新中心；林管，高级系统架构师，国家智能网联汽车创新中心；杜轲，系统架构
师，国家智能网联汽车创新中心。

密切相关。21世纪以来，我国汽车产业快速发展，产业规模稳居世界首位，综合实力显著增强。随着汽车普及程度不断提高，我国已快速进入汽车社会。当前，新一轮科技革命和产业变革蓬勃兴起，智能汽车已成为汽车产业发展的战略方向。发展智能汽车不仅是解决汽车社会面临的交通安全、道路拥堵、能源消耗、环境污染等问题的重要手段，更是深化供给侧结构性改革、实施创新驱动发展战略、建成现代化强国的重要支撑，对不断满足人民日益增长的美好生活需要具有十分重要的意义。随着智能化、网联化等技术取得长足进步，智能网联汽车已经成为中国智能汽车明确的发展方向。

1. 智能网联汽车信息物理系统发展背景

当前，新一代人工智能、大数据与云计算技术带来革命性变化，智能网联汽车和智能交通系统正在推动交通系统的变革。传统智能交通系统经过多年发展积累了大量创新，但距离完全满足新的车辆交通特点和出行需求还有一定的距离。V2X信息交互提升了安全和效率，但能否满足汽车运动控制对安全性、实时性、可靠性和精确性的严格要求，还需要进行系统性评估。汽车、通信、交通、信息等行业的协同研发、部署和运营，缺少行业认同的体系架构。

基于智能网联汽车、智能交通和信息物理系统的概念和发展背景，本报告将智能网联汽车与交通系统、信息系统和通信系统在数字化大背景下有机融合的多维复杂System of Systems（SoS）称为智能网联汽车信息物理系统（ICV CPS）。ICV CPS涉及汽车、交通、通信、信息等行业产品和系统间的一体化设计、研发、仿真、验证、部署和运营，并实现异构信息系统（广义）和物理系统间的安全可靠的协同与互操作，从而支持智能网联汽车可靠、高效、实时的感知与决策控制，进而提高驾乘舒适度和便捷性，提升交通安全和效率水平。

2. 智能网联汽车信息物理系统研究面临的挑战

目前，ICV CPS的研究面临如下挑战。

（1）基础概念定义需更清晰

ICV CPS的相关基础概念不清晰，仍未达成共识，且尚未对智能网联汽

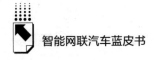

车信息物理系统进行清晰的分类分级，不利于行业技术人员运用和 ICV CPS 的应用实现。

（2）架构描述标准化

作为复杂大系统阶段，ICV CPS 各成员系统间是通过互操作来增强各个独立系统间的"合作"。对于 ICV CPS 这类复杂大系统，仅从技术或解决方案入手会造成"管中窥豹"的现象，因此需要一套由统一语言描述的无歧义的架构来指导智能网联汽车的发展，实现自上而下、从抽象到具体地对问题进行抽丝剥茧。通过架构研究支持的顶层设计来加速智能网联汽车体系的形成，同时面向产业发展的需要，明确体系架构并且构建相关的参考架构，从而支持实现多领域、多类型的信息系统和物理系统的互操作，建立跨领域研发、跨行业合作、跨产业可持续运营的协同发展模式。

（3）多维架构的统一框架

ICV CPS 涉及汽车、交通、通信、地图等多个领域，各领域系统在构建 ICV CPS 过程中因缺乏统一架构，存在如下挑战。

一是顶层设计不健全。对于 ICV CPS 这样的跨多领域的复杂系统，目前尚难以全面考虑和确定系统功能。当前 ICV 发展路径多样，我国未形成一套具备行业共识的战略路线和产业顶层设计方案。

二是架构缺乏一致性。不同设计者有不同的方法，架构层级不一致，构造系统时所用的概念不一样，从而导致产业间定位不明确，企业间立场也不一致。行业缺乏有效协同研发机制，产业融合度不高。

三是缺乏可演进性。面对快速发展的技术和产品，目前架构粒度拓展性不强，不能保证系统的可用性和持续改进。

（4）ICV CPS 的研发设计工具链

健全的工具链对于设计开发智能网联汽车至关重要，但汽车产业尚没有专门应用于复杂系统的设计工具（链）。

在软件定义汽车已经成为整个产业的共识趋势下，软件在整车成本中的比重日渐增大。作为汽车软件的重要组成部分，基础软件对于汽车电子，包括各个域控制器、计算平台的研发与应用的重要性不言而喻。目前，基础软件处于被国外企业垄断的尴尬局面，中国本土的基础软件供应商仍处于努力追赶国际竞争对手的阶段。国内汽车厂商在该领域缺乏核心技术的后果便是使自主品牌的生产成本居高不下，即便是购买外资品牌的产品也无法与其他设计完美融合。由欧洲汽车企业与核心供应商组成的AUTOSAR汽车电子软件标准联盟将绝大多数中国车企与供应商拒之门外。发展国产自主的ICV－CPS研发设计工具链是发展中国方案智能网联汽车不可或缺的。

（5）关键共性技术体系不明确

ICV CPS通过集成是可支撑汽车产业智能化和网联化深度融合的一套综合技术体系。ICV CPS关键技术体系的总体技术包括架构技术、安全技术、实验验证技术等；ICV CPS的支持技术包括感知技术、云计算、边缘计算等；ICV CPS的核心技术包括数字孪生、数字主线技术等。这套综合技术体系应能包含智能网联汽车所需要的软硬件等一系列信息通信和控制技术，可构建一个能够将物理实体和环境精准映射到信息空间并进行实时反馈的智能系统，并最终作用于产品的从研发设计、生产制造到运行管理的全过程、全产业链、全生命周期，并从根本上助力自动驾驶汽车的发展。但目前ICV CPS技术体系和关键技术尚缺乏明确的描述。

（6）落地应用尚未普及

ICV CPS的实现难度很大，且落地实现的路径尚待探索，需要更多在科研层面的最小系统构建和大范围的示范应用来进行测试、验证与确认。

（7）产业潜在影响

ICV CPS作为前沿研究领域，对中国的汽车工业和生产范式将有两个方面的潜在影响，需要提前对方案进行部署。一方面，ICV CPS作为前沿技术体系和最新的系统形式，因为其涉及的产业范畴要远大于传统汽车产业，必然在价值链、产业链和供应链三个维度产生影响。且CPS系统形式目前在汽车领域和自动驾驶领域缺少现成经验，对汽车产业的正向研发实力乃至R&D的投入都提出了更高的要求。另一方面，ICV CPS作为复杂系统，其

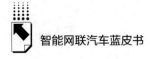

研发设计范式必然需要一定程度的改变，亟须产业对该论点达成共识，提前对 ICV CPS 的研发设计进行规定。

（二）ICV CPS 参考架构研究目的与意义

结合智能网联汽车产业发展情况、中国现阶段的汽车产业发展情况和信息物理系统发展现状，为了应对智能网联汽车发展过程中所遇到的问题与挑战，研究符合国情的"中国方案"智能网联汽车信息物理系统参考架构，为支持和实现 ICV CPS 的参考架构模型的落地应用，提供设计方法和关键共性技术的基础支撑，并实现以下 10 个方面关键内容。

1. 明确智能网联汽车技术体系的总体发展方向

"中国方案"智能网联汽车需要跨领域研发、跨行业合作、跨产业运营、跨系统协作，才能实现人—车—路—云—网—图的 ICV CPS 的建设和运行。而这种协作要求各参与方必须对智能网联汽车技术体系有统一的认识和明确的发展方向。为此，本报告提出建立统一的 ICV CPS 参考架构，并在业内达成共识，推动产业链上下游企业形成合力、分工合作，形成明确的智能网联汽车技术体系的总体发展方向，建立 ICV CPS 技术体系。

2. 明确 ICV CPS 与自动驾驶的关系

"中国方案"ICV CPS 参考架构的研究的核心关注点是"以智能网联汽车参考架构支持网联化，从而促进总体数字孪生能力的提升，以构建 ICV CPS 的方式提高 ICV 的智能化水平，在总体上提高系统自主化水平"。为此，本报告中提出的 ICV CPS 自主化级别和相关的分级参考架构目的是从不同级别的 ICV CPS 的视角对应实现 SAE J3216 中定义的自动驾驶分级。

3. 明确 ICV CPS 的系统形式

本报告通过捕获和分析 ICV CPS 的各个利益攸关者的需求，获得 ICV CPS 的各项功能和非功能需求，结合行业技术现状和经济效益等因素，设计形成了 ICV CPS 的参考架构模型。因此，ICV CPS 的参考架构模型不仅包含

ICV CPS 的各项功能和非功能特性，也明确了 ICV CPS 实现各项功能和非功能特性的系统组成形式，保证了 ICV 产业上下游企业对 ICV CPS 的系统形式有统一的参照标准。

4. 明确 ICV CPS 的分类（端到端）

本报告构建的 ICV CPS 参考架构模型是基于 MBSE 方法开发的，相应 ICV CPS 的参考架构模型包含 ICV CPS 的全生命周期各个阶段的应用和演进需要。因此，基于 ICV CPS 的参考架构模型库，可明确 ICV CPS 依据全生命周期阶段，实现端到端的分类，具体分为：ICV 研发设计 CPS、ICV 生产制造 CPS、ICV 车用 CPS、ICV 运行管理 CPS。

5. 明确 ICV CPS 的分类（横向）

ICV CPS 是一个随着技术不断进步和应用范围不断扩大而不断发展和演变的复杂大系统。本报告获得的 ICV CPS 参考架构模型库，包含 ICV CPS 在不同应用范围（自动驾驶典型应用场景、小城镇/示范区、中型城市和大城市）内的各类参考架构模型。这些适用不同范围的参考架构模型不仅定义了相应 ICV CPS 涉及的系统功能组成和运行的逻辑，也给定了 ICV CPS 在不同应用范围上的异同和各自类型。因此，本报告构建的 ICV CPS 参考架构模型库，可以明确 ICV CPS 的分类（横向分类，即应用范围或地域上的分类）。

6. 明确 ICV CPS 的分级（纵向）

与 ICV CPS 的分类（横向）相对应，因技术发展、商业计划、经济条件等因素的影响和限制，所建立的 ICV CPS 智能化情况不同，而影响智能化的核心是基于"认知决策"的控制机制。因此，可根据"认知决策"能力的高低将 ICV CPS 分为四级，分别是：人智（由人完成认知决策，并操控系统，完成管控）、辅智（系统自主解决已知问题，人认知决策后操作系统解决未知问题）、混智（系统自主解决已知问题，系统分析未知问题后，人提供决策）和机智（所有问题由系统自主认知和决策，人可干预系统）。该分级来自航空领域，在本报告中进一步以"闭环"数量为量化定级指标，将 ICV CPS 分级由定性转向定量。

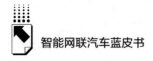

7. 明确 ICV CPS 的总体设计方法

针对 ICV CPS 的设计、开发、集成和运营，本报告采用已被广泛证明适用于复杂系统设计开发的基于模型的系统工程方法（MBSE），以提高系统的开发效率、保障产品质量和系统可靠性、支持系统快速迭代和持续演进。在 ICV CPS 的参考架构研究过程中，本报告贯彻应用 MBSE 配套的两种主流方法论，即系统建模语言（SysML）与面向对象的系统工程方法（OOSEM）搭配 ARCADIA（ARChitecture Analysis and Design Integrated Approach）方法论，严格规范地构建参考架构模型库，以此证明 MBSE 方法开展 ICV CPS 总体设计的有效性，进而明确以 MBSE 方法为 ICV CPS 的总体设计方法。

8. 明确 ICV CPS 的总体功能与逻辑参考架构

本报告通过构建 ICV CPS 的系统顶层的通用功能参考架构与逻辑参考架构模型，基于 MBSE 方法，识别和捕获了 ICV CPS 的战略需求、利益攸关者需求、服务应用需求、安全性需求、信息安防需求和标准化需求。

9. 明确 ICV CPS 的总体系统构成

本报告在构建了 ICV CPS 的系统顶层的功能逻辑架构模型的基础上，开展了系统顶层物理架构的参考模型构建，形成了 ICV CPS 的总体系统构成及各组成部分的交互关系，包含智能网联汽车的智能终端基础平台相关构成、车载智能计算平台相关构成、基础车辆平台相关构成、云控基础平台相关构成、云控应用平台相关构成、网络设施相关构成、道路设施相关构成、使能体系相关构成和社会民生设施相关构成等。

10. 明确 ICV CPS 架构设计的总体架构框架

ICV CPS 无论从上层的产业体系层面，还是从具体的车辆系统层面都具有前所未有的复杂性。为了应对这种复杂性带来的系统设计层面的困难，以及管理和运营上的高难度，本报告构建一套通用的体系架构框架（Enterprise Architecture Framework）——智能网联汽车 7S 体系架构框架（简称 7S），作为 ICV CPS 架构设计的总体框架。7S 以"立场"（Standpoint）、

"视角"（viewpoint）、"视图"（view）为三大顶层核心概念，在车、路、云的立场下，基于统一视角和方法，提炼形成 ICV CPS 的 7 大视图，分别是战略视图、利益攸关者视图、服务视图、安全性视图、信息安防视图、标准化视图和系统视图。

（三）架构研究原则与方法

ICV CPS 不仅是"信息系统 + 物理系统"的简单组合，而且是系统形式发展的最新阶段。新的事物会伴随新的研究方法和新的技术形态，针对 ICV CPS 这种完全新兴的系统的研究和开发，必须对以往的研究方法的理论基础进行再认识和再更新，以此重塑和构建符合 ICV CPS 的研究原则和方法。本报告追根溯源，将视野向前延伸至车辆本身研究之外，从 CPS 需要更早面对的体系工程和系统工程背后的科学理论入手，逐步向后构建理论方法和工程方法。结合汽车工业现有的分类学（taxonomy），在新理论、专属参考语义等方面完善 ICV CPS 的理论根基。ICV CPS 作为新系统、新形态、新事物，需要专门解决其复杂性和大规模特点的工具链，这些工具链需要结合中国汽车工业的现状和 ICV CPS 的发展进行定制，同时要符合国产自主趋势，而本报告构建的理论方法和工程方法将是 ICV CPS 工具链背后的 "Know-How" 基础。

二 智能网联汽车信息物理系统参考架构

在智能网联汽车产业不断发展的当下，伴随新的思想、概念不断产生，新的架构形式不断涌现，新的技术不断革新，业内急需一种颠覆性的解决问题的范式。而 ICV CPS 参考架构正是解决这些问题的"钥匙"。在智能网联汽车全生命周期中，ICV CPS 参考架构也会被划分成不同的等级，来对应当前阶段的系统形态。在技术需求、安全需求等发生变更后，ICV 相关的概念、技术会发生迭代升级，同时，ICV CPS 参考架构也会由当前的级别向更高级别迈进，即在 ICV 发展的不同阶段给出对应的解决问题的"钥匙"。该过程往往需要进行多次迭代,并非一蹴而就。而 ICV CPS 是最新的系统形式,因此每一次迭代都需要系统工程的方法作为支撑。

(一)智能网联汽车信息物理系统分类架构

"智能网联汽车信息物理系统"是一类系统的统称,也是一类刻画或分析系统的视角或方法,所以需要针对智能网联汽车信息物理系统中不同的系统分别进行参考架构定义。为此,本报告针对智能网联汽车全生命周期的不同阶段,定义了系统的参考架构。

本报告提出的 ICV CPS 总体通用架构框架如图 1 所示。

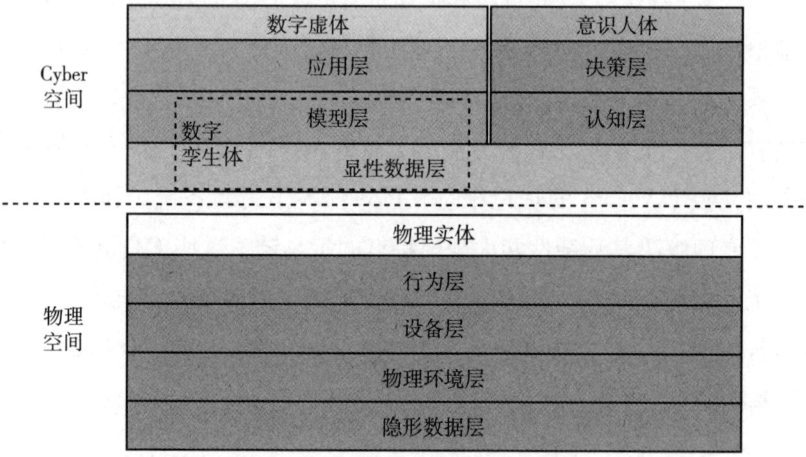

图 1　ICV CPS 的总体通用架构框架

结合总体通用架构框架、智能网联汽车全生命周期和主要利益攸关者,定义的 ICV CPS 分类架构(如图 2 所示)包含四种。

·ICV D(Development)CPS:智能网联汽车研发设计信息物理系统。

·ICV M(Manufacturing)CPS:智能网联汽车生产制造信息物理系统。

·ICV V(Vehicle)CPS:智能网联汽车车用信息物理系统。

·ICV OM(Operational Management)CPS:智能网联汽车运行管理信息物理系统。

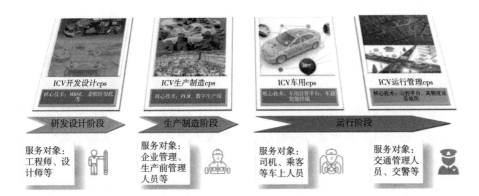

图 2　四大 ICV CPS

1. ICV D CPS

通过对 ICV 及其相关运行环境的设计流程数字化，将文档支撑且以物理原型机和试验装置为验证平台的传统设计方法，转化为以"模型 + 数据"为依托的设计方法。物理空间内的要素包括设计文档、物理原型机、试验装置等。在信息空间中，对应的数字孪生体应为对应的模型化与数据化要素。

从 CPS 三要素来看，"人"主要是参与 ICV CPS 研发阶段的工程设计相关人员，并且 ICV D CPS 中人的智能在很大程度上不可替代；机器包含专门设计的单一真相源数据库、相配套的设计软件环境、具有仿真数字模型执行能力的计算环境等；数字孪生体是 ICV CPS 研发过程中产品系统的各类"数据 + 模型"。

ICV D CPS 的运行原理为人和机器一起收集数据与设计要求；机器对收集上来的数据进行处理和展示，形成设计相关信息；人根据设计思维，对产品进行设计，同时机器学习相关知识，逐渐替换人的设计思维，减少人的参与及劳动需要；机器根据设计结果，形成虚拟原型机，同时制造物理原型机。

ICV D CPS 在业务流程上应至少包括从体系分析、系统分析到系统验证的各个阶段。而从系统分析开始，将有另外的 ICV CPS 开始平行存在，即 ICV M CPS。

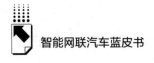

2. ICV M CPS

ICV M CPS 即将生产线数字化，同时整合物流管理和物料管理，为生产制造系统赋能。例如，保护/保证生产线设备无忧运行和生产资料高效调配，从而保证生产过程的高效。

从 CPS 三要素来看，"人"是生产线设计人员与管理人员；机器是生产线设备与生产线管理设备（安装数字生产线管理平台软件）；数字孪生体是以"模型+数据"为载体的机器和物理环境数字化映射。

ICV M CPS 的运行原理为人和机器一起收集生产线相关数据；机器对收集上来的数据进行处理和展示，形成相关信息；人根据生产线管理知识，对生产线进行管理，同时机器学习相关知识，逐渐替换人的管理，减少人的参与及劳动需要；机器根据人和逐渐加分量的机器下的指令，对生产线进行管理，执行相关指令。

3. ICV V CPS

ICV V CPS 存在于车载计算平台和车载智能终端平台中，将车辆自身的装置/设备，与车辆周边环境进行数字孪生，形成的数字孪生体支持相关车控和车载应用。

按 CPS 三要素分析，"人"在 ICV V CPS 中主要是以车内驾驶员和乘客的身份存在；"机器"主要是车载计算平台和车载智能终端平台；数字孪生体是标准的以"数据+模型"为主的周围环境与车辆自身数字化后在信息空间形成的数字映射。

ICV V CPS 的运行原理为机器收集车内与周边的相关数据；机器对收集上来的数据进行处理和展示，形成相关信息；人与机器一起根据分析出来的信息进行决策与下发指令；机器根据人和逐渐加分量的机器下的指令，对车辆进行控制，执行相关指令。

4. ICV OM CPS

ICV OM CPS 与"云控系统"有相似的应用背景，但出发点与视角不同。其中，云控基础平台是数字孪生体基础的数据"产出"平台，而云控应用平台将云控服务的具体需求结合云控基础平台"产出"的数据进一步转化为相对应的具体模型，从而支持对"模型"的进一步分析与产生增值/有价值的服务。例如，具体的智能网联汽车和智能交通云控服务。

从 CPS 三要素来看，"人"包括智慧交通利益攸关者、交通管理攸关者、车企和交通设备供应商。物理要素包括所有的交通实体。

ICV OM CPS 的运行原理为机器收集车辆与环境的相关数据；机器对收集上来的数据进行处理和展示，形成相关信息；人与机器一起根据分析出来的信息进行交通层面和单车层面的决策与下达指令；机器根据人和逐渐加分量的机器下的指令，对车辆进行控制，对交通进行宏观控制，执行相关指令。

之所以 ICV OM CPS 需要云控基础和云控应用双重平台来构建，是因为该子 CPS 中的要素特别多，形成数字映射所需的数据量是天文级的，且数字孪生体与物理实体间的映射时延要求根据具体服务而有所不同。

（二）ICV 研发设计 CPS

1. 功能参考架构

智能网联汽车研发设计阶段的信息物理系统是将 ICV 研发过程数字化，利用模型代替文本，并逐渐由机器代替人智进行 ICV 的研发设计。本报告提出如图 3 所示 ICV 研发设计阶段 CPS 的功能参考架构。在 ICV 研发过程中，人和机器会对上一研发阶段设计执行过程中所产生的各种"隐性数据"（如 ICV 原型机、运行参数、需求文档和运行场景等数据）进行感知和采集，并形成可视的"显性数据"（如 ICV 虚拟原型机、数字草图、权衡空间、系统模型和虚拟场景等数据）。依据这些"显性数据"，人和机器对 ICV 研发进行相关的设计分析，形成"可用信息"（如设计知识库等）。依托这些"可用信息"，人和机器可以对 ICV 研发设计进行决策，形成设计方案，并为设计的执行和 ICV 物理原型机的制作提供依据。同时，设计决策过程中所形成的设计规则和设计知识也可以为之后的决策过程提供支持。

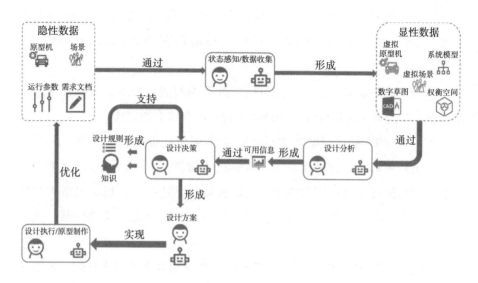

图3 ICV 研发设计 CPS 功能参考架构

2. 逻辑参考架构

为了实现智能网联汽车研发设计阶段信息物理系统的构建,需要建立其研发设计的逻辑参考架构,从而实现 ICV 系统研发设计的功能。本报告所提出的逻辑架构是通过基于参考架构的协同开发平台(Platform for Reference Architecture – based Design Environment,PARADE)实现的。

PARADE 是集方法论、总体设计平台和工具链于一体的研发设计平台,图4展示了该研发平台的组成关系。PARADE 应用 MBSE 方法论,对 ICV产品进行正向的研发设计,确保从需求分析、功能分析、逻辑架构设计、逻辑功能仿真到系统仿真的无缝衔接。同时,PARADE 总体设计平台作为一个中间件平台,可以将需求分析、系统设计、系统仿真等阶段工具链中所产生的异构的模型转化为同构的 ICV CPS 参考架构模型,并最终通过模型融合生成 ICV 的数字孪生体。通过 PARADE 中间件平台,可以建立 ICV研发设计的数字主线和面向对象的数字模型以实现面向 ICV 的多学科协同设计优化。

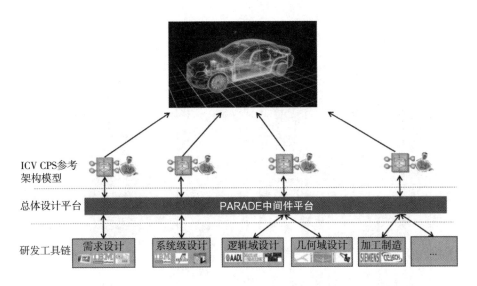

图4 参考架构模型、总体设计平台和工具链关系

ICV 研发设计 CPS 的逻辑参考架构（见图 5）包含了 PARADE 实现的系统组成及逻辑关系。所建立的 PARADE 主要包含核心工具链、外围工具平台和基于知识组件的快速原型设计环境。其中，核心工具链是整个 ICV 的研发落地的关键，是数字孪生体中模型和显性数据的重要生成环境。

3. 分级参考架构

ICV D CPS 以信息物理系统中物理空间和信息空间中的"闭环"数量为量化指标，可划分为 A1、A2、A3 和 A4 四个等级。ICV 研发设计 CPS 自主化级别总体符合自动驾驶级别、智能化和网联化的融合级别，实现了多视角下的智能网联汽车级别间的协调统一。根据等级的不同，ICV 研发设计 CPS 也会从设计数据收集、设计分析和决策、设计执行三个层面做出相应改变。

A1 级功能架构显示如图 6 所示。在设计数据收集层面，由工业设计软件来进行设计数据收集，由人决定收集何种数据。在设计分析和决策层面，人通过工业设计软件对基础设计数据的基本筛选，将数据转化为有逻辑的信息展示，并根据展示的信息与相关知识和经验做出设计决策，同时，设计决

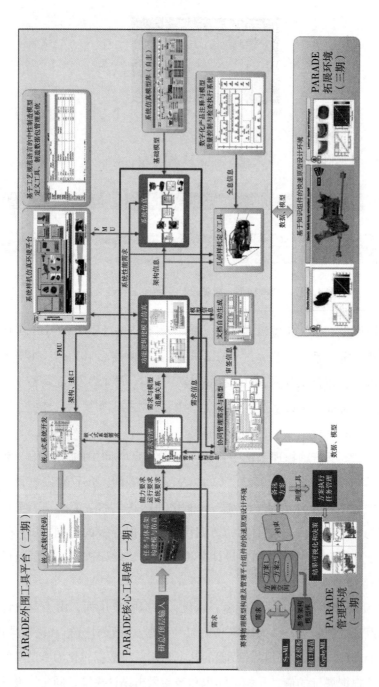

图 5　ICV 研发设计 CPS 逻辑架构

策信息也会反过来对设计数据信息进行更新。在设计执行层面，人通过自身或操作机器、软件等方式进行执行设计操作，并形成物理原型机。

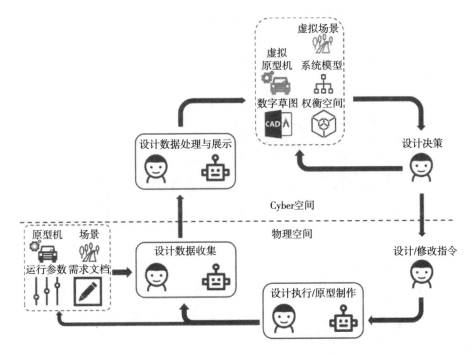

图6 ICV研发设计CPS A1级

A2级功能架构显示如图7所示。在设计数据收集层面，由人与机器一起面向已知的设计需求和问题进行定向的设计数据采集，同时面向未知的设计需求并进行统一采集；采集数据的类型可以由人智决定，也可以由机器决定。在设计分析和决策层面，人和机器共同对基础设计数据进行基本筛选，将数据转化为有逻辑的信息展示。随后，人通过解决未知的设计问题，形成设计知识和设计规则，建立并更新设计知识库；通过设计知识库、专家系统等，机器基于已有知识对部分已知设计问题进行处理；同时，机器通过数据分析模型对未知设计问题进行识别，提示人进行处理。在设计执行层面，已知的设计问题由机器自动执行设计决策，而未知的问题由人操作机器进行执行。

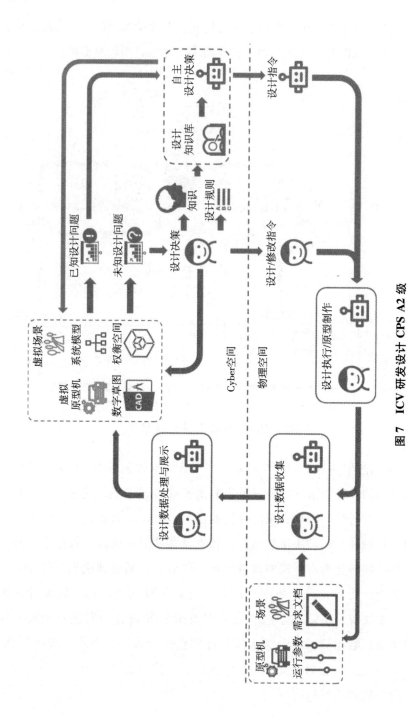

图 7 ICV 研发设计 CPS A2 级

A3 级功能架构显示如图 8 所示。数据采集以机器为主，以需求为导向，且采集设备具备异构数据融合能力。在设计分析和决策层面，主要由机器对基础设计数据进行筛选，并将数据转化为有逻辑的信息展示。通过建立机理、数据分析模型，机器可以构建模型间的相互关系，并使模型可以在 Cyber 空间中进行协作。已知问题还是由机器基于知识库进行决策，而未知问题则由机器通过建立的模型进行分析并给人决策建议（如可能的设计方案、参数建议等）。人通过对未知问题的设计决策，形成设计知识和设计规则，对数据分析模型进行相应的修改和更新，并同时更新设计知识库。在设计执行层面，已知的设计问题由机器自动执行设计决策，而未知的问题由机器帮助人共同执行。

A4 级功能架构显示如图 9 所示。机器会根据业务需求，自主调整数据采集的数量、频率和内容，且在此过程中人基本不会参与。在设计分析和决策层面，由机器对基础设计数据进行筛选，并将数据转化为有逻辑的信息展示。通过建立高级模型分析能力，机器可以在模型间通过特征关联、协同推演等方式进行多模表、多对象分析。已知问题由机器基于知识库决策处理，而未知问题可以由机器根据物理空间的变化自主进行处理。人通过对未知问题的设计决策，形成设计知识和设计规则，对高级数据分析模型进行相应的修改和更新，并同时更新设计知识库。在设计执行层面，已知的设计问题由机器自动执行设计决策，而未知的问题也由机器自动进行控制。在此过程中，人可以进行干预。

（三）ICV 车用 CPS

1. 功能参考架构

ICV 车用 CPS 是以车辆的集成控制和执行系统为基础，结合车载设备、人和机器智能的信息物理系统。ICV 车用 CPS 分别涵盖了车辆乘员、集成控制和执行系统、车载感知和通信系统、车载智能终端硬件和异构分布硬件系统等组成的物理层；人机交互信息、车端感知数据信息、通信信息、系统决策信息等组成的信息层；数据汇聚和处理、系统分析与决策、驾驶规划和执行等组成的应用层。

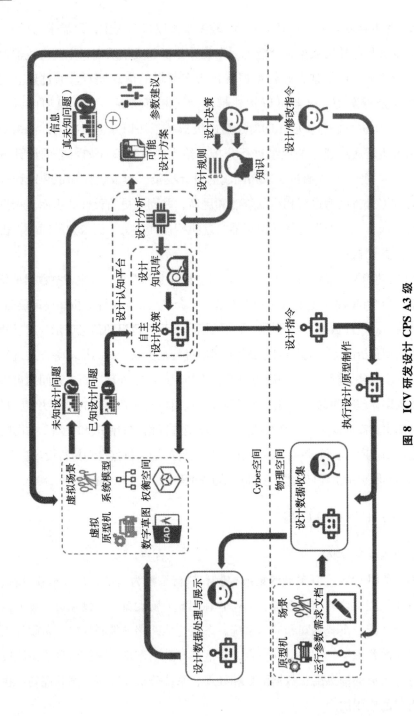

图 8　ICV 研发设计 CPS A3 级

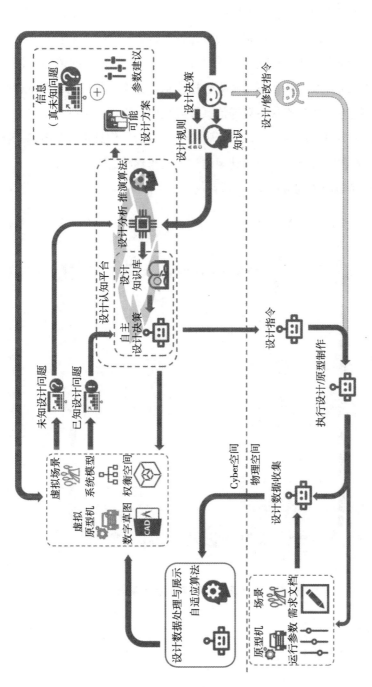

图 9 ICV 研发设计 CPS A4 级

ICV 车用 CPS 的功能显示如图 10 所示，包含车辆状态感知、数据收集、数据处理分析、系统决策、驾驶规划、驾驶执行等一系列功能。首先，信息物理系统的车辆状态感知功能基于 V2X 的感知、车内系统的传感检测和车辆乘员感知共同获取车辆状态和收集数据信息。其次，信息物理系统根据应用需求，对提炼后的车辆状态数据信息按照相应规则进行数据分析，并基于此进行特定的知识或规则下的科学驾驶决策。最后，信息物理系统基于决策信息，通过人和机器智能进行驾驶规划，完成车辆状态改变。至此，ICV 车用 CPS 依据其功能架构形成循环运行。

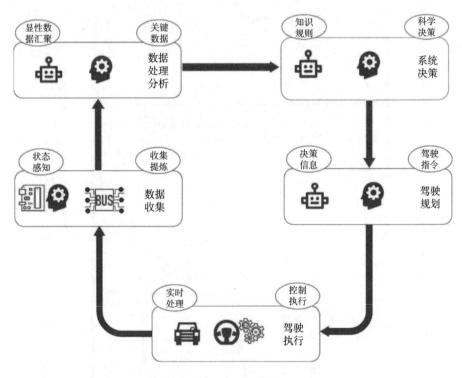

图 10 ICV 车用 CPS 功能参考架构

2. 逻辑参考架构

ICV 车用 CPS 逻辑架构包含物理空间和数字空间（见图 11）。物理空间包括车辆集成控制及执行系统、车载感知和检测设备、车载通信设备、智能终端硬件、异构分布硬件、系统交互接口等物理实体、设备、接口。数字空间可分为两个层级。其中,第一层级的底层包括与物理系统的接口和驱动、车载智能终端平台、车载智能计算平台。第一层级的中间部分包括人机交互执行、感知数据收集、通信数据收集、数据融合、数据分发、硬件资源管理等资源调度。第二层级包括车载数字孪生体运行分析、自动驾驶决策、自动驾驶规划、人机交互应用、任务调度应用、驾驶执行等,这些内容组成了应用服务(SaaS)。此外,数字空间的平台服务层关注数据安全和应用安全。

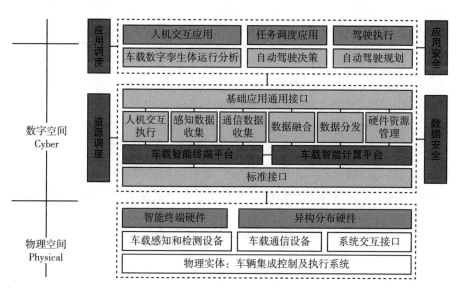

图 11 ICV 车用 CPS 功能逻辑架构

3. 分级参考架构

ICV 车用 CPS 按照信息物理系统等级划分为 A1、A2、A3 和 A4 四个等级。等级不同,ICV 车用 CPS 在车辆运行状态数据收集、数据处理、系统分析和决策、系统执行和预测这四个方面存在异同。

ICV 车用 CPS 的 A1 级别信息物理系统功能架构显示如图 12 所示,为人智车用 CPS。该级别 ICV 车用 CPS 的主要特点是:由人智管控 ICV 车用 CPS 运行,系统无法脱离人智管控而独立正常运行。

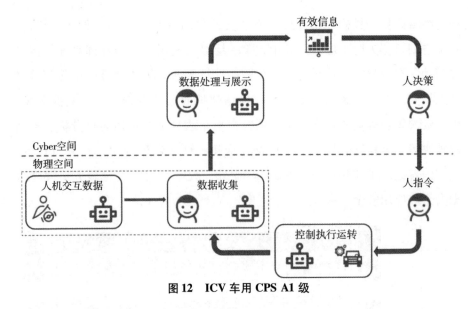

图 12　ICV 车用 CPS A1 级

ICV 车用 CPS 的 A2 级别信息物理系统功能架构显示如图 13 所示，即辅智车用 CPS，是机器辅助人智实现信息物理系统的运行与管控，其主要特点是：机器决策可辅助管控 ICV 车用 CPS 运行，并可通过记录和学习人智决策进行演进，但该级别 ICV 车用 CPS 仍无法脱离人智管控而独立正常运行。

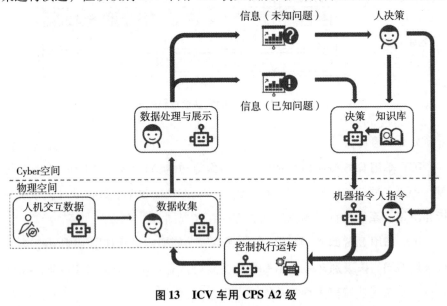

图 13　ICV 车用 CPS A2 级

ICV 车用 CPS 的 A3 级别信息物理系统功能架构显示如图 14 所示，为混智车用 CPS，即人智和机器共同实现信息物理系统的运行与管控，其特点如下。

·ICV 车用 CPS 可以在一定条件下脱离人智，独立运行。

·因系统中出现认知平台，机器除了对已知问题的信息数据进行决策外，可将未知信息分析后为人智提供决策建议。

·ICV 车用 CPS 在车用系统中出现"车用数字孪生体"，用于辅助数据采集与处理，充分获取车辆状态数据。

·ICV 车用 CPS 中机器通过自学习积累，可以逐渐承担更多系统决策工作。

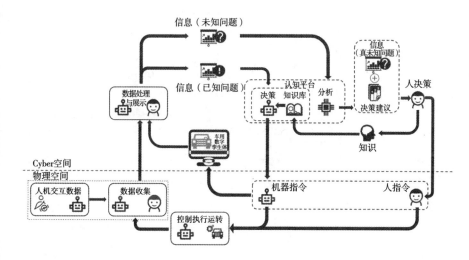

图 14　ICV 车用 CPS A3 级

ICV 车用 CPS 的 A4 级别信息物理系统功能架构显示如图 15 所示，是 ICV 机智车用 CPS，是通过机器主导、人智辅助的模式，实现信息物理系统的运行与管控，包含四个特点。

·人智对 ICV 车用 CPS 的影响相对 A3 级别明显弱化，且 ICV 车用 CPS 可以基本脱离人智独立运行。

·认知平台升级为自适应推演平台，一方面，该平台分析功能和知识库包含绝大部分 ICV 车用 CPS 运行遇到的问题，能使机器实现快速准确的机器决策；另一方面，机器可基于未知问题的数据信息实现推演计算未知问题，并结合知识库对未知问题提供比 A3 级别更为准确的决策建议。

·"车用数字孪生体"的功能更全面，可超实时预测车辆系统运行，辅助认知平台分析和推演，预测系统工作趋势，实现更为精准的机器决策和决策建议。

·ICV 车用 CPS 中机器通过自学习积累，基本脱离人智对系统的管控（除非人智接管或系统出现特殊异常问题要求人智介入，否则 ICV 车用 CPS 可完全自动运行）。

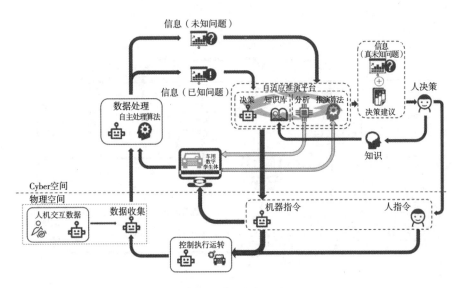

图 15　ICV 车用 CPS A4 级

（四）ICV 运行管理 CPS

1. 功能参考架构

ICV 运行管理 CPS 是利用新一代信息与通信技术，将人、车、路、云的物理层、信息层、应用层连为一体，进行车路融合感知、决策与控制，实现车辆行驶和交通运行安全与效率综合提升的一种信息物理系统。该系统由网联式智能汽车与其他交通参与者、路侧基础设施、云控基础平台、云控应用平台、保证系统发挥作用的相关支撑平台和贯穿整个系统各个部分的通信网等部分组成。

ICV 运行管理 CPS 具有与 CPS 通用功能架构一致的架构表现形式。包括数据收集、数据分级传输和存储、分析和决策、管控执行四个主要功能。其中，数据收集环节包括对运行设备的状态感知和运行数据的收集提炼。将收集的隐性和显性数据按照不同应用需求和层级划分，传输给不同的运行管理系统或机构。数据应用者根据既有的知识、经验和规则分析与科学决策，形成决策指令下发给相应的智能网联汽车或智能交通设备。相应被控对象设备或运行系统通过实时处理和精准执行完成决策指令的响应。与此同时，数据收集也在决策执行的期间同步完成，ICV 运行管理 CPS 如此往复地循环迭代。

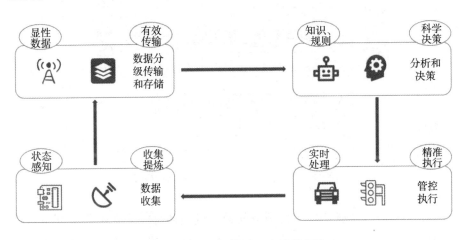

图 16 ICV 运行管理 CPS 功能架构

2. 逻辑参考架构

ICV 运行管理 CPS 逻辑架构显示如图 17 所示，包含物理空间和数字空间两部分。物理空间包括车、路、人、交通、环境等物理实体和硬件感知检测设备、与数字空间交互的接口。数字空间主要分为两个层级，第一层级的底层包括存储设备、内部网络、服务器，其与物理空间内容组成了设施服务

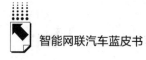

智能网联汽车蓝皮书

（IaaS）。第一层级的中间部分包括互联层、运行管理基础数据库、运行管理计算平台、抽象层、分级汇聚数据、多级在环仿真、基础应用通用接口，这些内容组成了平台服务（PaaS）。第二层级包括数据协同融合、云端控制（决策/车控/交通管控等）、App开发、车辆智能网联驾驶、系统评测、公共服务、公共管理、定制业务等，这些内容组成了应用服务（SaaS）。此外，数字空间的平台服务层关注资源调度和平台/数据安全，应用服务层关注应用调度和应用安全。

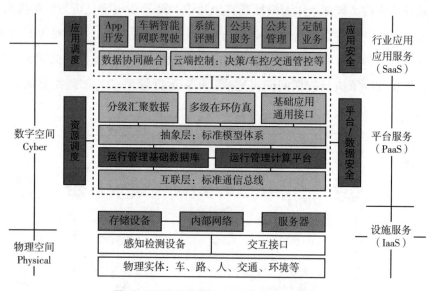

图17 ICV运行管理CPS逻辑架构框架

在ICV运行管理CPS中物理空间的关键实体都需要在数字空间进行数字映射。因此要做到数字孪生，就对物理实体提出了新的需求，如道路设施需要从"哑设备"（不开放接口的自动化设备，无从联网）转变为提供联网接口的道路设施。这里的接口不仅限于车路协同中普遍认知的消息交互接口，也包括车辆和道路设施间的交互控制接口。

数字孪生体的规模、精度和多样性对CPS的应用存在影响。更大规模、更高精度、更多种类的数字孪生体模型将极大程度赋能高级别的CPS应用（控制），但也增加了ICV CPS的复杂性。

3. 分级参考架构

ICV 运行管理 CPS 按照信息物理系统等级可分为 A1、A2、A3 和 A4 四个等级。等级的不同，ICV 运行管理 CPS 也会从设计数据收集、设计分析和决策、设计执行三个层面做出相应改变。

A1 级 ICV 运行管理 CPS 功能架构显示如图 18 所示。在运行数据收集层面，其以机器为主、人工为辅的手段来进行运营和管理数据的收集，而人智决定收集何种数据。在分析和决策层面，运行数据经过简单的处理转化为有逻辑的信息用于展示，同时将有效的信息（事先定义好的信息格式）传递给设计决策模块。由于此时的信息较为固定，运行管理决策的内容也是预设的，通过人工根据有限的工况将研究成果形成规则预制好，当有效信息来时根据预设规则决策，形成决策指令传递给执行层面。人工可在此阶段干预决策和所生成的指令信息。在执行层面，人通过自身或操作机器、软件等方式进行执行运行和管理操作，并形成运行管理数据。通过指令的执行，此阶段可提供有限的服务内容，例如导航、娱乐、安防和远程保养等。

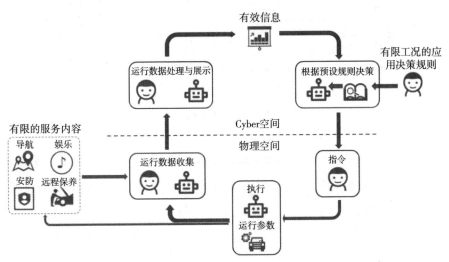

图 18　ICV 运行管理 CPS A1 级

A2 级 ICV 运行管理 CPS 功能架构显示如图 19 所示。A2 级 ICV 运行管理 CPS 功能架构有两处不同于 A1 级。一处是根据运行数据处理后的信息分

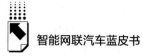

为有效信息和未知问题的信息，其中有效信息根据预设规则决策，生成指令。未知问题信息将分发给专家进行研究和决策，并根据工况总结形成通用规则增加规则库的丰富度。其中对于暂未形成预设规则的问题信息，由人工发送指令操作执行。另一处是得益于车联网技术的发展，提供了更为丰富的服务内容，例如更高级的导航、娱乐资讯、车队管理、安防、后服务及其他物联网应用。

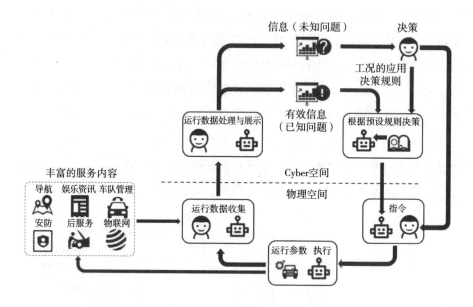

图 19　ICV 运行管理 CPS A2 级

A3 级 ICV 运行管理 CPS 功能架构显示如图 20 所示。A3 等级的功能架构体现了车路协同的特点，即利用 V2X 技术增加了智能交通系统的应用。通过车路协同使交通参与者（车、人等）能够实时获取其他参与者的位置、方向、速度、加速度、刹车/油门状态等深度信息，从而重构整个交通场景，对可能出现的突发状况做出及时反应，为交通参与者之间的协同提供了基础和可能，相应的运行管理也逐渐变得更"智能"。相比 A2 级 ICV 运行管理 CPS，不仅是车辆自身检测的信息参与分析和决策，来自其他网联车辆的通信数据和智能交通设施的通信数据同样也传递到数据收集模块，并参与运行数据处理与展示和后续的分析与决策。另外，得益于大数据和 AI 技术的发展，相关技术也开始用于大数据分析和 AI 策略演算，为设计决策和设计规则制定提供了新方法和新途径。

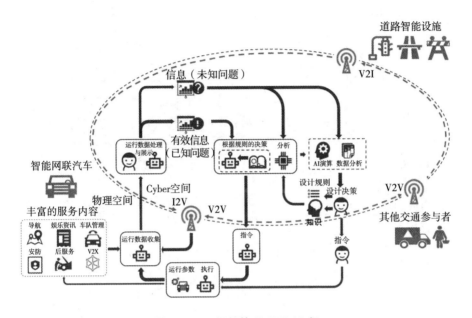

图 20　ICV 运行管理 CPS A3 级

A4 级 ICV 运行管理 CPS 功能架构显示如图 21 所示。A4 级是 A3 级的进一步升级和优化，主要应用云控技术提升 ICV 整体的运行管理。通过构建层级化的边缘云、区域云、中心云平台，规范和优化多车之间、局部和宏观交通层面的运行管理策略。A4 级 CPS 功能架构最核心的是云控技术的应用，其指利用新一代信息和通信技术，将人、车、路、云的物理层、信息层、应用层融为一体，进行融合感知、决策与控制，实现交通安全水平、交通效率的综合提升。基于云控技术构建云控平台，构造基于云端的车路实时数据闭环链路与实时计算网络，建立行车与交通环境的全局精确数字映射，从而形成从感知、决策到控制的车路实时协同 CPS，支撑智能网联驾驶与智能交通应用按需实时运行管理，并进行全域不同等级智能网联汽车及其交通的联合运行优化，实现车辆与交通运行管理的安全、效率、节能等性能的综

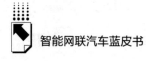

合提升。A4级的运行管理CPS将实现物理空间和数字空间的双向映射与联动，是CPS技术在ICV运行管理领域落地应用的高级形态。

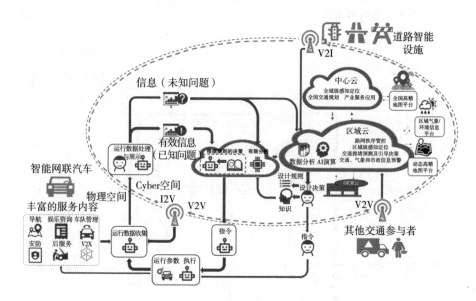

图21　ICV运行管理CPS A4级

三　ICV CPS 的设计与实施

（一）智能网联汽车7S体系架构框架

智能网联汽车作为新一代汽车的发展方向，无论是上层的产业体系层面，还是具体的车辆系统本身及其与外部系统交互的层面都具有前所未有的复杂性。这种复杂性不仅带来系统设计层面的困难，也将智能网联汽车的管理和运营的难度上升到新的水平。

智能网联汽车正在面临或者即将面临的问题应参考国防军工体系的复杂产品研发经验。其关键是构筑一套通用的体系架构框架（Enterprise Architecture Framework）。一般来说，体系架构框架对复杂大系统甚至体系研发设计的帮助有如下几点。

·支持系统化、独立于系统的多视角下的需求挖掘。

·系统化、统一的对复杂体系到系统进行解构，从多视角对对象进行分析。

·为不同立场的参与方提供统一的沟通与交流的框架，从而更好地进行协同。

·系统化地整理知识与相关经验，从而更好地支持复用和知识转移。

智能网联汽车 7S 体系架构框架是国内首创的中国智能网联汽车的通用体系架构框架，是在参考了国际上流行的多种体系架构框架的基础上，进行了全面地本地化。具体参考的体系架构框架包括 DODAF、MODAF、NAF、TOGAF、UAF、Zachman。本报告结合这些体系架构框架，保留其中适用于智能网联汽车的元素，同时原创增加了相关视图（见图 22），从而提出智能网联汽车 7S 体系架构框架（简称"7S"）。

7S 包括顶层三大核心概念，分别为"立场"（Standpoint）、"视角"（Viewpoint）、"视图"（View）。一般可以认为分析者的立场限制了分析问题时采用的视角，也因此决定了分析者所能得出的结论（或者在系统工程的范畴中——视图）。

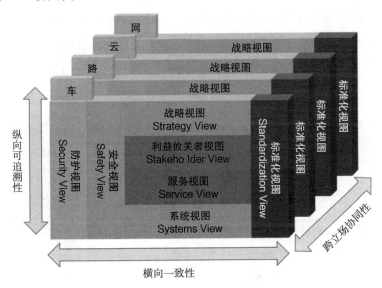

图 22　7S 体系架构框架

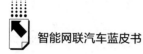

应用 7S 于智能网联汽车信息物理系统时，其"车""路""云""网"四要素被理解为顶层的四个立场。在不同的立场下，7S 提供了统一的视角和方法对系统中 7 个范畴进行分析、提炼、整理，从而形成 7 大视图。从整体上，7S 支持了三个维度的一致性和可追溯性。首先，在"纵向"上，7S 支持了用户对不同概念层级的分析的一致性和可追溯性。概念层级主要表现为"战略"、"利益攸关者"、"服务"和"系统"视图间自上而下的细化关系和各个视图之内子视图的自上而下的细化关系。其次，"横向"上，7S 支持了不同视角互相之间的一致性。最后，7S 的最终目的和创新点是支持不同"立场"下的"视图"间的一致性，从而达成不同立场间的共识和协同的基础。

此外，7S 的应用范围可以是自体系级一直向下应用于复杂大系统级、系统级、分系统级、子系统级甚至部件级。因此 7S 可以支持的不仅是智能网联汽车体系/产业的规划和顶层设计，也自上而下地打通了由体系到智能网联汽车信息物理系统开发的道路。

依托不同立场下的 7 大视图，7S 体系架构框架可以为 ICV CPS 梳理和分类不同的利益攸关者及其相互间关系，使不同利益攸关者既能够专注于其特定的利益领域，又能保持全局性；7S 可作为系统需求的挖掘工具，从 7 个视图层面进行全面统一的系统需求捕获，用以支撑 ICV CPS 的架构设计和建模（见图 23）。

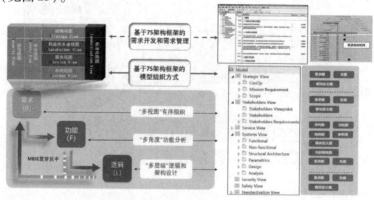

图 23　将 7S 应用于系统架构设计的流程

（二）基于 MBSE 设计方法的 ICV CPS 设计流程

汽车行业传统的研发流程体系无法满足复杂度持续增加的 ICV CPS 的研发需求，就会出现如下问题。

· 基于文档设计，容易产生二义性。

· 各设计阶段的设计结果割裂。

· 缺陷大多在后期发现，发现和修复成本高。

· 试验滞后于设计，试验效率较低，试验结果离散。

· 后期发现问题后优化和改进空间小。

在国内外复杂装备系统的研制中，尤其是航空航天产品研制中，基于模型的系统工程（MBSE）方法正成为复杂系统设计的基础。常用的 MBSE 方法论主要包含需求工程，基于 SysML 的方法论，以及系统的仿真测试验证等。基于 SysML 的系统分析和系统设计相关方法论是 MBSE 最关键的环节。

MBSE 与传统系统工程相比，具有形象化、具体化、沟通效率高等多种优势。通过实践分析，本报告采用建模方法简单、系统分析设计流程清晰、应用操作简便的 ARCADIA 方法作为 ICV CPS 设计的 MBSE 方法。

ARCADIA（Architecture Analysis and Design Integrated Approach）方法论是由法国泰勒斯公司基于 IEEE 1220 标准提出的，包含 DSML（Domain - specific Modeling Language）语言、ARCADIA 方法论和 Capella 建模工具，是目前世界上为数不多的全系统 MBSE（Model - based Systems Engineering）平台解决方案之一。其流程显示如图 24 所示，包含对复杂系统的运行分析（OA）、系统分析（SA）、逻辑架构（LA）设计、物理架构（PA）设计和最终产品分解结构（EPBS）设计。在该流程中，需求分析作为整套方法论的输入，而方法论输出的则是最终的系统解决方案。另外，整个流程也是从无系统概念，到系统概念逐渐清晰（系统黑盒），最后到系统内部轮廓逐渐清晰（系统白盒）。

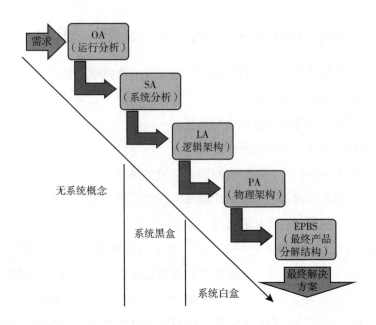

图 24　ARCADIA 方法建模流程

ARCADIA 方法结合了美国国防部架构框架（简称 DoDAF）的相关理念。首先定义的是用户需要系统完成的任务，也就是用户需要具备的运行能力。在运行分析阶段，首先定义的是用户需要系统完成的任务，并围绕任务分析用户遇到的问题、用户的需要和用户的潜在需求。运营分析的对象是用户、用户在运营中的角色、用户完成的活动，分析的内容是用户活动是否存在问题和不足、是否有改进的空间。

运行分析完成后，进入系统分析阶段，主要目的是将用户的需求转化为完整的系统需求，采用的方法是通过系统建模，逐步分析系统任务、系统能力、系统约束等。

逻辑分析是将各项系统需求模型化，并进一步分析和细化满足各项需求的系统组成和运行逻辑。具体来说，逻辑分析是实现详细的系统分析，考虑系统的约束，平衡系统性能、安全性和可靠性等指标，以求得到最佳的系统方案。系统分析和逻辑分析共同完成系统功能定义，系统需求分解与分配，形成系统定义。

物理分析是定义系统的具体实现方式，考虑系统的物理特性，以达到系统在质量、功耗、成本等物理层面的最优设计。物理分析和终端产品分析适用于不同的系统对象和系统组织形式。物理分析过程考虑的是系统如何实现，包括物理约束的系统架构选择、物理连接形式、各部件实现的功能等。

物理层向下分解，还可以将物理实现再分解至各个构型项的物理实现，也就是终端产品分解结构定义，这个层级解决的是软硬件分配和集成的过程，一般是软、硬件工程师关注的重点。

（三）数字主线技术连接四大 ICV CPS

数字主线（Digital Thread）源自美国军工部门，是一种信息交流框架或环境。数字主线能实现产品全生命周期和全价值链，从产品构思，到概念、设计、验证、制造、运维，直至报废（退役）等各环节中互联的数据流和集成的产品模型与视图。通过数字主线，可以消除与产品有关的信息孤岛，驱动知识生成，建立统一的数据、信息、知识的传递和访问规则，进而实现"将正确的信息，以正确的方式，推送给正确的地方"。

前文所述四种 ICV CPS 组成了智能网联汽车全生命周期的主要四个阶段，如图 25 所示。数字主线的应用可将 ICV 中这四种 CPS 连接起来，覆盖并建立从设计到运维的全生命周期数据的连接和有效传递，为各业务环节提供统一的、一致的、实时的数据，提高业务运营效率。

数字主线的特点是"全部元素建模定义、全部数据采集分析、全部决策仿真评估"，能够量化并减少系统生命周期中的各种不确定性。通过数字主线连接四种 ICV CPS，实现系统需求的自动跟踪、系统设计的快速迭代、生产的稳定控制和维护的实时管理，有效支撑产品全生命周期中关键决策点的决策，大幅降低复杂系统开发生命周期各阶段迭代的时间和成本。

除新建立的系统外，ICV CPS 也涉及与第三方已有平台体系的对接，如OEM 车辆平台、道路交通管理平台、运输平台、通信平台、信息服务平台

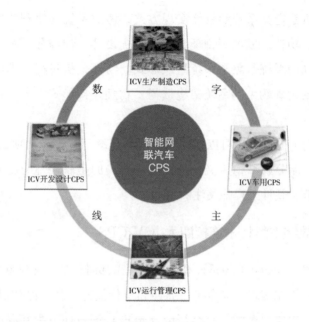

图 25　数字主线连接四大 ICV CPS

等。依托数字主线技术指导平台开发过程中，应充分考虑多平台的兼容性，不仅实现以数字孪生体联通五大平台（计算平台、云控平台、高精地图平台、信息安全平台、智能终端平台），也结合复杂系统中使能系统参考架构，将第三方平台体系与数字主线连接，实现 ICV CPS 与其他体系平台构成真正的智能网联汽车复合体（Complex），即智能网联汽车生态。因此，数字主线将是贯通 ICV CPS 体系和系统全生态链的核心。

四　ICV CPS 关键共性技术体系架构

（一）ICV 研发设计 CPS 相关关键共性技术

实现 ICV 研发设计 CPS 不仅需要完善的方法论作为支撑，也需要相关的关键技术给予支持。为此，本报告梳理了 ICV 研发设计 CPS 的关键技术体系架构（见图 26），并研究了各关键技术在 ICV CPS 中的实现。

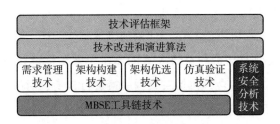

图26　ICV 研发设计 CPS 关键技术体系架构

1. 需求管理技术

需求管理是系统工程中的重要一环，其指明了所有的系统设计应该提供的功能和必然受到的约束。需求管理贯穿系统的全生命周期，是一个持续更新的动态过程。智能网联汽车作为一个复杂体系，必然会在全生命周期内出现涌现的需求和变更的需求。ICV 研发设计阶段 CPS 的需求管理技术，依托需求工程方法论和 ISO29148 标准，能够成体系地对各方需求进行收集、分析、归类和存储，并确保系统需求的一致性、可追溯性和可管理性，从而避免因种种因素导致需求记录不全、需求一致性低、需求管理成本高等问题。

2. 架构构建技术

架构构建技术在承接、分析、分解和细化系统需求的基础上，将系统组成方法、系统运行方式等进行模型化表达，所形成的系统架构模型不仅承接了系统需求，也为系统设计提供了直接的指导，是系统设计的最关键环节。因此，在构建 ICV 研发设计 CPS 时，需背靠体系工程的思想与方法，依托 ISO21840，对 ICV 体系进行全面的要素梳理、功能解构、逻辑重构和物理集成，从而支撑 ICV 研发设计流程向全面的高等级信息物理体系的转型。依托 ISO42010 系列架构标准，模型化定义 ICV 体系架构，从根本上界定整个 ICV 体系的全局生态的内涵与外延。此外，以模型驱动架构（MDA）方法论，以系统建模语言为媒介，应用架构构建技术可以对 ICV 体系架构进行规范化、标准化表达。

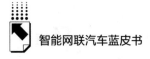

3. 架构优选技术

架构的构建过程可以被看作一种架构决策过程，即一套包含不同架构选项的"心智"模型。基于利益攸关者的需求，架构优选技术通过对架构权衡空间中的信息进行综合，包括对架构决策进行权衡、对敏感度和耦合度进行分析，可以对研发设计阶段不同的 ICV 系统架构进行评估，形成 ICV 架构决策体系以管理复杂度。在构建 ICV 研发设计阶段的信息物理系统时，应用架构优选技术可以保证所构建的 ICV 系统架构能满足利益攸关者的需求和偏好，实现"优中选优"，全面支撑 ICV 研发设计 CPS 的实现。

4. 仿真验证技术

系统仿真技术已经成为任何复杂系统，特别是高技术产业不可或缺的分析、研究、设计、评价、决策和训练的重要手段。其应用范围在不断扩大，应用效益也日益显著。当系统架构构建完成之后，往往要对现有的系统及其功能逻辑进行仿真验证，以检验系统的结构、功能需求和性能需求，来保证系统的正常运行。在 ICV 研发设计阶段，CPS 系统级的仿真验证不仅能降低实际 ICV 产品实验验证的成本，也能加快 ICV 系统研发的迭代速度。

5. MBSE 工具链技术

MBSE 工具链技术能支持组织管理整个复杂系统的生命周期，打通从需求采集和管理、系统架构设计到系统仿真验证的系统正向研发链路。在构建 ICV 研发设计阶段的 CPS 时，应用 MBSE 工具链技术定制化 ICV CPS 基于 MBSE 方法的研发流程，并实现流程和操作的自动化或半自动化，可提高研发效率和提升产品质量，确保产品信息数据流通更加顺畅，并保证研发过程产品数据的一致性。另外，应用 MBSE 工具链技术能提高不同工具间信息的追溯能力，并进行影响分析，使模型的变更和需求的变更都能实现联动。

6. 系统安全分析技术

系统安全分析技术是从安全的角度对系统进行分析的技术。在 ICV 研发设计阶段，应用多层级、多维度的系统安全分析技术，如图 27 所示的失效模式与影响分析（FMEA）、功能危险分析（FHA）、系统安全评估（SSA）等六大主流系统安全分析方法，可以对 ICV 研发设计 CPS 的安全性进行全面的评估和分析。同时，依照评估和分析结果，并结合系统思维，提前设计、预备和部署冗余、弥补措施和应急方案，可从根本上解决在 ICV 研发设计过程中可能出现的关键问题，提高 ICV 研发设计 CPS 运行的稳定性和可靠性。

图 27 六大主流系统安全分析方法

7. 技术评估框架

各类技术的持续发展会给 ICV CPS 带来新的应用需求，因此，如何选用合适的新技术是 ICV CPS 发展的一个重要因素。本报告在 ICV 研发设计阶段，采用"应用技术评估框架"（Technology Assessment Framework，TAF）对预期的新技术进行客观科学的评估，确保从全局视角下引用合适的技术以支撑研发设计 CPS 的落地，进而确保整个 CPS 在技术评估、验证层面的高效、安全和经济。

8. 技术改进和演进算法

基于技术评估框架对新技术的全面评估结果，能继续应用技术改进和演进算法（Technology Refinement and Modification Algorithm，TRMA）对智能网联汽车相关的新技术进行客观、科学的演进预测，明确合理的演进路线，从而使该技术在 ICV 研发设计过程中向着更佳实现 ICV 体系的顶层愿景和利益攸关者需要的方向演进。

（二）ICV 车用 CPS 相关关键共性技术

ICV 车用 CPS 是以车辆的集成控制和执行系统为基础，结合车载设备、人和机器智能的信息物理系统。根据前文中描述的 ICV 车用 CPS 的功能逻辑架构，ICV 车用 CPS 包含集成控制和行驶执行、感知检测、数据信息传

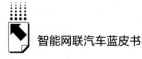

输、数据信息分析和处理、人机交互、数字孪生体交互应用、智能推演计算、异构硬件系统集成、软件系统升级等诸多功能。因此，ICV 车用 CPS 的实现不仅需要传统汽车系统提供集成控制和执行系统，还需要其他相关的关键技术。为此，本报告梳理了如图 28 所示的 ICV 车用 CPS 关键技术体系架构。

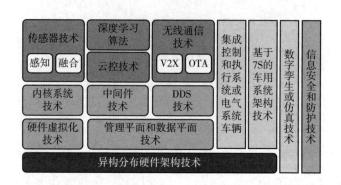

图 28　ICV 车用 CPS 关键技术体系架构

1. 传感器技术

ICV 车用 CPS 依靠各类传感器实现系统对各类信息的感知功能和感知数据的汇聚融合功能。通过传感器的信息感知功能，ICV 车用 CPS 可以获取系统及其环境信息。感知系统外的环境信息时，传感器负责感知 ICV 车用 CPS 运行过程中周围的环境信息。感知系统内的信息时，传感器负责感知 ICV 车用 CPS 运行过程中，系统内各关键结构部位的信息，并结合传感器的信息融合功能，利用信息互补，降低不确定性，从而提高系统决策、科学规划的正确性和快速性。

2. 深度学习算法

深度学习算法的目的在于建立和模拟人脑进行分析学习的神经网络，通过模仿人脑的接受和反馈机制来解释数据；深度学习整个过程就是数据采集、数据处理、数据训练和数据优化，最后形成高准确率的识别分类模型。

ICV 车用 CPS 通过深度学习，可以强化系统的场景感知和定位、增强

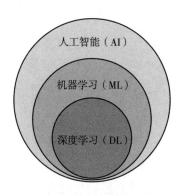

图29 深度学习概念示意

系统的最优路径规划和行为仲裁、优化系统运行过程中的运动控制算法等。

3. 云控技术

云控技术是 ICV 车用 CPS 实现车云协同的一项关键技术，能实现 ICV 车辆系统运行管理和 ICV 车内服务的监管优化。在 ICV 车辆系统运行和运营管理方面，ICV 车用 CPS 通过车云协同计算，获取云端的感知、决策、控制的信息数据，有效补充 ICV 车用 CPS 在感知范围、决策、控制方面的局限性。在 ICV 车内服务的监管优化方面，ICV 通过云控技术可以监管 ICV 的车内各项服务与信息数据，包含各类实时性应用服务和非实时性应用服务。

4. 无线通信技术

车用无线通信技术（V2X）是 ICV 车用 CPS 的通信关键技术。ICV 车用 CPS 通过车用无线通信技术，获得实时路况、道路信息、行人信息等一系列交通信息，以及远距离环境信号，以实现系统的主动安全决策、超距视频传输、交通信号传输等，从而提升系统运行安全、降低系统运行成本、提升系统管控效率等。此外，采用无线通信技术还可以增强 ICV 车用 CPS 的自动驾驶技术创新和相关应用。

5. 内核系统技术

ICV 的不同功能需求对系统响应的实时性、可靠性、安全性可能存在明

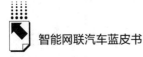

显差异，因此 ICV 车用 CPS 要求车载操作系统具有多内核设计，并且相应内核系统的安全等级有所不同。即，根据 ICV 车用 CPS 的应用需求，内核系统在技术发展的方向上需要保证差异化功能安全要求的同时满足性能要求，这也是 ICV 车用 CPS 车载操作系统软件设计的关键。

6. 中间件技术

随着应用需求增加、安全要求提高和软硬件技术的发展，ICV 车用 CPS 的系统软硬件总量在增多，架构复杂度在增加，如何在可控成本基础上保证系统既能满足当下的需求，还要具备相当的前瞻性、兼容性和扩展性，以适应未来的发展，是 ICV 车用 CPS 发展避不开的关键问题。在现阶段技术条件和经济性要求下，中间件技术成为该问题的一个最优解，即将中间件技术采用"统一标准、分散实现、集中配置"的思想融入 ICV 车用 CPS 系统的软硬件开发和应用。

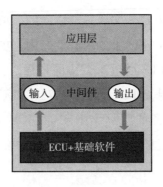

图 30   中间件概念示意

7. DDS 技术

ICV 车用 CPS 在满足用户乘用的舒适体验需求的同时，还需要满足运行过程中最严苛的安全要求。ICV 车辆行驶过程中安全需求相关的服务对数据传输在时延性能、安全和多源数据集成方面的要求十分严苛。为了保障 ICV 车辆多样化的应用需求，数据分发技术的设计至关重要，尤以保障安全性需求的实时计算和决策为关键。数据分发服务（DDS）具有的实时性能、高可靠性能、开放式体系结构和发布/订阅端的非耦合性能，能有效实现 ICV 车辆中实时系统具备基本要求数据分发的安全可靠性、低时延性能和大规模集成等，满足 ICV 车用 CPS 对多样化数据传输的多样化需求。

8. 硬件虚拟化技术

当前，ICV 多采用多元异构的硬件架构，在统一计算平台上，通过多种操作系统和应用软件完成具有不同功能安全与信息安全等级的功能，互相之间极易发生干扰。采用硬件虚拟化技术的 ICV 可在单个物理资源上基于硬件抽象层，直接模拟多个操作系统分别计算和运行不同功能安全与信息安全等级的系统功能，解决资源冲突，确保它们能够同时安全地运行实时和非实时的应用程序。同时，集中平台化的信息处理方法和标准化的组件开发又可以最大化地利用模块的重用性，缩短应用软件的开发时间，降低开发成本。

9. 管理平面和数据平面技术

管理平面和数据平面是 ICV 车辆自动驾驶操作系统实现的设计基石。管理平面和数据平面是复杂嵌入式系统的通用概念。管理平面主要为数据包的快速转发准备必要信息。管理平面包含日志、管理、配置、监控等非强实时功能，存在于每个硬件单元。数据平面是实时控制平面，实现 ICV 车辆自动驾驶操作系统的主要功能和数据处理，运行自动驾驶通用数据、实时状态监控、数据收集、失效切换、网联、云控、信息安全等功能模块。

10. 异构分布硬件架构技术

随着 ICV 车用 CPS 的演进和车载智能计算平台的应用需求增多，现有单一芯片无法满足诸多接口和算力需要，因此车载计算平台的硬件方案需要采用异构分布硬件架构技术，即车载智能计算平台采用异构分布硬件架构指导异构芯片板锻集成设计。异构分布硬件架构具有芯片选型灵活、可配置拓展、算力可堆砌等优点，能适应不断演进的 ICV 车用 CPS。

11. 基于7S 的车用系统架构技术

基于 7S 的车用系统架构技术是以 ICV 车用 CPS 为对象，采用 7S 体系架构的方法论，梳理、分析和分解 ICV 车辆的系统研制通用基础需求，并以此为依据，构建不同视图下 ICV 车用 CPS 的不同层级系统功能逻辑架构，为 ICV 车辆研制过程提供参考架构模型库。基于 7S 的车用系统架构技术就是构建 ICV 车用 CPS 参考架构模型的基础方法论，也是合理快速应用参考架构模型的技术流程，还是 ICV 车用 CPS 全生命周期管控的有效保障。

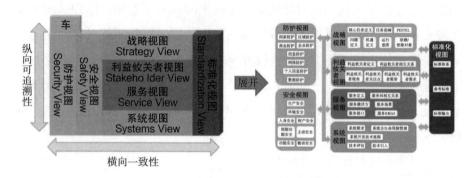

图31　基于7S的车用系统架构技术

12. 数字孪生或仿真技术

数字孪生或仿真技术所构建的 ICV 车用 CPS 的数字孪生体是 ICV 车用 CPS 发展到 A3 级后出现的，是 ICV 车用 CPS 逐渐实现机器智能的关键基础应用之一。车用数字孪生技术可以扩展 ICV 信息物理系统在物理空间的系统能力，完善 ICV 车用 CPS 的机器智能，如实现系统健康状态主动维护功能和提出精准维护方案的决策能力，辅助系统分析运行的风险和危害，定位系统缺陷和优化系统缺陷的能力。

13. 信息安全和防护技术

ICV 车用 CPS 具有高复杂的软硬件系统，本身就是大量信息数据的重要载体，且 ICV 车辆在正常运行过程中实时与 ICV CPS 其他成员系统存在大量的信息数据交互。所以 ICV 车用 CPS 的信息安全防护体系包括车边界网络防护、车内防护、内外网传输保护、车辆安全服务生态等诸多方面。因此，确保软硬件系统和信息数据的安全、监控信息数据交互过程、管控信息数据处理过程等都需要 ICV 车用 CPS 具有专用信息安全和防护体系。

（三）ICV 运行管理 CPS 相关关键共性技术

ICV 运行管理 CPS 是智能网联汽车、智能交通和云控系统应用的未来发展趋势，是融合统一的 CPS，所涉及的关键技术梳理如图 32 所示。

图 32　ICV 运行管理 CPS 关键技术

1. 高精地图

高精地图在自动驾驶汽车中发挥着至关重要的作用，将构建汽车的"长周期记忆"、实现汽车超视觉感知，并有效提高算法效率和安全冗余。高精地图包含丰富的道路信息、环境对象信息，及交通流量、红绿灯等实时动态信息，能有效弥补传感器的性能边界，提供重要的先验信息，是实现高度自动化驾驶甚至无人驾驶的必要条件，也是未来车路协同的重要载体。在某种意义上，高精地图就是物理空间的车辆在信息空间的部分体现。高精地图技术直接关系到 ICV 运行管理 CPS 构建的可行性和精确度。

2. 通信技术

ICV 运行管理 CPS 的通信关键技术主要指可靠的车联网无线通信技术，支持实现车辆与车辆、车辆与路侧基础设施、车辆与行人等弱势交通参与者、车辆与云服务平台的全方位网络链接和信息交互。ICV 运行管理 CPS 的物理空间和信息空间的映射数据交互与决策控制执行，需要可靠的通信技术，而 V2X 正是运行管理 CPS 物理空间和数字空间沟通的桥梁。5G 新一代通信技术的发展，将有效支撑 ICV 运行管理 CPS 的技术成熟度的进步，为 ICV CPS 的落地应用提供可能性。

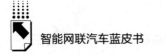
3. 云控技术

云控技术是应智能网联汽车的发展而逐渐深化应用需求，是汽车智能化、网联化、平台化的重要支撑技术。由于车载计算单元受制于自身的算力、尺寸和功耗等，且单车感知范围往往难以支撑自动驾驶过程，提高车辆对其行驶环境的感知能力和基于大数据的协同决策能力是当下产业面临的重要问题。为此，以 ICV 大数据为基础，通过高效运用最新通信、云计算及大数据等技术赋能 ICV 的云控技术应用，并形成云控平台支撑 ICV 运行管理 CPS 落地变得越来越紧迫。

以云控技术为支撑的阶段性 ICV 运行管理 CPS 的云控平台对汇集车路云数据进行实时多源数据融合、提升数据质量具有重要作用。其子关键技术包括新型系统架构技术、动态资源调度技术、感知与时空定位技术。

4. 大数据处理和分析

ICV 运行管理 CPS 在物理空间涉及数量众多的智能网联汽车和智能交通设备，将产生海量数据，且映射到数字空间的数字虚体同步运行也将产生海量数据。多层级的运行管理应用功能需要建立在大数据的处理和分析基础上，例如交通拥堵预测及引导决策、全域感知定位等，数据处理和分析的质量、时效性、挖掘深度和可信性将极大地影响 ICV 运行管理 CPS 的应用运行质量。大数据的衍生关键技术还包括大数据的可靠采集、稳定传输、可靠存储、分析挖掘和展现。

5. 人工智能应用

人工智能技术的应用具备依托大数据的自学习、高效的规则推理、不间断的工作服务，随着时间的积累，更多专家经验和预测规则的建立，将在大多数方面替代人工决策生成对运行管理 CPS 的指令。因此，人工智能技术是 ICV 运行管理 CPS 发挥最大价值的必备核心应用支撑技术，能使 CPS 的大数据充分发挥应用价值，支撑 ICV 运行管理 CPS 高时效性、功能繁杂精准交互。

6. 车云协同计算

车云协同计算是 ICV 运行管理 CPS 运行的一种合理形态，其核心如下。

ICV 车用 CPS 与 ICV 运行管理 CPS 的协同计算，优势互补。ICV 运行管理 CPS 通过云控技术实现云端感知、决策、控制，有效补充 ICV 车用 CPS 在感知范围、决策控制方面的局限性。此外，运行管理 CPS 可有效拓展车用 CPS 的算力，支撑实现更为复杂的运行管理应用功能，完善安全和效率类交通运行场景。

车云的高效实时性能在数据交换与应用计算层面保证满足自动驾驶控制的实时性要求与大并发下的可用性及信息安全，保证互操作性，提高易用性。

车云协同计算需解决数字孪生体转移问题，在智能网联汽车运行过程中，在不同的边缘节点之间的切换过程中，需要实现数字孪生体的快速转移，将能够减少数字孪生体的重复生成，降低通信和算力成本。

7. 仿真技术

ICV 运行管理 CPS 需要采集和处理海量的车用和道路环境感知数据，而决策规则和控制指令的研究和设计需要建立在大数据分析的基础上。通过实车采集的效率和数据量不足以满足要求，并且 ICV 运行管理 CPS 是多车参与、多路况、复杂环境下并发执行的复杂 CPS，为满足数字空间对物理空间的映射对这种复杂性的解决提出了更高要求。而当前系统级仿真技术的逐渐采用和技术能力的逐渐完善，为解决以上问题提供了新方法和新途径。例如，基于 Agent 的仿真比较好地贴合 ICV 运行管理 CPS 的运行特点。

ICV 信息物理系统开放系统架构（ICV Cyber – Physical Open Systems Architecture）。参考 AUTOSAR 的规范、操作框架、体系结构、方法论和相关工具链，需要面向 ICV CPS 构建类似概念的开放系统架构。ICV 运行管理 CPS 所依托的边缘计算，被许多人看成只是云计算在本地时延敏感应用上计算能力的扩展，一旦把系统安全、保障和管理、资源配置优化和系统功能发展和升级加入考虑的因素，云计算实现"虚拟化"的基础概念就会遇到极大的挑战。因此，边缘计算不是云计算在本地的延伸，而是孤立的物理电子控制系统（也就是所谓封闭的嵌入式系统）能力与抽象的 cyber 空间的接口、不同的异构的物理电子控制系统之间进行交互的中介。

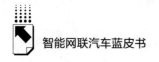

五 总结与展望

在新一轮科技革命和产业变革蓬勃兴起的背景下，作为自动驾驶汽车发展的新阶段，智能网联汽车已经逐渐成为汽车产业发展的战略方向。而作为支撑工业化与信息化深度融合的技术体系，信息物理系统技术可望为智能网联汽车产业带来全方位、全角度、全链条的变革。

作为集合了智能网联汽车、智能交通和信息物理系统的综合性概念，ICV CPS 能通过汽车、交通、通信、信息等行业产品和系统间的一体化设计、研发、仿真、验证、部署和运营，支持探明智能网联汽车未来发展路径，实现异构信息系统和物理系统间的安全可靠的协同与互操作，达成智能网联汽车可靠、高效、实时的感知与决策控制，提高驾乘舒适度和便捷性，提升交通安全和效率水平。

然而 ICV CPS 的研究和应用依然面临如定义不清晰、架构描述不标准、多维架构框架不统一、架构描述颗粒度不一致、研发设计工具链不成熟、关键共性技术体系不明确、落地应用场景少等问题与挑战。

本报告以解决这些问题为最终目标，首先对与 ICV 和 CPS 相关的核心概念进行了明确的定义，解决了智能网联汽车行业内的概念模糊不一致的问题。随后，本报告明确了 ICV CPS 的四个阶段，即智能网联汽车研发设计信息物理系统（ICV D CPS）、智能网联汽车生产制造信息物理系统（ICV M CPS）、智能网联汽车车用信息物理系统（ICV V CPS）和智能网联汽车运行管理信息物理系统（ICV OM CPS），并阐述了相对应的功能参考架构、逻辑参考架构和分级参考架构。为了实现 ICV CPS，建立从设计到运维的全生命周期数据的连接和有效传递，本报告提出了以 7S 体系架构框架为输入，以基于 SysML 建模语言、OOSEM、ARCADIA 方法论和 MDA 方法论的 MBSE 为具体设计方法步骤，并应用数字主线技术连接四大 ICV CPS 数字孪生体的设计流程。最后，明确了 ICV CPS 落地所需要的关键共性技术突破重点。

为了能够全面推进中国方案 ICV CPS 的建设，需要以全链条、全维度、全范畴参考架构为依托，基于基础理论体系，突破关键技术体系，加速 ICV CPS 的落地示范应用。本报告呼吁行业参考关键共性技术体系架构，集中力量突破相关关键共性技术。

①集中攻克 CPS 核心技术，产学研协同突破 CPS 支撑技术，结合汽车工业现有标准提炼 CPS 总体技术。

②以四大 ICV CPS 为总体方向，分别突破中国方案智能网联汽车关键部件开发与整体工程范式创新。

③结合数字主线技术，串联四大 ICV CPS 中的数字孪生体，形成基于 ICV CPS 的中国智能网联汽车全数字化生态。

④协同各分支研究方向，巩固基础理论体系，夯实关键技术体系，进行 ICV CPS 相关示范应用。

参考文献

信息物理系统发展论坛：《信息物理系统白皮书（2017）》，2017。

中国电子技术标准化研究院、信息物理系统发展论坛：《信息物理系统建设指南（2020）》，2020。

国家智能网联汽车创新中心：《智能网联汽车信息物理系统参考架构 1.0》，2019。

胡虎、赵敏、宁振波等：《三体智能革命》，机械工业出版社，2016。

中国电子技术标准化研究院：《信息物理系统（CPS）典型应用案例集》，2019。

爱德华·克劳利、布鲁斯·卡梅隆、丹尼尔·塞尔瓦：《系统架构：复杂系统的产品设计与开发》，爱飞翔译，机械工业出版社，2016。

中国汽车工程协会、国汽（北京）智能网联汽车研究院有限公司：《中国智能网联汽车产业发展报告（2020）》，社会科学文献出版社，2020。

鞠文煜、付昕：《Arcadia 建模方法与 SysML 建模方法比较研究》，《民用飞机设计与研究》2018 年第 3 期。

Cameron B., Crawley E., Selva D., Systems Architecture, Strategy and Product Development for Complex Systems, Pearson Education, 2016.

Cyberpower and National Security. Potomac Books, Inc., 2009.

Voirin J. L., *Model－based System and Architecture Engineering with the Arcadia Method*, Elsevier, 2017.

B.11
加快推动中国 C-V2X 车载终端
发展政策建议

刘宏骏 于胜波 王易之*

摘 要： 在全球车联网产业加速发展的背景下，我国坚持 C-V2X 技术发展路径，在 C-V2X 技术与产业推动方面进展迅速，逐渐形成领先优势。当前，我国 C-V2X 产业整体处于由测试验证向规模化建设应用演进的关键窗口期。本报告系统梳理了国家及地方在车联网领域出台的管理政策，并通过借鉴我国在新能源汽车及 ETC 领域推广应用过程中积累的成功经验，从宏观指引、推广应用、基础设施建设、补贴优惠等方面，探索性提出加快推动我国 C-V2X 车载终端发展的政策建议，为国家及地方政府主管部门进一步鼓励推动 C-V2X 产业发展提供参考和借鉴。

关键词： C-V2X 车载终端 产业推广

一 C-V2X产业政策现状

目前，国家各部门从职能管理范畴出发，结合新基建、交通发展规划、5G发展、释放消费潜力、培育新型产业等领域的发展，积极鼓励车联网相

---

* 刘宏骏，国家智能网联汽车创新中心高级产业研究员；于胜波，国家智能网联汽车创新中心产业研究员；王易之，博士，北京星云互联科技有限公司副总经理。

关技术研发、产业生态构建、应用试点示范等工作。其中，车联网基础设施建设及改造被广泛提及和鼓励。地方政府层面，国内各级地方主管部门紧抓智能网联汽车产业发展机遇，积极贯彻国家在车联网领域的推进思路，围绕车联网基础设施建设、测试示范开展、商业模式探索、商业化部署应用等方面出台相关政策措施，规划促进地方车联网产业发展。

（一）多维度政策规划部署车路协同基础设施建设

国家政策层面，中共中央、国务院、工业和信息化部、交通运输部等从不同维度出台政策措施，鼓励加快车路协同基础设施建设、改造。2020 年 3 月，工业和信息化部发布《关于推动 5G 加快发展的通知》，提出推动将车联网纳入国家新型信息基础设施建设工程，促进 LTE－V2X 规模部署；2020 年 8 月，交通运输部发布《关于推动交通运输领域新型基础设施建设的指导意见》，提出协同建设车联网，推动重点地区、重点路段应用车用无线通信技术，支持车路协同、自动驾驶等；2020 年 12 月，商务部等 12 部门发布《关于提振大宗消费重点消费促进释放农村消费潜力若干措施的通知》，鼓励加快推进车联网（智能网联汽车）基础设施建设和改造升级；2021 年 2 月，中共中央、国务院发布《国家综合立体交通网规划纲要》，提出加强交通基础设施与信息基础设施统筹布局、协同建设，推动车联网部署和应用，强化与新型基础设施建设统筹；2021 年 7 月，工业和信息化部等 10 部门印发《5G 应用"扬帆"行动计划（2021～2023 年）》，提出推动车联网基础设施与 5G 网络协同规划建设，选择重点城市的典型区域、合适路段以及高速公路重点路段等，加快"5G＋车联网"部署。

地方政策层面，多地出台发展规划或行动计划，积极推进车路协同信息化设施建设或改造。2019 年 6 月，江苏省发布《江苏省推进车联网（智能网联汽车）产业发展行动计划（2019～2021 年）》，提出推动 LTE 网络升级和 5G 网络部署，满足车联网的大规模应用；2020 年 6 月，北京市发布《北京市加快新型基础设施建设行动方案（2020～2022 年）》，提出加快实施自动驾驶示范区车路协同信息化设施建设改造，三年内铺设网联道路 300 公里，建设超过 300 平方公里示范区；2020 年 7 月，广州市发布《广州市加快推进数字新基建发展三年行动计划（2020～2022 年)》，提出到 2022 年，建成 400 公里车路协同的"智路"；2021 年 1 月，重庆市提出加快推进车联网（智能网联汽车）基础设施建设和改造升级；2021 年 5 月，江西省提出推进智慧道路基础设施建设，加快车用无线通信网络（LTE－V2X）部署实现区域覆盖。

（二）积极推进车联网测试示范应用，探索新型商业模式

国家政策层面，2018 年 12 月，工业和信息化部发布《车联网（智能网联汽车）产业发展行动计划》，提出创新商业模式，推动车联网产业与智慧旅游和智慧商务等融合发展；2021 年，《5G 应用"扬帆"行动计划（2021～2023 年)》提出加快探索商业模式和应用场景；推广 C－V2X 技术在园区、机场、港区、矿山等区域的创新应用。

地方政策层面，2019 年，江苏省提出加快推进无锡城市级车联网示范应用项目全面深化，探索车联网运营模式和商业模式创新，重点在南京、无锡、常州、苏州、盐城等地打造一批省级车联网应用示范区，创新 V2X 数据运营和开放模式，探索建立智能网联汽车行业应用体系；2020 年 11 月，山东省提出推广车联网，引导车路协同示范应用，加快建设智能网联高速公路测试基地；2021 年 2 月，上海市提出探索建设智能汽车"云网"平台，支持开展车路协同测试及规模化示范应用。

（三）鼓励智能终端推广，推动 C－V2X 商业化部署

国家政策层面，2018 年，《车联网（智能网联汽车）产业发展行动计划》提出鼓励电信运营商推出优惠资费等激励措施，大力发展车联网用户；支持汽车企业前装联网车载信息服务终端，提升驾驶辅助系统新车搭载率；支持公交车、大货车、出租车、网约车等相关运营车辆提高联网率；2021年，《5G 应用"扬帆"行动计划（2021～2023 年)》提出加快提升 C－V2X通信模块的车载渗透率和路侧部署。

地方政策层面，2019 年 6 月，江苏省提出丰富应用场景，大力发展车联网用户，力争到 2021 年，新车驾驶辅助系统（L2）搭载率达到 30% 以上，联网车载信息服务终端的新车装配率达到 60% 以上；2021 年 4 月，《北京市智能网联汽车政策先行区总体实施方案》发布，支持政策先行区加快车载智能终端推广加装。率先在政策先行区政府公务车辆、公共交通车辆和环卫车辆部署，鼓励社会车辆积极入网。

（四）出台系列政策文件，加强车联网网络安全管理

近年来，随着车辆智能化、网联化技术不断成熟，OTA 等技术在越来越多的量产新车上搭载应用，车联网网络安全问题随之而来，车联网安全监管亟待规范完善。2021 年，工业和信息化部等部门先后发布《关于开展车联网身份认证和安全信任试点工作的通知》《加强车联网卡实名登记管理的通知（征求意见稿）》《关于加强车联网（智能网联汽车）网络安全工作的通知（征求意见稿）》等文件，不断加强车联网安全管理。

国家及地方 V2X 相关政策文件如表 1、表 2 所示。

表 1　我国中央政府部门支持 V2X 发展的政策法规（2018～2021 年）

政府部门	发布时间	政策名称	相关内容
工业和信息化部	2018 年 12 月	《车联网（智能网联汽车）产业发展行动计划》	鼓励电信运营商推出优惠资费等激励措施，大力发展车联网用户；支持汽车企业前装联网车载信息服务终端，提升驾驶辅助系统新车搭载率；支持公交车、大货车、出租车、网约车等相关运营车辆提高联网率；创新商业模式，推动车联网产业与智慧旅游和智慧商务等融合发展
中共中央、国务院	2019 年 9 月	《交通强国建设纲要》	加强智能网联汽车（智能汽车、自动驾驶、车路协同）研发，形成自主可控完整的产业链
国家发展和改革委员会等 11 部门	2020 年 2 月	《智能汽车创新发展战略》	推进智能化道路基础设施规划建设。制定智能交通发展规划，建设智慧道路及新一代国家交通控制网。分阶段、分区域推进道路基础设施的信息化、智能化和标准化建设。结合 5G 商用部署，推动 5G 与车联网协同建设

政府部门	发布时间	政策名称	相关内容
工业和信息化部	2020年3月	《关于推动5G加快发展的通知》	推动将车联网纳入国家新型信息基础设施建设工程,促进LTE-V2X规模部署。建设国家级车联网先导区,丰富应用场景,探索完善商业模式。结合5G商用部署,引导重点地区提前规划,加强跨部门协同,推动5G、LTE-V2X纳入智慧城市、智能交通建设的重要通信标准和协议。开展5G-V2X标准研制及研发验证
交通运输部	2020年7月	《交通强国建设河北雄安新区试点任务要点》	以京雄高速公路等项目为依托,建设数字化智能交通基础设施,打造适应自动驾驶、车联网技术的智慧高速公路,实现车车、车路协同和区域路网协同管理,满足全天候快速通行需求
交通运输部	2020年8月	《关于推动交通运输领域新型基础设施建设的指导意见》	结合5G商用部署,统筹利用物联网、车联网、光纤网等,推动交通基础设施与公共信息基础设施协调建设。协同建设车联网,推动重点地区、重点路段应用车用无线通信技术,支持车路协同、自动驾驶等
国务院	2020年9月	《关于〈深化北京市新一轮服务业扩大开放综合试点建设国家服务业扩大开放综合示范区工作方案〉的批复》	支持开展车联网(智能网联汽车)和自动驾驶地图应用,建设京沪车联网公路
国家发展和改革委员会、工业和信息化部、科技部、财政部	2020年9月	《关于扩大战略性新兴产业投资培育壮大新增长点增长极的指导意见》	加大车联网车路协同基础设施建设力度;以支撑智能汽车应用和改善出行为切入点,建设城市道路、建筑、公共设施融合感知体系,打造集城市信息模型(CIM)、融合城市动态和静态数据于一体的"车城网"平台,推动智能汽车与智慧城市协同发展
国务院办公厅	2020年9月	《关于以新业态新模式引领新型消费加快发展的意见》	打造低时延、高可靠、广覆盖的新一代通信网络。加快建设千兆城市。推动车联网部署应用
商务部等十二部门	2020年12月	《关于提振大宗消费重点消费促进释放农村消费潜力若干措施的通知》	加快推进车联网(智能网联汽车)基础设施建设和改造升级,开展自动驾驶通勤出行、智能物流配送等场景示范应用

续表

政府部门	发布时间	政策名称	相关内容
交通运输部	2020 年 12 月	《关于促进道路交通自动驾驶技术发展和应用的指导意见》	有序推进基础设施智能化建设。鼓励结合载运工具应用水平和应用场景实际需求,按照技术可行、经济合理的原则,统筹数字化交通工程设施、路侧感知系统、车用无线通信网络、定位和导航设施、路侧计算设施、交通云控平台等部署建设,推动道路基础设施、载运工具、运输管理和服务、交通管控系统等互联互通
国家发展和改革委员会、财政部、税务总局	2021 年 1 月	《海南自由贸易港鼓励类产业目录(2020 年本)》	海南自由贸易港新增鼓励类产业 75. 车联网及自动驾驶技术研发及测试、应用
中共中央、国务院	2021 年 2 月	《国家综合立体交通网规划纲要》	加强交通基础设施与信息基础设施统筹布局、协同建设,推动车联网部署和应用,强化与新型基础设施建设统筹,加强载运工具、通信、智能交通、交通管理相关标准跨行业协同
工业和信息化部	2021 年 6 月	工业和信息化部印发《工业互联网和物联网无线电频率使用指南(2021 年版)》	使用 5900MHz 频段(5905～5925MHz)车联网(智能网联汽车)直连通信系统频率,原则上由国家无线电管理机构实施许可。为支持国家经济特区、新区、自由贸易试验区等加快智能交通系统建设,按照适度超前、互联互通、安全高效、智能绿色的原则,在明确建设运营主体的前提下,可由省级无线电管理机构报国家无线电管理机构同意后实施许可
工业和信息化部	2021 年 6 月	《关于开展车联网身份认证和安全信任试点工作的通知》	试点方向包含车与云安全通信、车与车安全通信、车与路安全通信、车与设备安全通信等四个方向
工业和信息化部	2021 年 6 月	《加强车联网卡实名登记管理的通知(征求意见稿)》	根据征求意见稿要求,工业和信息化部负责全国车联网卡实名登记工作的组织管理和统筹推进。各省、自治区、直辖市通信管理局与工业和信息化主管部门负责属地道路机动车辆生产企业、电信企业车联网卡实名登记工作的监督管理
工业和信息化部	2021 年 6 月	《关于加强车联网(智能网联汽车)网络安全工作的通知(征求意见稿)》	加强车联网网络安全防护,加强平台安全防护,保障数据安全,强化安全漏洞管理

续表

政府部门	发布时间	政策名称	相关内容
工业和信息化部等十部门	2021年7月	《5G应用"扬帆"行动计划(2021~2023年)》	提炼可规模化推广、具备商业化闭环的典型应用场景,提升用户接受程度。加快提升C-V2X通信模块的车载渗透率和路侧部署。加快探索商业模式和应用场景,支持创建国家级车联网先导区,推动车联网基础设施与5G网络协同规划建设,选择重点城市典型区域、合适路段以及高速公路重点路段等,加快5G+车联网部署,推广C-V2X技术在园区、机场、港区、矿山等区域的创新应用。建立跨行业、跨区域互信互认的车联网安全通信体系

表2 我国地方政府部门支持V2X发展的政策法规(2019~2021年)

地区	政策名称	发布时间	相关内容
江苏省	《江苏省推进车联网(智能网联汽车)产业发展行动计划(2019~2021年)》	2019年6月	提升C-V2X网络覆盖水平。推动LTE网络升级和5G网络部署,满足车联网的大规模应用。力争在2021年,推动LTE-V2X网络实现在南京、无锡、苏州等重点城市基本覆盖,在高速公路及重点区域部署C-V2X网络,逐步扩大试点应用规模; 扩大车联网用户规模。鼓励电信运营商推出优惠资费等激励措施,丰富应用场景,大力发展车联网用户,引导消费升级。加快省内主要汽车企业前装联网车载信息服务终端,提升驾驶辅助系统新车搭载率,保障交通安全。推动公交车、物流车、出租车、网约车、特种作业车等相关营运车辆提高联网率。力争到2021年,新车驾驶辅助系统(L2)搭载率达到30%以上,联网车载信息服务终端的新车装配率达到60%以上; 扩大示范应用范围。创新V2X数据运营和开放模式,探索建立智能网联汽车行业应用体系; 加强城市示范建设。加快推进无锡城市级车联网示范应用项目全面深化;探索车联网运营模式和商业模式创新,重点在南京、无锡、常州、苏州、盐城等地打造一批省级车联网应用示范区,积极创建国家级车联网先导区; 推进"新技术、新产品、新模式"应用。推动基于"车车/车路/车人"通信的交通事件预警、事故报警、行驶策略指引、车辆队列行驶、交通管控的信息交互与协同控制,改善交通安全,提升出行效率。创新商业模式,发展共享汽车等新业态,推动车联网产业与共享出行和智慧旅游等融合发展

续表

地区	政策名称	发布时间	相关内容
天津市	《车联网(智能网联汽车)产业发展行动计划》	2019 年 12 月	到 2022 年,车联网(智能网联汽车)产业跨行业融合取得阶段性突破,设施建设、技术创新、测试验证、标准制定、应用示范能力显著提升。初步建成特色鲜明、国内领先的车联网产业集聚区和国家级车联网先导区,居民出行服务体验良好,智慧交通形态初具雏形,创新发展的产业生态体系基本形成
江苏省	《关于加快新型信息基础设施建设扩大信息消费的若干政策措施》	2020 年 5 月	加强车联网基础设施建设。加快推进国家、省车联网先导区建设,组织开展 C－V2X 车路协同系统研发和基于 5G 环境的 V2X 测试验证,支持车载终端后装投放、充电桩建设,开发并优化车联网服务平台及 App。支持具备条件的地区实施车联网示范应用项目,完善基础设施、道路设备和服务平台,加大在公交、出租、环卫、物流、工程机械等领域推广应用力度,拓展应用场景,扩大用户规模,增强用户体验
福州市	《福州市推进新型基础设施建设行动方案(2020～2022 年)》	2020 年 6 月	推进基于 C－V2X 技术的车路协同车联网示范建设,统筹推动路侧及其附属设施智能化升级,实现"便利的人＋聪明的车＋智慧的路＋智能的云"交互协同
北京市	《北京市加快新型基础设施建设行动方案(2020～2022 年)》	2020 年 6 月	加快建设可以支持高级别自动驾驶(L4 级别以上)运行的高可靠、低时延专用网络,加快实施自动驾驶示范区车路协同信息化设施建设改造。搭建边缘云、区域云与中心云三级架构的云控平台,支持高级别自动驾驶实时协同感知与控制,服务区级交通管理调度,支持智能交通管控、路政、消防等区域级公共服务。三年内铺设网联道路 300 公里,建设超过 300 平方公里示范区
广州市	《广州市加快推进数字新基建发展三年行动计划(2020～2022 年)》	2020 年 7 月	依托广东省智能网联汽车创新中心开展车联网直连通信频段试运营,探索车联网发展技术路线和技术标准。结合 5G 商用,促进 C－V2X 规模部署,建设有特色、规模化、可复制的全国车联网先导区。推进城市交通基础设施智能化改造,打造智慧交通大脑,建立人、车、路、云、环境协调运行的新一代综合交通运行协调体系,开发面向政府、产业和市民的应用与服务。到 2022 年,建成 400 公里车路协同的"智路"; 大力发展"智车"。依托广汽集团等龙头企业探索车联网发展技术路线和技术标准,结合车联网建设推出量产型智能网联汽车,推动建立粤港澳大湾区内部跨市、跨境测试及应用协同机制,建设环大湾区车路协同试验网

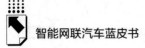
地区	政策名称	发布时间	相关内容
浙江省	《浙江省新型基础设施建设三年行动计划(2020~2022年)》	2020年7月	建设车路协同车联网和智慧道路,建成杭州湾、德清、嘉善等一批自动驾驶封闭测试场
武汉市	《武汉市突破性发展数字经济实施方案》	2020年7月	在全市车联网测试道路部署"5G+V2X"车路协同系统,形成独立成网的车联网物联感知体系
舟山市	《舟山市新型基础设施建设三年行动计划(2020~2022年)(征求意见稿)》	2020年8月	谋划车路协同的车联网设施建设,开展城市道路等应用场景智能化改造,选择重点营运车辆开展自动驾驶测试应用示范,带动智能网联汽车产业发展
四川省	《四川省加快推进新型基础设施建设行动方案(2020~2022年)》	2020年9月	到2022年底,打造车路协同示范线路3条以上。开展车路协同试点示范。探索建立车联网和车路协同试验、测试、认证标准,推进"中德合作智能网联汽车、车联网标准及测试验证试点示范"项目四川基地和智慧高速项目建设。在都汶高速(龙池段)、成都绕城高速、成宜高速、大运会重点道路等开展车路协同试点示范。支持企业围绕车联网应用开展应用创新
成都市	《成都市智慧城市建设行动方案(2020~2022)》	2020年10月	推进车联网基础设施和产业生态建设,发展智能驾驶应用
浙江省	《浙江省智能汽车创新发展规划(2020~2025)》	2020年10月	到2022年,基本形成智能汽车、智能交通、智能设施、智能城市协同发展格局。在车载操作系统、感知与控制、车联网云控平台等智能汽车关键核心技术上实现突破。5G基础设施加快布局,车路协同水平大幅提升
广东省	《广东省推进新型基础设施建设三年实施方案(2020~2022年)》	2020年11月	加快推进新一代国家交通控制网和智慧公路试点工程(广东),结合5G网络部署,积极开展车路协同示范应用,在珠三角地区重点区域试点布设路侧智能感知设施,建成乐广高速、南沙大桥、深圳外环高速等示范路段项目;探索推动北斗系统与车路协同、ETC等技术融合应用
山东省	《山东省新基建三年行动方案(2020~2022年)》	2020年11月	建设智慧高速,推广车联网,引导车路协同示范应用,加快建设智能网联高速公路测试基地。建设智慧港口,推进5G基站向港口布局,提升传统码头智能化信息基础设施

续表

地区	政策名称	发布时间	相关内容
合肥市	《合肥市人民政府关于加快新能源汽车产业发展的实施意见》	2020 年 11 月	支持建设符合国家要求的智能网联汽车测试场、示范区,开展多场景、多类型的测试应用,开发自动驾驶技术,搭建车联网能力中心平台,加强网络安全保障,实现人 - 车 - 路 - 云等智能信息交换共享,融入智慧城市建设
重庆市	《重庆市人民政府办公厅关于培育发展"巴渝新消费"的意见(征求意见稿)》	2021 年 1 月	加快推进车联网(智能网联汽车)基础设施建设和改造升级
上海市	《上海市国民经济和社会发展第十四个五年规划和二〇三五年远景目标纲要》	2021 年 1 月	积极开展车联网和车路协同技术创新试点,稳妥提升车联网市场渗透率,持续推动嘉定、临港、奉贤、浦东金桥等区域智能汽车道路测试和开放测试道路建设
上海市	《上海市加快新能源汽车产业发展实施计划(2021~2025 年)》	2021 年 2 月	加速公共数据资源开放。推动交通信号灯、高清视频监控等数据资源开放,探索建设智能汽车"云网"平台,支持开展车路协同测试及规模化示范应用。落实 V2X 专用频谱开放
北京市	《北京市智能网联汽车政策先行区总体实施方案》	2021 年 4 月	支持政策先行区加快车载智能终端推广加装。率先在政策先行区政府公务车辆、公共交通车辆和环卫车辆部署;鼓励社会车辆积极入网;支持政策先行区推进道路交通信息大数据开放、共享及应用创新,鼓励企业开展各类应用开发,提高智能交通管理能力。鼓励智能网联企业使用道路智能化基础设施,开展技术试验验证和规模化应用
江西省	《"智联江西"建设三年行动方案(2021~2023 年)》	2021 年 5 月	推进智慧道路基础设施建设,加快车用无线通信网络(LTE - V2X)部署实现区域覆盖,推进新一代车用无线通信网络(5G - V2X)在部分城市道路、高速公路重点路段应用

整体来看,国家及地方政府在 C - V2X 领域出台的政策多为宏观指导性政策,并且多在关联领域出台的政策中提及鼓励 C - V2X 产业发展,专门针对 C - V2X 出台的管理政策较少,亟待在提高车载终端搭载率、推动路侧基

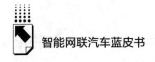

础设施建设等方面出台卓有成效的政策措施，完善 C - V2X 产业政策体系，加快推动产业发展。

二　C - V2X 终端应用现状

C - V2X 终端可以分为车载终端（On Board Unit，OBU）和路侧单元（Road Side Unit，RSU）。车载终端是实现车与外界通信的关键节点，路侧单元可以将地图消息（MAP）、信号灯消息（Signal Phase and Timing Message，SPAT）、路侧信息（Road Side Information，RSI）、路侧单元消息（Road Side Message，RSM）等路侧消息通过广播的形式发送，辅助周边车辆进行驾驶决策。

（一）C - V2X 前装量产应用情况

随着 V2X 车载终端实现的功能不断扩展以及得到企业的认可，车企纷纷制定 C - V2X 发展战略。

从 2020 年下半年到 2021 年上半年，已有数款搭载 C - V2X 的车型投入量产或发布商用量产计划，包括一汽红旗 E - HS9、上汽通用别克 GL8 Avenir、上汽奥迪 A7L、广汽埃安 AION V、福特探险者和锐界 PLUS、Mustang Mach - E、上汽 Marvel R、华人运通 HiPhi X、蔚来 ET7、智己 L7、长城 WEY 等。它们分别搭载了前向碰撞预警（FCW）、盲区提醒/变道预警（BSW/LCW）、交叉路口碰撞预警（ICW）、紧急制动警告、车辆失控预警、异常车辆提醒、限速预警、闯红灯预警、道路危险状况提示和绿波车速引导等一系列第一阶段应用场景。其中，福特 Explorer、Edge PLUS 等车型，已经在无锡、长沙两个城市前装落地 5 个 V2I 应用场景，包括绿波车速、红绿灯信号、闯红灯预警、绿灯起步提醒、道路信息广播。此外，考虑到 5G 基建趋势及上游供应链的发展，多数车企均倾向于一步到位，直接搭载 5G + V2X 模组。

表 3　已发布搭载 C-V2X 技术量产车型情况

分类	品牌	搭载车型	上市时间	通信	终端厂商	模组	应用城市	备注
自主品牌	上汽	Marvel R	2021年2月	5G+V2X	联创汽车电子	华为 MH5000	有 V2X 配套设施的区域均可应用，仅搭载 5G 功能的车型除外	选装，包含在 R pilot 智驾选装包（￥30000）中，顶配版型可购买
	上汽	智己 L7	2021年4月发布	5G+V2X	—	—		—
	上汽	ES33	2021年4月发布	5G+V2X	—	—		—
	北汽	ARCFOX αS	2021年4月发布	5G+V2X	华为	华为 MH5000		选装，华为 HI 版
	广汽	AION V	2020年6月	5G+V2X	自研	华为 MH5000		选装，暂无法购买
	长城	WEY 摩卡	2021年4月发布	5G+V2X	—	—		
	一汽红旗	红旗 E-HS9	2020年12月	LTE-V2X	东软	移远 AG15		官方配置表暂未体现或提供选装
	比亚迪	汉	2020年7月	5G+V2X	华为	华为 MH5000		官方配置表暂未体现或提供选装
	吉利	极氪 001	2021年4月发布	5G	—	—		全系标配，V2X 功能暂不确定
	吉利	星越 L	2021年4月发布	5G+V2X	高新兴	高新兴 GM801		—

续表

分类	品牌	搭载车型	上市时间	通信	终端厂商	模组	应用城市	备注
新势力品牌	蔚来	ET7	2021年1月发布	5G+V2X	均胜	移远AG55XQ	有V2X配套设施/车辆的区域均可应用,仅搭载5G功能的车型除外	全系标配
	威马	W6	2021年4月	5G	—	—		顶配版型搭载
	华人运通	高合HiPhiX	2020年9月	5G+V2X	均胜	移远AG55XQ		全系标配
	宝马	iX	2021年4月发布	5G	—	—		—
合资品牌	上汽通用别克	GL8 Avenir	2020年12月	LTE-V2X	德赛西威	移远AG15		选装(10000元),全系可购,4个V2V+4个V2I场景
	福特	探险者锐界PLUS	2021年1月	4G	—	—	无锡、长沙	全系标配,支持5个V2I场景(绿波车速、红绿灯信号、闯红灯预警、绿灯起步提醒、道路信息广播)

资料来源:根据公开信息整理。

此外，一些商用车或垂直行业中的特种车辆，也利用符合车规要求的 V2X 车载终端，在整车出厂前进行 V2X 的"准前装"，进行应用的探索与示范。

从零部件供应层面，自主产品进展良好，在 C‑V2X 终端方面，华为、东软、均胜、德赛西威等企业的终端产品已经实现量产供应或进入车企量产计划中；在模组方面，多家车企选择搭载华为、移远等自主品牌模组产品。

网联化是自动驾驶系统的重要辅助，对车辆安全和效率的提升已毋庸置疑，多家厂商最新一代自动驾驶系统均选择将 V2X 作为标配硬件，V2X 产品进入硬件预留、后续逐步升级软件、完善场景的阶段。

（二）C‑V2X 终端量产化方案

新一代 V2X 车载终端将集成 C‑V2X 技术，可以实现车与车、车与路、车与人、车与云平台之间的全方位连接，提供交通安全、交通效率和信息服务三大类应用。当前，车载领域选择的前装量产化方案，主要有 V2X + T‑Box 的集成解决方案和独立的 V2X‑Box 解决方案。

1. V2X + T‑Box 解决方案

该解决方案将 V2X 功能集成到整车的车机中。正因包含 pc5 和 Uu 两种模式的 C‑V2X 构成了当前车联网技术底座，该解决方案也成为最顺应当下行业需求的主流选择。在 T‑Box 本身 5G 通信升级的需求下，借助高通 SA515M 或者华为 MH5000‑871 的 V2X + 5G 双模芯片（也有双模分离的量产方案），V2X 顺理成章地成为下一代 T‑Box 的新增功能点，被布局到一些高端新款车型中。该方案能够充分体现 5G 技术的高速通信与超低时延的优越性能，由于融合了 C‑V2X 技术，能够在更好地保障汽车关键业务的同时，支持汽车在驾驶过程中实现海量信息的实时传输和交流，有效提升汽车安全、交通效率和自动驾驶能力。

在已上市或即将上市的车型中，如前述上汽 Marvel R、北汽 ARCFOX αS、广汽 AION V、比亚迪汉等车型，均采用了华为 MH5000 模组，实现 V2X + 5G 的通信功能。

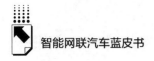

基于 V2X 以交互感知和协作来提升行车安全与效率的本质，V2X + T – Box 解决方案存在多方面难点。

（1）算力问题

V2X 功能需要实时接收通信范围内所有车辆和路侧的信息，并且对数据进行有效性管理、预处理、目标分类、安全计算、预警决策等一系列操作，特别是在城市道路等一些拥有一定规模数量终端的环境下，对终端的算力提出了很高的要求（在 2020 年"新四跨大规模测试"期间，存在 200 台背景车辆的情况下，完整的 V2X 交互和应用算法开销能达到数千 DMIPS）。近几年来，T – Box 可能还会承接智能网关以及 HDMap 等功能，其算力更是捉襟见肘。

（2）功能安全问题

V2X 的核心作用是保障行车安全，其功能安全的等级较高；同时，随着车辆智能化水平的提升，智能化与网联化逐渐整合，V2X 功能会逐渐与 ADAS 或中央域控制器集成，本身被放在车机中将不再适用。

（3）成本问题

5G 版 T – Box 自身成本较高，而在大部分情况下，还需要额外增加一颗 SoC 专门用来处理 V2X 业务，多核的业务会造成研发成本的提升；另外 V2X 功能的实现依赖 GNSS 技术，特别是基于车道的功能应用，需要高精度定位的 GNSS 方能实现，这样对原本预期价格较低的 T – Box 设备，形成了很大的成本压力。

2. V2X – Box 解决方案

V2X – Box 解决方案，是将 V2X 作为一个独立的设备（或硬件模块），单纯地提供 V2X 功能，被集成到整车中。

该方案能够更灵活地被集成到现有的架构中，同时能够解决 V2X + T – Box 方案所面临的算力和预期功能安全问题，适用于一些现有车型的升级。从长期发展看，随着智能化网联化的深度融合，V2X 将更多地应用于辅助驾驶以及作为自动驾驶的感知信息来源，从功能耦合及开发成本考虑，V2X – Box 方案更易于被采用和推广。目前，已上市的车型，如一汽红旗 E – HS9、上汽通用 GL8 Avenir 等，均采用 V2X – Box 方案，搭载移远 AG15 模组，实现 LTE – V2X 通信。

但 V2X - Box 方案同样存在一定的局限性。

（1）天线线束

V2X 功能除本身的通信外，还必须依赖具备一定精度的 GNSS 及其 PPS 同步信号。但当前的 V2X - Box 方案，大概率会集成单独的 GNSS 模块（因为 PPS 信号一般需要单独的硬件线路连接，不适用终端间的通用数据线束），这就导致定位模块冗余以及新的天线和线束需求。

（2）集成复杂度

相反地，如果将 V2X - Box 中的 GNSS 模块剥离，复用车身其他系统已有的模块，则在定位数据的精准、稳定、及时输入、PPS 同步信号接入以及终端系统时间同步等方面，需要更复杂的集成设计和更多的研发投入；同时，由于 V2X - Box 本身没有了蜂窝通信功能，其 OTA 也需要依赖外部模块，带来复杂度的提升。

从整车硬件成本增加的角度考虑，相较于 V2X - Box 方案，V2X + T - Box 方案能够借助 T - Box 终端的应用，在现阶段以相对较少的硬件成本投入，实现 V2X 通信功能，通过部分 V2X 功能的率先落地，逐步体现 C - V2X 技术价值，提高市场渗透率，从而进一步降低终端成本。从研发角度考虑，由于 T - Box 的开发需要遵循明确的国标要求，与 V2X 的融合应用，增加了开发的工作难度以及研发成本，考虑功能耦合及开发成本，单独的 V2X 方案更易于推广，且能够与自动驾驶技术的发展需求相契合，是未来 C - V2X 技术方案的发展趋势。

三　相似领域发展参考借鉴

近年来，得益于政府层面的持续鼓励以及产业、技术方面的发展进步等，我国车载 T - Box 和 ETC（Electronic Toll Collection）终端产品应用得到较好的推进，前装渗透率持续提升，形成了良好的推广经验。新能源汽车是全球汽车产业转型升级的重要方向，也是我国实现产业高质量发展的战略选择，在国家大力推动下，我国新能源汽车在市场规模、发展质量等方面取得了可喜的成绩，呈现良好的发展势头。C‐V2X 产业推广初期，与上述领域面临相似的问题，如产品价格高（主要为 C‐V2X 终端价格）、配套基础设施不完善、产品体验度低等。通过系统梳理总结相似领域的成功经验，可为出台促进 C‐V2X 车载终端发展的相关举措提供借鉴。

（一）T‐Box 领域推广借鉴

车载终端是指在车内提供无线通信能力的电子设备，是构成车联网的关键节点。当前阶段的 T‐Box 车载终端主要通过 3G/4G/5G 蜂窝通信网络与车联网云平台连接。

1. T‐Box 可以为用户带来多样化的功能服务，车载终端销量增长迅速

随着蜂窝网络通信技术的不断发展，T‐Box 可为用户提供的功能服务范围也在逐步扩展，从最初的提供车载信息和娱乐服务等，逐渐发展到可以为用户提供车辆数据采集和存储、故障诊断、远程查询和控制、异常提醒、道路救援等功能和服务，从而使 T‐Box 近些年销量增长迅速。

2. 新能源汽车安全监管要求安装车载终端，加速了 T‐Box 渗透率提升

2016 年 11 月，工业和信息化部发布《关于进一步做好新能源汽车推广应用安全监管工作的通知》（工信部装〔2016〕377 号），指出"自 2017 年 1 月 1 日起对新生产的全部新能源汽车安装车载终端，通过企业监测平台对整车及动力电池等关键系统运行安全状态进行监测和管理"，此外，"已销售的新能源汽车产品，整车企业要按照国家标准要求免费提供车载终端、通信协议等相关监测系统的升级改造服务，及时通知用户说明远程安全监测的必要性，争取逐步纳入监测平台"。文件中对于新能源汽车新车以及存量车安装车载终端的要求，一定程度上促进了 T‐Box 整体渗透率的提升，同时带动了新能源汽车监控软硬件领域的发展。

3. T‐Box 终端价格在百元级别，且呈下降趋势，成本优势利于大规模商用

在价格方面，T‐Box 整体产业发展已较为成熟，价格整体呈现下降趋势，4G T‐Box 均价约 400~800 元，5G T‐Box 均价在千元以上，主要由于 5G 芯片价格较高，随着 5G 技术的逐渐成熟，5G T‐Box 价格将会呈现大幅下降的趋势。

经调研发现，T－Box 产业已进入稳定发展期。2015 年我国乘用车 T－Box 前装装配量约 388 万套，渗透率约 18%；2020 年乘用车前装装配量约 880 万套，渗透率约 45%（见图 1）。

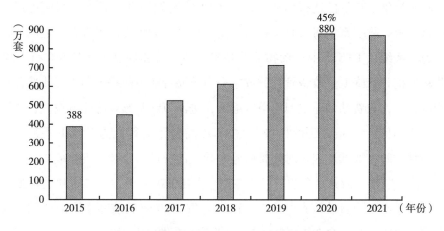

图 1　我国乘用车 T－Box 车载终端装配量

资料来源：根据相关资料统计。

（二）ETC 领域推广借鉴

ETC 技术的应用能够极大提高车辆的通行便利性，为用户带来良好的通行体验，国务院、交通部等密集出台 ETC 推广政策，积极取消省界收费站，制定了明确的 ETC 渗透率发展目标；随着 ETC 车载装置技术标准发布，且该标准成为工业和信息化部《道路车辆产品准入审查要求》对选装 ETC 装置车辆进行相关检验检测的依据，进一步加大了 ETC 装置的车辆前装比例。此外，得益于政策的鼓励和良好闭环的商业模式，各大银行纷纷介入 ETC 推广，推出多类型的优惠营销活动，也为 ETC 的快速普及提供了强大的推动力。

1. ETC 为用户提供高体验度应用场景，较好地解决了通行支付领域痛点

ETC 应用功能的实现，是通过安装于车辆前挡风玻璃处的车载电子标

签，与安装在收费站 ETC 专用车道上的微波天线之间进行专用短程通信，利用计算机联网技术与银行进行后台结算处理，从而达到车辆通过高速公路或桥梁收费站无须停车便能缴纳通行费的目的。

ETC 技术从收费、付费两个维度较好地解决了通行支付领域的痛点，为车主提供了良好的通行体验。由于 ETC 收费能够做到无须停车便可通过收费通道，收费系统每车收费耗时不到两秒钟，大大提高了收费通道的通行能力；系统从 ETC 卡中自动扣除通行费，使得公路收费的无纸化、无现金化程度提升，降低了收费管理的成本；由于通行能力的提升，人工收费窗口相应减少，收费站的建设规模得以缩减，进而节约基础设施建设投资，相关管理费用也大幅缩减。此外，ETC 技术提高公路通行能力，减少了车辆排队结算时间，降低了因长时间排队停车导致的噪声污染和尾气排放等。

2. ETC 推广政策密集出台，国务院、交通部等合力推动 ETC 快速发展

国家密集出台政策大力推广 ETC，力争 2019 年底前基本取消全国高速公路省界收费站。自 2014 年 3 月起，为充分发挥 ETC 的规模效益，交通运输部决定组织开展全国 ETC 联网工作；截至 2015 年 9 月，全国高速公路 ETC 系统实现联网运营。为进一步实现不停车快捷收费、减少拥堵、便利群众，2019 年政策密集出台。2019 年 3 月，李克强总理在政府工作报告中提出两年内基本取消全国高速公路省界收费站，交通运输部路网监测与应急处置中心设立 2020 年基本实现全国范围取消省界收费站的目标。

2019 年 5 月，国务院办公厅印发《深化收费公路制度改革取消高速公路省界收费站实施方案》，提出"深化收费公路制度改革，提高综合交通运输网络效率，降低物流成本，两年内基本取消全国高速公路省界收费站，实现不停车快捷收费"的总体目标，明确在路端：高速公路取消省界收费站并"推进中央与地方两级运营管理等系统升级，收费站、收费车道、ETC 门架系统硬件及软件标准化建设改造"，拓展 ETC 服务功能，鼓励 ETC 在停车场等涉车场所应用；在车端："加快现有车辆免费安装 ETC 车载装置，2019 年底前各省（区、市）高速公路入口车辆使用 ETC 比例达到 90% 以上"，并明确"加快现有车辆免费安装 ETC 车载装置"。

交通运输部牵头，联合国家相关部委，围绕"2019 年底基本取消全国高速公路省界收费站，实现不停车快捷收费"目标，成立深化收费公路制度改革取消高速公路省界收费站工作领导小组，统筹指导协调相关工作，省/市政府牵头开展具体工作。交通部门、地方政府及银行通力合作，银行以办理信用卡的形式免费向用户发放 ETC 终端，用户还可以享受里程优惠。

根据 2019 年 12 月 12 日交通运输部召开的"取消高速公路省界收费站专题新闻发布会"的介绍，29 个联网收费省份 24588 套 ETC 门架系统建设和 48211 条 ETC 车道建设改造完成。取消高速公路省界收费站后，全国高速公路形成"一张网"，全网进入一体化运行的新模式。

此外，2021 年 2 月，交通运输部发布《关于开展 ETC 智慧停车城市建设试点工作的通知》，明确加快拓展 ETC 服务功能，推动 ETC 停车场景应用，更好地便利公众出行，选定北京等 27 个城市作为试点城市、江苏省作为省级示范区，先期开展 ETC 智慧停车试点工作。ETC 在城市场景的拓展应用有望迎来快速发展。

表 4　加快 ETC 推广应用关键政策文件/事件梳理

部门	政策文件/事件	时间	相关内容
交通运输部、国家发改委、财政部	《关于印发〈全面推广高速公路差异化收费实施方案〉的通知》	2021 年 6 月	分支付方式差异化收费。进一步完善 ETC 电子支付优惠模式，通过加大 ETC 电子支付优惠力度，鼓励引导车辆安装使用 ETC 不停车快捷通行高速公路，提高路网通行效率，促进物流提质增效
交通运输部	《关于开展 ETC 智慧停车城市建设试点工作的通知》	2021 年 2 月	加快拓展 ETC 服务功能，推动 ETC 停车场景应用，更好地便利公众出行，经交通运输部同意，选定北京等 27 个城市作为试点城市、江苏省作为省级示范区，先期开展 ETC 智慧停车试点工作
国家发改委、交通运输部	《加快推进高速公路电子不停车快捷收费应用服务实施方案》	2019 年 5 月	到 2019 年 12 月底，全国 ETC 用户数量突破 1.8 亿，高速公路收费站 ETC 全覆盖，高速公路不停车快捷收费率达到 90% 以上，力争 2019 年底前基本取消全国高速公路省界收费站

续表

部门	政策文件/事件	时间	相关内容
国务院办公厅	《深化收费公路制度改革取消高速公路省界收费站实施方案》	2019年5月	2019年底前各省(区、市)高速公路入口车辆使用ETC比例达到90%以上,同时实现手机移动支付在人工收费车道全覆盖
交通运输部	《关于大力推动高速公路ETC发展应用工作的通知》	2019年5月	2019年底,各省(区、市)汽车ETC安装率达到80%以上,通行高速公路的车辆ETC使用率达到90%以上,从2019年7月1日起,严格落实对ETC用户不少于5%的车辆通行费基本优惠政策
交通运输部路网监测与应急处置中心		2019年3月	2019年取消京津冀,长三角地区以及东北,西南地区重点省份的高速公路省界收费站;2020年,基本实现全国范围取消省界收费站的目标
国务院	政府工作报告	2019年3月	两年内基本取消全国高速公路省界收费站,实现不停车快捷收费,减少拥堵、便利群众
交通运输部	全国交通运输工作会议	2018年12月	李小鹏部长在会上提出工作要求,要求2019年实现ETC车载设备免费安装全覆盖,实现手机移动支付在高速公路人工收费车道全覆盖
交通运输部办公厅	《关于开展取消高速公路省界收费站试点工作的通知》	2018年9月	正式将山东、江苏作为全国取消高速公路省界收费站工作的试点省份,明确要求在2018年底前取消山东、江苏之间所有高速公路省界收费站
国务院	国务院常务会议	2018年5月	明确提出取消高速公路省界收费站
交通运输部	《交通运输信息化"十三五"发展规划》	2016年4月	提高高速公路ETC系统覆盖率,加快长江经济带高速公路ETC系统建设,拓展ETC应用领域,开展基于大数据的路网运行研判和分析评价,实现跨部门、跨区域的路网协同运行管理
交通运输部	《交通运输部关于全国高速公路ETC联网工作的通知》	2014年3月	基本实现全国ETC联网,建立全国ETC联网运营管理机制,建成较为完善的ETC基础设施网络,建成统一规范的ETC客服体系,建立多元化的用户发展模式

3. ETC国家标准发布实施,公告项目对新车的要求加快ETC前装渗透

2019年5月21日,国务院办公厅印发《深化收费公路制度改革取消高速公路省界收费站实施方案》,提出2019年底前完成ETC车载装置技术标

准制定工作。2019 年 12 月，由中国汽车技术研究中心有限公司、交通运输部公路科学研究院、交通运输部路网监测与应急处置中心等为起草单位的国家推荐性标准 GB/T38444‑2019《不停车收费系统车载电子单元》正式发布。

2020 年 2 月，工业和信息化部装备工业发展中心发布关于调整《道路机动车辆产品准入审查要求》，提出对于选装 ETC 装置的车辆，应按照 GB/T 38444‑2019《不停车收费系统车载电子单元》进行相关检验检测，自2020 年 7 月 1 日起，新申请产品准入的车型应在选装配置中增加 ETC 车载装置。GB/T 38444‑2019《不停车收费系统车载电子单元》成为公告项目标准。

相关政策出台后，国内整车企业均积极响应开展 ETC 前装上车定点工作。至 2020 年底，国内 100 多家整车企业已基本完成前装 ETC 供应商定点工作并完成新车选配方案，2021 年前装 ETC 电子标签将量产上车。

4. 各大银行积极参与，开展 ETC 营销活动，助推 ETC 推广发行

推广 ETC 发行在推动国家政策落实、提高收费站运营效率的同时，也给各大银行带来商机。ETC 的开通需要银行联名信用卡用来扣款，这为银行发行银行卡、吸引优质客户、增加知名度和市场占有率带来了机遇。

根据交通运输部 2019 年 5 月印发的《关于大力推动高速公路 ETC 发展应用工作的通知》，允许 ETC 用户绑定既有银行账户以及第三方支付账户，这带来了更多银行与金融机构在此领域的竞争，也助推了更多 ETC 发行的便民利民优惠措施。

在实施层面，各家银行的参与进一步加快推进 ETC 的推广。ETC 推广政策的密集出台，直接推动了智能 ETC 设备的需求，银行利用这项新业务绑定优质车主作为用卡用户，进而推广多项产品，增强客户黏度，带来存贷款等业务的增长。此外，银行也可利用 ETC 业务切入交通系统。因此，中国银行、建设银行、农业银行、工商银行、邮政储蓄银行等积极开展 ETC 线上线下营销活动，推出多种优惠活动，抢占市场份额，ETC 推广效果显著。

通过多方合作、各自受益的方式，根据交通部统计数据，截至 2020 年 12 月底，全国 ETC 客户累计达到 2.37 亿。截至 2020 年 11 月 25 日，高速公路通行车辆 ETC 使用率达到 65.93%，其中，货车使用率达到 55.16%，出入口收费站通行效率大幅提升，为提高综合交通运输网络效率、降低物流成本、服务构建新发展格局奠定了坚实的基础。预计 2021 年全国 ETC 用户累计将达到 2.66 亿，ETC 渗透率约为 86.21%（见图 2）。

图 2　2016～2021 年中国 ETC 用户数量及渗透率情况

资料来源：根据相关资料统计。

（三）新能源汽车政策体系分析

1. 新能源汽车产业发展历程

大力发展新能源汽车，能够有效缓解能源危机、促进节能减排、改善大气环境。新能源汽车已经成为汽车智能化、网联化发展的载体，未来将成为汽车市场发展的重要引擎，带动汽车产业转型升级，加快促进汽车强国建设。

我国新能源汽车产业发展经历了漫长的研发布局阶段。"八五"（1991～1996 年）期间，电动汽车及关键零部件研发工作启动；"九五"（1997～2000 年）期间，电动汽车研发被列入国家科技支撑计划；"十五"（2001～

2005 年）期间，国家组织实施"863"电动汽车重大科技专项，形成"三纵三横"的技术研发布局。

"十一五"（2006～2010 年）期间，新能源汽车进入产业化准备阶段。借助奥运会、世博会等重要活动召开契机，国内开始开展小规模示范应用；将新能源汽车确定为战略性新兴产业，积极开展"十城千辆"等示范推广活动，同时，2010 年确定在上海、长春、深圳、杭州、合肥等城市启动私人购买新能源汽车补贴试点工作。

"十二五"（2011～2015 年）期间，新能源汽车进入示范推广阶段。国家继续大力推进新能源汽车产业化，积极开展示范推广项目。2012 年，国务院发布《节能与新能源汽车产业发展规划（2012～2020 年)》，为此后近十年的新能源汽车产业发展奠定了基调。2012 年 1 月，节能与新能源汽车车船税优惠政策开始实施。2014 年，强调发展新能源汽车是我国从汽车大国迈向汽车强国的必由之路。2014 年，形成 39 个区域 88 个示范城市的第二轮新能源汽车推广规模。至 2015 年底，我国新能源汽车产销量已居全球第一，政策支持及示范推广作用初显成效。

"十三五"（2016～2020 年）期间，新能源汽车开启规模化应用发展，产业规模持续扩大。"十三五"期间，补贴政策经历多次调整、持续退坡，双积分管理制度正式实施，进一步推动新能源汽车产业市场化发展。2016 年，中国新能源汽车产量达 51 万辆，超过"十二五"累计产量之和。此后，新能源汽车产销量持续保持高速增长。2019 年，中国新能源汽车产销量分别完成 124.2 万辆和 120.6 万辆。2020 年，中国新能源汽车产销量分别完成 136.6 万辆和 136.7 万辆。

"十四五"期间，新能源汽车购置补贴将逐步退出，双积分政策也已经历了新的调整，行业整体进入"后补贴时代"，在新能源汽车产销量及保有量都初具规模的情况下，如何进一步提升产业化水平和产品竞争力，成为后续持续推进产业良好发展的关键点。

2. 新能源汽车政策体系

总体来看，为加快推进我国新能源汽车推广应用，国家及地方政府管理

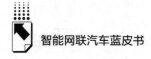

部门持续从宏观综合、产业管理、推广应用、财税优惠、科技创新、基础设施等角度出发，发布一系列鼓励及监管政策，形成了较为全面的新能源汽车政策支持体系。

（1）宏观综合政策

新能源汽车宏观综合政策多为国家层面的指导性政策，国家从经济、社会、能源、环境等方面，对新能源汽车产业的宏观发展方向、整体发展思路、长远发展规划等方面做出引导。新能源汽车产业宏观综合政策包括汽车产业振兴规划、节能与新能源产业规划、战略性新兴产业规划、工业转型升级规划、大气污染防治行动计划、能源发展规划、节能环保产业发展意见、产业中长期发展规划、对外开放政策、蓝天保卫战三年行动等。

（2）产业管理政策

为了维护市场秩序，有效配置产业资源，规范行业健康有序发展，国家从整车、动力电池等领域的投资、准入、产业结构、规范管理等方面出台相关规范和政策，具体包括汽车动力蓄电池行业规范条件、汽车产业投资管理规定、道路车辆生产企业准入管理办法、"双积分"政策、外商投资产业指导目录、动力蓄电池回收利用管理暂行办法、产业结构调整指导目录等。

（3）推广应用政策

针对新能源汽车在不同城市的推广应用，根据产业发展的不同阶段，以及公共和私人应用领域，国家出台了一系列新能源汽车推广应用政策，明确推广及考核目标，推出多样化的激励措施等，具体包括两轮示范推广政策、推广应用指导意见、2016～2020年推广应用财政支持政策、推广应用工作考核、政府采购实施方案、加快新能源汽车在交通行业推广应用意见、城市公交成品油补贴、补贴政策调整文件、加快新能源汽车推广应用指导意见。

（4）财税优惠政策

国家除了给予新能源汽车购置补贴外，针对新能源汽车整车、零部件企业及相关产品，出台了大量的财税优惠政策，进一步为企业和消费者减轻负担，具体包括车船税减免优惠、关税优惠、消费税优惠、企业所得税优惠、营业税优惠政策、车辆购置税免征。财税优惠政策在新能源汽车产业发展过程中起到了重要的辅助调节作用。

（5）科技创新政策

为了加快新能源汽车技术提升，国家出台了新能源汽车科技创新政策，加大研发资金投入，启动了国家"863"计划、国家"973"计划、国家科技支撑计划、技改资金支持、产业技术创新工程、增强制造业核心竞争力行动计划、国家重点研发计划等。科技创新政策有效提高了国内新能源汽车产业技术创新能力，为我国突破新能源汽车关键共性技术、推进产业化应用奠定了良好的基础。

（6）基础设施政策

完善的充电基础设施网络建设是新能源汽车大规模推广应用的重要前提和保障。为了大力推进充电基础设施建设，国家及地方管理部门围绕充电桩的建设、运营及用户使用等方面，出台了一系列积极的鼓励政策，包括电动汽车用电价格、充电设施建设奖励、充电设施发展指南、加强规划建设工作、单位内部充电桩配套设施建设、居民区充电设施建设、加快建设指导意见。

3.新能源汽车政策影响分析

在新能源汽车政策体系中，示范推广、财政补贴、购置税减免、不限行不限购、政府和公共机构采购、"双积分"制度等政策对我国新能源汽车的推广产生了正向的促进作用。其中，财政补贴的效果最为显著。

（1）出台示范推广试点政策，国家及地方提供车辆购置及配套设施建设补助，保证试点工作顺利进行

新能源汽车推广初期，财政补贴地区和领域不断扩大，潜在消费者群体（规模）不断扩大。首先，新能源汽车推广地域由试点推向全国。从2009年开始，中央首先在北京、上海、重庆、杭州、深圳等12个城市开展节能与新能源汽车示范推广试点工作，2013年，政府继续扩大试点城市范围，将推广城市扩大到28个城市群。2015年中央出台《关于2016～2020年新

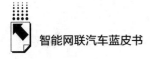
能源汽车推广应用财政支持政策的通知》，开始在全国范围内推广新能源汽车。

（2）扩大补贴范围，破除地方保护，全国一盘棋推进新能源汽车推广应用

随着财政补贴范围不断扩大，市场流动性增强，用户使用便利性大大提高。首先，财政补贴的车型不断增多。自2010年起，各地方政府每年定时更新推广车型目录，消费者可选择的新能源汽车产品类型和样式越来越多。其次，补贴范围不断扩大，从最初仅限于购置环节的补贴，逐渐扩展到车辆使用和运营环节，且对充电基础设施的重视程度不断提高。例如，2014年11月，四部委发布《关于新能源汽车充电设施建设奖励的通知》，规定对充电站等基础配套设施的建设给予奖励和补贴，充电基础设施不断完善。此外，鉴于地方保护主义限制了消费者享受补贴的车型数量，国务院在2014年印发了《关于加快新能源汽车推广应用的指导意见》，明确指出要破除地方保护，在全国范围内统一新能源汽车推广的目录和标准，提高了新能源汽车在全国市场中的流动性。随着新能源汽车品类选择空间扩大、使用便利性的提高，消费者的购买意愿逐渐增强。

（3）地方多样性配套补贴进一步促进新能源汽车消费意愿提升

地方城市在促进新能源汽车产业发展过程中，根据国家要求及指导思想，在公共领域加快推广新能源汽车。地方政府财政补贴涉及多个环节，在购买置换环节，包括公交车购置补贴、出租车置换新能源汽车补贴、老旧车置换为新能源汽车补贴、促消费补贴等；在使用环节，包括给予充电运营商的充换电设施建设和运营补贴、给予车主的充电电费补贴以及公共车辆运营补贴等；此外，还包括动力电池回收补贴等。

（4）在使用环节提供更多便利条件，增强用户体验及客户黏性

随着新能源汽车财政补贴逐步退出，政策支持转向税收优惠、环保激励、碳交易、金融创新等方面，在新能源汽车运营使用方面给予更多的优惠。其中，在收费优惠及使用便利方面给予支持效果显著。在收费优惠层面，给予新能源汽车的支持政策包括停车费减免、免牌照费、给予金融支

持、高速通行优惠等；在使用便利方面，给予新能源汽车的支持政策包括免限行、免限购、放宽车辆指标申请条件、允许私人新能源小客车在公交车道通行等。

（5）加强公共领域推广，逐步扩大应用比例

整体来看，新能源汽车的推广范围呈现由公共领域扩展到私人领域的趋势。2009 年，国内首先在公交、出租、公务、环卫和邮政等公共服务领域推广新能源汽车；2010 年，进一步开始在试点城市向私人消费者领域进行宣传和推广；2015 年，开始全国范围的宣传和推广应用。其中，在政府及公共机构购车方面，国家提出扩大城市公交、出租车、环卫清扫、物流等领域新能源汽车应用比例，并提出政府部门及公共机构购买车辆中新能源汽车所占比重的要求。这为推动新能源汽车技术提升、验证产品性能、打通应用模式等都奠定了较好的基础，为新能源汽车从公共领域向私人领域扩大应用提供了信心。

（6）"双积分"政策实施，激发行业发展活力

2017 年 9 月，工信部正式公布《乘用车企业平均燃料消耗量与新能源汽车积分并行管理办法》，明确提出乘用车企业将按照乘用车平均燃料消耗量积分与新能源汽车比重积分的"双积分"体系来评价，构建"双积分"挂钩管理机制，传统汽车和新能源汽车协同管理，衔接新能源补贴政策退坡和退出，建立节能与新能源汽车市场化管理长效机制，推动新能源汽车发展，实现新能源汽车战略目标。"双积分"政策的实质是通过建立积分交易机制，形成促进节能与新能源汽车协调发展的市场化机制。积分办法的实施，有力地促进了行业技术创新和新能源汽车生产推广，基本实现了预期目标。2020 年 6 月，新版"双积分"政策发布，做出了明确 2021~2023 年新能源汽车积分比例要求等一系列修订，将新能源汽车积分比例强制纳入考核，将进一步激发行业发展节能与新能源汽车的活力。

2020 年，C-V2X 已经开始在部分量产新车进行前装，借鉴新能源汽车培育期及导入期的管理思路，亟须出台 C-V2X 领域的产业发展规划，通过开展试点示范、给予补贴优惠、出台推广指导意见等工作，加

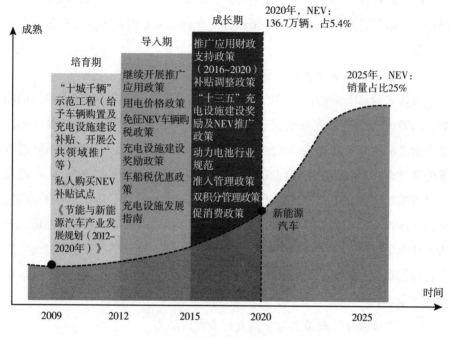

图3　新能源汽车发展阶段

快促进 C – V2X 终端渗透，提升用户体验度和使用黏性，推动产业良性发展。

四　推广政策制定建议

　　C – V2X 技术能够对智能网联汽车的感知能力带来极大的补充，为车辆提供高效的交互协作手段，产业整体市场发展前景广阔。C – V2X 产品大规模商业化应用仍然面临典型场景有待挖掘、商业模式不完善等相关问题，亟须政府主管部门出台相关政策措施，推动 C – V2X 终端搭载率提升，加快实现我国智能化、网联化协同发展的演进路径。通过借鉴 T – Box 终端、新能源汽车以及 ETC 技术推广应用的经验举措，在加强顶层设计、鼓励示范应用、提供补贴优惠等多方面提出加快推动 C – V2X 车载终端发展的政策建议。

（一）加强顶层设计，推进跨界协同

1. 建议国家层面加强顶层设计，形成跨主管部门的统筹协同机制

依托国家制造强国建设领导小组车联网产业发展专委会工作机制，进一步明确汽车、通信、交通、公安等相关主管部门职责，明确分工、加强协同，建立高效顺畅的沟通交流机制；在此基础上，多部门形成 C - V2X 产业共识，研究制定 C - V2X 跨产业、跨领域的技术发展路线，联合出台 C - V2X 产业发展行动规划，引领行业快速发展，构建全球领先的车联网产业生态。

2. 建议地方层面明确 C - V2X 推广工作领导机构

建议地方政府根据中央管理部门关于 C - V2X 产业发展的部署要求及地方管理部门职责，设立 C - V2X 协同管理机构或机制，如设立产业推进领导小组、办公室、委员会或联席小组等，确立组织机构责任人，由涉及 C - V2X 产业推进的各地方主管部门共同参与，各司其职，统一领导、部署、落实地方产业推广中的各项工作，加快推动 C - V2X 产业示范应用，通过定期总结、考评等形式，加强地域间交流沟通，互相借鉴经验，推动本地 C - V2X 产业健康有序发展。

（二）推动前装搭载，加强行业监管

以不阻碍 C - V2X 产业健康有序发展为原则，制定松紧适度的 C - V2X 产业管理政策。

1. 出台加快 C - V2X 终端渗透率提升的指导意见

①在建立高效协同的组织沟通机制基础上，建议制定出台针对加快提升 C - V2X 终端渗透率的指导意见，提出 C - V2X 产业发展行动规划，围绕时间、地域、应用场景等维度，形成较为具体的 C - V2X 终端推广目标，以及产业协同管理机制、重点任务、保障措施等。

②针对新能源汽车、营运车辆需要接入监测平台的特点，出台加快前装和后装 C - V2X 功能模块或车载终端的指导意见，鼓励 T - Box 渗透率提升以及功能扩展创新，以此进一步降低车载终端硬件价格，为 C - V2X 功能上

车奠定基础，逐步减轻车企量产 C – V2X 功能面临的成本压力。

2. 研究制定 C – V2X 测试评价、应用安装、安全管理政策

①制定面向包括 C – V2X 开发测试、通信测试、仿真测试、实车测试等在内的测试认证监管指导意见，鼓励开展大规模网联化测试，支持研发网联化测试系统与验证工具，指导推进测试标准与网联化技术标准研究。推动形成符合国家标准的测试验证与测试评价管理规范。

②出台规范 C – V2X 车载终端安装要求的条例类文件，加快相关国家标准文件的补充完善，在产品功能定义、技术参数、装配应用等方面形成标准依据，为产业初期发展营造良好的市场环境。

③结合现有车联网身份认证、实名登记、网络安全等政策文件，完善 C – V2X 安全监管制度，鼓励构建面向身份认证管理、隐私保护等方面的 C – V2X 安全检测能力，构建完善的 C – V2X 安全监管政策体系。

（三）鼓励示范应用，创新商业模式

1. 出台试点示范专项，选定典型示范城市或区域，挖掘高价值应用场景

①基于车联网先导区、测试示范区等具备良好通信基础设施条件的地区发展经验，研究制定更大力度的 C – V2X 示范推广政策，选定数个典型城市或区域（如园区、机场、港口、矿山等），结合当地基础设施条件，分步骤实现存量车车载终端城市级覆盖，提高车载终端整体渗透率。

②出台试点示范专项，鼓励地方政府组织开展大规模测试示范，吸纳产业各方积极参与，形成场景联动，挖掘高价值 C – V2X 应用场景，探索城市级车联网和智慧交通解决方案，提高行业整体竞争力，促进产业健康稳步发展，形成全国可推广、可复制的商业模式。

③建议地方城市根据当地发展实际情况，出台加快 C – V2X 领域示范推广应用的实施意见或工作方案，制订切实可行的推进计划，明确 C – V2X 领域的发展目标，包括但不限于 C – V2X 技术路线、参数指标、规模数量、应用领域（如营运车辆）、基础设施建设、支持及保障措施等内容，同时明确责任部门分工，保障计划顺利推进。

2. 鼓励商业模式创新，加快推进产业成熟和完善

鼓励应用场景及商业模式创新，验证 C - V2X 车载终端对提升交通安全、提高交通效率以及加强政府监管方面的作用，为全国范围推广提供借鉴。建议地方政府鼓励探索 C - V2X 应用商业模式，通过设立地方专项，鼓励车企、终端厂商、通信厂商、道路交通运营主体等各方以联合体形式进行申报，加快探索 C - V2X 车联网商业模式，加快推进产业成熟和完善；适当放松运营商补贴政策，通过区域示范应用，逐步向更大地域进行推广。

3. 制定 C - V2X 在公共领域车辆及存量车应用的鼓励政策

研究制定鼓励公共领域车辆（公交车、出租车、网约车、物流车、公务车、作业车灯）率先装配 C - V2X 车载终端的政策，并提出相应的激励性措施，探索在部分应用领域车辆强制前装 C - V2X 车载终端的可行性；研究出台鼓励存量车后装 C - V2X 车载终端的指导性政策，明确管理机制、产品规范监管措施等内容。通过 C - V2X 对提升道路交通安全和效率的良好示范效应，推动 C - V2X 车载终端加快渗透。

（四）提供补贴优惠，激发行业活力

1. 出台相关税收优惠政策，减轻企业生产压力

面向车企及 C - V2X 关键零部件生产及销售企业，通过减免适当比例财税（如关税、企业所得税、营业税等）的措施，减轻企业研发、集成应用及销售等方面的成本压力；出台 C - V2X 核心人才税费减免政策，提高企业活力。

2. 鼓励出台面向搭载 C - V2X 功能车辆的使用便利及优惠政策

面向用户消费端，研究制定促进消费的使用便利优惠指导性政策，鼓励地方城市创新技术手段及应用模式，出台使用搭载 C - V2X 功能车辆的便利措施。

第一，建议各地方政府尤其是汽车主要生产基地城市根据当地财政及智能网联汽车产业发展情况，出台鼓励车辆前装 C - V2X 功能的政策，通过提供量产补贴、购车补贴等优惠措施，打破车载终端搭载和路侧基础设施建设

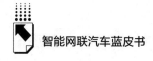

未形成良好协同发展的僵持局面，提高车辆端侧 C – V2X 渗透率。

第二，鼓励地方城市为搭载 C – V2X 功能的社会车辆提供通行便利，针对车辆过路过桥费、公共停车场停车费等给予适当减免。

第三，鼓励 C – V2X 路侧基础设施建设，研究制定给予基础设施建设补贴、企业运营补贴等优惠政策，加快提高车、路两端终端产品的渗透率。

（五）出台科研专项，攻关关键技术

1. 增设科技研发专项，加快促进关键技术取得突破

系统梳理我国在 C – V2X 技术、产品等方面与国际的差距，结合国家在新能源汽车、智能网联汽车领域的科研专项部署，通过增设科研专项等形式，集中力量，推动国产芯片、模组等关键技术、产品取得突破，为加快推动产业化进程打好基础。

2. 鼓励车辆智能化、网联化技术融合探索，推动技术迭代与产业化应用

建议国家及地方政府出台科研专项，鼓励"单车智能 + 网联赋能"的中国方案智能网联汽车技术创新，加快车辆智能化与网联化技术在车辆决策层的融合应用探索，改善 C – V2X 现阶段应用场景以信息服务类为主且场景较为单一的现状，实现智能化网联化数据融合处理，形成车路协同自动驾驶典型功能应用的开发与集成应用，加快推动中国方案智能网联汽车技术迭代与产业化应用，提升 C – V2X 应用价值及用户体验。

（六）规划路侧基建，车路协同发展

在车联网发展初期，C – V2X 基础设施建设投资大，收益不明显，需要政府层面大力推动建设。

1. 出台路侧基础设施建设指南，协同支撑车载终端推广应用

建议从国家层面制定 C – V2X 产业整体发展规划，鼓励产业联合研究，创新 C – V2X 路侧基础设施分级标准，以较小的资金投入，加快低级别路侧基础设施建设，优先支撑部分 C – V2X 功能应用，形成示范带动效应；鼓励地方城市根据当地条件出台目标明确的 C – V2X 产业发展指南等，制定分阶

段的路侧基础设施建设规划,逐步提升路侧设施对车辆应用的支撑效应。

2. 结合国家新基建规划,协同部署 C-V2X 路侧基础设施建设

建议鼓励利用 5G 新基建、智慧城市建设和改造的机会,从国家层面推动地方政府配合新型基础设施建设步伐,推动道路基础设施与信息通信基础设施的融合以及共享开放,加快 5G 基站、路侧单元 RSU 等车联网基础设施部署,以及对传统交通基础设施的智能化改造,为车联网典型应用场景提供充足环境;此外,结合智慧城市、智能交通、5G 商用契机,通过政府引导,带动民间资本参与 C-V2X 基础设施建设,同时针对路侧基础设施部署企业进行资金补贴或政策支撑,推动车联网基础设施快速部署。

参考文献

中国智能网联汽车产业创新联盟:《C-V2X 产业化路径和时间表研究白皮书》,2019。

国务院办公厅:《深化收费公路制度改革 取消高速公路省界收费站实施方案》,2019 年 5 月 16 日。

工业和信息化部等五部委:《乘用车企业平均燃料消耗量与新能源汽车积分并行管理办法》,2017 年 9 月 27 日。

王易之:《V2X 前装量产的现状与挑战》,车联网百家谈,2021 年 8 月。

附 录

Appendices

B.12
智能网联汽车产业发展相关政策法规

表1 国外支持智能网联汽车产业发展的政策法规（2020年9月至2021年10月）

序号	组织/国家/地区	发布时间	政策法规名称	概要信息
1	联合国	2021年9月	ISO/SAE 21434：2021《道路车辆－网络安全工程》	该标准主要规定了道路车辆电子电气系统及其组件和接口在概念、开发、生产、运行、维护和销毁阶段工程相关的信息安全风险管理要求，标准主要侧重于汽车信息安全流程，并未规定与信息安全相关的具体技术或解决方案。作为当前汽车信息安全领域最重要的国际标准之一，其发布将为汽车全生命周期的信息安全过程管理及信息安全管理体系建设提供有力支撑
2		2021年4月	《6G驱动力与愿景白皮书》	白皮书列举了6G的研究和生态系统的发展应优先考虑的关键挑战，包括满足社会和环境需求，引入新型人机交互界面，确保低成本、高能效地提供连续无缝的服务等内容，在5G所带来的前瞻性能力上进行进一步推进，从底层设计上引入人工智能等，为移动通信行业的发展提供了重要指导

续表

序号	组织/国家/地区	发布时间	政策法规名称	概要信息
3	联合国	2021年3月	UN R155(信息安全与信息安全管理系统)解读文件 UN R156(软件升级与软件升级管理系统)解读文件	两项解读文件由WP.29自动驾驶与网联车辆工作组(WP.29/GRVA)提出。UN R155及UN R156两项法规向汽车制造商提出了总体管理要求,而与之配套的解读文件为指南属性。两项"解读文件"作为非强制性要求,将对现有法规中的部分条款作出进一步解释,旨在帮助企业以及审核机构理解并应对法规具体的管理要求,以协调并保障不同审核机构间评审活动的一致性
4	德国	2021年5月	《自动驾驶法》	该法案允许L4级完全无人驾驶汽车于2022年出现在德国的公共道路上。首先,自动驾驶汽车必须在德国公共道路的指定区域行驶,并始终保持随时可远程接管状态。其次,如果自动驾驶公司进行商业化运营,必须购买相应责任保险。一旦自动驾驶汽车出现故障,技术人员可通过远程控制将其关闭。最后,该法律还对自动驾驶汽车的结构、条件和设备的要求进行重新规范,并调整了对自动驾驶汽车的测试许可证要求
5	法国	2021年7月	2021-873号法令	该法令执行了2021年4月14日的第2021-443号法令,适用于具备自动驾驶能力的车辆使用及相关责任制度,推动法国成为第一个为自动驾驶汽车的流通建立完整监管框架的欧洲国家。该法令完成对公路法和运输法的调整,允许从2022年9月起,配备授权的自动驾驶系统的车辆在预定路线或区域内使用,首个应用的自动驾驶系统将是ALKS
6		2020年12月	《法国自动驾驶发展战略(2020~2022)》	该战略是在2018年5月版本基础上的升级,旨在推动法国自动驾驶车辆、系统和配套服务的发展。该战略的愿景是,根据不同的场景,在2022年至2025年,使法国成为欧洲首选的自动驾驶服务的部署地区。该愿景考虑了客运及货运两大类出行服务场景,涵盖了私家车、共享出行、公共交通等出行方式

续表

序号	组织/国家/地区	发布时间	政策法规名称	概要信息
7	韩国	2021 年 7 月	《首尔市自动驾驶汽车示范区运营和支持条例》	7 月 20 日,韩国《首尔市自动驾驶汽车示范区运营和支持条例》正式实施。同日,首尔公开招募自动驾驶运营商,计划 10 月起在首尔上岩地区推进自动驾驶汽车的商业化运营,并发放相关测试运营牌照。在首尔市上岩附近,计划从 10 月起推出自动驾驶巴士服务。市民可通过应用程序下单,体验自动驾驶巴士出行服务。该巴士还可给交通弱势群体提供轮椅等专门服务。2022 年,首尔市计划增加"自动驾驶汽车货运服务"。首尔将实行政府与企业合作的模式,允许用户实时接收在上岩洞运行的所有自动驾驶汽车的运行信息(路线、当前位置、票价等),还可拨打电话进行预订
8		2020 年 12 月	《韩国自动驾驶汽车安全运行准则》	该准则主要包括伦理准则、网络安全准则、生产与安全准则三大部分。上述准则并不属于强制性规定,而是旨在自动驾驶汽车正式投入市场之前,确保其系统运算法则的伦理性,并防范黑客攻击
9	美国	2021 年 8 月	《艾奥瓦州行政法典》	艾奥瓦州州交通运输部批准自动驾驶道路测试新规,这些规则将适用于全自动驾驶汽车和卡车。艾奥瓦州州议会 2019 年已经通过了 Motor Vehicles and Law of the Road 法规修订,增加无人驾驶相关条款(321. 514～321. 519)。此次自动驾驶测试新规将对艾奥瓦州州行政法典(Iowa Administrative Code)进行修订,计划新增"自动驾驶系统操作的机动车辆"(Chapter 380, "Motor Vehicles Operated by an Automated Driving System"),修订车辆登记和所有权证书(Chapter 400, "Vehicle Registration and Certificate of Title")等条款。交通运输部通过的相关规则将在 9 月公布,并由立法委在 10 月的会议上进行投票表决
10		2021 年 6 月	《一般常规命令 2021－011 针对自动驾驶系统和 L2 级高级驾驶辅助系统的事故报告义务》	该法令要求配备 L2 级辅助驾驶系统、L3～L5 级自动驾驶系统的整车厂、软件提供商和运营商报告自动驾驶系统的事故情况。法令要求,车企、软件提供商和运营商需要提交自动驾驶系统在事发前和事发时的事故报告。除运行数据外,还需要提供人员受伤情况、车辆受损情况等信息

续表

序号	组织/国家/地区	发布时间	政策法规名称	概要信息
11	美国	2021年6月	《路易斯安那州无人驾驶配送车法案》	该法案(SB147)允许无人驾驶配送车在该州的道路上开展配送服务。根据该法案要求,无人驾驶配送车必须保持低速行驶,在行人区(pedestrian areas)速度低于12英里/小时(约19.3公里/小时),在其他区域速度低于20英里/小时(约32.2公里/小时)。无人驾驶配送车在运行过程中必须给行人让路,不得阻碍交通,不能运输危险物品。相关运营公司必须在车辆前后安装指示灯,并且投保不低于10万美元的保险
12		2021年6月	《俄克拉荷马州小型自动驾驶配送车辆法规》	俄克拉荷马州州长Kevin Stitt签署了一项法规,该法规将允许小型自动驾驶配送车辆在人行道和人行横道上运行,从而为小型自动驾驶配送车辆赋予相应路权,促进实际应用。该法规规定,车辆应当主要行驶在人行道和人行横道上,受到障碍物阻碍时,可短暂绕行其他道路,小型自动驾驶配送车辆行驶速度被限制在10英里/小时以下(约16公里/小时)且必须遵守交通法规、不能干扰行人正常通行
13		2021年4月	《康涅狄格州网联和自动驾驶汽车(CAV)战略规划》	该战略的目标是阐述该部门关于筹备、部署和支持CAV相关技术和解决方案的战略方针,以应对技术、法规、交通需求等领域的不断演变 规划愿景:安全、可靠、跨区域无缝衔接的未来CAV出行; 近期策略(2021~2025年):CTDOT将集中力量实现CAV技术的具体目标和行动,比如早期的政策协调和发展,评估劳动力和基础设施的准备情况,部署试点项目等; 长期战略(2025年以后):CTDOT将建立一个及时的反馈机制,以推动CAV技术、政策和相关准备工作的持续进展,为更大规模的CAV部署做好支撑,制定更全面的CAV政策,升级基础设施及推动网联化发展,并最终推动CAV的应用

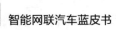

序号	组织/国家/地区	发布时间	政策法规名称	概要信息
14	美国	2021年1月	《自动驾驶汽车综合计划》	《自动驾驶汽车综合计划》以AV 4.0中所述的原则为基础,该计划明确了实现自动驾驶系统(ADS)愿景的三个目标:①促进协作和透明度–USDOT将促进其合作伙伴和利益相关者(包括公众)获得有关ADS的功能和局限性的清晰可靠的信息;②搭建现代化法规环境–USDOT将加速法规制修订,消除在创新车辆设计、功能和运营方式方面的障碍,并将开发针对安全性的框架和工具,以评估ADS技术的安全性能;③准备运输系统–USDOT将与利益相关方合作进行安全评估和集成ADS所需的基础研究和示范活动,同时努力提高运输系统的安全性、效率和可获得性
15		2020年11月	《自动驾驶汽车立法大纲》	美国倡导消费者和汽车安全的团体发布的自动驾驶汽车立法大纲,将安全、公平、可及性和可持续性放在首位。在这份自动驾驶汽车立法大纲中,强调了一套原则,供立法者将其用作"GPS",也就是用它作为"保证公共安全"的一种方式。这些原则包括:①要求各级别的自动驾驶车辆"必须遵守全面且严格的联邦标准",以解决已知和可预见的安全问题。②确保向主要利益相关方提供安全和性能数据。③保证所有人,尤其是老年人和残疾人可以获得无障碍服务。④维护消费者和工人的权利。⑤让联邦政府管理这些车辆的表现,但是将运营管理权留给各州,从而确保地方对车辆的控制。⑥为美国交通部提供指导,全面研究自动驾驶汽车将如何影响交通系统和环境
16	欧盟	2021年6月	《数据法案》(Data Act)意见征求稿	《数据法案》将解锁大量工业界数据,有助于形成一个独立的数据单一市场。《数据法案》跟进并补充了2020年11月提出的《数据治理法案》,是欧盟数据战略下的第一个法规。《数据治理法案》的作用是通过增加对数据中介机构的信任,促进整个欧盟和各部门之间的数据共享,并加强整个欧盟的数据共享机制

续表

序号	组织/国家/地区	发布时间	政策法规名称	概要信息
17	欧盟	2021年8月	Regulation（EU）2021/1153	该法规推动连接欧洲基金计划（Connecting Europe Facility，CEF）2021~2027的实施，该法规明确了CEF预算、资助形式和提供资助的规则，规划在2021~2027年期间投入337.1亿欧元用于交通、数字和能源基础设施投资，其中交通领域258.1亿欧元，能源58.4亿欧元，数字20.7亿欧元。CEF自2014年1月起实施，第一期至2020年结束，预算为304亿欧元
18		2021年1月	《可持续与智能交通战略》	《可持续与智能交通战略》提出到2030年实现自动驾驶出行服务的大规模部署（By 2030，automated mobility will be deployed at large scale）。该战略具体提出10个大类82项倡议行动计划，也有诸多倡议行动与智能网联汽车有关
19		2020年12月	《数字服务法》草案《数字市场法》草案	2020年12月，欧盟委员会正式公布了《数字服务法》（Digital Service Acts）和《数字市场法》（Digital Markets Act）的草案全文，旨在为所有数字服务，包括社交媒体、在线市场以及在欧盟运营的其他在线平台制定一套全面的新规则，由此拉开了数字空间改革的帷幕
20		2020年11月	《数据治理法（Data Governance Act）》提案	11月25日，欧盟发布《数据治理法》提案，该提案是欧盟数据战略一系列措施中的第一个，旨在通过增加对数据媒介的信任和强化整个欧盟的数据共享机制，以促进数据的可用性。该法案致力于解决以下问题： 在公共部门数据受他人权利约束的情况下，使公共数据可重复使用； 在企业之间无须任何形式报酬的数据共享； 允许在"个人数据共享媒介"的帮助下使用个人数据，旨在帮助个人行使《通用数据保护条例》（GDPR）的权利； 允许出于利他理由使用数据

序号	组织/ 国家/ 地区	发布时间	政策法规名称	概要信息
21	日本	2021 年 4 月	《实现和普及自动驾驶的行动方针》5.0	《实现和普及自动驾驶的行动方针》5.0 提出在如下五个领域加深和扩大合作 ①ODD 分类,通过对 ODD 进行分类,并相应地进行传感器配置和风险评估方法的模式化,探讨在其他地区推广的策略; ②远程监控人的状态管理,考虑人应该如何参与(例如在紧急情况下进行远程监控)以及人如何与 HMI 等系统合作; ③L4 级服务所涉及的各方角色划分,对于传统由驾驶员承担的运行、维护、检查等工作,讨论针对 L4 级自动驾驶相关人员如何分工; ④传感器及数据格式等标准化,探讨 ADAS 等技术、路侧基础设施数据格式等通用化和标准化; ⑤基础设施协同,针对 L4 级自动驾驶的基础设施协同机制探讨,包括基础设施传感器的支持作用、维护管理和商业模式等
22		2021 年 1 月	《DMS 指导原则》	该原则的发布将有效推动相关产品的规范开发,进一步提升交通安全。日本国土交通省已经连续多年开展 ASV(Advanced Saftey Vehicle)推广计划,并为部分产品提供补贴,以期配备各类安全技术的汽车能够顺利普及使用。该计划目前已经进入第 6 期(2016～2020 年)。ASV 指具备智能灯光、ESC、侧面碰撞预警、车道偏离预警、AEB、LKA 等各类安全功能的汽车
23	英国	2021 年 5 月	《公路法》	4 月 28 日,英国交通部宣布到 2021 年底,第一批自动驾驶汽车将在英国投入使用,首个投入应用的功能是自动车道保持系统(ALKS)。同时,英国启动《公路法》(Highway Code)条款修订的咨询工作,以确保相关自动驾驶技术的应用是安全和负责任的,征求意见工作将于 2021 年 5 月 28 日结束,并计划在 2021 年底之前通过议会修订

表 2　我国中央政府部门支持智能网联汽车产业发展的政策法规
（2020 年 9 月至 2021 年 10 月）

序号	政府部门	发布时间	政策/法规名称
1	中共中央、国务院	2021 年 10 月	《国家标准化发展纲要》
2	工业和信息化部、中央网络安全和信息化委员会办公室、科学技术部、生态环境部、住房和城乡建设部、农业农村部、国家卫生健康委员会、国家能源局	2021 年 9 月	《物联网新型基础设施建设三年行动计划（2021 ~ 2023 年）》
3	工业和信息化部	2021 年 9 月	《工业和信息化领域数据安全管理办法（试行）》
4	工业和信息化部	2021 年 9 月	《关于加强车联网卡实名登记管理的通知》
5	交通运输部	2021 年 9 月	《交通运输领域新型基础设施建设行动方案（2021 ~ 2025 年）》
6	工业和信息化部	2021 年 9 月	《关于加强车联网网络安全和数据安全工作的通知》
7	工业和信息化部	2021 年 9 月	《关于开展汽车数据安全、网络安全等自查工作的通知》
8	交通运输部　科学技术部	2021 年 8 月	《关于科技创新驱动加快建设交通强国的意见》
9	交通运输部	2021 年 8 月	《交通运输部关于中国中车集团有限公司开展绿色智能交通装备研制及应用等交通强国建设试点工作的意见》
10	国务院	2021 年 8 月	《关键信息基础设施安全保护条例》
11	中华人民共和国全国人民代表大会常务委员会	2021 年 8 月	《个人信息保护法》
12	国家互联网信息办公室、国家发展改革委、工业和信息化部、公安部、交通运输部	2021 年 8 月	《汽车数据安全管理若干规定（试行）》
13	工业和信息化部	2021 年 8 月	《关于加强智能网联汽车生产企业及产品准入管理的意见》
14	工业和信息化部、公安部、交通运输部	2021 年 7 月	《智能网联汽车道路测试与示范应用管理规范（试行）》
15	工业和信息化部	2021 年 7 月	《网络安全产业高质量发展三年行动计划（2021 ~ 2023 年）（征求意见稿）》

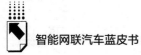

续表

序号	政府部门	发布时间	政策/法规名称
16	国家互联网信息办公室	2021 年 7 月	《网络安全审查办法(修订草案征求意见稿)》
17	工业和信息化部	2021 年 7 月	《关于加强车联网(智能网联汽车)网络安全工作的通知(征求意见稿)》
18	工业和信息化部	2021 年 7 月	《车联网(智能网联汽车)网络安全标准体系建设指南》
19	中华人民共和国全国人民代表大会常务委员会	2021 年 6 月	《中华人民共和国数据安全法》
20	自然资源部	2021 年 6 月	《测绘资质管理办法》
21	工业和信息化部	2021 年 6 月	《加强车联网卡实名登记管理的通知(征求意见稿)》
22	工业和信息化部	2021 年 6 月	《工业互联网和物联网无线电频率使用指南(2021 年版)》
23	国家发展改革委	2021 年 6 月	《全国一体化大数据中心协同创新体系算力枢纽实施方案》
24	国家发展改革委、住房城乡建设部、公安部、自然资源部	2021 年 5 月	《关于推动城市停车设施发展的意见》
25	国家互联网信息办公室	2021 年 5 月	《汽车数据安全管理若干规定(征求意见稿)》
26	工业和信息化部	2021 年 7 月	《5G 应用"扬帆"行动计划(2021～2023 年)》
27	国家发展改革委	2021 年 4 月	《汽车零部件再制造规范管理暂行办法》
28	工业和信息化部	2021 年 4 月	《智能网联汽车生产企业及产品准入管理指南(试行)》
29	工业和信息化部	2021 年 4 月	《汽车雷达无线电管理暂行规定》
30	公安部	2021 年 4 月	《道路交通安全法(修订建议稿)》
31	国家发展改革委等 28 部门	2021 年 3 月	《加快培育新型消费实施方案》
32	中共中央国务院	2021 年 2 月	《国家综合立体交通网规划纲要》
33	自然资源部	2021 年 2 月	《关于推进地理信息保密处理技术研发和服务工作的通知》
34	交通运输部	2021 年 1 月	《关于服务构建新发展格局的指导意见》
35	工业和信息化部	2021 年 1 月	《智能网联汽车道路测试与示范应用管理规范(试行)》
36	交通运输部	2020 年 12 月	《关于促进道路交通自动驾驶技术发展和应用的指导意见》

序号	政府部门	发布时间	政策/法规名称
37	国家市场监管总局	2020 年 12 月	《国家标准管理办法(征求意见稿)》
38	交通运输部	2020 年 12 月	《交通运输部网络安全管理办法》
39	交通运输部	2020 年 12 月	《关于促进道路交通自动驾驶技术发展和应用的指导意见》
40	工业和信息化部	2020 年 12 月	《2020 年网络安全技术应用试点示范项目名单》
41	工业和信息化部	2020 年 11 月	《智能联网汽车道路测试和示范应用管理规范》
42	国务院办公厅	2020 年 10 月	《新能源汽车产业发展规划》
43	国家发展改革委	2020 年 9 月	《关于扩大战略性新兴产业投资培育壮大新增长点增长极的指导意见》
44	自然资源部	2020 年 9 月	《测绘资质管理办法(征求意见稿)》
45	工业和信息化部	2020 年 9 月	《智能网联汽车道路测试与示范应用管理规范》

表 3　地方部门支持智能网联汽车产业发展的政策（2020 年 9 月至 2021 年 10 月）

序号	省区市	发布时间	政策名称
1	北京	2021 年 8 月	《北京市关于加快建设全球数字经济标杆城市的实施方案》
2		2021 年 7 月	《智能网联汽车高速公路道路测试实施细则》《北京市智能网联汽车政策先行区道路测试、示范应用及商业运营服务管理办法(试行)》
3		2021 年 6 月	《关于指定大兴区自动驾驶车辆测试道路的通告》
4		2021 年 6 月	《关于指定通州区自动驾驶车辆测试道路的通告》
5		2021 年 1 月	《北京市支持卫星网络产业发展的若干措施》
6		2021 年 1 月	《北京市智能汽车基础地图应用试点暂行规定》
7		2020 年 11 月	《北京市自动驾驶车辆道路测试管理实施细则(试行)》
8	上海	2021 年 7 月	《上海市战略性新兴产业和先导产业发展"十四五"规划》
9		2021 年 7 月	《上海市智能网联汽车测试与示范实施办法(征求意见稿)》
10		2021 年 2 月	《上海市加快新能源汽车产业发展实施计划(2021～2025 年)》
11	天津	2021 年 7 月	《天津市制造业高质量发展"十四五"规划》
12		2021 年 5 月	《天津市产业链高质量发展三年行动方案(2021～2023 年)》
13	重庆	2021 年 8 月	《重庆市制造业高质量发展"十四五"规划(2021～2025 年)》
14		2021 年 7 月	《打造全国一流新能源和智能网联汽车应用场景三年行动计划(2021～2023 年)》
15		2020 年 11 月	《重庆市自动驾驶道路测试管理办法(试行)》
16		2020 年 9 月	《自动驾驶道路测试管理办法(试行)》

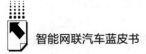
续表

序号	省区市	发布时间	政策名称
17	安徽	2021 年 9 月	《新能源汽车和智能网联汽车产业"双招双引"实施方案》
18		2021 年 8 月	《芜湖市京东无人配送车试运营管理办法(试行)》
19		2021 年 1 月	《安徽省智能汽车创新发展战略实施方案》
20	福建	2021 年 6 月	《2021 年数字福建工作要点》
21		2021 年 9 月	《深圳市坪山区智能网联全域开放管理办法(试行)(征求意见稿)》
22		2021 年 9 月	《深圳经济特区智能网联汽车管理条例(草案修改二稿)》
23		2021 年 9 月	《关于逐步分区域先行先试不同混行环境下智能网联汽车(自动驾驶)应用示范运营政策的意见》 《在不同混行环境下开展智能网联汽车(自动驾驶)应用示范运营的工作方案》
24		2021 年 9 月	《深圳市 2021 年深化"放管服"改革　优化营商环境重点任务清单》
25		2021 年 9 月	《关于广东省智能网联汽车产业集群发展的提案》
26		2021 年 9 月	《南沙区智能网联汽车道路测试实施细则(试行)》
27	广东	2021 年 9 月	《深圳经济特区智能网联汽车管理条例(草案)》
28		2021 年 9 月	《广州市花都区智能网联汽车道路测试实施细则》
29		2021 年 9 月	《肇庆市自动驾驶车辆道路测试管理实施细则》
30		2021 年 9 月	《广东省人民政府关于加快数字化发展的意见》
31		2021 年 9 月	《南沙区智能网联汽车道路测试先行试点区建设方案》
32		2021 年 9 月	《深圳经济特区智能网联汽车管理条例(征求意见稿)》
33		2021 年 9 月	《关于加快智慧城市和数字政府建设的若干意见》
34		2021 年 9 月	《广州南沙新区(自贸片区)支持自动驾驶汽车行业创新发展的若干意见(试行)》
35		2020 年 12 月	《加快智能网联汽车产业发展的若干措施》
36	广西	2021 年 9 月	《智能网联汽车道路测试与示范应用管理实施细则(试行)》
37		2021 年 6 月	《关于落实进一步优化营商环境更好服务市场主体实施意见的措施》
38	河北	2021 年 9 月	《沧州市公安局关于智能网联汽车测试道路的通告》
39		2021 年 8 月	《智能网联汽车道路测试与示范应用管理规范(试行)》
40		2021 年 10 月	《河南省智能网联汽车道路测试与示范管理办法(试行)》
41	河南	2021 年 9 月	《河南省智能网联汽车道路测试与示范管理办法(试行)》
42		2021 年 4 月	《河南省推进新型基础设施建设行动计划(2021~2023 年)》
43		2021 年 9 月	《无锡市智能网联汽车道路测试与示范应用管理实施细则(试行)》
44		2021 年 9 月	《"十四五"新型基础设施建设规划》
45	江苏	2021 年 8 月	《江苏省"十四五"制造业高质量发展规划》
46		2020 年 11 月	《智慧高速公路建设技术指南》
47		2020 年 9 月	《江苏省交通运输新型基础设施建设行动方案》

续表

序号	省区市	发布时间	政策名称
48	江西	2021 年 5 月	《"智联江西"建设三年行动方案(2021～2023 年)》
49		2021 年 3 月	《2021 年江西省 5G 发展工作要点》
50	辽宁	2021 年 7 月	《沈阳市加快新能源汽车产业发展及推广应用实施方案》
51	山东	2021 年 9 月	《青岛市"十四五"战略性新兴产业发展规划》
52		2021 年 7 月	《山东省"十四五"综合交通运输发展规划》
53		2021 年 7 月	《智慧高速公路建设指南(试行)》
54		2021 年 6 月	《青岛市智能网联汽车产业发展三年行动计划(2021～2023)(征求意见稿)》
55		2021 年 6 月	《关于推动青岛市先进制造业和现代服务业深度融合发展若干措施》
56		2020 年 11 月	《青岛市智能网联汽车道路测试与示范应用管理实施细则(试行)》
57	四川	2021 年 1 月	《成都市智能网联汽车道路测试管理规范实施细则》
58	浙江	2021 年 8 月	《浙江省经济和信息化厅关于车联网(智能网联汽车)直连通信无线电频率使用有关事项的通知(征求意见稿)》

B.13

2021年1~8月我国智能网联乘用车销量情况

数据说明：

1. 统计车型为已具备自适应巡航（ACC）或自动紧急制动（AEB）功能，同时又配备车道保持系统（LKS）的车型。

2. 数据源为2021年1月到2021年8月乘用车上险数据。个别车型因车款信息缺失未纳入统计。

3. 数据来源：北京佐思信息咨询有限责任公司。

单位：辆

序号	车企	品牌	车型	2021年1~8月销量
1	爱驰汽车	爱驰	爱驰 U5	755
2	宝能汽车	DS	DS 7	14
		DS	DS 9	12
3	北辰汽车	Polestar 极星	Polestar 2	299
4	奔驰汽车	奔驰	奔驰 C 级	4
		奔驰	奔驰 EQC	3357
		奔驰	奔驰 E 级	1555
		奔驰	奔驰 GLC	52327
		奔驰	奔驰 V 级	7491
5	北京汽车	ARCFOX	极狐 阿尔法 S （ARCFOX αS）	197
		ARCFOX	极狐 阿尔法 T （ARCFOX αT）	1578
		BEIJING	BEIJING – X7	3783
6	现代汽车	现代	昂希诺	292
		现代	北京现代 ix25	1166
		现代	北京现代 ix35	3020
		现代	菲斯塔	2527

续表

序号	车企	品牌	车型	2021 年 1~8 月销量
6	现代汽车	现代	名图	572
		现代	胜达	2651
		现代	索纳塔	5875
		现代	途胜	7749
		现代	伊兰特	29847
7	本田汽车	本田	INSPIRE	14589
		本田	艾力绅	34033
		本田	奥德赛	24962
		本田	本田 CR-V	56426
		本田	本田 LIFE	5221
		本田	本田 UR-V	4009
		本田	本田 XR-V	2181
		本田	缤智	1082
		本田	飞度	7717
		本田	冠道	6751
		本田	皓影	79362
		本田	凌派	6334
		本田	思域	5560
		本田	享域	2984
		本田	雅阁	58341
8	比亚迪汽车	比亚迪	汉	63564
		比亚迪	秦	2002
		比亚迪	秦 PLUS	7271
		比亚迪	宋	18029
		比亚迪	宋 PLUS 新能源	15932
		比亚迪	唐	16710
9	东风汽车	东风风神	东风风神 AX7	1720
		东风风神	奕炫	3071
		东风风行	风行 T5	48
		东风风行	风行 T5 EVO	7914
		岚图汽车	岚图 FREE	497
		起亚	起亚 K3	230
		起亚	起亚 K5	938
		起亚	起亚 KX3	1422
		起亚	起亚 KX5	1319
		起亚	智跑	17360

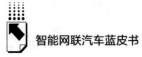
续表

序号	车企	品牌	车型	2021 年 1~8 月销量
10	东南汽车	东南	东南 DX7	155
11	菲亚特克莱斯勒汽车	Jeep	大指挥官	1393
		Jeep	指挥官	79
		Jeep	自由光	348
12	丰田汽车	丰田	RAV4	75536
		丰田	RAV4 荣放双擎 E +	1483
		丰田	丰田 C – HR	28756
		丰田	汉兰达	8668
		丰田	皇冠陆放 CROWN KLUGER	220
		丰田	卡罗拉	216441
		丰田	凯美瑞	52937
		丰田	雷凌	132099
		丰田	凌尚	1777
		丰田	威兰达	66454
		丰田	威兰达双擎 E +	1655
		丰田	亚洲龙	75201
		丰田	亚洲狮	18395
		丰田	奕泽 IZOA	19510
13	福特汽车	福特	福克斯	6233
		福特	撼路者	350
		福特	金牛座	3912
		福特	领裕	3091
		福特	蒙迪欧	2855
		福特	锐际	13829
		福特	锐界	14902
		福特	探险者	17730
14	广汽汽车	广汽埃安	Aion LX	299
		广汽埃安	Aion S	2883
		广汽埃安	Aion V	1586
		广汽埃安	Aion Y（埃安 Y）	4352
		广汽传祺	EMPOW55	8508
		广汽传祺	传祺 GA6	884
		广汽传祺	传祺 GA8	175
		广汽传祺	传祺 GM6	2729

续表

序号	车企	品牌	车型	2021 年 1~8 月销量
14	广汽汽车	广汽传祺	传祺 GM8	2886
		广汽传祺	传祺 GS4	9497
		广汽传祺	传祺 GS5	4844
		广汽传祺	传祺 GS8	1037
		讴歌	讴歌 CDX	468
		讴歌	讴歌 RDX	2330
15	广汽蔚来	广汽蔚来	合创 007	268
16	海马汽车	海马	海马 8S	129
17	华晨宝马汽车	宝马	宝马 3 系	1062
		宝马	宝马 5 系	46776
		宝马	宝马 X3	13841
18	华人运通	高合 HiPhi	高合 HiPhi 1	1386
19	吉利汽车	吉利汽车	缤瑞	3239
		吉利汽车	缤越	6527
		吉利汽车	博瑞	127
		吉利汽车	博越	20931
		吉利汽车	帝豪	3756
		吉利汽车	帝豪 GL	57
		吉利汽车	帝豪 GS	35
		吉利汽车	豪越	8297
		吉利汽车	吉利 ICON	4605
		吉利汽车	吉利星瑞	23402
		吉利汽车	嘉际	895
		吉利汽车	星越	7634
		吉利汽车	星越 L	4049
		极氪	极氪 001	8
		几何汽车	几何 A	1965
		几何汽车	几何 C	1327
		领克	领克 01	31242
		领克	领克 02	6199
		领克	领克 03	30085
		领克	领克 05	14681
		领克	领克 05 新能源	552
		领克	领克 06	11993

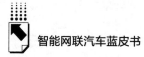

续表

序号	车企	品牌	车型	2021 年 1~8 月销量
20	江淮汽车	江淮	江淮 iC5	9
		思皓	思皓 A5	1797
		思皓	思皓 QX	832
		思皓	思皓 X8	1385
21	江铃汽车	驭胜	驭胜 S350	174
22	金康新能源汽车	SERES（赛力斯）	SERES 赛力斯 SF5	2081
23	理想汽车	理想	理想 ONE	48752
24	林肯汽车	林肯	飞行家	6622
		林肯	航海家	4722
		林肯	冒险家	13203
25	零跑汽车	零跑	零跑 S01	242
		零跑	零跑 T03	7235
26	哪吒汽车	哪吒汽车	哪吒 U	3855
27	奇瑞汽车	捷豹	捷豹 E–PACE	1479
		捷豹	捷豹 XEL	8311
		捷途	捷途 X70	6449
		捷途	捷途 X90	1029
		路虎	发现神行	2
		路虎	发现运动版	15954
		路虎	揽胜极光	5973
		奇瑞	艾瑞泽 5	5510
		奇瑞	瑞虎 7	1064
		奇瑞	瑞虎 8	689
		奇瑞新能源	大蚂蚁	32
		星途	揽月	2091
		星途	星途 LX	242
		星途	星途 TX	308
		星途	星途 TXL	1692
28	日产	日产	奇骏	6883
		日产	天籁	11166
		日产	逍客	7012
29	上汽汽车	MG 名爵	MG 领航	1347
		MG 名爵	名爵 6	2210

续表

序号	车企	品牌	车型	2021 年 1~8 月销量
29	上汽汽车	MG 名爵	名爵 ZS	2351
		R 汽车	R 汽车 ER6	651
		凯迪拉克	凯迪拉克 CT5	8710
		凯迪拉克	凯迪拉克 CT6	6893
		凯迪拉克	凯迪拉克 XT4	9225
		凯迪拉克	凯迪拉克 XT5	2034
		凯迪拉克	凯迪拉克 XT6	23054
		荣威	荣威 i5	10531
		荣威	荣威 i6	2411
		荣威	荣威 iMAX8	3611
		荣威	荣威 MARVEL X	3004
		荣威	荣威 RX5	3287
		上汽 MAXUS	上汽 MAXUS D60	110
		上汽 MAXUS	上汽 MAXUS EUNIQ 6	12
		上汽 MAXUS	上汽 MAXUS G50	4018
30	大众汽车	斯柯达	明锐	1788
31	神龙汽车	标致	标致 2008	263
		标致	标致 4008	247
		标致	标致 5008	79
		标致	标致 508	105
32	特斯拉	特斯拉	Model 3	93156
		特斯拉	Model Y	60603
33	腾势汽车	腾势	腾势 X	3287
34	天际汽车	天际	天际 ME7	164
35	天美汽车	天美汽车	天美汽车 ET5	268
36	通用汽车	别克	昂科拉	7717
		别克	昂科旗	15134
		别克	昂科威	13191
		别克	别克 GL8	82282
		别克	君威	1934
		别克	君越	9610
		别克	威朗	3394
		别克	微蓝 7	415
		雪佛兰	创界	351

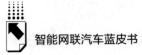

序号	车企	品牌	车型	2021 年 1~8 月销量
36	通用汽车	雪佛兰	创酷	809
		雪佛兰	开拓者	3023
		雪佛兰	迈锐宝	2331
		雪佛兰	探界者	974
37	威马汽车	威马汽车	威马 EX5	3481
		威马汽车	威马 EX6	96
		威马汽车	威马 W6	960
38	蔚来汽车	蔚来	蔚来 EC6	19314
		蔚来	蔚来 ES6	23959
		蔚来	蔚来 ES8	12384
39	沃尔沃	沃尔沃	沃尔沃 S60	14943
		沃尔沃	沃尔沃 S90	26958
		沃尔沃	沃尔沃 XC40	14367
		沃尔沃	沃尔沃 XC60	44992
40	小康汽车	东风风光	风光 ix7	326
41	小鹏汽车	小鹏汽车	小鹏汽车 G3	9213
		小鹏汽车	小鹏汽车 P5	73
		小鹏汽车	小鹏汽车 P7	26775
42	一汽-大众	奥迪	奥迪 A3	16274
		奥迪	奥迪 A6L	697
		奥迪	奥迪 e-tron	693
		奥迪	奥迪 Q3	577
		奥迪	奥迪 Q5L	6743
		大众	ID. 4 CROZZ	5452
		大众	ID. 4 X	3531
		大众	ID. 6 CROZZ	1453
		大众	ID. 6 X	866
		大众	大众 CC	2195
		大众	辉昂	522
		大众	迈腾	9600
		大众	帕萨特	6844
		大众	探岳	15038
		大众	途昂	11447
		大众	途观	2587
		大众	威然	5683

续表

序号	车企	品牌	车型	2021 年 1~8 月销量
43	一汽汽车	奔腾	奔腾 B70	4564
		奔腾	奔腾 E01	47
		奔腾	奔腾 T55	673
		奔腾	奔腾 T99	2016
		红旗	红旗 E - HS3	297
		红旗	红旗 E - HS9	2156
		红旗	红旗 H9	11861
		红旗	红旗 HS5	9582
		红旗	红旗 HS7	2604
44	英菲尼迪汽车	英菲尼迪	英菲尼迪 QX50	541
45	长安汽车	马自达	马自达 3	4419
		马自达	马自达 CX - 30	2592
		长安汽车	长安 CS55	22
		长安汽车	长安 CS55 纯电版	78
		长安汽车	长安 CS75	12477
		长安汽车	长安 CS85	705
		长安汽车	长安 UNI - K	10505
		长安汽车	长安 UNI - T	15163
46	长城汽车	WEY	WEY VV5	11886
		WEY	WEY VV6	17237
		WEY	WEY VV7	6255
		WEY	玛奇朵	210
		WEY	摩卡	3516
		哈弗	哈弗 F5	856
		哈弗	哈弗 F7	5086
		哈弗	哈弗 F7x	7157
		哈弗	哈弗 H6	27850
		哈弗	哈弗 H7	115
		哈弗	哈弗 H9	6278
		哈弗	哈弗赤兔	6063
		哈弗	哈弗初恋	10840
		哈弗	哈弗大狗	30289
		欧拉	欧拉好猫	10421
		坦克	坦克 300	29600

社会科学文献出版社

皮 书

智库成果出版与传播平台

✤ 皮书定义 ✤

皮书是对中国与世界发展状况和热点问题进行年度监测，以专业的角度、专家的视野和实证研究方法，针对某一领域或区域现状与发展态势展开分析和预测，具备前沿性、原创性、实证性、连续性、时效性等特点的公开出版物，由一系列权威研究报告组成。

✤ 皮书作者 ✤

皮书系列报告作者以国内外一流研究机构、知名高校等重点智库的研究人员为主，多为相关领域一流专家学者，他们的观点代表了当下学界对中国与世界的现实和未来最高水平的解读与分析。截至 2021 年底，皮书研创机构逾千家，报告作者累计超过 10 万人。

✤ 皮书荣誉 ✤

皮书作为中国社会科学院基础理论研究与应用对策研究融合发展的代表性成果，不仅是哲学社会科学工作者服务中国特色社会主义现代化建设的重要成果，更是助力中国特色新型智库建设、构建中国特色哲学社会科学"三大体系"的重要平台。皮书系列先后被列入"十二五""十三五""十四五"国家重点出版规划项目；2013~2022 年，重点皮书列入中国社会科学院国家哲学社会科学创新工程项目。

权威报告·连续出版·独家资源

皮书数据库
ANNUAL REPORT(YEARBOOK)
DATABASE

分析解读当下中国发展变迁的高端智库平台

所获荣誉

- 2020年，入选全国新闻出版深度融合发展创新案例
- 2019年，入选国家新闻出版署数字出版精品遴选推荐计划
- 2016年，入选"十三五"国家重点电子出版物出版规划骨干工程
- 2013年，荣获"中国出版政府奖·网络出版物奖"提名奖
- 连续多年荣获中国数字出版博览会"数字出版·优秀品牌"奖

皮书数据库

"社科数托邦"
微信公众号

成为会员

登录网址www.pishu.com.cn访问皮书数据库网站或下载皮书数据库APP，通过手机号码验证或邮箱验证即可成为皮书数据库会员。

会员福利

- 已注册用户购书后可免费获赠100元皮书数据库充值卡。刮开充值卡涂层获取充值密码，登录并进入"会员中心"—"在线充值"—"充值卡充值"，充值成功即可购买和查看数据库内容。
- 会员福利最终解释权归社会科学文献出版社所有。

数据库服务热线：400-008-6695
数据库服务QQ：2475522410
数据库服务邮箱：database@ssap.cn
图书销售热线：010-59367070/7028
图书服务QQ：1265056568
图书服务邮箱：duzhe@ssap.cn

S 基本子库
UB DATABASE

中国社会发展数据库（下设 12 个专题子库）

紧扣人口、政治、外交、法律、教育、医疗卫生、资源环境等 12 个社会发展领域的前沿和热点，全面整合专业著作、智库报告、学术资讯、调研数据等类型资源，帮助用户追踪中国社会发展动态、研究社会发展战略与政策、了解社会热点问题、分析社会发展趋势。

中国经济发展数据库（下设 12 专题子库）

内容涵盖宏观经济、产业经济、工业经济、农业经济、财政金融、房地产经济、城市经济、商业贸易等 12 个重点经济领域，为把握经济运行态势、洞察经济发展规律、研判经济发展趋势、进行经济调控决策提供参考和依据。

中国行业发展数据库（下设 17 个专题子库）

以中国国民经济行业分类为依据，覆盖金融业、旅游业、交通运输业、能源矿产业、制造业等 100 多个行业，跟踪分析国民经济相关行业市场运行状况和政策导向，汇集行业发展前沿资讯，为投资、从业及各种经济决策提供理论支撑和实践指导。

中国区域发展数据库（下设 4 个专题子库）

对中国特定区域内的经济、社会、文化等领域现状与发展情况进行深度分析和预测，涉及省级行政区、城市群、城市、农村等不同维度，研究层级至县及县以下行政区，为学者研究地方经济社会宏观态势、经验模式、发展案例提供支撑，为地方政府决策提供参考。

中国文化传媒数据库（下设 18 个专题子库）

内容覆盖文化产业、新闻传播、电影娱乐、文学艺术、群众文化、图书情报等 18 个重点研究领域，聚焦文化传媒领域发展前沿、热点话题、行业实践，服务用户的教学科研、文化投资、企业规划等需要。

世界经济与国际关系数据库（下设 6 个专题子库）

整合世界经济、国际政治、世界文化与科技、全球性问题、国际组织与国际法、区域研究 6 大领域研究成果，对世界经济形势、国际形势进行连续性深度分析，对年度热点问题进行专题解读，为研判全球发展趋势提供事实和数据支持。

法律声明